·人工智能技术丛书·

计算社会学
系统应用篇

郭斌 梁韵基 於志文 著

*A*pplications of
Computional Social Science

机械工业出版社
CHINA MACHINE PRESS

图书在版编目（CIP）数据

计算社会学. 系统应用篇 / 郭斌，梁韵基，於志文著. —北京：机械工业出版社，2023.12
（人工智能技术丛书）
ISBN 978-7-111-74398-9

I. ①计⋯ II. ①郭⋯ ②梁⋯ ③於⋯ III. ①数据模型－社会学－研究 IV. ① C91-39

中国国家版本馆 CIP 数据核字（2023）第 236048 号

机械工业出版社（北京市百万庄大街 22 号　邮政编码 100037）
策划编辑：李永泉　　　　责任编辑：李永泉
责任校对：杜丹丹　李　婷　责任印制：常天培
北京铭成印刷有限公司印刷
2024 年 2 月第 1 版第 1 次印刷
186mm×240mm・24 印张・520 千字
标准书号：ISBN 978-7-111-74398-9
定价：99.00 元

电话服务　　　　　　　　网络服务
客服电话：010-88361066　机 工 官 网：www.cmpbook.com
　　　　　010-88379833　机 工 官 博：weibo.com/cmp1952
　　　　　010-68326294　金 书 网：www.golden-book.com
封底无防伪标均为盗版　机工教育服务网：www.cmpedu.com

FOREWORD
推荐序一

随着大数据、云计算、人工智能等技术的发展，人类社会经济活动从传统的物理空间与社会空间延伸到了信息空间，实现了三元空间的深度融合，社会群体、智能算法和云边端环境的相互交织，呈现出前所未有的耦合性、级联性和复杂性等社会新形态和新特征。2009年2月《科学》（Science）杂志发表题为"Computational Social Science"的主旨文章，指出计算社会学兴起的基础是以前所未有的广度、深度和规模收集与分析数据的能力，标志着计算科学和社会科学的交叉融合成为国际瞩目的前沿研究和应用热点。自此，以智能决策为核心内涵的计算社会学得到了广泛关注和蓬勃发展，并深度赋能公共卫生、政治经济、公共安全等诸多领域。然而，现实中，计算社会学的研究往往以领域案例研究为切入点，让初学者对领域的核心知识体系缺乏全面认识，难以形成全面的知识体系；另外，计算社会学重点强调多学科交叉，以数据科学思维深度赋能社会科学研究。如何培养与计算社会学相适配的交叉思维能力是深化计算社会学研究的核心力量来源。

西北工业大学郭斌教授等编著的《计算社会学》为全面知识体系的塑造和交叉思维的培养提供了一个有效途径。作为普适计算和社会计算领域的专家，作者结合近十年来的研究基础，以数据智能分析为基础着眼点，全面构建计算社会学的知识体系，重点从计算的角度系统性地梳理了计算社会学领域的最新研究成果。在内容上，该书分为基础支撑理论与算法、社会网络分析、网络动力学和社交媒体挖掘与社群智能四大篇章。不仅涵盖复杂系统、博弈论等经典理论，而且以人工智能理论为基础，阐述了人工智能算法尤其是深度学习理论等在智能推荐、文本理解、假消息检测、虚拟社交机器人等领域的应用。同时，在兼顾广度和深度的前提下，该书从"计算+领域"交叉视角梳理了计算社会学近年来的研究成果，通过全面对比分析加强对技术的认识。

当前，社会发展正在经历"数字化、网络化和智能化"的大变革。面对社会新形态下的复杂系统，决策范式正在从以"小数据+定性"为主向"大数据+人机混合智能+定性与定量相结合"方向发展，旨在提供高效的、全面的、可信的决策信息。该书用大量翔实的案例对上述观点进行阐述。例如，在Facebook MyPersonality工程中，为了实现对个体人格特征的多维度细粒度画像，分析了大量用户的发帖内容、头像信息和网络交互关系等多模态数据，借助多模态融合模型实现了年龄、性别和人格特征的精准预测，从而为智能推荐提供全面且精准的受众群体理解。这一案例充分体现了决策范式的转变对社会的颠覆性作用。同时,如何应用计算社会学的理论和方法解决中国的发展问题也是我国科研工作者义不容辞的责任。该书也对中国学者的贡献进行了详细介绍。特别难能可贵的是,作者尝试以中国视角分析社会问题,挖掘中国的社会学思维,融合地域和文化要素,分析社会事件的内在推动力,以中国案例为典型,彰显中国智慧。

综上,该书知识结构丰富,案例翔实且分析深刻,是第一部以计算思维为主线重构计算社会学知识体系的教材。其最大的特色在于深度融合计算机科学、社会学、人工智能和复杂网络等多学科的专业概念,将抽象的算法和技术融入案例中,用言简意赅的文字进行深入浅出的讲解。

我国计算社会学发展正处于关键阶段,而且面临众多严峻挑战,具体表现为以下三个方面:其一,基础理论亟待加强。虽然取得了很多进步和成就,但整体发展水平与全球顶级学术机构仍存在差距,尤其是在基础理论和颠覆性技术方面。其二,解决中国问题的能力需要提升。在中国式现代化发展进程中,我国面临各种急需解决的复杂系统性问题。如何以独特的中国视角,建构中国自主的知识体系,围绕"四个面向",开展重大的、系统性的集成创新是核心难题。其三,计算社会学的人才培养体系不够完善。作为一个交叉型学科,如何构建完备的知识传授体系,实现后备人才的持续性、阶梯式培养是一个亟待解决的任务。

道阻且长,行则将至!期待专家学者们携手共进,共同推动计算社会学的跨越式创新发展。

中国科学院自动化研究所

曾大军

FOREWORD
推荐序二

社会学是系统地研究社会行为与人类群体的一门学科，它横跨经济、政治、人类学、心理学以及计算科学。早期的社会学研究以实证研究和抽象建模为核心，受制于观察数据和简单抽象假设，研究周期长，干扰要素多，成果通用性一般。随着感知技术、计算技术和通信技术的发展，尤其是人工智能算法的广泛应用，计算社会学研究步入了发展黄金期，一方面为观测社会提供了微观、介观和宏观的测量角度，实现了对社会动态的多尺度立体量化能力，另一方面为社会学研究提供了一种数据驱动的智能化计算模式，推动研究成果的爆炸式增长。

为了推动计算社会学的发展，培养高水平的计算社会学后备力量，开展计算社会学教材体系的建设具有重要的意义。当前市面上社会学相关教材，缺乏对近十年计算社会学成果的系统性梳理，如何以"计算+X"的复合型人才培养理念为指导，面向多学科受众，写一本将理论与实践相结合且涵盖全球近十年最新研究成果的教材，非常的必要且极具挑战性。

西北工业大学计算机学院郭斌教授等在这方面开展了前瞻性探索。他们结合十多年来从事计算社会学研究和教学的实践，历时近三年，数易其稿，系统地梳理了计算社会学"黄金十年"的代表性成果，并结合团队在社会计算和群智计算领域的研究成果，形成了《计算社会学》著作。该书共分为上下两册，共计24章。该书的主要特点可以概括为以下三个方面：

1. 学科交叉融合

在第四次工业革命的背景下，如何让学生主动深入社会，将个人成长融入中国式现代化发展的进程中，培养复合型创新型人才是高校在人才培养方面的首要任务之一，以多学科交叉为指导的新工科建设是破局的关键。该书很好地体现了这一指导思想，在兼顾广度和深度的前提下，该书有机融合了计算机科学、社会学、人工智能、博弈论、复杂网络等多个学科的专业概念，对交叉创新思维的培养具有重要实践意义。

2. 理论实践共进

该书注重理论与实践的深度融合，为读者提供了一个快速进行理论学习和动手实践的渠道。该书采用了模块化结构灵活组织篇章，以人工智能经典理论为基础，从社会网络分析、网络动力学、社交媒体挖掘与社群智能三个维度进行延伸，注重理论与实践并进，将抽象的问题实例化、数字化、可视化，提高了计算社会学研究的可理解性。

3. 开源共享共建

西北工业大学人机物融合智能计算团队积极推动开源课程体系建设，通过促进开源共享、汇聚大众智慧和协同各方力量，加快精品课程的建设。目前，《计算社会学》以教材为核心，研发了 CrowdHMT 教学科研实践开放平台，提供了课程的全部 PPT 资源和习题答疑内容，为加速计算社会学的人才培养奠定了基础。

作为计算社会学领域的科研工作者，我深知教材编著的艰辛与挑战。感谢西北工业大学团队以极致的投入和坚定的毅力完成了对计算社会学的第一次深度探索。也希望国内有更多的科研工作者投身到计算社会学的人才培养中，让计算社会学在推进中国式现代化的进程中发挥关键作用。

哈尔滨工业大学

刘 挺

前 言

2009年，以哈佛大学拉泽尔教授为首的15名顶级学者在《科学》（Science）发表署名文章，首次提出"计算社会学"（Computational Social Science）这一概念。计算社会学以移动互联网、社交媒体、物联网等新兴技术为基础，借助于统计理论、知识推理和人工智能等理论体系，从跨域、连续、非结构化的海量数据中分析个体的静态属性，洞察群体和宏观社会的动态变化，是一门蓬勃发展的综合性交叉学科。计算社会学已经广泛地应用到政治、经济、社会文化、公共健康等多个领域，与大众的切身利益休戚相关，对国家的战略安全与社会稳定意义重大。

十多年来，以移动社交网络、智能手机与可穿戴设备、泛在的物联网终端为代表的信息技术和产品得到广泛应用，为计算社会学提供了前所未见的大规模、多侧面的人类行为感知能力。同时，以大数据和人工智能为代表的数据科学理论，使得研究人员能够抽丝剥茧从大量纷繁芜杂的数据中发现和洞悉其中的本质。层出不穷的新型感知技术和智能算法为研究人类社会提供了一个全新的路径，正在不断地改变社会科学家和数据科学家探索世界、发现规律的方式。

《计算社会学》是一本系统性梳理计算社会学相关理论和方法的论著。一方面，本书从传统复杂网络分析的角度，详细阐述了社会网络分析的基础理论和动力学模型——随机网络、小世界网络、无标度网络和网络统计分析理论等，并将网络过程和行为应用于涌现、流行病学研究等方面。另一方面，融合人工智能在自然语言处理、推荐算法等领域的进展，阐述了人工智能算法尤其是深度学习理论等在智能推荐、文本分析、假消息检测、虚拟社交机器人等领域的应用。在兼顾广度和深度的前提下，本书深度融合计算机科学、社会学、人工智能和复杂网络等多学科的专业概念，突出阐述了计算社会学领域近年来的最新研究成果和关键技术突破。

本书分为上、下两册，采用理论、方法与关键技术相结合的方式安排各章内容。上册《计算社会学：基础理论篇》分为基础支撑理论与算法篇和社会网络分析篇，首先介绍图论及机器学习的基本概念，进而对典型的机器学习算法如线性回归、聚类算法和分类算法，以及极具代表性的深度神经网络算法（如卷积神经网络、循环神经网络、对抗生成网络等）进行基础性介绍，最后从网络基本理论（三元闭包等）出发介绍了强关系和弱关系的应用和联系，从选择和社会影响两个角度阐述了同质化的形成原理，并且阐述了网络极化的形成机理与度量方法，进而从节点权力的角度阐述社会权力的核心内涵。

下册《计算社会学：系统应用篇》分为网络动力学篇和社交媒体挖掘与社群智能篇，首先介绍了典型的网络动力学模型，如逾渗理论、ER随机模型、小世界模型和无标度网络模型等，并重点介绍了传染病的建模方法，同时以自然语言理解为基础介绍社交媒体挖掘方法，包括自然语言模型、话题模型等，进而介绍了用户画像、智能推荐、假消息传播和虚拟机器人等计算社会学前沿技术。

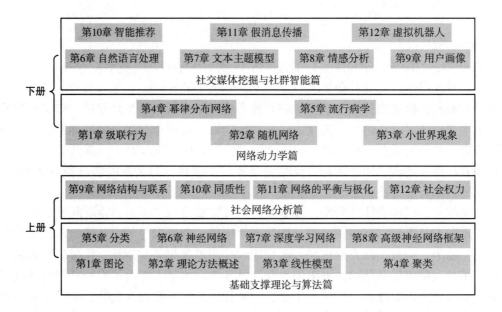

上册：
1. **基础支撑理论与算法篇（第1~8章）**

第1章简要介绍图论的基本概念和计算理论，包括图的表示、存储、遍历和最短路径等经典问题。第2章介绍机器学习的基本概念和发展历程，重点介绍机器学习的基本数据处理流程，包括数据预处理、特征抽取与选择、误差的产生和模型评估等。

第3~5章为基础算法。其中第3章主要介绍线性回归模型，包括一元线性回归和多元线性回归。第4章为聚类算法，从聚类问题的核心目标任务出发，引入了聚类中的一个重要概念——距离度量，系统梳理了聚类任务中的典型算法。第5章主要内容包括贝叶斯分类器、支持向量机、决策树和随机森林。另外针对单一模型能力有限的问题，介绍集成学习方法，支持相同或者不同基模型的融合。

第6~8章为高级算法。其中第6章介绍传统的神经网络的基本概念和理论，包括神经元模型、多层感知机、误差反向传播以及其他新型的神经网络，例如玻尔兹曼机、脉冲神经网络等。第7章介绍卷积神经网络、循环神经网络、图神经网络等模型，并从模型训练出发介绍网络模型训练优化方法。第8章介绍其他高级神经网络，包括对抗生成网络、自编码器、编-解码器、注意力机制。

2. 社会网络分析篇（第 9~12 章）

第 9 章从三元闭包等理论出发介绍了强关系和弱关系的应用和联系。第 10 章首先引入了社会同质现象，并从社会选择和社会影响两个角度阐述同质化的形成原理，并介绍同质化的社会性影响，包括人群隔离、感知偏差、同伴效应等。第 11 章从网络结构的角度介绍认知平衡模型和结构平衡理论，针对网络中广泛存在的极化现象，阐述了极化的成因以及极化网络的检测和量化方法。第 12 章从节点权力的角度对社会网络进行深入分析，阐述社会权力的形成机理和量化方法，包括纳什均衡与网络议价、节点权力的度量等。

下册：

1. 网络动力学篇（第 1~5 章）

第 1 章从随大流现象出发，介绍了网络中信息传播的经典模型，包括级联模型、晶格理论、逾渗理论及其变种。第 2 章重点介绍了 ER 随机模型及其统计特性，并通过仿真实验对 ER 模型进行验证分析。第 3 章从经典的六度分隔实验出发，引入小世界现象，进而介绍了小世界网络模型的数学形式化表达及属性。第 4 章介绍了幂律分布的数学特性以及幂律分布的典型应用，并基于上述观察，引入无标度网络及其模型特性。第 5 章介绍了典型的传染病模型，并讲解了传染病的防控和干预。

2. 社交媒体挖掘与社群智能篇（第 6~12 章）

第 6~8 章主要介绍以自然语言理解为基础的社交媒体挖掘方法。其中第 6 章首先介绍了经典语言建模工作，包括词袋模型、n-gram 模型；然后重点介绍了自然语言处理中典型的序列数据处理方法，包括隐马尔可夫和条件随机场；最后介绍了自然语言处理中的典型任务和预训练模型。第 7 章介绍了主题分析模型，包括潜在语义分析、概率潜在语义分析、潜在狄利克雷分配模型。第 8 章系统梳理情感挖掘领域的工作，从词语、句子/文档和属性三个粒度总结了情感分析的研究进展。

第 9~12 章则介绍了计算社会学领域的新兴技术。其中第 9 章从单模态用户画像和多模态用户画像两个角度总结了用户画像技术的最新工作进展。第 10 章首先介绍协同过滤和基于内容的推荐两类典型模型；然后介绍基于深度学习的推荐算法，概述基于情境感知的推荐方法；最后总结了推荐系统中现有的评估策略和方法。第 11 章主要从假消息的定义、假消息的认知机理、多模态假消息检测方法、群智融合假消息检测、可解释假消息检测五个方面展开介绍。第 12 章主要对虚拟机器人设计与实现过程中所涉及的关键技术进行总结，包括虚拟形象塑造和个性化内容生成等，讲解虚拟机器人塑造完成流程。此外，重点介绍了典型虚拟机器人塑造平台 AI-Mate 系统架构。

在本书成稿的过程，西北工业大学智能感知与计算工信部重点实验室的研究生深度参与，为书稿的编撰付出了辛劳和智慧：赵志英（上册第 1 章）、孙月琪（上册第 2、3 章）、李智敏（上册第 4 章，下册第 9 章）、成家慧（上册第 5 章）、王虹力（上册第 6 章）、任浩阳（上册第 7 章）、郝少阳（上册第 8 章）、张秋韵（上册第 9、11 章）、冯煦阳（上册第 10 章）、丁亚三（上册第 12 章，下册第 1、4、11 章）、吴广智（下册第 2、5

章)、张玉琪（下册第 3 章）、王梓琪（下册第 4 章）、王豪（上册第 8 章，下册第 6、12 章）、李可（下册第 7 章）、李诺（上册第 4 章，下册第 8、9、10 章）、张岩（下册第 10 章）。在此对他们的辛勤付出表示感谢！感谢实验室学术带头人周兴社教授和学术顾问张大庆教授多年来的悉心培养、指导以及在本书编写和审校过程中给予的宝贵意见。此外还要特别感谢机械工业出版社的编辑们在本书准备过程中给予的全力支持与专业指导。

我们还要特别感谢美国亚利桑那州立大学刘欢教授、澳大利亚新南威尔士大学姚丽娜教授、北京大学李晓明教授、中国科学院自动化研究所曾大军教授、上海交通大学薛可教授、北京航空航天大学马帅教授、北京航空航天大学李建欣教授、西安交通大学饶元教授、微软亚洲研究院首席研究员谢幸博士、微软小冰首席科学家宋睿华博士、京东集团副总裁、京东城市总裁郑宇博士、华为云人工智能领域副总裁袁晶博士等计算社会学领域的同行学者，本书也融入了部分以前大家一起研讨或项目合作的成果。在本书成稿过程中，还有很多同事和朋友以不同形式提供了帮助，难免有所疏漏，在此就不一一列举，敬请各位谅解。

计算社会学作为一个快速发展的新兴研究领域，新概念、新问题、新方法不断涌现，限于作者的学识水平和研究局限，本书难免会存在疏漏或不足之处，敬请读者批评指正。

作者
2024 年 1 月于西安

目 录

推荐序一
推荐序二
前言

第一篇　网络动力学篇

第1章　级联行为 …………………… 2
1.1　网络中的级联现象 …………… 2
1.1.1　级联现象 ……………… 2
1.1.2　信息级联 ……………… 3
1.1.3　级联的特点 …………… 5
1.2　级联与聚簇 …………………… 5
1.2.1　级联行为下的协调博弈 ……………………… 6
1.2.2　网络聚簇对级联的影响 ……………………… 9
1.3　网络级联模型 ………………… 11
1.3.1　独立级联模型 ………… 11
1.3.2　线性阈值模型 ………… 14
1.4　逾渗理论与晶格模型 ………… 15
1.4.1　逾渗现象 ……………… 16
1.4.2　基本逾渗模型 ………… 16
1.4.3　晶格模型 ……………… 20
1.5　社会逾渗模型 ………………… 22
1.5.1　复杂网络逾渗 ………… 23
1.5.2　定向逾渗模型 ………… 24
1.5.3　首达逾渗模型 ………… 25
1.5.4　爆发性逾渗模型 ……… 25
小结 ………………………………… 27
习题 ………………………………… 28
参考文献 …………………………… 30

第2章　随机网络 …………………… 33
2.1　随机网络模型 ………………… 33
2.1.1　ER随机网络模型 ……… 33
2.1.2　P1随机网络模型 ……… 35
2.1.3　P2随机网络模型 ……… 40
2.1.4　指数随机网络模型 …… 41
2.2　随机网络模拟实验 …………… 42
2.2.1　随机网络生成 ………… 43
2.2.2　随机网络特性 ………… 45
小结 ………………………………… 49
习题 ………………………………… 49
参考文献 …………………………… 50

第3章　小世界现象 ………………… 51
3.1　小世界现象：六度分隔 ……… 51
3.1.1　六度分隔实验 ………… 52
3.1.2　六度分隔实验拓展 …… 53
3.2　小世界网络模型 ……………… 54
3.2.1　W-S模型 ……………… 54
3.2.2　W-S-K模型 …………… 58
3.2.3　其他改进的W-S模型 … 60

3.3 小世界模型仿真 ……………… 61
3.4 小世界模型应用 ……………… 64
小结 ………………………………… 65
习题 ………………………………… 66
参考文献 …………………………… 66

第4章 幂律分布网络 ……………… 69
4.1 幂律 ……………………………… 69
   4.1.1 幂律的定义 ……………… 69
   4.1.2 幂律的应用 ……………… 72
4.2 马太效应与长尾效应 …………… 73
   4.2.1 马太效应的定义 ………… 73
   4.2.2 长尾效应的定义 ………… 75
4.3 无标度网络 ……………………… 76
   4.3.1 现实网络的无标度分析 ………………………… 77
   4.3.2 无标度网络的定义及特性 ……………………… 78
   4.3.3 无标度网络的典型构建模型 …………………… 81
小结 ………………………………… 85
习题 ………………………………… 86
参考文献 …………………………… 86

第5章 流行病学 …………………… 91
5.1 仓室传染病模型 ………………… 91
   5.1.1 经典传染病模型 ………… 91
   5.1.2 扩展传染病模型 ………… 95
   5.1.3 疾病传播阈值理论 ……… 98
   5.1.4 传染病的防控 …………… 99
5.2 复杂网络传染病模型 …………… 100
   5.2.1 接触网络模型中的疾病传播 …………………… 102
   5.2.2 集合种群模型中的疾病传播 …………………… 104

小结 ………………………………… 108
习题 ………………………………… 108
参考文献 …………………………… 108

第二篇 社交媒体挖掘与社群智能篇

第6章 自然语言处理 ……………… 112
6.1 自然语言处理概述 ……………… 112
6.2 语言模型 ………………………… 115
   6.2.1 统计语言模型 …………… 116
   6.2.2 神经网络语言模型 ……… 117
   6.2.3 语言模型评价指标 ……… 120
6.3 文本表示 ………………………… 121
   6.3.1 离散表示 ………………… 121
   6.3.2 基于共现矩阵的分布式表示 ……………………… 122
   6.3.3 基于神经网络的分布式表示 ……………………… 123
6.4 预训练动态词向量 ……………… 127
   6.4.1 预训练概念 ……………… 127
   6.4.2 ELMO 模型 ……………… 128
   6.4.3 GPT 模型 ………………… 129
   6.4.4 BERT 模型 ……………… 131
   6.4.5 基于 BERT 的改进模型 ……………………… 132
   6.4.6 XLNet 模型 ……………… 134
6.5 统计学习模型 …………………… 136
   6.5.1 马尔可夫模型 …………… 137
   6.5.2 条件随机场 ……………… 139
6.6 自然语言处理典型任务 ………… 144
   6.6.1 文本预处理任务 ………… 144
   6.6.2 词性标注 ………………… 146
   6.6.3 语义角色标注 …………… 147
   6.6.4 命名实体识别 …………… 148

6.6.5　自然语言处理工具 …… 149
小结 …… 151
习题 …… 151
参考文献 …… 152

第7章　文本主题模型 …… 154
7.1　潜在语义分析 …… 155
　7.1.1　单词向量空间 …… 155
　7.1.2　主题向量空间 …… 157
　7.1.3　基于奇异值分解的潜在语义分析算法 …… 159
　7.1.4　基于非负矩阵分解的潜在语义分析算法 …… 162
7.2　概率潜在语义分析 …… 164
　7.2.1　概率化文本建模 …… 165
　7.2.2　生成模型 …… 166
　7.2.3　学习算法 …… 167
7.3　潜在狄利克雷分配 …… 169
　7.3.1　狄利克雷分布 …… 169
　7.3.2　贝叶斯文本建模 …… 174
　7.3.3　潜在狄利克雷分配模型 …… 175
　7.3.4　LDA 的吉布斯采样算法 …… 178
7.4　文本主题模型的扩展 …… 181
　7.4.1　作者主题模型 …… 182
　7.4.2　动态主题模型 …… 183
　7.4.3　标签潜在狄利克雷分配模型 …… 184
小结 …… 186
习题 …… 186
参考文献 …… 187

第8章　情感分析 …… 189
8.1　情感分析的基本概念 …… 189
　8.1.1　情感分析定义 …… 189
　8.1.2　情感分析任务 …… 190
8.2　词语级情感分析 …… 191
　8.2.1　人工构建情感词典 …… 192
　8.2.2　自动化构建情感词典 …… 193
8.3　句子/文档级的情感分析 …… 194
　8.3.1　基于词典的情感分类 …… 195
　8.3.2　基于传统机器学习的情感分类 …… 195
　8.3.3　基于深度学习的情感分类 …… 197
　8.3.4　基于迁移学习的情感分类 …… 201
8.4　方面级情感分析 …… 204
　8.4.1　方面实体情感分析 …… 204
　8.4.2　方面类别情感分析 …… 208
8.5　情感分析发展趋势 …… 210
小结 …… 211
习题 …… 212
参考文献 …… 213

第9章　用户画像 …… 217
9.1　用户画像方法 …… 217
　9.1.1　人口统计信息挖掘 …… 217
　9.1.2　用户个性挖掘 …… 218
　9.1.3　用户兴趣挖掘 …… 219
　9.1.4　用户行为挖掘 …… 219
　9.1.5　用户画像流程 …… 220
9.2　基于文本数据的用户画像 …… 220
　9.2.1　基于主题模型的用户画像 …… 221
　9.2.2　基于情感分析的用户画像 …… 224

9.2.3 基于神经网络的用户
画像 ……………………… 225
9.2.4 基于知识图谱的用户
画像 ……………………… 226
9.3 多模态数据融合画像 ………… 227
9.3.1 多模态数据融合方法 … 228
9.3.2 单任务多模态数据融合
画像 ……………………… 229
9.3.3 多任务多模态数据融合
画像 ……………………… 232
9.4 发展趋势 ……………………… 237
小结 …………………………………… 237
习题 …………………………………… 238
参考文献 ……………………………… 238

第10章 智能推荐 ……………… 242
10.1 推荐系统概述 ……………… 242
10.2 协同过滤 …………………… 243
10.2.1 基于用户的协同
过滤 ……………………… 244
10.2.2 基于项目的协同
过滤 ……………………… 247
10.2.3 基于模型的协同
过滤 ……………………… 250
10.3 基于内容的推荐 …………… 252
10.3.1 基于内容相似性的
推荐算法 ………………… 253
10.3.2 基于FM的内容
推荐 ……………………… 253
10.4 基于深度学习的推荐 ……… 255
10.4.1 Wide&Deep ………… 255
10.4.2 DeepFM …………… 257
10.5 基于情境感知的推荐 ……… 258
10.5.1 基于情境感知的推荐
定义 ……………………… 258

10.5.2 基于情境感知的推荐
方法 ……………………… 259
10.6 基于图神经网络的推荐 …… 262
10.6.1 预训练模型 ………… 262
10.6.2 端到端模型 ………… 265
10.7 评估 ………………………… 266
10.7.1 评测方法 …………… 266
10.7.2 评估指标 …………… 266
10.8 未来的发展方向 …………… 273
小结 …………………………………… 275
习题 …………………………………… 275
参考文献 ……………………………… 276

第11章 假消息传播 …………… 280
11.1 假消息的定义 ……………… 280
11.1.1 假消息的研究
背景 ……………………… 280
11.1.2 假消息的分类及
定义 ……………………… 282
11.1.3 假消息在线检测
工具 ……………………… 283
11.2 假消息的认知机理 ………… 284
11.2.1 假消息的认知
理论 ……………………… 285
11.2.2 假消息的统计
特征 ……………………… 288
11.3 多模态假消息检测方法 …… 289
11.3.1 基于底层特征的检测
方法 ……………………… 291
11.3.2 基于高层特征的检测
方法 ……………………… 292
11.4 群智融合假消息检测 ……… 295
11.4.1 群体智能 …………… 295
11.4.2 隐式群智检测
方法 ……………………… 297

11.4.3　显式群智检测
　　　　　方法 …………… 305
11.5　可解释假消息检测………… 308
　　11.5.1　基于概率图的可解释
　　　　　检测 …………… 308
　　11.5.2　基于深度学习的可解释
　　　　　检测 …………… 310
小结 ………………………………… 312
习题 ………………………………… 314
参考文献 …………………………… 314

第12章　虚拟机器人 …………… 319
12.1　虚拟机器人概述…………… 319
　　12.1.1　虚拟机器人定义 …… 319
　　12.1.2　虚拟机器人典型
　　　　　案例 …………… 320
12.2　虚拟形象塑造……………… 321
　　12.2.1　虚拟形象塑造定义和
　　　　　分析 …………… 322
　　12.2.2　虚拟形象生成 ……… 322
　　12.2.3　虚拟表情变换 ……… 325
　　12.2.4　虚拟服饰变换 ……… 326
12.3　知识增强对话生成………… 327
　　12.3.1　问题背景与定义 …… 328

　　12.3.2　非结构化知识增强的
　　　　　对话生成 ………… 328
　　12.3.3　结构化知识增强的
　　　　　对话生成 ………… 334
12.4　个性化对话生成…………… 337
　　12.4.1　问题背景与定义 …… 337
　　12.4.2　基于用户嵌入编码的
　　　　　方法 …………… 338
　　12.4.3　基于迁移学习与元学习
　　　　　的方法 …………… 340
　　12.4.4　基于变分自编码器网络
　　　　　的方法 …………… 341
12.5　多模态知识问答…………… 344
　　12.5.1　视觉问答 …………… 344
　　12.5.2　知识问答 …………… 350
12.6　应用案例AI-Mate ………… 355
　　12.6.1　应用背景 …………… 355
　　12.6.2　系统框架 …………… 356
　　12.6.3　应用场景 …………… 360
　　12.6.4　系统展示 …………… 362
小结 ………………………………… 363
习题 ………………………………… 363
参考文献 …………………………… 364

第一篇

网络动力学篇

CHAPTER1

第 1 章

级联行为

信息、决策和行为通过各类网络进行传播是一种基本的社会现象，越来越多的研究人员利用丰富的数学模型对社会现象进行建模分析，以了解其内在机制与原理。实际上，信息、决策以及行为的传播是以网络传播机制为基础的，通常称其为级联（Cascade），例如商家的病毒式营销、社交网络假消息的传播、从众现象等。

本章主要对级联行为进行介绍，首先借助真实生活案例剖析网络中的级联现象，然后利用经典级联模型对级联行为进行形式化建模。此外，本章以逾渗理论为基础，从复杂网络的角度借助晶格模型、社会逾渗模型对网络中的大规模级联行为进行建模分析，以进一步揭示级联行为的本质。

1.1 网络中的级联现象

随着网络中节点数量的不断增加，节点关系的不断扩展，网络的规模越来越庞大，网络结构也越来越复杂。在该情况下，若在某一时刻对网络中的随机节点施加微小刺激，其影响不但不会因网络的巨大规模而忽略不计，反而会在网络中不断地进行发酵和传播，甚至波及整个网络。无论是现实社会中的疾病传播、金融市场的经济危机，还是森林火灾的爆发、生物物种的灭绝，都可以抽象为信息或行为的传播过程。它们都具有一个特点，即一个微小的扰动能够逐渐扩展到整个系统，称为**级联效应**[1]（Cascading Effect）。现实生活中级联现象广泛存在，本节主要介绍社会网络中的级联现象。

1.1.1 级联现象

生活中通常会用"**随大流**"[2-4]来形容社会个体与特定群体在行为、决策等方面保持一致的现象，"随大流"实际上是生活中最普遍的级联现象，人们往往依据对他人行为的推断而做出决定，有时是为了从心理上博取他人的认可，有时是为了获取重要的信息[5]。例如，如果你进入一家商场电梯，发现电梯内的顾客全部背对电梯门，你会做何反应？是面向电梯门，还是加入其他顾客，转而背对电梯门？实验发现，当电梯内人数较少时，新顾客会用较长的时间犹豫是否要背向电梯门，然而当电梯内背对电梯门的顾客越来越多时，新顾客会自然地背对电梯门（如图 1-1 a 所示），类似于米尔格拉姆实验结果（Milgram Experiment）[6]。从心理学角度讲，人们采取背对电梯门的行为是为了降低来自周围环境的压力，从而使自己的行为按照大多数人的方式进行，以获得群体认可。**即个别用户以"背对电梯门"的微小"扰动"使得整个电梯内越来越多的用户采取"背对电梯门"的行为，实现级联。**

除"随大流"外，**"病毒式营销"**（Viral Marketing）[7-8]也是一种级联现象，其指利用社会公众的积极性和人脉关系使营销信息像病毒一样通过快速复制在整个网络传播和扩散，在尽可能短的时间内传向更多受众，如图 1-1 b 所示。作为病毒式营销的经典案例，2014 年火爆全球的"冰桶挑战赛"（ALS Ice Bucket Challenge）充分展现了社交网络上的信息级联现象。该挑战赛要求参与者在社交账号上发布自己被冰水浇遍全身的视频内容，然后用户可要求三位好友参与该挑战，要求被邀请者要么在 24 小时内接受挑战，要么为肌肉萎缩性侧索硬化症（Amyotrophic Lateral Sclerosis，ALS）协会捐款 100 美元。冰桶挑战风靡全美，在短短两周内为 ALS 协会筹得募捐资金达 400 万美元，是 2013 年同期捐款金额的近四倍。同时，"名人效应"为冰桶挑战赛的巨大成功起到了推波助澜的作用。**冰桶挑战赛的巨大成功，其本质是利用参与者之间的社交关系和行为复制使营销信息通过级联进入规模更大的用户群体。**

a)"电梯从众"实验　　　　b) 冰桶挑战　　　　c) 排队购物

图 1-1　生活中的级联现象

社交网络信息的传播同样存在级联现象，特别是假消息的传播。鲁迅曾在杂文《述香港恭祝圣诞》中写道："群言淆乱，异说争鸣；众口铄金，积非成是。"意思是众人的言论能够熔化金属，比如舆论影响的强大，众口同声甚至可以混淆视听。在社交网络中，用户可对热点事件发表观点、表明立场，同时每个人的观点又可以影响其他用户的观点，形成信息级联（Information Cascade）的现象。当用户浏览到一条被大量转发的微博时，即便对微博描述内容并不了解，其转发意愿也会显著增加[9]。而假消息往往会隐藏在这些帖子当中，欺骗受众的感情，甚至影响社会的稳定。

以上例子表明，级联现象普遍存在于现实生活当中。因此，掌握级联现象发生的本质并对其进行有效建模，对分析应对特定社会事件具有重要意义。

1.1.2　信息级联

信息级联是行为经济学和复杂网络中描述的一种现象，在该现象中，**大量用户以顺序的方式做出相同的决策[10]。信息级联通常由两个阶段组成：首先，为使级联开始，每个用户处于一个二元决策环境中；其次，外部因素可以影响每个用户的决策行为（通常是通过观察其他用户在类似环境下采取的行为及其结果）。因为人们可以在不同的时刻依次做出决定，而后继者均可以观察到之前用户的决策行为并根据他人行为进行信息推理，所以在特定情况下当他人的选择提供给自身的信息比自己通过其他途径了解到的信息更有说服力时，用户会忽略已知信息而采取其他用户的行为，并认为其很合情理。

在信息级联中，可理解为用户在"模仿"其他用户的行为。当然通常个体模仿他人的行为并非盲目的，而是依据现有信息进行合理推断的结果：人们并不是简单地迫于社会压力而迎合多数人的行为，而是根据理性的判断做出决定[11]。

信息级联可以划分为 5 个基本组成部分：
- 需要做出决策的环境，例如是否采用新技术、是否支持某一政客；
- 有限的用户行为空间，例如通过 \ 拒绝；
- 用户顺序做出决定，每个用户都可以观察到较早决策用户的选择[12]；
- 每个用户除自身掌握的信息外，还可以获得一些外部信息帮助决策；
- 用户不能直接观察到其他用户获得的外部信息，但是可以从他人采取的行为中推断信息。

级联过程中用户"模仿"其他用户存在两种本质不同的合理性理由：一是用户能够获得帮助自身进行决策的其他信息（称为**信息效应**）；二是其他人的行为直接影响用户的回报，而不是间接改变个体信息（称为**直接受益效应**）。许多决策行为同时受到信息效应和直接受益效应的影响，在某些情况下，这两种效应可能会发生冲突。例如，大量市民在药店排队购买 N95 口罩，说明人们愿意为了防护效果更好的口罩类型而花费时间排队，即群体用户带来的信息优势要大于它为用户带来的不便。

信息效应和直接受益效应揭示了级联能够在群体内产生的原因。除此之外，信息级联效应往往受其他多重因素的影响。

1. 群体的规模和凝聚力

群体的规模对信息级联具有重要影响[13]。例如米尔格拉姆等人[14]设计让 1 至 15 个人组成的群体停留在城市繁忙的人行道上抬头仰望天空，最后发现群体规模逐渐增加到 15 个人时路人模仿群体抬头仰望天空的百分比也逐渐增加。此外，群体的凝聚力越大，对每个成员的影响也越大。例如在大学的各类社团中，社团成员经常举办各类的团建活动，增进成员之间的关系。当社团成员之间的关系更加亲密时，团建活动也会更加频繁。

2. 用户的社会角色和地位

社会地位越高的人，往往对个体的影响力越大。木伦等人[15]在 24 000 个行人无意识地参与下对乱穿马路行为进行了研究。他们发现约有 25% 的行人有乱穿马路的行为，而当预先安排的遵守交通规则的行人出现时，乱穿马路的行人比例下降至 17%；而当另一个乱穿马路的行人出现时，该比例又会上升到 44%。沃克等人[16]发现悉尼的行人更容易跟随衣着整齐高雅的行人而不是穿着破烂的行人,即如果遵守交通规则的行人衣着高雅,那么他对乱穿马路的行人起到的示范作用也是最佳的。

3. 社会文化背景

社会文化背景有时能够帮助预测级联现象是否会发生[17]。与强调个人主义(Individualism)的国家的公民⊖相比,重视集体主义(Collectivism)的国家的公民⊖更喜欢和谐的社会环境,因此他们更容易受到他人的影响而做出反应。

1.1.3 级联的特点

通过对级联现象的分析可知级联存在以下特点[18-19]。

1) **级联可能是错误的**。例如,接收一个并非正确的信号,但碰巧群体内的用户一开始都认为它是正确的信号,这样接收的级联效应会轻易开始。

2) **级联可能基于很少(有限)的信息**。当级联开始的时候,人们容易忽略自身掌握的私有信息而去相信接收的信息,即信息主要在前级联阶段影响群体的行为。如果一个信息级联开始得非常迅速,大部分用户的私有信息并没有被利用和传播,仅基于有限的输入信息。

3) **级联是脆弱的**。基于有限的信息使得级联很容易启动,但同时也很容易让该级联停止。当人们接收到略具优势的信号时就可能颠覆正在传播的级联信息。

级联的三个特点引发了人们对群体决策行为中级联效应的研究兴趣。实际上在"少数服从多数"的团体决策形式中非常容易形成级联效应。例如,两名应聘者竞聘同一个工作岗位,但他们的表现不相上下,此时 HR 与面试官开会讨论该聘用哪一位应聘者。各面试官依次发表对两人工作能力、沟通能力等方面的评价,若参会者对两人综合能力的评估大致相当则会迅速地产生级联效应:如果其中几位面试官最初赞成聘用第一位应聘者,可能会导致其他人也赞成聘用第一位应聘者,尽管他们一开始可能出于个人偏好倾向于聘用第二位应聘者。

实际上在决策过程中存在两种力量相互作用:一方面是多个代表携手合作形成统一的观点,另一方面他们各自持有自己的意见[20]。平衡这两种力量要求每个代表在彼此决定合作之前能够形成部分独立的观点。这样,如果某些代表对待决策问题有关键的信息,无论他们是否有机会使整个群体共享,这些信息都会发挥一定的作用以减弱决策偏差。

1.2 级联与聚簇

我们在 1.1 节着重讲解了级联现象的概念及其特点,本节开始从模型的角度探究网络

⊖ 重视个人自由,强调自我约束、自我支配与自我控制。
⊖ 强调个人服从社会,个人利益服从集体、民族和国家利益。

中的级联现象,包括级联的产生和级联程度的度量。在办公环境中,人们更倾向于选择与其他同事更兼容的技术或设备,而不是采用最先进的或最流行的;在政治生活中,人们往往会与朋友们保持一致的政治观点,尽管该观点并不普遍。足以可见人们日常生活的决策中处处蕴含着行为的传播,为了定量描述这一现象,美国麻省理工学院的莫里斯[21]提出了一个基于直接受益效应的行为传播模型:**每个人有一些特定的社会网络邻居(朋友或同事),并且采纳某种行为所获的受益随着周围采纳的邻居的增多而增大**。根据该模型,本节从级联行为下的协调博弈和网络聚簇两方面进行介绍。

1.2.1 级联行为下的协调博弈

假设在一个基本的社会网络中,每个网络节点表示一个个体,并且每个节点有 A、B 两种行为可选;如果节点 U_1 与 U_2 之间存在边,则表明它们之间存在行为的传播。以协调博弈描述该网络,定义其收益如下:

- 若 U_1 与 U_2 均采取 A 行为,则它们的收益均为 $r_a>0$;
- 若 U_1 与 U_2 均采取 B 行为,则它们的收益均为 $r_b>0$;
- 若 U_1 与 U_2 采取不同的行为,则它们的收益均为 0。

图 1-2 a 反映了 U_1 与 U_2 的收益矩阵,从该矩阵中能够发现每个节点均会复制其邻居的行为,其收益为所有连边所得收益的总和。然而,当 U_1 的一部分邻居采取行为 A,另一部分邻居采取行为 B 时,应该采取哪种行为才能使收益最大?这与采取每个行为的邻居的数量 r_a 与 r_b 的值有关。假设 U_1 共有 n 个邻居,其中比例为 p 的用户采取行为 A,$(1-p)$ 的用户采取行为 B,即 pn 位邻居为 A 行为,$(1-p)n$ 位邻居为 B 行为,如图 1-2 b 所示。如果 U_1 采取行为 A,所获收益为 pnr_a,否则为 $(1-p)nr_b$:

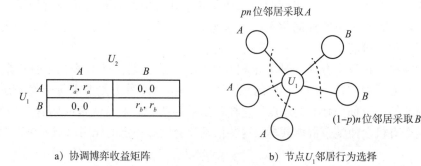

a) 协调博弈收益矩阵　　　　b) 节点 U_1 邻居行为选择

图 1-2　基本网络协调博弈模型

- 若 $pnr_a \geq (1-p)nr_b$,即 $p \geq \dfrac{r_b}{r_a+r_b}$ 时,采取行为 A 收益更大;

- 若 $pnr_a < (1-p)nr_b$,即 $p < \dfrac{r_b}{r_a+r_b}$ 时,采取行为 B 收益更大。

令 $q=r_b/r_a+r_b$ 表示一个门槛值，即当每个用户周围有比例为 q 的邻居采取行为 A 时，用户也应该采取该行为。以门槛值来分析该博弈结果，当 q 较小时，说明 $r_a \gg r_b$，则行为 A 更具吸引力，仅需小部分邻居采取行为 A 目标用户就会转向 A；当 q 较大时，说明 $r_a \ll r_b$，则行为 B 更具吸引力，用户只有在大量朋友采取行为 A 之后才会出于其他影响因素转向 A。注意，当恰好有比例为 q 的邻居采取行为 A 时，默认目标用户也会采取行为 A。

图 1-2 所展示的基本网络协调模型存在两个明显的平衡结果，即要么所有节点均采取 A 行为，要么所有节点均采取 B 行为。接下来探究另外一种更实际的平衡状态，即一部分节点采取 A 行为，而另一部分节点采取 B 行为。正像在实验室中总会有部分用户使用 MacOS 办公，而其他用户使用 Windows 办公。假设网络中每个节点最初均采用 B 行为（所有人均使用 Windows 办公），其中一部分用户出于某种偏好决定采取 A 行为（开始使用 MacOS 办公），尽管可能会使他们的短期收益下降，他们更关注的其他影响因素使这些用户忽略了下降的收益（例如他们都是忠实的"果粉"）。虽然这些用户不再遵循最高收益原则，但其他用户依然按照协调博弈的规则评估其收益。由于部分初用者采取了 A 行为，导致其部分邻居也有可能转向 A 行为，进而其邻居的邻居也有可能转向 A 行为。整个网络行为的决策过程以一个潜在的级联方式进行，什么情况下所有节点转向 A 行为？或者什么情况下 A 行为不会继续扩散？

假设一个初用节点集采用 A 行为，其他所有节点均采用 B 行为。每个时间步下节点依据门槛值决定是否由 B 行为转向 A 行为。当所有节点的行为均转向 A 行为时，级联停止；或者所有节点均不再想要变更行为，达到 A 行为与 B 行为共存的状态。令 $r_a=4$，$r_b=3$，即行为 A 的收益是行为 B 的 4/3 倍。根据门槛值计算公式 q，一个节点至少有 $q=r_b/(r_a+r_b)=3/7$ 比例的邻居采取 A 行为，该节点才会从行为 B 转向 A。该过程如图 1-3 所示（实线圈为采取行为 A 的节点，虚线圈为采取行为 B 的节点）。

- t_0 时刻假设 U_4、U_7 为采取行为 A 的初用节点集，其余节点均采取行为 B；
- t_1 时刻，U_6 和 U_8 因为有比例 $1/2>3/7$ 的邻居为 A 行为而转向 A 行为，其余节点仍为 B 行为；
- t_2 时刻，U_3 和 U_5 因为有比例 $2/3>3/7$ 的邻居为 A 行为而转向 A 行为，其余节点仍为 B 行为；
- t_3 时刻，U_1 和 U_2 因为有比例 $2/3>3/7$ 的邻居为 A 行为而转向 A 行为，全部节点均转为 A 行为，级联停止。

图 1-3 展示的级联中，网络的所有节点全部转向 A 行为。如果最终采用 A 行为的级联导致整个网络节点均从 B 行为转向 A 行为，则认为该初用节点集产生了一个门槛值为 q 的**完全级联**。实际上完全级联的产生依赖于一个连锁反应，起初节点 U_4 和 U_7 对节点 U_3、U_5 并没有足够的影响力，但当节点 U_6 和 U_8 被初用节点集影响后，U_3 和 U_5 也会被影响。然而，并不是所有的级联都会产生完全级联。接下来变更一下初用节点集，再对

级联行为进行一次探究。例如,以 U_3 和 U_4 为行为 A 的初用节点集,其级联行为如图 1-4 所示。

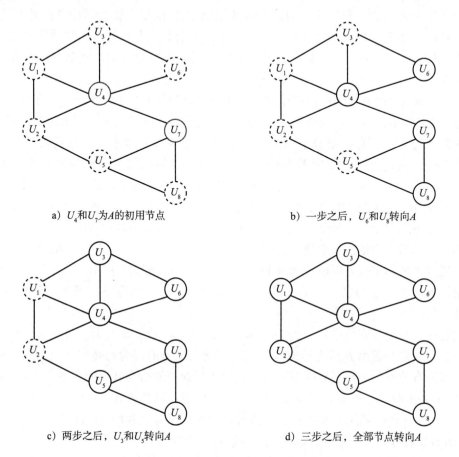

a) U_4 和 U_7 为 A 的初用节点

b) 一步之后,U_6 和 U_8 转向 A

c) 两步之后,U_3 和 U_5 转向 A

d) 三步之后,全部节点转向 A

图 1-3 以 U_4、U_7 为初用节点的级联行为图

- t_0 时刻假设 U_3、U_4 为采取行为 A 的初用节点集,其余节点均采取行为 B;
- t_1 时刻,U_6 因其全部邻居为 A 行为而转向 A 行为,U_1 有比例 2/3>3/7 的邻居为 A 行为而转向 A 行为,其余节点仍为 B 行为;
- t_2 时刻,U_2 因为有比例 2/3>3/7 的邻居为 A 行为而转向 A 行为,其余节点为 B 行为;
- 此后,级联停止,U_1、U_2、U_3、U_4、U_6 采取 A 行为,U_5、U_7、U_8 仍保持 B 行为。

经过两步之后,级联停止,U_5、U_7 和 U_8 组成的"小团体"仍然保持 B 行为。从图 1-4 能够看到一个网络中的密集区域可以阻止一个新行为或者一项新事物的传播。A 行为可以在节点 U_1、U_3、U_4 和 U_6 构成的小社区内扩散传播,然而却无法进入 U_5、U_7 和 U_8 的小社区,最终使得 A 行为同 B 行为一起在网络中共存。

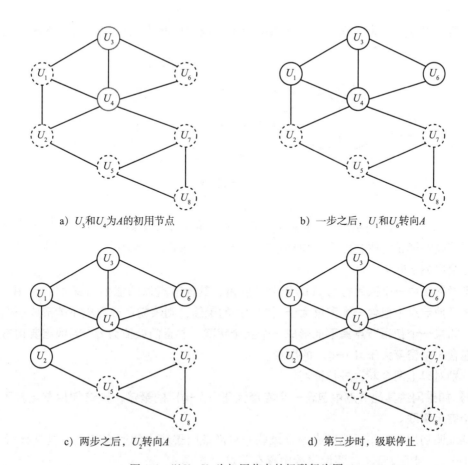

a) U_3 和 U_4 为 A 的初用节点

b) 一步之后，U_1 和 U_6 转向 A

c) 两步之后，U_2 转向 A

d) 第三步时，级联停止

图 1-4 以 U_3、U_4 为初用节点的级联行为图

1.2.2 网络聚簇对级联的影响

了解了级联的形成过程之后，现在进一步讨论到底有哪些因素会导致级联行为停止运行。图 1-4 中似乎揭示网络中的密集区域可能会阻碍完全级联行为的发生。借鉴同质现象中的知识，同质性是否会成为级联的障碍？

为了对网络中的"密集区域"进行量化，定义"聚簇"的概念如下[22]：

若一个节点集合中的每个节点至少有比例为 q 的网络邻居也属于该节点集合，则称该节点集为密度为 q 的聚簇。

例如，图 1-5 中节点 U_1、U_2、U_3、U_4 构成了一个密度为 2/3 的聚簇，同样，U_5、U_6、U_7、U_8 也构成了一个密度为 2/3 的聚簇。聚簇中的每个节点都有一定比例的邻居也在聚簇中，这表明结构上的聚簇实际上代表了一种"凝聚力"。然而，同一聚簇中的节点并非一定有某种相似性，例如，某个社区中的居民并没有什么共同的特征，只是因为居住地相接近。同时也说明每个节点都处在密度为 1 的聚簇中，另外，两个密度为 q

的聚簇的交集也是一个密度为 q 的聚簇。以上均说明网络中的聚簇可以以不同的规模并立存在。

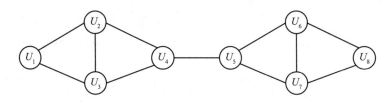

图 1-5 聚簇实例

图 1-5 的例子提示网络中的聚簇可能是导致级联成功或失败的因素，本质上当级联遇到密度较高的聚簇时便会停止，并且这也是级联停止的唯一原因[21]。为了精确描述这一性质，给出如下断言[22]：

考虑网络中一个采用行为 A 的初用节点集，其他节点以门槛值 q 采取行为 A，则如果网络其他节点中包含一个密度大于 $(1-q)$ 的聚簇，则该初用节点集不能形成一个完全级联；如果一个初用节点集不能形成一个完全级联，并且门槛值为 q，则网络其他节点中一定包含一个密度大于 $(1-q)$ 的聚簇。

分别对以上两个断言进行证明：

1）如果网络其他节点中包含一个密度大于 $(1-q)$ 的聚簇，则该初用节点集不能形成一个完全级联。

欲证明初用节点集不能形成完全级联，只需证明聚簇中的所有节点不会选择行为 A，如图 1-6 a。利用反证法，假设聚簇中存在节点 U 选择 A。

U 是否选择 A 取决于已经选择 A 的节点集，因为 U 是目标聚簇中第一个选择 A 的节点，则在 U 决定转向 A 时，只有在聚簇外的节点选择行为 A；因为该聚簇的密度大于 $(1-q)$，则 U 有比例大于 $(1-q)$ 的邻居与 U 在同一聚簇，小于 q 的邻居节点不属于该聚簇；因为小于 q 的邻居节点是应该选择行为 A 的节点，不符合门槛规则，它们不能选择行为 A，与条件产生矛盾，因此假设不成立，原假设的反面成立，聚簇中的所有节点不会选择行为 A；综上所述，如果网络其他节点中包含一个密度大于 $(1-q)$ 的聚簇，则该初用节点集不能形成一个完全级联，证毕。

2）如果一个初用节点集不能形成一个完全级联，并且门槛值为 q，则网络其他节点中一定包含一个密度大于 $(1-q)$ 的聚簇。

考虑行为 A 的传播过程，从初用节点集开始到级联停止，网络中仍然存在节点采用行为 B，如图 1-6 b 所示。设 N 是级联停止时采用 B 的节点集，只需证明 N 的密度大于 $(1-q)$；任取 N 中的一个节点 V，因为 V 不会采取 A 行为，那么 V 的邻居中采取 A 行为的比例一定小于门槛值 q，即 V 的邻居中采取 B 行为的比例大于 $(1-q)$；因为整个网络中所有采取 B 行为的节点都属于 N，因此 V 的邻居中属于 N 的比例一定大于 $(1-q)$；由于

节点 V 是 N 中的任意一个节点，则如果一个初用节点集不能形成一个完全级联，并且门槛值为 q，则网络其他节点中一定包含一个密度大于 $(1-q)$ 的聚簇，证毕。

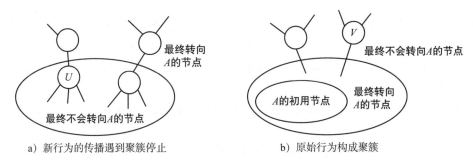

图 1-6 级联与聚簇关系[22]

通过以上证明可以得出结论**聚簇是级联的唯一障碍，无论何时当网络中的级联行为停止时，一定存在一个聚簇阻挡级联的继续进行**。那么级联的能力到底有多大？实际上，**网络的级联能力不可能超过 1/2**。为了证明这一结论，只需证明：当门槛值 $q>1/2$ 时，任意网络结构中，一个有限的初用节点集均无法实现完全级联。

假设 N 是行为 A 的一个初用节点集，以大于 1/2 的门槛值进行传播。随着时间步的推移，网络中可能有越来越多的节点转向行为 A，那么在某个时间步状态下，网络中一定存在三种类型的边：A-A 边、A-B 边、B-B 边。令 A-B 边组成的集合为 S，若 S 的大小随着行为 A 的传播而严格递减，则足以说明行为 A 不会形成完全级联。因为 A 的初始行为节点集是有限的，每个初始节点仅有有限的邻居节点，则 S 的大小一定会减为 0，即只有有限的节点转向 A。详细的证明过程请自行完成。

1.3 网络级联模型

网络级联模型能够表征级联传播的机制，对于理解和解释现实生活中的级联现象至关重要。本节主要介绍独立级联模型（Independent Cascade Model，ICM）与线性阈值模型（Linear Threshold Model，LTM）[23-24]，前者强调网络中的节点依概率被邻居节点激活，而后者强调每个网络节点基于已做出相同决策的邻居节点数量或所占比例（阈值）决定是否被激活。作为典型的级联模型，现有工作均基于 ICM 与 LTM 进行改进和优化。

1.3.1 独立级联模型

2001 年，美国哥伦比亚大学教授雅各布·戈登堡在研究市场营销规律时提出了独立级联模型。该模型本质上是一个概率模型，节点之间的影响程度由概率 p 决定。以社交网络信息传播为例，构造有向图 $G=\langle V,E \rangle$，其中 V 表示网络用户节点集合，$E \subseteq V \times V$ 表示有向边集合，每个节点 $v \in V$ 表示一个用户。每条边 $(u,v) \in E$ 表示用户 u 到用户 v 的影响力关系，u 为 v 的一个入邻居，v 为 u 的一个出邻居。令 $N^+(v)$ 表示节点 v 的所有出邻居集合，$N^-(v)$ 表示节点 v 的所有入邻居集合。

针对网络中所有的传播实体（信息、观点等），有向图 G 将其抽象为激活节点和非激活节点两类。激活节点表示该节点已经接收了对应的传播实体，而非激活节点表示该节点未接收传播实体。独立级联模型对激活节点集合与非激活节点集合描述的传播过程进行建模，并存在如下基本假设：

- 节点 u 以概率 $p(u,v)$（$0<p<1$）尝试激活其邻居节点 v，且 $p(u,v)$ 与其他试图激活节点 v 的节点相互独立；
- 节点 u 只具备一次尝试激活邻居节点的机会，无论是否激活成功，该节点不再具备影响力（但仍然保持自身的激活状态）。

根据基本假设，独立级联算法描述如下：

1) 给定初始种子节点集合 S_0，任意节点 $u \in S_0$ 均处于激活状态，其他节点 $v \in V \backslash S_0$ 处于非激活状态。

2) t 时刻（$t \geq 1$），新近被激活节点 $m \in S_{t-1} \backslash S_{t-2}$（$S_t$ 表示截止到时刻 t 所有激活节点构成的集合）以概率 $p(m,n)$ 尝试激活其邻居节点 $n \in N^+(m) \backslash S_{t-1}$；若存在多个已激活节点可以对节点 n 产生影响，那么这些节点将以任意顺序试图激活节点 n。如果节点 n 被成功激活，则 $t+1$ 时刻 n 转入已激活节点集合，即 $n \in S_t \backslash S_{t-1}$；否则，节点 n 仍保持非激活状态，即 $n \in V \backslash S_t$。

3) 迭代运行至网络中不再出现新的被激活节点，传播过程停止。

如图 1-7 所示，以实心圆表示激活节点，空心圆表示非激活节点，有向边上的值表示成功激活目标节点所需的概率值。为便于理解节点的激活过程，假设已激活节点尝试激活邻居节点时系统生成一个随机数，若概率值大于该随机数，则激活成功，否则激活失败。$t=0$，U_0 为种子节点，处于激活状态；$t=1$，U_0 分别以 0.5、0.4 的概率尝试激活 U_1、U_2，由于随机数 0.4<0.5，则 U_1 被激活，同理由于随机数 0.6>0.4，则 U_2 未被激活；$t=2$，U_1 以 0.3 的概率尝试激活 U_2，由随机数 0.2<0.3，则 U_2 被激活；$t=3$，U_2 分别以 0.3、0.2 的概率尝试激活 U_3、U_4，由于随机数 0.1<0.3、0.6>0.2，则 U_3 被激活、U_4 未被激活；$t=4$，U_3 以 0.2 的概率尝试激活 U_4，然而随机数 0.4>0.2，U_4 仍未被激活，此时整个系统中无新增激活节点，迭代结束。

此外，独立级联模型同样可应用于无向图中，算法与有向图相同而激活概率满足 $p(u,v)=p(v,u)$。以图 1-8 为例，$t=0$ 时，V_0 作为种子节点处于激活状态；$t=1$，V_0 分别以 0.5、0.8 的概率尝试激活 V_1、V_2，由于随机数 0.4<0.5 则 V_1 被成功激活，而随机数 0.9>0.8，则 V_2 未被激活；$t=2$，V_1 以 0.4 的概率尝试激活 V_3，随机数 0.2<0.4，则 V_3 被成功激活；$t=3$，V_3 分别以概率 0.7、0.3 和 0.6 尝试激活节点 V_2、V_4 和 V_5，同理根据随机数 0.9>0.7、0.2<0.3、0.5<0.6 可知 V_2 未被成功激活，而 V_4 和 V_5 均被成功激活，迭代结束。

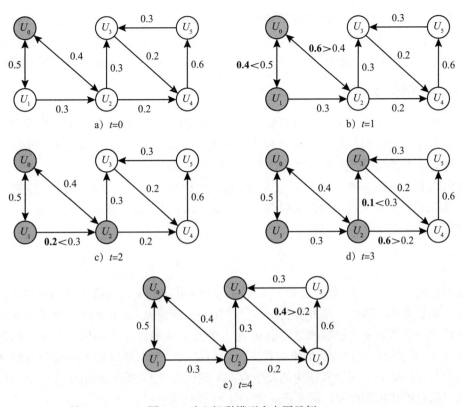

图 1-7 独立级联模型有向图示例

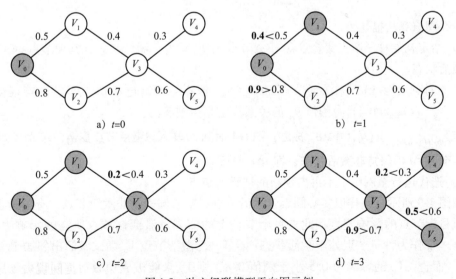

图 1-8 独立级联模型无向图示例

以上两个实例表明独立级联模型能够简洁地描述级联现象发生的过程。该模型以消息发布者/行为发起者为起点，一旦网络中任一节点被激活，它将尽力去激活自身的邻居节点。由于节点的激活是随机发生的，采用相同的初始节点也可能得到不同的传播结果。

1.3.2 线性阈值模型

独立级联模型假设邻居节点对目标节点的影响力是相同的，然而现实生活中不同用户的影响力存在明显的差异，随用户权力、亲密关系等变化。为了应对这一缺陷，线性阈值模型对多个邻居节点的影响力进行了更细致的刻画。

有向图 $G=\langle V,E \rangle$ 中，节点 v 与 u 之间以权重为 $w(v,u)$ 的有向边相连接，其中 $w(v,u)$ 表示节点 v 对节点 u 的影响程度，且 $0<w(v,u)<1$。定义节点 u 的所有入邻居对 u 的影响程度之和小于等于 1，即

$$\sum_{v_i \in N^-(u)} w(v,u) \leq 1 \tag{1-1}$$

根据公式（1-1）可知实际上 $w(v,u)$ 表示节点 v 在节点 u 的所有入邻居中对 u 的影响力占比。除权重外，网络中每个节点 u 自身存在一个阈值 $\theta_u(0<\theta_u<1)$，当节点 u 周围所有已激活的入邻居对 u 的影响超过阈值 θ_u 时，节点 u 被激活，否则保持非激活状态。事实上 θ_u 体现了每个节点被激活的难易程度，θ_u 值越大，节点越倾向于维持自身的状态而拒绝周围节点的影响（对级联行为的发生存在一定的抑制）。假定网络中每个节点的阈值不会随着信息的传播而改变，则节点 u 在 $t+1$ 时刻被激活时，有公式（1-2）成立，当某一时刻网络中不再有新的节点被激活时，传播过程停止：

$$\sum_{v \in N^-(u) \cap S_t} w(v,u) \geq \theta_u \tag{1-2}$$

线性阈值算法描述为

1) 给定初始种子节点集合 S_0，任意节点 $u \in S_0$ 均处于激活状态，其他节点 $v \in V \setminus S_0$ 处于非激活状态。

2) t 时刻（$t \geq 1$），未激活节点 $m \in V \setminus S_{t-1}$ 依据它所有已激活入邻居影响程度之和 $\sum_{n_i \in N^-(m) \cap S_{t-1}} w(n_i,m)$ 与自身阈值 θ_m 的关系决定是否被激活：

若 $\sum_{n_i \in N^-(m) \cap S_{t-1}} w(n_i,m) \geq \theta_m$ 成立，则 $t+1$ 时刻 m 转入已激活节点集合，即 $m \in S_t \setminus S_{t-1}$；否则，节点 m 仍保持非激活状态，即 $m \in V \setminus S_t$。

3) 迭代运行至网络中不再出现新的被激活节点。

如图 1-9 所示，同样以实心圆表示激活节点，空心圆表示非激活节点，有向边上的值表示对目标节点的影响程度，此外每个节点上的值表示激活该节点所需的影响力阈值。$t=0$ 时，V_0 作为种子节点处于激活状态；$t=1$，已激活节点 V_0 尝试激活出邻居 V_1 和 V_2，对于 V_1 而言，V_0 的影响力 0.5 小于阈值 0.8，则 V_1 未能被成功激活，同理由于影响力 0.8 大于 V_2 自身的阈值 0.7，则 V_2 被成功激活；$t=2$，V_2 尝试激活 V_3，由于 V_2 对 V_3 的

影响力 0.7 大于 V_3 的阈值 0.6，则 V_3 被成功激活；$t=3$，已激活节点 V_3 尝试激活出邻居 V_4 和 V_5，易知 V_4 无法被激活而 V_5 被成功激活。

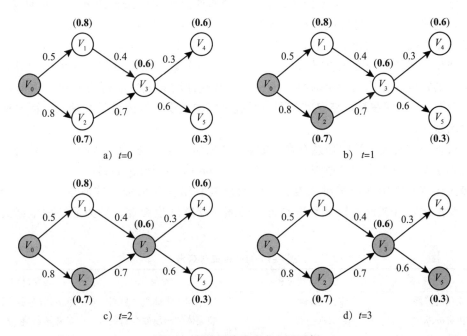

图1-9 线性阈值模型有向图示例

线性阈值模型中任一节点 u 的所有入邻居对 u 是联合影响的，虽然单独一个入邻居可能无法成功激活节点 u，但是多个入邻居共同影响可能将其激活。由此可以发现入邻居的联合作用类似于 1.2 节所讲的"聚簇"这一概念。事实上节点阈值的随机性导致了线性阈值模型的随机性，一旦每个节点的阈值确定，则整个网络的传播过程也随之确定。然而，网络中节点自身的阈值事先是不可知的，只能通过先验知识近似推断，尽量逼近其真实阈值。

1.4 逾渗理论与晶格模型

"逾渗"概念最早由数学家布鲁德本特和哈默斯利提出，用来描述无序介质中流体的无规则运动。无序的多孔介质并不只是存在于物理材料中，自然界中很多物质都具有无序特性。因此，在众多生物、物理、化学及社会自然现象中，逾渗概念有着重要的实际意义并且其应用范围不断扩大。在社会网络中，观点、行为的传播过程复杂多样，往往难以通过单一的模型进行准确刻画，借助逾渗理论，可以为信息级联现象的研究提供深入指导。逾渗理论的研究离不开理论模型的支撑，本节从晶格（Lattice）的角度讲解逾渗理论及其基本模型。

1.4.1 逾渗现象

逾渗（Percolation）是指系统之外的一种介质通过一定的路径进入系统内的过程[25]。实际上，逾渗现象是一种广泛存在的物理现象（不论是微观世界还是客观世界），如液体可以逾渗至有孔无序的介质。但逾渗与物理中的扩散（Diffusion）不同，扩散是指物质分子从高浓度区域向低浓度区域转移直到均匀分布的现象，而逾渗是当系统中的成分或某种意义上的密度变化达到一定值时，该系统的某些性质会发生显著的变化（类似"量变引起质变"），也即**在某种特定状态下，系统某些物理现象的连续性会消失，而某些现象会突然出现**。

逾渗现象在现实生活中普遍存在，如表1-1所示。逾渗现象中均存在一个状态发生变化的临界状态，一般称为**"逾渗相变"**（Percolation Phase Transition）：

庞大无序系统中随着某种密度、占据程度或联结程度增加（或减少）到一定程度，系统内突然出现（或消失）某种联结性，性质和状态发生突变，称为逾渗相变或尖锐的相变。

表1-1 身边的逾渗现象

现象	转变过程	现象	转变过程
群体疾病的传播	流行/抑制	导体和绝缘体复合材料	绝缘体/金属导体
森林火灾的发生	起火/熄灭	超导体和金属复合材料	正常导电/超导
多孔介质流体的运动	堵塞/流通	玻璃化转变	液体/玻璃
通信网络	断开/连接		

逾渗相变时某种密度、占据程度或联结程度的临界值称为**"逾渗阈值"**（Percolation Threshold）。例如在导电复合材料中随着导电粒子浓度的增加形成连续导电逾渗网络时，相应导电粒子体积分数的临界值就称为该逾渗相变对应的逾渗阈值。逾渗相变和逾渗阈值的引入为了解逾渗现象的本质奠定了基础，逾渗理论的研究主要有如下特点：

- 逾渗理论主要研究随机几何结构和强无序的系统；
- 逾渗理论能与计算机模拟技术有效结合，对逾渗模型进行求解；
- 逾渗理论具有特征函数，通常为逾渗概率、集团（群体）的平均大小等；
- 逾渗阈值会受到各种内在因素和外在条件的影响。

目前逾渗理论已经在各个领域中有了长足的发展，尤其是在复杂网络的研究中。利用逾渗模型，一方面可以对复杂网络的动态特性进行探究，另一方面可以对网络节点状态（是否会被感染、是否会被影响等）进行研究。

1.4.2 基本逾渗模型

本小节将从键逾渗模型（Site Percolation）和座逾渗模型（Bond Percolation）两方面探究逾渗现象建模问题。

为了抽象化描述，通常**逾渗模型是定义在一定类型点格上的几何模型**[25]。1957 年，英国著名数学家哈默斯利与布鲁德本特[26]将逾渗模型定义为一个二维方形点格，用以描述流体在无序多孔介质中的运动。如图 1-10 所示（正方形点格系统中共有 $a \times a$ 个节点），节点表示介质中的空隙，相邻的节点以概率 $p(0<p<1)$ 相连，相连即表示流体可以穿过该空隙，将该现象定义为占据相应的边。若干个被边连接而成的节点集团称为**连通集团**（如图 1-10 中虚线圈出来的节点），其中节点的数量称为该连通集团的大小。此外，若逾渗现象能够发生，则原系统中存在一个与模型大小相当的连通集团，称为**巨分量**（Giant Component）。并且英国剑桥大学著名数学家杰弗里·格里梅特[27]已经证实，在足够大的 N 维逾渗模型中一定存在一个巨分量。

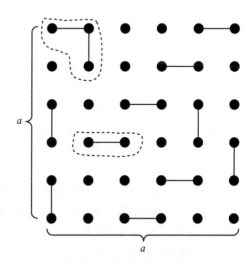

为了定量讨论逾渗模型，首先分析巨分量对逾渗相变的影响。在图 1-10 中，即便占据概率 p 较小，大部分节点仍有极大可能连通。然而，当整个系统的节点无限制增大时，巨分量出现的偶然性大大减少。不同 p 值下连通集团随系统尺度的变化如图 1-11 所示。

图 1-10　逾渗模型示意图

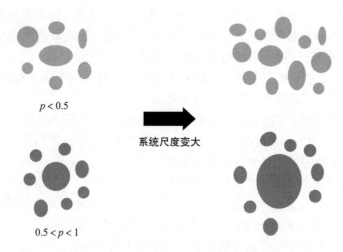

图 1-11　连通集团随系统尺度变化效果图（占据概率 p 的影响）[28]

- p 值较小时，系统尺度的增大会导致连通集团数量的增多，但是大小不会发生明显变化，无巨分量出现。

- p 值较大时，系统尺度的增大会导致系统中某个连通集团的尺度发生显著变化，出现巨分量。

定义逾渗相变的**序参量**来表征系统中是否存在巨分量，其中 N 表示整个系统的大小、n 为最大连通集团大小：

$$\delta = \lim_{N \to \infty} \frac{n}{N} \tag{1-3}$$

当系统中不存在巨分量时，各连通集团的大小为较小的定值，序参量 δ 趋近于 0；当系统中存在一个巨分量时，其大小随系统大小的增大而增大，序参量 δ 收敛到一个小于 1 的定值。因此序参量是否为 0 可以衡量整个系统中是否存在巨分量。另外系统的第二大连通分量在 δ 从 0 变至非 0 值的临界点处取得最大值，因为一旦 δ 变为非 0 值时系统会因巨分量的出现而发生逾渗相变，全部键被占据，第二大连通分量的大小逐渐减至 0。

研究人员对二维方形点格上的逾渗类型做了进一步的区分。由于点格中存在点（称为座）和边（称为键）两种基本元素，因此逾渗模型分为键逾渗模型和座逾渗模型两类[29]，如图 1-12 a 所示。

- 键逾渗：所有的座是连通的，每条键或以占据概率 p 连通，或以概率 $(1-p)$ 断开。
- 座逾渗：所有的键是连通的，每个座或以占据概率 p 联结，或以概率 $(1-p)$ 堵塞。

在键逾渗模型中，若键被占据则相邻的键处于联结状态。键是否连通由占据概率 p 决定，且 p 与相邻键的状态无关。判断两条键是否属于同一集团时，只要观察两条键是否有共同的连接点可构成一条相互连接路径即可，若可构成路径，则两条键在同一集团。图 1-10 中介绍的模型即为键逾渗。在座逾渗模型中，常用座是否被占据表示某种密度对逾渗过程变化的影响，若座被占据则相邻的座彼此联结。其联结过程同样也由占据概率 p 决定，同键逾渗类似，占据概率与周围座是否联结无关。判断两个座是否属于同一集团时，需观察两个相邻座是否都被占，如图 1-12 c 所示。

设想一个无限尺度的平面点格，点格上的各个键（图 1-12 b）以概率 p 被占据（粗实线）或者以概率 $(1-p)$ 被删除（细实线），彼此相邻的被占键构成一个连通集团。如图 1-12 b 所示的平面点格中包含 3 个连通集团，自左至右分别有 $n=8$、$n=2$ 及 $n=2$ 个被占键。图 1-12 c 中每个座以占据概率 p 被占据（实心圆圈）或者以概率 $(1-p)$ 被清除（空心圆圈），已占座点形成一个连通集团。图 1-12 c 中共包含 3 个连通集团，自左至右分别有 $n=7$、$n=3$ 及 $n=3$ 个被占座。根据序参量的定义，假设存在一个临界概率或密度 p_c，使得当 $p<p_c$ 时系统中只存在有限大小 n 的连通集团 ($n=1,2,\cdots$)，当 $p \geqslant p_c$ 时系统中存在巨分量使得它可以从点格的一"边"渗透至另一"边"，发生逾渗相变。令 P_∞ 表示逾渗概率，即一个被占座或被占键属于巨分量的概率，易知 $p<p_c$ 时 $P_\infty(p) \equiv 0$；只要 $p>0$，$P_\infty(p)$ 为一个较小的非零值。对于方形点格的键逾渗现象，已知其临界概率 p_c 近似为 0.5，其与逾渗概率的关系如图 1-13 所示。

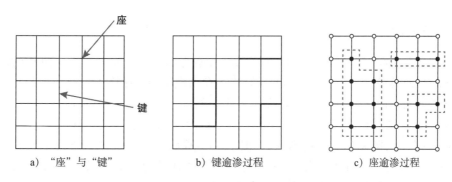

图 1-12 键逾渗与座逾渗示意图

对于方形点格的座逾渗现象,其临界概率 p_c 尚未求出精确解,不过通过计算机蒙特卡罗模拟可得出 p_c 近似为 0.592 746。此外,研究人员通常根据 p_c 将逾渗过程分为三个区域:$p>p_c$ 时处于上临界相,$p=p_c$ 时处于临界相,$p<p_c$ 时处于下临界相。逾渗过程在该相的主要表现为"指数衰减"[31]。

图 1-14 显示了不同占据概率 p(分别为 0.45,0.55,0.59,0.65)下逾渗现象发生的过程,被占据的座为灰色,属于巨分量的座为黑色,而未被占据的座为白色。易知当 $p \geqslant 0.59$ 时,网络中出现了巨分量,使得几乎整个网络的座均属于巨分量,发生了逾渗相变。

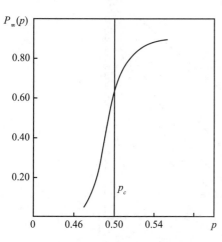

图 1-13 逾渗概率与占据概率
（或密度）的关系[30]

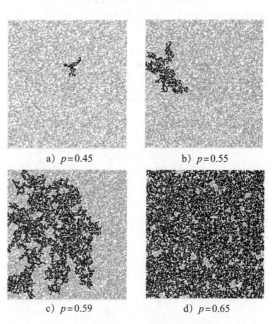

图 1-14 占据概率对逾渗的影响[32]

1.4.3 晶格模型

本节对基本逾渗模型讲解的过程是以二维方格为例的，实际上对逾渗过程的建模有多种多样的几何模型，记为晶格（Lattice）[33]。在物理学中，晶格表示原子在晶体中排列规律的空间格架，而在社会网络中用晶格泛指晶体的空间格子这一几何图形。

假设一个一维晶格模型，其中无限长的等距的座排列成一条直线，并且每个座依概率 p 被占据，依概率 $(1-p)$ 被删除，如图 1-15 所示。其中包含一个大小为 5 的连通分量，一个大小为 2 的连通分量，三个大小为 1 的连通分量。令 $\prod(p,L)$ 表示长度为 L 的一维晶格在占据概率为 p 的情况下发生逾渗的概率，当 $L\to\infty$ 时，根据逾渗相变定义有：

$$\lim_{L\to\infty}\prod(p,L) = \begin{cases} 0 & p < p_c \\ 1 & p \geqslant p_c \end{cases} \tag{1-4}$$

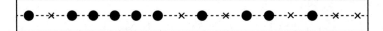

图 1-15　一维晶格占座示例

当 L 为有限长时，易知 $\prod(p,L)=p^L$。令 $p_c=1$，利用计算机模拟不同长度的一维晶格发生逾渗的概率，结果如图 1-16 所示。当 $L\to\infty$ 时，$\prod(p,L)$ 逐渐收敛为不连续的阶跃函数。

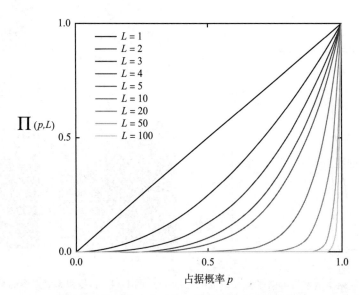

图 1-16　线性大小为 L 的一维晶格发生逾渗的概率

为便于了解和掌握不同晶格模型的逾渗阈值，本节将常见晶格类型在座逾渗和键逾渗两种状态下的逾渗阈值总结为表1-2。表1-2中第二列表示每个晶格的最近邻数，或者配位数（晶体结构中某质点周围与该质点直接相连的质点数）。其中一维晶格的座逾渗与键逾渗阈值均为1，二维方格的键逾渗阈值为1/2，座逾渗阈值经过计算机蒙特卡罗模拟可得到近似值为0.592 7。此外，在给定维度内，不管是座逾渗阈值还是键逾渗阈值，均随着最近邻数量（配位数）的增加而减小。在高维超立方晶格中，若晶格内不存在闭环，则其座逾渗阈值接近Bethe晶格的座逾渗阈值$1/(z-1)$[34]。

表1-2 不同类型晶格逾渗阈值

晶格类型	最近邻数	座逾渗	键逾渗
一维晶格	2	1	1
二维蜂巢晶格	3	0.696 2	$1-2\sin(\pi/18)\approx 0.652\ 71$
二维方格	4	0.592 746	1/2
二维三角晶格	6	1/2	$2\sin(\pi/18)\approx 0.347\ 29$
三维钻石晶格	4	0.43	0.388
三维简单立方晶格	6	0.311 6	0.248 8
三维体心立方晶格	8	0.246	0.180 3
三维面心立方晶格	12	0.198	0.119
四维超立方晶格	8	0.197	0.160 1
五维超立方晶格	10	0.141	0.118 2
六维超立方晶格	12	0.107	0.094 2
七维超立方晶格	14	0.089	0.078 7
Bethe晶格	z	$1/(z-1)$	$1/(z-1)$

Bethe晶格是一类比较特殊的晶格，其中每个座有z个相邻座，这样每个分支都会产生$(z-1)$个其他分支。图1-17表示$z=3$的Bethe晶格，每个座均有三个邻居，并且每个邻居会产生$z-1=3-1=2$个分支。为便于理解，图1-17中处在几何中心位置的"座"可暂时认为是中心座（Center Site），由中心座向外延伸的邻居实际上构成了一个个"环"（Ring），每个环上的座称为一"代"（Generation），记为g，表示每"代"的座与中心座的距离。图1-17中由三个座组成的第一个"环"属于第一代，即$g=1$。由六个座组成的第二个"环"属于第二代。值得注意

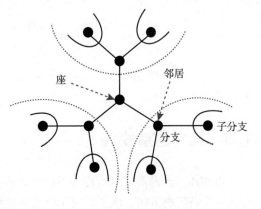

图1-17 $z=3$的Bethe晶格示例

的是，在 Bethe 晶格中，所有的座都是同等地位的，因此"中心座"的概念不应从字面上来理解。根据 Bethe 晶格的特征，一维晶格实际上也是 $z=2$ 的 Bethe 晶格，一维晶格中每个座都是独立的，并且每个座都有 2 个邻居，每个邻居产生 $z-1=1$ 个方向的分支。

逾渗问题可以用一维晶格或无限维晶格解析求解，而无限维晶格的情况则与 Bethe 晶格类似。超立方晶格（维度 $d\to\infty$）[37] 存在如下特性：

- 晶格表明座的数量与晶格所含座总数的比值趋近于一个常数；
- 晶格中的邻座不会形成闭环。

由于 Bethe 晶格具备这样的特性，通常用 Bethe 晶格类比无限维晶格。对于第一个特征，Bethe 格的座总数 N_{total} 可以计算为

$$N_{total} = 1+3\times(1+2+\cdots+2^{g-1}) = 1+3\times\frac{1-2^g}{1-2} = 3\cdot 2^g - 2 \tag{1-5}$$

Bethe 格表面座的数量 $N_{surface} = 3\times 2^{g-1}$（即最后一代），则有：

$$\frac{N_{surface}}{N_{total}} = \frac{3\times 2^{g-1}}{3\times 2^{g-2}} \to \frac{1}{2}(g\to\infty) \tag{1-6}$$

同理，可计算对于配位数为 z 的 Bethe 格，当 $g\to\infty$ 时，有 $N_{surface}/N_{total}\to(z-2)/(z-1)$。因此，Bethe 晶格满足第一个特征。

对于 Bethe 格中是否存在闭环，依然可证明在超立方晶格中，当维数 $d\to\infty$ 时晶格内具有环的概率接近 0，即从中心座向外延伸，永远不会存在路径再次回到起点。例如，在维度为 d 的超立方晶格中的一条链式位置放置四个粒子，当第一个粒子被放置后，有 $2d$ 个最近邻座可供放置第二个粒子。然而，对于第三和第四个粒子，只有 $(2d-1)$ 个可能的座可放置粒子，则所有可能的链共有 $N_{chain}=2d(2d-1)^2$ 条。通过计算将四个粒子放置在一个闭环中，可得出由四个座构成的闭环有 $N_{loop}=2d(2d-2)\times 1$ 种，则当 $d\to\infty$ 时：

$$\frac{N_{loop}}{N_{chain}} = \frac{2d(2d-2)}{2d(2d-1)^2} = \frac{(2d-2)}{(2d-1)^2} \to 0 \tag{1-7}$$

因此，无穷维晶格中不存在闭环。综上，逾渗现象可以通过 Bethe 晶格建模，进而对逾渗阈值进行求解。

1.5 社会逾渗模型

键逾渗与座逾渗模型统称为各向同性逾渗模型（Isotropic Percolation），即逾渗过程中不存在一个特定的方向。除了各向同性逾渗模型外，还存在其他类型的变体，一般是对系统中占座或占键进行约束使其更加贴近实际。本节从复杂网络中的逾渗模型讲起，重点介绍**定向**

逾渗模型（Directed Percolation）[36]、**首达逾渗模型**（First-Passage Percolation）[37] 以及**爆发性逾渗模型**（Explosive Percolation）[38-39]。

1.5.1 复杂网络逾渗

现有逾渗理论的研究多在统计物理、材料学领域，而本书主要探究网络、群体背后的机制，因此本节略去了复杂的物理公式，从复杂网络的角度阐述经典逾渗模型。

ER 随机网络（1959 年由匈牙利数学家埃尔德斯和瑞利提出[40]）是复杂网络中最简单的网络模型，其中任意两个节点依概率 p 连接。由此看来，ER 网络可以利用键逾渗过程进行分析。与 1.3.2 节的键逾渗稍有不同，此时构成连通集团的键不仅限于相邻节点之间的键，网络中任意两个节点都可能形成连键。假设 ER 随机图中共有 N 个节点，易知键的总数为 $p[N(N-1)/2]$，每个节点平均连键 $p(N-1)$ 个；当 $N \to \infty$ 时，每个节点平均连键近似为 pN，即该网络的平均度为 pN。研究人员发现当 ER 网络的平均度 $pN>1$ 时出现巨分量，即 **ER 网络的逾渗阈值** $p_c = 1/N$[27]。此外，在上临界相内，网络中连通集团的大小处于 N 量级；临界相内，网络中连通集团的大小处于 $N^{2/3}$ 量级；下临界相内，网络连通集团大小处于 $\ln N$ 量级[28]。当 p 值较小时，在量级为 N^{-1} 的稀疏网络中呈现为如图 1-18 所示的树形结构。实际上在该树形网络中，相邻各层节点数之比为 pN，节点间的平均最短连接边为 $\ln N$。这也间接地体现了真实网络下的小世界特性，即在一个较大的网络中节点依然可以保持较短的距离。

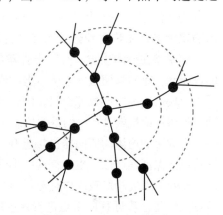

图 1-18 ER 随机网络层次结构示例[28]

同样，可以借助键逾渗模型对疫情传播进行分析。传统的传染病模型假设确诊患者和无症状感染者以一定概率将新冠病毒传播给群体中的其他人，经典的动力学微分方程假设个体能够实现完全混合，即每个新冠病毒携带者都有相同的概率将病毒传给群体中的所有人。现实生活中该假设是不合理的，每个人的社交距离是有限的，因此能接触到的易感人群也是有限的。在给定网络中，令节点表示每个易感个体，连边表示病毒可以在两个个体之间进行传播，未占据的边表示新冠病毒不会在两个个体之间传播，则键逾渗中的键占据概率 p 即为病毒传播概率。若网络中存在巨分量，一旦新冠病毒进入该连通集团，巨分量中所有个体均会患病（包含无症状感染者），网络进入疫情暴发阶段；若不存在巨分量，疫情显然不会大范围流行。当然，疫情的暴发也与初始患病者的数量有关。

假设存在有限个传染源，并且不会出现环境传人现象，那么人际关系将成为疫情传播的主要影响因素。复杂网络中通常用度分布衡量一个网络的结构，在此借助度分布来衡量人际接触网络结构。定义度分布为整个网络中所有节点的度的分布，有如下结论[41]：

真实网络的度分布符合幂律，即 $P(k) \propto k^{-\gamma}$，又可称为无标度（Scale-Free，SF）网络①。对于较大规模的无标度网络，幂指数通常为 $2 \leqslant \gamma \leqslant 3$。

SF 网络可以通过生成函数等方法求出逾渗阈值 $p_c \rightarrow 0$，说明即使新冠病毒的传染性很弱，也可能引起疫情的流行。可以看出，这一结果给现实生活中疫情的防治带来了巨大的挑战。实际上 SF 网络中的绝大部分节点相对度很低，只有个别节点度值相对较高，称为中心（Hub）节点。正如群体中只有部分人有广泛的社交关系，可能因外出参会、家庭聚会、观看话剧等原因在短时间内接触到大量朋友。一旦这些人携带病毒，病毒会迅速扩散开来，形成"超级传染源"。常用 KAPPA 值衡量病毒的超级传播现象，对于新冠病毒而言这一值为 0.1，即 10%的人会成为超级传播者，正如 SF 网络中 Hub 节点的数量是有限的。因此，保护 Hub 节点、保护好潜在的"超级传播者"将有助于抑制疫情的进一步传播。然而，通常并不知道谁有可能成为网络中的 Hub 节点，而且逾渗理论无法分析病毒是如何经过一个个节点进行传播的。**这是逾渗理论的一个缺陷，即它只能分析网络的稳定状态，无法逐步分析网络的变化过程**[28]。

键逾渗在疾病预防、信息传播等方面具有指导作用，而座逾渗模型也可以用来评估网络的鲁棒性。座逾渗模型中未被占据的座，或者以 $(1-p)$ 的概率被删除的座均可以被视作遭受外力攻击或因内部故障而毁坏的节点，则删除特定的占座是否还能发生逾渗现象成为衡量网络鲁棒性或抗毁性[42]的重要标志，同时也是发现网络节点重要性的策略[43]。对于 SF 网络，座逾渗的逾渗阈值同样也接近 0，说明无标度网络足够鲁棒，即便大部分节点被毁坏，网络也能保证连通性，也会存在一个巨分量。实际上 SF 网络的高鲁棒性是由 Hub 节点决定的，Hub 节点度相对较高但是数量很少。若随机选取网络中的节点进行破坏将很难选到 Hub 节点。然而，若对 Hub 节点进行蓄意攻击，则整个系统的连通性将会受到较大影响。

1.5.2 定向逾渗模型

定向逾渗（Directed Percolation）[36]为包含特定方向的逾渗过程。假设上一节讨论的方形点格不再以任意方向占键，而是以特定的方向形成连键，例如单向导电二极管。若每一条键都表示导电二极管，假设当该键的水平向只能自左向右导电，当该键的垂直向只能自上向下导电，反向均不导电。通过对方向的限定，在方形点格中定义了定向逾渗模型。同键逾渗和座逾渗模型相比，定向逾渗模型中格点之间的连通更加困难，节点加入连通集团的先后顺序至关重要，即定向逾渗过程引入了时间维度。

以特定风向下的森林火灾为例：t_0 时刻，森林中一棵树 a_0 因气候干燥并且长时间被阳光照射而局部起火；环境中此时盛行西北风，则 a_0 的燃烧状态将以概率 p 传递给 a_0 东侧和南侧的其他树木（假设树木以如图 1-19 所示的方形点格的形式排列）；随着时间的

---

① 无标度指概率分布函数 $F(x)$ 对于任意给定常数 a，存在一个常数 b 使得 $F(ax) = bF(x)$；幂律分布是唯一满足无标度条件的概率分布函数。

推移，新燃烧的树木，仍会沿着东、南方向以概率 p 引燃其他树木，如图 1-19 所示，直至出现逾渗相变。

此外，定向逾渗模型处于下临界相、临界相和上临界相时，巨分量的形成过程具有明显的方向性。

1.5.3 首达逾渗模型

首达逾渗（First-Passage Percolation）模型继续增强了对时间维度的限制，主要研究从一个固定初始点开始沿着图形的边前进，哪些点可以在规定时间内连通的问题。该逾渗模型由英国著名数学家约翰·哈默斯利于 1965 年提出[37]。

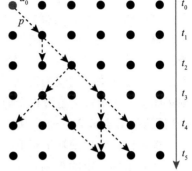

图 1-19 定向逾渗模型示例（右侧箭头表示时间线）

具体地，假设一个 d 维点格 Z^d，初始点记为 0 点。若 Z^d 上的两个格点 $u=[u(1),u(2),\cdots,u(d)]$ 和 $v=[v(1),v(2),\cdots,v(d)]$ 满足如下关系，则格点 u 与 v 互为邻居：

$$|u-v|=\sum_{i=1}^{d}|u(i)-v(i)|=1 \tag{1-8}$$

当且仅当两个格点是邻居时，可以形成连键 $\{u,v\}$，记所有键的集合为 ϵ。点格 Z^d 上的一条路径定义为一个序列 $u_1,u_2,\cdots,u_n$，序列中相邻节点 u_i 与 $u_{i+1}(i=1,2,\cdots,n-1)$ 一定是邻居。如果对于 $i\neq j$，有 $u_i\neq u_j$，则这样的路径为自规避路径（Self-Avoiding Path）。此外，由键组成的序列 $(e_1,e_2,\cdots,e_m)$ 也可以称为一条路径，其中 e_k 与 $e_{k+1}(k=1,2,\cdots,m-1)$ 具有共同格点。首达逾渗模型的基本组成单元定义为一个随机变量族 $t(e):e\in\epsilon$，$t(e)$ 为通过键 e 的时间。假设通过每个键的时间是独立同分布的，$l=(v_1,v_2,\cdots,v_n)$ 是 Z^d 上的一条路径，通过时间为

$$T(r)=\sum_{i=1}^{n-1}t(v_i,v_{i+1}) \tag{1-9}$$

格点 A 和格点 B 之间的通过时间定义为（$\inf\{\cdot\}$ 表示下确界）：

$$T(A,B)=\inf\{T(r):r \text{ 为从 } A \text{ 至 } B \text{ 的路径}\} \tag{1-10}$$

则形式化首达逾渗模型目标如公式（1-11）所示，即一个从原点出发在时间间隔 t 内可以到达的格点的集合：

$$S^{*}=\{v\in Z^d:T(0,v)<t\} \tag{1-11}$$

1.5.4 爆发性逾渗模型

爆发性逾渗（Explosive Percolation）模型本质上是对 ER 随机网络具有连续相变性质的随机增长模型（Random Growth，RG）的动力学修正而得到的。2009 年由希腊雅典大

学的阿克利奥塔斯等人[38]提出，值得注意的是在爆发性逾渗模型中疑似出现了非连续相变[39]。

首先回顾一下 ER 网络上的 RG 模型。在节点总数为 N 的 ER 网络上任取一个孤立节点，每一个时间步内以相同的概率随机选取两个节点占键（节点间的距离无限制），迭代该过程；若某个时间步 ER 网络中已有 t 条连键，则占键概率 $p=t/N$。随着网络中占键的增加，各连通集团的规模逐渐增大，相邻的连通集团不断合并，导致网络中的第一大连通集团 G_{max}（未发生逾渗相变前暂不称其为"巨分量"）进行动态演化。研究表明，当 ER 网络的节点数 $N \to \infty$ 时，G_{max} 在 $p=1/2$ 处会发生一个连续相变[32]。

爆发性逾渗模型基于对 RG 模型的如下修正：首先随机选择两条键作为候选占键集合，然后根据一定的规则选中其中一条键进行占据，而未被选中的另一条键则被舍弃，如图 1-20 所示。阿克利奥塔斯采取最小乘积法则（Product Rule，PR）挑选被占键，即挑选候选键中即将连接的两个连通集团的尺寸的乘积最小的键。图 1-20 a 为初始状态下网络中存在的连通集团，下一时间步（图 1-20 b）预挑选键 e_1 和 e_2 形成新的连通集团（注 e_1 与 e_2 并非特指）：对于 e_1，即将连接的两个连通集团大小乘积 $2\times5=10$；对于 e_2，即将连接的两个连通集团大小乘积为 $3\times2=6$。由于 $6<10$，则挑选 e_2 进行占键，形成图 1-20 c 中的连通集团。下一时间步继续挑选占键候选集 e_1 与 e_2：e_1 即将连接的两个连通集团大小乘积 $2\times5=10$，e_2 即将连接的两个连通集团大小乘积为 $3\times5=15$。由于 $10<15$，则选择 e_1 进行占键，形成如图 1-20 d 所示的连通集团。

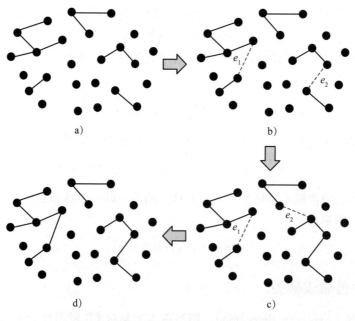

图 1-20　爆发性逾渗连通集团演化示意图

最小乘积法则优先连接尺寸较小的连通集团,会导致系统中各连通集团大小分布趋于均匀,无形中对第一大连通集团 G_{max} 的生长增加了延迟。然而,当系统中的连通集团逐渐逼近逾渗阈值时,任意被占据的 1 到 2 条键就能导致 G_{max} 的尺寸呈爆炸式增加,所以将该逾渗模型称为爆发性逾渗模型,有时也称为 PR 模型。

爆发性逾渗模型还应掌握相变宽度的概念,其定义如下:

最大连通集团 G_{max} 的大小从 $\sqrt{N}$ 增大至 $0.5N$ 的过程中占键概率 p 的增量与节点总数的比值,即 $\Delta p/N$。

实际上当系统尺寸趋于无穷大时,传统 RG 模型的相变宽度趋近于一个非零常数,而爆发性逾渗模型的相变宽度趋近于 0,因此相变性质存在本质的不同。

小结

1. 级联现象在社会生活中广泛存在,如随大流、病毒式营销等。在该现象中,大量用户以顺序的方式做出相同的决策。级联现象具备三个显著特点,即级联可能是错误的、级联可能基于有限的信息、级联是脆弱的。此外,级联也受到群体规模、社会地位、文化背景等因素影响。

2. 网络中存在的聚簇是阻碍级联进行的唯一因素,而且聚簇可以以不同的规模并立存在。聚簇定义为若一个节点集合中的每个节点至少有比例为 q 的网络邻居也属于该节点集合,则称该节点集为密度为 q 的聚簇。

3. 独立级联模型与线性阈值模型是两类经典的网络级联模型,其中独立级联模型强调网络中的节点依概率被邻居节点激活,而线性阈值模型强调每个网络节点基于已做出相同决策的邻居节点数量或所占比例(阈值)决定是否被激活。

4. 逾渗理论在复杂网络上的研究与发展为级联行为的研究提供了新的视角。所谓逾渗是指系统之外的一种介质通过一定的路径进入系统内的过程,级联行为同样也是一种系统之外的信息进入系统内广泛传播的过程。

5. 逾渗模型是定义在一定类型点格上的几何模型,基础逾渗模型包括座逾渗模型与键逾渗模型。其中键逾渗指所有的座是连通的,每条键或者以占据概率 p 连通,或者以概率 $1-p$ 断开;座逾渗指所有的键是连通的,每个座或者以占据概率 p 联结,或者以概率 $1-p$ 堵塞。

6. 键逾渗与座逾渗模型统称为各向同性逾渗模型,即逾渗过程中不存在一个特定的方向。除了各向同性逾渗模型外,还存在定向逾渗模型、首达逾渗模型以及爆发性逾渗模型。此外,现实世界与物理世界中仍存在某些特殊的系统——座与键均以一定的概率被占据,未断开的键与未被占据的座之间仍然可以相互连通——若仍以座逾渗或键逾渗进行建模难免会失效。因此,借助 Bethe 晶格对座-键逾渗(Site-Bond Percolation)问题进行建模分析是非常有前景的研究方向[44-45],值得深入关注。

习题

1. 试证明网络的级联能力不会超过 1/2。
2. 方形点格键逾渗和座逾渗的逾渗阈值 p_c 分别为多少？
3. 请问 ER 网络和无标度网络的理论逾渗阈值分别为多少？
4. 利用程序模拟占据概率为 0.59 的二维晶格座逾渗模型，晶格大小分别为 10、20、50、100。
5. 利用 Python 语言编程实现独立级联模型。
6. 设想一种信息级联模型，假设每个个体顺序决定是否采用一项新技术，而且每个接受新技术的人会得到正或负的回报。这些回报是随机的，平均来看，如果技术足够优秀回报就是正数，否则回报是负数；任何决定拒绝该技术的人得到的回报为 0。此外，每个个体在进行决策时可以观察到前面所有人得到的回报：

   1) 假设这项新技术其实效果并不好，那么这些回报信息对采用这项新技术的信息级联会产生怎样的影响？

   2) 假设这项新技术效果非常好，那么拒绝该项技术的级联是否有可能发生？

7. 假设你是一家公司的 HR，现在部门领导要求你解释一个近期的招聘错误决定。公司面试两个候选人 A 和 B，他们竞争同一个岗位。所有的 HR 全部参加面试并一起决定聘用哪一个人，每一个 HR 都希望选择一个最合适人选，然而面试之后，每个 HR 对两个人谁是最佳选择有不同看法。做最终决定时，每个 HR 宣布自己认为的两个候选人中的最佳人选。结果是，每个人都认为候选人 A 最合适，因为没有再进行讨论，便决定录用 A。现在 A 工作了一段时间之后，大家又开始觉得实际上录用 B 是最好的选择：

   1) 老板确信在开会之前，至少有一些 HR 认为候选人 B 是最佳人选，那么为什么开会时大家一致支持候选人 A。你如何向老板解释这一原因？

   2) 你能否设计另一种机制，使得委员会成员可以透露对候选人的初步不同意见，并且也能够让候选人 B 得到这份工作的机会更大一些。

8. 考虑如图 1-21 所示的网络，假设每个节点开始采用行为 B，每个节点转而采取行为 A 的门槛值为 $q=1/2$：

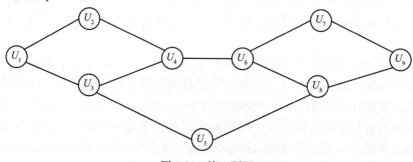

图 1-21　第 8 题图

1)设节点 U_1 和 U_4 组成一个行为 A 的初用节点集 S,如果其他节点遵循门槛规则选择行为,那么哪些节点最终会转向行为 A?

2)在图 1-21 中的 S 之外找出一个密度大于 $1-q=1/2$ 的聚簇,当行为 A 以 S 为开始集合,q 为门槛值时,这个聚簇阻碍 A 传播到所有其他节点。

9. 考虑如图 1-22 所示的社会网络,假设每个节点开始采用行为 B,每个节点转而采取行为 A 的门槛值为 $q=2/5$:

1)设节点 U_1 和 U_2 组成一个行为 A 的初用节点集 S,如果其他节点遵循门槛规则选择行为,那么哪些节点最终会转向行为 A?简要解释即可。

2)求不包含 S 密度大于 $1-q=3/5$ 的聚簇,它能阻止行为 A 传播到所有节点,设该过程从 S 开始且门槛值为 q。

3)假设允许在指定的网络中添加一个边,从节点 U_1 或 U_2 连接到任何一个当前未连接的节点。是否存在这样一种连接方式,使得以初用节点集 S 开始,门槛值为 2/5,最终行为 A 将传播到所有节点?

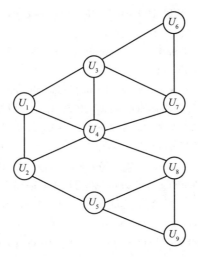

图 1-22 第 9 题图

10. 考虑 1.2.1 节中介绍的协调博弈模型,如果节点 v 和 w 都试图决定是选择行为 A 还是 B,则:如果 v 和 w 都选择行为 A,它们分别得到收益 $a>0$;如果它们都采用 B,则分别获得收益 $b>0$;如果它们采取相反的行为,分别获得收益 0;并且任何一个节点的总收益取决于该节点与每个邻居进行这种协调博弈得到的收益和。现在考虑一个更一般化的模型,当节点与邻居节点采取不同的行为时,得到的收益不为 0,而是一些小的正数 x,**即如果与邻居节点采取相反的行为,它们分别得到收益 x,其中 x 是一个小于 a 和 b 的正数**。那么在该模型变体中,每个节点的决策是否依然基于门槛规则?具体来说,是否可以形成一个以变量 a、b、x 形式表达的临界值 q 的公式,且如果每个节点 v 至少有比例为 q 的邻居采用 A,也会采用行为 A,否则将采用 B?

参考文献

[1] PATTERSON G R, FORGATCH M S, DEGARMO D S. Cascading effects following intervention [J]. Development and psychopathology, 2010, 22(4): 949-970.

[2] BANERJEE A V. A simple model of herd behavior [J]. The quarterly journal of economics, 1992, 107(3): 797-817.

[3] AJRALDI V, PITTAVINO M, VENTURINO E. Modeling herd behavior in population systems [J]. Nonlinear Analysis: Real World Applications, 2011, 12(4): 2319-2338.

[4] MORRIS W N, MILLER R S. The effects of consensus-breaking and consensus-preempting partners on reduction of conformity [J]. Journal of Experimental Social Psychology, 1975, 11(3): 215-223.

[5] ASCH S E. Opinions and social pressure [J]. Scientific American, 1955, 193(5): 31-35.

[6] MILGRAM S. Behavioral study of obedience [J]. The Journal of abnormal and social psychology, 1963, 67(4): 371.

[7] LESKOVEC J, ADAMIC L A, HUBERMAN B A. The dynamics of viral marketing [J]. ACM Transactions on the Web (TWEB), 2007, 1(1): 5-es.

[8] HO J Y C, DEMPSEY M. Viral marketing: Motivations to forward online content [J]. Journal of Business research, 2010, 63(9-10): 1000-1006.

[9] BOEHMER J, TANDOC E C. Why we retweet: Factors influencing intentions to share sport news on Twitter [J]. International Journal of Sport Communication, 2015, 8(2): 212-232.

[10] DUAN W, GU B, WHINSTON A B. Informational cascades and software adoption on the internet: an empirical investigation [J]. MIS quarterly, 2009: 23-48.

[11] SUROWIECKI J. The wisdom of crowds [M]. New York: Anchor, 2005.

[12] WELCH I. Sequential sales, learning, and cascades [J]. The Journal of finance, 1992, 47(2): 695-732.

[13] EFTEKHAR M, GANJALI Y, KOUDAS N. Information cascade at group scale [C] //Proceedings of the 19th ACM SIGKDD international conference on Knowledge discovery and data mining. 2013: 401-409.

[14] MILGRAM S, BICKMAN L, BERKOWITZ L. Note on the drawing power of crowds of different size [J]. Journal of Personality and Social Psychology, 1969, 13(2): 79-82.

[15] MULLEN B, COPPER C, DRISKELL J E. Jaywalking as a function of model behavior [J]. Personality and Social Psychology Bulletin, 1990, 16: 320-330.

[16] WALKER M, HARRIMAN S, COSTELLO S. The influence of appearance on compliance with a request [J]. The Journal of Social Psychology, 1980, 112(1): 159-160.

[17] BIKHCHANDANI S, HIRSHLEIFER D, WELCH I. A theory of fads, fashion, custom, and cultural change as informational cascades [J]. Journal of political Economy, 1992, 100(5): 992-1026.

[18] HUCK S, OECHSSLER J. Informational cascades in the laboratory: Do they occur for the right reasons [J]. Journal of Economic Psychology, 2000, 21(6): 661-671.

[19] CELEN B, KARIV S. Distinguishing informational cascades from herd behavior in the laboratory [J]. American Economic Review, 2004, 94(3): 484-498.

[20] LEWIN K. Group decision and social change [J]. Readings in social psychology, 1947, 3(1): 197-211.

[21] MORRIS S. Contagion [J]. The Review of Economic Studies, 2000, 67(1): 57-78.
[22] EASLEY D, KLEINBERG J. Networks, Crowds, and Markets: Reasoning About a Highly Connected World [M]. Cambridge: Cambridge University Press, 2010.
[23] GRANOVETTER M. Threshold models of collective behavior [J]. American journal of sociology, 1978, 83(6): 1420-1443.
[24] KEMPE D, KLEINBERG J, TARDOS É. Maximizing the spread of influence through a social network [C] //Proceedings of the ninth ACM SIGKDD international conference on Knowledge discovery and data mining. 2003: 137-146.
[25] STAUFFER D, AHARON A. Introduction to percolation theory [M]. Florida: CRC Press, 2018.
[26] BROADBENT S R, HAMMERSLEY J M. Percolation processes: I. Crystals and mazes. Mathematical proceedings of the Cambridge philosophical society [M]. Cambridge: Cambridge University Press, 1957, 53(3): 629-641.
[27] GRIMMETT G R, MARSTRAND J M. The supercritical phase of percolation is well behaved [C] //Proceedings of the Royal Society of London. Series A: Mathematical and Physical Sciences, 1990, 430(1879): 439-457.
[28] 李明, 汪秉宏. 逾渗模型与复杂网络 [J]. 现代物理知识, 2015, 027(003): 32-37.
[29] MOORE C, NEWMAN M E J. Exact solution of site and bond percolation on small-world networks [J]. Physical Review E, 2000, 62(5): 7059.
[30] 梅淳惠. 逾渗模型的蒙特卡罗模拟 [J]. 南京邮电大学, 2016.
[31] PRINZ G A. Magnetoelectronics [J]. Science, 1998, 282(5394): 1660-1663.
[32] CHRISTENSEN K. Percolation theory [J]. Imperial College London, 2002: 1-40.
[33] CHALUPA J, LEATH P L, REICH G R. Bootstrap percolation on a Bethe lattice [J]. Journal of Physics C: Solid State Physics, 1979, 12(1): L31.
[34] ADLER J. Bootstrap percolation [J]. Physica A: Statistical Mechanics and its Applications, 1991, 171(3): 453-470.
[35] JENSEN I. Size and area of square lattice polygons [J]. Journal of Physics A: Mathematical and General, 2000, 33(18): 3533.
[36] HENKEL M, HINRICHSEN H, LÜBECK S, et al. Directed Percolation [C] //Non-Equilibrium Phase Transitions. Theoretical and Mathematical Physics, 2008: 59-100.
[37] HAMMERSLEY J M, WELSH D J A. First-passage percolation, subadditive processes, stochastic networks, and generalized renewal theory [J]. Springer, 1965: 61-110.
[38] ACHLIOPTAS D, D'SOUZA R M, SPENCER J. Explosive percolation in random networks [J]. Science, 2009, 323(5920): 1453-1455.
[39] RADICCHI F, FORTUNATO S. Explosive percolation: A numerical analysis [J]. Physical Review E, 2010, 81(3): 036110.
[40] ERDÖS P, RÉNYI A. On the evolution of random graphs [J]. Publ Math Inst Hung Acad Sci, 1960, 5(1): 17-60.
[41] BARABÁSI A L, BONABEAU E. Scale-free networks [J]. Scientific american, 2003, 288(5): 60-69.
[42] CALLAWAY D S, NEWMAN M E J, STROGATZ S H, et al. Network robustness and fragility: Percolation on

random graphs [J]. Physical review letters, 2000, 85(25): 5468.
[43] DEL FERRARO G, MORENO A, MIN B, et al. Finding influential nodes for integration in brain networks using optimal percolation theory [J]. Nature communications, 2018, 9(1): 1-12.
[44] RADICCHI F, CASTELLANO C. Breaking of the site-bond percolation universality in networks [J]. Nature communications, 2015, 6(1): 1-7.
[45] CHANG K C, ODAGAKI T. Site-bond percolation problems [J]. Journal of statistical physics, 1984, 35(5): 507-516.

CHAPTER 2

第 2 章

随机网络

随着现代社会的高速发展,全球人口流动更加频繁,互联网用户规模迅速上升,社交媒体平台发展壮大,社会中的相互关系越发复杂。例如描述社会关系的朋友网络、描述协作关系的合作网络、描述金钱流动的金融网络、描述疾病传播的生物网络等。如何对现实世界中多种多样的网络进行抽象建模,从理论模型的角度对网络特性进行刻画,一直是计算社会学研究的核心问题之一。为了描述网络交互的随机性,20 世纪 50 年代,Erdos 和 Renyi 提出了 ER 随机网络模型[1],这是一类按概率生成交互关系的模型,从数学上开创了复杂网络理论的系统性研究[2]。在此基础上,后人对随机网络进行了一系列的拓展,如 P1 随机网络模型[3]、P2 随机网络模型[4]、指数随机网络模型[5] 等。

2.1 随机网络模型

本节对几种典型的随机网络模型进行介绍,包括 ER 随机网络模型、P1/P2 随机网络模型以及指数随机网络模型等。

2.1.1 ER 随机网络模型

ER 随机网络模型是离散型的无向网络[1]。简单地说,是在一个包含 n 个节点的网络中,选择 N 条边,每条边拥有相同被选中的概率 p。这样依靠概率随机构成的网络被称为随机网络模型。在同一时期,Gilbert[6] 也提出了相似的定义:在 n 个节点的网络中,选择 N 条边,每两个节点之间按相同的概率连接成边。图 2-1 展示了在 10 个节点间分别以 0.1、0.5、1 的概率在节点间连接成边所形成的随机网络示例。

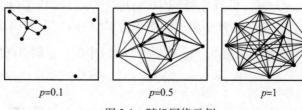

$p=0.1$ $p=0.5$ $p=1$

图 2-1 随机网络示例

随机网络可以理解为一个概率空间，概率空间中的每个点都是一个网络。随机网络概率空间 $\mathcal{G}(n;p_1,\cdots,p_m)$ 的定义如下：此空间中的网络以独立概率 p_i 包含边 e_i，其中 $0 \leqslant p_i \leqslant 1$。换句话说，概率空间 $\mathcal{G}(n;p_1,\cdots,p_m)$ 中的网络集，是由节点集 $V=[n]$ 中所有 2^m 个的网络组成。下面给出随机网络的严格定义。

对于一个网络族 $\mathcal{G}=\{G_1,G_2,\cdots,G_i,\cdots,G_n\}$，其中 G_i 代表族中的一个网络，$\Pr(G_i)$ 代表网络 G_i 出现的概率，并且满足 $0 \leqslant \Pr(G_i) \leqslant 1$ 和 $\sum_{i \geqslant 1}\Pr(G_i)=1$。对随机网络的概率空间而言，$G_i$ 被称作网络族 $\mathcal{G}$ 中概率为 $\Pr(G_i)$ 的一个随机网络。

考虑由固定节点集合 $V=\{1,2,\cdots,n\}$ 构建的概率空间。由于 V 中的每个节点是可区分的，因此 V 上的边也是可区分的，进而同构的网络不能视作同一个网络。注意到节点集 V 中的完全图网络 K_n 中包括的子网络个数见式 (2-1)，其中通项对应恰好有 k 个节点的子网络个数，最后一项对应由所有节点生成的子网络个数。

$$\binom{n}{1}+\binom{n}{2}2+\cdots+\binom{n}{k}2^{\binom{k}{2}}+\cdots+\binom{n}{n}2^{\binom{n}{2}} \tag{2-1}$$

$E=\{e_1,e_2,\cdots,e_m\}$ 表示在节点集 $V=[n]$ 上的完全图网络 K_n 中所有边，其中 $m=\binom{n}{2}$。因为边是可区分的，所以在节点集 $[n]$ 中的网络数量是 2^m。

对于空间中一个具体的网络 H，$E(H)=\{e_j:j\in S\}$，其中 $S\subseteq\{1,\cdots,m\}$ 是网络 H 中边的索引集，那么网络 H 出现的概率为

$$\prod_{j\in S}p_j\prod_{j\notin S}(1-p_j) \tag{2-2}$$

也就是说，网络 H 中的每条边都会被选取，$\overline{H}$ 中的每一条边都不会被选取。记 $q_j=1-p_i$，$G(p_1,\cdots,p_m)$ 代表概率空间 $\mathcal{G}(n;p_1,\cdots,p_m)$ 中的一个随机网络，则：

$$\Pr(G(p_1,\cdots,p_m)=H)=\left(\prod_{j\in S}p_j\right)\left(\prod_{j\notin S}q_j\right) \tag{2-3}$$

为了说明 $\mathcal{G}(n;p_1,\cdots,p_m)$ 确实是一个概率空间，下面进行验证

$$\sum_H \Pr(G(p_1,\cdots,p_m)=H)=\sum_{S\subseteq[m]}\left(\prod_{j\in S}p_j\right)\left(\prod_{j\in S}q_j\right)$$
$$=\prod_{j=1}^m(p_j+q_j)=1 \tag{2-4}$$

当 $p_1=p_2=\cdots=p_m=p$ 时，将概率空间 $\mathcal{G}(n;p_1,\cdots,p_m)$ 记作 $\mathcal{G}(n,p)$。在概率空间 $\mathcal{G}(n,p)$ 中，有 k 条边在特定网络 H 中出现的概率是 $p^k(1-p)^{m-k}$，即网络 H 中的 k 条边都被选取，$\overline{H}$ 中的每一条边都不被选取。记 G_p 为 $\mathcal{G}(n,p)$ 中的一个随机网络，则：

$$\Pr(G_p=H)=p^{e(H)}(1-p)^{m-e(H)} \tag{2-5}$$

式中 $e(H)$ 代表网络 H 中边的数量。在概率空间 $\mathcal{G}(n,0)$ 中，空网络 $\overline{K_n}$ 出现的概率是 1，

其他任意网络出现的概率都为 0。相似地，在概率空间 $\mathcal{G}(n,1)$ 中，完全图网络 K_n 出现的概率是 1，且只有完全图网络 K_n 会出现。相比于前两个极端的例子，当 $0<p<1$ 时，在节点集 $V=[n]$ 中的任意网络出现的概率都大于 0。当概率 p 从 0 逐渐上升到 1 时，随机网络 G_p 从空网络进化到完全图网络。

Erdos 和 Renyi 将 $\mathcal{G}(n,e)$ 定义为由节点集 $V=[n]$ 构成的有 e 条边的随机网络。集合 $\mathcal{G}(n,e)$ 中包含 $\binom{m}{e}$ 个恰好有 e 条边的网络，其中 $0 \leq e \leq m = \binom{n}{2}$。当给定集合 $\mathcal{G}(n,e)$ 中所有的网络都是等可能时，$\mathcal{G}(n,e)$ 便成为一个概率空间。若记 G_e 为概率空间 $\mathcal{G}(n,e)$ 中的一个随机网络，对于一个特定的网络 H，则：

$$\Pr[G_e = H] = \binom{m}{e}^{-1} \tag{2-6}$$

其中，$G_e = H$ 表示 G_e 恰好是特定的网络 H，不包括与 H 同构的网络。

有趣的是，若 e 与 $p\binom{n}{2}$ 相等或接近，当 $n \to \infty$ 时，概率空间 $\mathcal{G}(n,e)$ 与概率空间 $\mathcal{G}(n,p)$ 差异也会随之变小。但在大多数证明中，在概率空间 $\mathcal{G}(n,e)$ 的计算要比在概率空间 $\mathcal{G}(n,p)$ 的计算简单。

2.1.2 P1 随机网络模型

ER 随机网络提供了最原始的随机网络构成，由节点与按概率生成的边所组成。在现实的社会关系中，人与人的关系通常是有向的。为了将随机网络模型应用于有向网络中，发展演变出了 P1 随机网络模型[3]。在友谊关系网络中，一条从节点 i 到节点 j 的有向边，表示个体 i 认为个体 j 是他的朋友。图 2-2 展示了一个具有 4 个节点和 6 条有向边的有向网络。如果把图看作一张由 4 人构成的有向好友关系网络，那么 1 说 2 和 4 是他的朋友，2 说 3 是他的朋友，以此类推。显然，上一节中的 ER 随机网络未考虑交互的方向性，难以对本例进行分析和刻画。为此，针对构建有向随机网络的模型，提出了 P1 随机网络。其通过参数，刻画节点间有向边的相互关系以及每个节点所表现出的对其他节点的吸引力差异，并且这些参数在节点和有向边数量不同的有向网络之间具有直接的可比性。

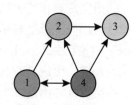

图 2-2　友谊关系网络

现介绍有关有向网络的符号表示。X_{ij} 代表节点 i 对节点 j 的关系。用上文中的"友谊关系网络"举例。$X_{ij}=1$ 表示节点 i 认为节点 j 是朋友，$X_{ij}=0$ 则相反。约定社会关系网络中没有指向自己的有向边，于是对于任意 i，都有 $X_{ii}=0$。用邻接矩阵表示图 2-2 的网络关系则如表 2-1 所示。

P1 模型的建立源于社会网络研究中的经验观察。为了更精确地描述经验观察的结果，需要介绍描述网络的更多符号。令：

表 2-1　友谊关系网络中的邻接矩阵

	1	2	3	4	X_{i+}
1	0	1	0	1	2
2	0	0	1	0	1
3	0	0	0	0	0
4	1	1	1	0	3
X_{+j}	1	2	2	1	$6=X_{++}$

$$M = \sum_{i<j} X_{ij} X_{ji} \tag{2-7}$$

代表节点之间往复、对称或相互关系的数量。令：

$$X_{+j} = \sum_{i=1}^{g} X_{ij} \tag{2-8}$$

代表节点 j 的入度，直观理解是指向节点 j 的有向关系数量，其中 g 是网络中节点的总数。同时定义网络中节点的平均度 $\bar{X}$，入度的方差 $V(\text{in})$，其中

$$\bar{X} = \left(\sum_{j=1}^{g} X_{+j} \right) / g = X_{++} / g \tag{2-9}$$

$$V(\text{in}) = \left(\sum_{j=1}^{g} (X_{+j} - X_{++})^2 \right) / g \tag{2-10}$$

同理，节点 i 的出度则为

$$X_{i+} = \sum_{j=1}^{g} X_{ij} \tag{2-11}$$

出度的平均值与方差和入度的平均值与方差类似。

研究发现相互关系 M 和入度方差 $V(\text{in})$ 通常超过了它们的期望值[7]。经验主义社会计量数据似乎总是显示出相互关系的"过剩"，而某些网络中的成员总是设法吸引"过剩"的相互关系。Moreno 提出了一种简单的零假设模型[7]，以社会计量数据中网络的出度为基准，生成具有相同出度的有向随机网络，并且每个网络的生成概率相等。通过提前给定节点的出度为 $\{X_{i+}\}$ 来表示这样的概率分布。通过条件期望来限制网络的生成，那么在零假设分布下相互关系与入度方差可以表示为

$$E(M|\{X_{i+}\}) = (g\bar{X}^2/(2(g-1))) - (gV(\text{out})/(2(g-1)^2)) \tag{2-12}$$

$$E(V(\text{in})|\{X_{i+}\}) = \bar{X} - (\bar{X}^2/(g-1)) - ((g-2)V(\text{out})/(g-1)^2) \tag{2-13}$$

当控制了网络节点的出度，理想情况下网络的相互关系 M 和入度方差 $V(\text{in})$ 应该在期望附近。但实际表现出明显的大小关系，可见仅控制网络节点的出度是不能完全控制网络的特性。将上述期望与实际社会网络中的相互关系 M 和入度方差 $V(\text{in})$ 比较，说明了有向网络中的边不是随机分布的。事实上有向网络的边展示出了非随机性的现象。从直觉和实质性的理论考虑，许多社会关系是互惠的。在互惠的社会关系下，网络表现出

非随机性，因为相互关系 M 的值要大于它的期望。在无法往复的社会关系下，比如权力，相互关系 M 的值小于它的期望。类似地，不同节点表现出不同的吸引力，导致出现吸引更多关系的"星星"节点，以及吸引更少关系的"孤立"节点。这就会导致实际网络中的入度方差 $V(\text{in})$ 会大于它的期望。

从这些观察中受到启发，P1 随机网络建立了能控制网络分布的参数族。参数族将指数分布作为选择，是因为指数分布能明确地将足够多的统计数据与参数绑定在一起。更准确地来说，令 G 表示 $g \times g$ 的邻接矩阵，X 是代表随机网络的随机矩阵。令 x 表示 G 中的一个点，设 $p_1(x)$ 是 G 中的概率函数：

$$p_1(x) = P(X=x) = \exp\left\{\rho m + \theta x_{++} + \sum_i \alpha_i x_{i+} + \sum_j \beta_j x_{+j}\right\}$$
$$\times K(\rho, \theta, \{\alpha_i\}, \{\beta_j\}) \tag{2-14}$$

其中，$m, x_{++}, x_{i+}, x_{+j}$ 是统计量 $M, X_{++}, X_{i+}, X_{+j}$ 在网络中的值。$\rho, \theta, \alpha_i, \beta_j$ 是控制网络的参数，α_i, β_j 满足 $\sum \alpha_i = \sum \beta_j = 0$。这些参数控制了生成特定 M, X_{++}, X_{+j} 值的网络的概率。函数 $K(\rho, \theta, \{\alpha_i\}, \{\beta_j\})$ 是一个根据参数变化的归一化常数，它确保 G 中的 $p_1(x)$ 之和为 1。通常来说，指数分布可以满足上述的要求，但需要明确地计算出函数 K，函数 K 可以从基本假设中推导得出。最终可以推导出网络中节点 i 和节点 j 之间有向关系二元组 (X_{ij}, X_{ji}) 的概率函数为

$$P\{X_{ij}=x_1, X_{ji}=x_2\} = \exp\{x_1(\theta + \alpha_i + \beta_j) + x_2(\theta + \alpha_j + \beta_i) + x_1 x_2 \rho\}/k_{ij} \tag{2-15}$$

其中，$x_1, x_2 = 0, 1$，$i, j = 1, \cdots, n, i \neq j$。

$$k_{ij} = 1 + \exp(\theta + \alpha_i + \beta_j) + \exp(\theta + \alpha_j + \beta_i) + \exp(2\theta + \alpha_i + \beta_j + \alpha_j + \beta_i + \rho) \tag{2-16}$$

并且关系二元组 (x_{ij}, x_{ji}) 被假定是相互独立的。

在进一步理解上述模型之前，从另一个角度观察。首先将 X 分解为 $\binom{g}{2}$ 个二元组 D_{ij}，$D_{ij} = (x_{ij}, x_{ji})$，其中 $i<j$。X 的分布可以通过给出二元组 D_{ij} 的联合分布来确定。为了描述 $\{D_{ij}\}$ 的联合分布，首先假设 D_{ij} 是相互独立的。这样的独立假设意味着 P1 随机网络不能表达网络中小团体、层级等倾向，但能表达相互往复关系、差异吸引力的特点。P1 随机网络因为具有表达往复关系和差异吸引力的特点，所以其描述的网络更加贴近现实生活中的网络。后有研究提出了经验证据表示，在大量的社会网络群体中，是可以满足上述独立性的假设。因此 P1 随机网络可以对现实中某些类型网络数据进行建模分析。P1 随机网络的可处理性建立在独立性假设之上，在缺乏独立性假设时无法求解出网络的参数。

假设了 $\{D_{ij}\}$ 的独立性之后，函数 K 以及参数 $\rho, \theta, \{\alpha_i\}, \{\beta_j\}$ 都能推导求出。函数 K 使概率 p_1 归一化。参数 ρ 控制网络的往复性，又称作往复性参数，反映了网络中关系往复性的强度。当 $\rho_{ij}>0$，$X_{ji}=1$，则更容易观察到 $X_{ij}=1$。参数 θ 控制着网络中边的密度，

又称作密度参数。当 θ 越大网络中边的数量也会越多。参数 $\{\alpha_i\}$ 控制着节点的出度，又称作生产率参数。当 α_i 为正且越大，节点倾向于具有较大的出度，或者说主动形成了关系纽带。当 α_i 为负且越小，节点的外度趋向于零。参数 $\{\beta_j\}$ 控制着节点的入度，又称作吸引力参数。当 β_j 为正且越大，节点倾向于具有较大的入度，或者说节点主动吸引了关系。当 β_j 为负且越小，节点的入度趋向于零。在表 2-2 中介绍了 P1 随机网络参数的特殊情况，对应于便于理解的矩阵 G 上的分布。

表 2-2 参数值特例以及在网络中相对应的解释

参数值	解释
$\rho = \theta = \alpha_i = \beta_j = 0$	所有有向图都是等可能的均匀分布
$\rho = \alpha_i = \beta_j = 0$	X_{ij} 独立同分布，$\theta = \log_e(p/(1-p))$
$\alpha_i = \beta_j = 0$	D_{ij} 独立同分布 $m_{ij} = m, a_{ij} = a_{ji} = a, n_{ij} = n, m + 2a + n = 1$
$\rho = \beta_j = 0$	每一行的 X_{ij} 独立同分布，$\theta + \alpha_i = \log_e(p_i/(1-p_i))$
$\rho = \alpha_i = 0$	每一列的 X_{ij} 独立同分布，$\theta + \beta_j = \log_e(p_j/(1-p_j))$
$\rho = 0$	X_{ij} 独立
$\rho = \infty$	$X_{ij} = X_{ji}$，网络对称
$\rho = -\infty$	$X_{ij} X_{ji} = 0$，网络不对称

其中，p, p_i, p_j 均表示 $P(X_{ij} = 1)$；m_{ij} 表示 $P(D_{ij} = (1,1))$，$i<j$；a_{ij} 表示 $P(D_{ij} = (1,0))$，$i \neq j$；n_{ij} 表示 $P(D_{ij} = (0,0))$，$i<j$。

图 2-3 给出由不同参数生成的 P1 随机网络示例，表 2-3 和表 2-4 分别显示了示例中的参数与示例中的统计量，从中能更加直观地观察参数对网络统计量的影响。在示例中的所有四种情况都设定 $E(\bar{X}) = 3$，设定四种不同的网络参数，反映了 P1 随机网络的不同特征。在示例 1 中除 θ 外的其他参数都设定为 0，观察到的 M 和 $V(\text{in})$ 值接近它们给定 $\{X_{i+}\}$ 分布的期望值，因为 $\rho = 0$，$\beta_j = 0$。在示例 2 中，节点具有不同吸引力，其中节点 1、2、3 吸引力最高，节点 8、9、10 吸引力最低。由于 $\rho = 0$，所以相互关系 M 值接近期望值，因为 $\beta_j \neq 0$，网络中的节点具有不同的吸引力，所以入度方差 $V(\text{in})$ 比期望值更大。在示例 3 中，$\rho = 2$，β_j 与示例 2 中的相同，因此该网络具有往复性和差异吸引力的特性。M 和 $V(\text{in})$ 都超过了它们的期望值。示例 4 除了 $\rho = -2$ 其他均与示例 3 相关，因此网络具有远离往复性的特性，M 相比它的期望值更少，$V(\text{in})$ 相比它的期望值更高。虽然这四个例子没有展示模型的概率，但是说明了通过变化 P1 随机网络的参数，能够独立地改变往复性和差异吸引力。P1 随机网络能够有效地反映社会关系网络中的往复性与差异吸引力，因此也具有了拟合分析网络的功能，是一种有效的网络建模模型。相比最原始的随机网络，改进无向网络为有向网络，设定了边的生成指数分布和相应参数，能够反映现实社会关系网络的特性，并且能进行调控。

	X_{ij}										X_{+j}
	0	1	0	1	0	0	1	0	0	0	3
	0	0	1	0	1	0	0	0	0	1	3
	0	0	0	0	0	0	1	0	1	0	2
	0	0	0	0	0	0	1	0	0	0	1
	1	0	0	1	0	1	1	1	0	0	5
	0	0	1	1	1	0	0	1	0	0	4
	0	1	0	0	0	0	0	0	0	0	1
	1	0	0	1	1	1	1	0	0	0	5
	0	1	1	0	0	0	1	0	0	0	3
	0	0	0	1	1	0	0	1	1	0	4
X_{i+}	2	3	3	5	4	2	6	3	2	1	31=X_{++}

a) 示例1

	X_{ij}										X_{+j}
	0	1	0	0	0	0	1	0	0	0	2
	1	0	1	0	1	0	0	0	0	0	3
	0	1	0	0	0	1	0	1	0	0	3
	1	0	1	0	0	0	1	0	0	0	3
	1	1	1	1	0	1	1	1	0	0	7
	1	1	1	1	1	0	0	0	0	0	5
	0	1	1	0	0	0	0	0	0	0	2
	1	0	0	1	1	0	0	0	0	0	3
	0	1	0	0	0	0	0	0	0	0	1
	0	1	0	1	0	0	0	0	0	0	2
X_{i+}	5	7	5	3	3	2	4	1	1	0	31=X_{++}

b) 示例2

	X_{ij}										X_{+j}
	0	1	0	1	1	0	1	0	0	0	4
	1	0	1	0	1	0	1	0	0	1	5
	0	1	0	0	0	1	1	0	1	0	4
	1	0	1	0	0	0	1	0	0	0	3
	0	1	1	0	0	1	1	1	0	0	5
	1	0	0	0	1	0	0	0	0	0	2
	1	1	1	0	1	0	0	0	0	0	4
	1	0	0	0	1	1	0	0	0	0	3
	0	1	1	0	0	0	0	0	0	0	2
	0	0	0	0	0	0	0	0	0	0	0
X_{i+}	5	5	5	1	5	3	5	1	1	1	32=X_{++}

c) 示例3

	X_{ij}										X_{+j}
	0	0	1	1	1	0	0	0	0	0	3
	1	0	1	0	0	0	1	0	0	0	3
	0	1	0	0	0	0	0	0	0	0	1
	0	1	0	0	0	0	0	0	0	0	1
	1	1	1	1	0	1	0	0	0	0	5
	0	0	1	1	1	0	0	0	0	0	3
	1	0	0	0	0	0	0	1	1	0	3
	0	1	0	0	1	0	1	0	0	0	3
	1	1	0	1	0	0	0	0	1	0	4
	1	1	0	1	1	0	0	0	0	0	4
X_{i+}	5	6	5	5	4	0	3	0	1	1	30=X_{++}

d) 示例4

图 2-3 P1 随机网络示例中的邻接矩阵

表 2-3 P1 随机网络示例中的参数

示例	θ	ρ	α_j	β_j								
1	-0.69	0	0	0,	0,	0,	0,	0,	0,	0,	0,	0,	0
2	-0.90	0	0	-1.5,	-1.5,	-1.5,	0,	0,	0,	0,	-1.5,	-1.5,	-1.5
3	-1.67	2	0	-1.5,	-1.5,	-1.5,	0,	0,	0,	0,	-1.5,	-1.5,	-1.5
4	-0.42	-2	0	-1.5,	-1.5,	-1.5,	0,	0,	0,	0,	-1.5,	-1.5,	-1.5

表 2-4 P1 随机网络示例中的统计量

示例	$\bar{X}$	M	$E(M\mid X_{i+})$	$V(\mathrm{in})$	$E(V(\mathrm{in})\mid X_{i+})$
1	3.1	4	5.20	2.09	1.85
2	3.1	6	5.17	4.29	1.78
3	3.2	11	5.56	3.56	1.85
4	3.0	2	4.01	4.80	1.86

2.1.3 P2 随机网络模型

针对 P1 随机网络独立性的假设，P2 随机网络[4]完成了 P1 随机网络在完整网络数据分析上的延伸，继承了 P1 随机网络表达的往复性与差别吸引力，进一步将这两个概念与二元组属性相互联系。模型考虑了数据的相互依赖性以及解释变量之间的关系，允许包含协变量，并通过随机效应对剩余可变性进行建模。P2 随机网络处理由所有参与者的定向关系和属性组成的社会关系系统，即使在关系数据不完整的情况下，该模型也适用。P2 随机网络的目的是将邻接矩阵数据与协变量联系起来，同时考虑特定的网络结构。这需要一种能处理网络数据相关性的二元逻辑回归模型。P2 随机网络在 P1 随机网络的基础上，允许往复性参数 ρ 与密度参数 θ 在不同节点关系中变化，记为 ρ_{ij} 与 θ_{ij}。此外，参数 $\alpha_i, \beta_j, \rho_{ij}, \theta_{ij}$ 进一步采用协变量建模。

首先针对节点参数 α_i, β_j，生产率和吸引力参数的线性回归模型中包含协变量和随机效应：

$$\alpha = X_1 \gamma_1 + A \tag{2-17}$$

$$\beta = X_2 \gamma_2 + B \tag{2-18}$$

式（2-17）和式（2-18）表达了一个观点，即生产率参数（社交能力）和吸引力参数（受欢迎程度）取决于节点的属性（分别用 X_1 和 X_2 表示），并给予分别的权重 γ_1 与 γ_2。由于节点属性不能完全解释生产率和吸引力参数所有的变化，所以引入残差项 A 与 B。残差项 A 与 B 是期望为 0，方差分别为 σ_A^2 和 σ_B^2 的正态分布的随机变量，分别由 $n \times 1$ 的 A_i 与 B_i 组成。参数 σ_A^2 和 σ_B^2 可以代表现实中无法解释现象的方差，即考虑协变量 X_1 和 X_2 影响后 α 和 β 的方差。同一节点的生产率和吸引力参数是相关的，令 $\text{cov}(A_i, B_i) = \sigma_{AB}$。不同参与者的参数是独立的，令 $\text{cov}(A_i, A_j) = \text{cov}(B_i, B_j) = \text{cov}(A_i, B_j) = 0, i \neq j$。如果没有关于节点的外部信息，则 $X_1 \gamma_1$ 和 $X_2 \gamma_2$ 项消失，σ_A^2 和 σ_B^2 分别决定了 α 和 β 的方差。这样纯随机效应模型的结果是，除了往复性参数和密度参数外，只有两个方差参数和一个协方差参数。因此，没有协变量的 P2 随机网络模型比参数可解释的 P1 随机网络模型更简洁。但 P1 随机网络因为具有更多的参数，所以对现实网络的拟合比 P2 随机网络的拟合更好。

更多的参数使得假设条件增强，P2 随机网络模型建模往复性参数与密度参数、节点的属性线性相关，属性分别用 Z_1 和 Z_2 表示。密度参数如下：

$$\theta_{ij} = \theta + Z_{1ij} \delta_1 \tag{2-19}$$

因为往复性是两个节点之间的特性，因此假设往复性参数在两个节点间对称，$\rho_{ij} = \rho_{ji}$，往复性参数如下：

$$\rho_{ij} = \rho + Z_{2ij} \delta_2 \tag{2-20}$$

其中，$Z_{2ij}=Z_{2ji}$。上述两个参数方程都包含一个常数和变量部分，不同的节点属性用来建模密度参数与往复性参数。

P2 随机网络模型是 P1 随机网络模型的扩展，考虑了节点与二元组的属性以及随机效应。与 P1 模型相比，P2 模型假设具有完整的网络数据，当随机确定某些关系或属性时，将删除对应的边或节点。P2 模型最重要的特点是它的网络参数与二元组数据相关，正是相关性的假设使得 P2 模型区别于其他模型，但同时也使得 P2 模型难以估计。

2.1.4 指数随机网络模型

指数随机网络模型[5]是研究网络结构的统计模型，常用于说明网络中关系出现和不出现的原因，为分析网络结构提供了一个模型。指数随机网络模型对既定网络构建一些小的局部关系结构，例如互惠关系或三角关系。社会网络被看作是基于这些局部关系结构而构成的，这些局部关系结构也被称为"网络构局"（Network Configuration），同时对应于模型中的参数，图 2-4 中给出了构局的图例。这些构局被认为来自局部社会过程，在局部社会过程中，网络中的节点形成属于它们自己的与其他节点的联系方式。指数随机网络模型是对社会网络建模的一个原则性统计方法。一个给定网络中模型的构建要求解释网络结构的出现，比如趋同性过程、互惠过程、传递性过程以及这些过程的组合。通过参数将网络结构出现的原因引入一个模型中，可以检验是哪种效应起到决定性的作用，从而推断出构建这个网络的社会过程，例如推断网络中与期望相比，是否有更多的（或更少的）互惠关系或三角关系。

大量社会网络分析通过各种概括性度量来表示一个网络，例如边的数量、往复边的数量、中心性度量、三方组谱系等。这些概括性度量被称为"网络统计量"，指数随机网络模型就是根据这些统计量赋予图不同的概率：

$$P_\theta(G)=ce^{\theta_1 z_1(G)+\theta_2 z_2(G)+\cdots+\theta_p z_p(G)} \tag{2-21}$$

在指数随机网络模型中一个给定网络 G 的概率是通过网络统计量 $z_i(G)$ 的加权求和计算，θ_i 表示权重，c 代表归一化常数。网络统计量是对给定的网络中构局的数量计数，或者那些网络技术的函数。网络中的构局是网络中的局部子图，因此网络出现的概率取决于存在多少这样的构局，并且权重参数会反应每种构局的重要性。

研究者通过选择一组具有理论意义的构局来设定一个指数随机网络模型，可能会用到许多似乎合理的构局，然后把这个特定的模型应用到观测到的社会网络中，得到网络构局的参数。参数估计出后，则可以对网络中数据中的构局进行推断，进而可以对创建和维护网络重要的社会过程的类型进行推断。指数随机网络提供了对网络结构和过程进行实证研究的一种方法。指数随机网络是一类模型，如同回归模型选择自变量一样，需要设定与网络结构相关的构局。因此指数随机网络也承载了有关网络、社会网络的概念以及网络是如何创建的元理论。

指数随机网络模型满足社会网络的部分基本理论假设，比如网络是局部涌现的、结构化的和随机的，网络关系之间存在依赖等。指数随机网络模型的明确特征是：网络关系是相互依赖的，也就是网络自组织性，因此一条关系的出现将影响其他关系的出现，同时社会网络中定义的个体是相互依存的。指数随机网络通过假设网络关系之间存在相互依赖，使相互依赖关系的表示更近了一步，正是这样的假设形成了指数随机网络中重要的模式——参数化的构局。

指数随机网络模型是关于网络、网络过程和社会结构假设的理论，可以把它看作网络元理论，其本质是通过小的局部亚结构累计，最终通过个人关系形成这些亚结构的模式，来研究社会网络结构的形成。模型最重要的目的是解释社会网络中的关系模式，这种以关系为基础的方法可以解答一些问题，但不能解决全部问题。标准的指数随机网络模型侧重于揭示可以推断关系形成过程的模式，包括社会选择的过程；在该过程中，从网络行动者的属性来预测网络关系。图2-4展示了有向网络中构局的一些说明性例子。互惠性图例中两个节点相互之间的双向箭头表示两个行动者之间是往复关系。传递性闭合图例中展示了一个特定的三元结构中的关系传递闭环。扩张性图例中展示了一个从中心节点向外扩张的结构，从中心节点发出两条关系连接到另外两个节点。聚敛性图例展示了一个入星构局，中心节点受到外部两节点的关系连接。入星构局往往用网络的"聚敛性"描述，反映了网络的入度分布。趋同性图例中行动者具有相同的属性，还具有往复关系，并且具有相同属性的节点更容易形成往复关系。

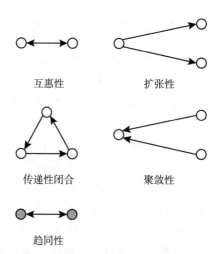

图 2-4　指数随机网络中构局的图例

网络构局的重要性在于能够表示潜在的社会过程中重要的模式。在指数随机网络模型中所研究的构局是局部的。网络关系介于一对节点之间。如果要了解网络关系的形成，需要关注节点对，而不是针对单个节点。因此指数随机网络模型对社会网络来说是以关系为基础的模型。支持指数随机网络模型的一个基本要素是网络关系之间的依赖性。如果缺乏关系间的依赖性，就不会出现关系模式形成的倾向。因此，假定构局为重要的网络模式就是假定网络关系之间的依赖性。如果关系之间彼此并不相互依赖就没有形成构局的动力。

2.2　随机网络模拟实验

在介绍了随机网络模型后，本节将基于上述模型开展模拟实验，并对实验结果进行分析，进而描述随机网络的三大特性。

2.2.1 随机网络生成

在 Erdos 和 Renyi 提出的随机网络中,任意两个节点之间连接一条边的概率为 $p(0 \leqslant p \leqslant 1)$。因此,对于一个含有 N 个节点的随机网络,边的总数是一个期望值为 $p[N(N-1)/2]$ 的随机变量,其平均度为 $\langle k \rangle = p(N-1)$。由此可以推出产生一个有 N 个节点和 M 条边的随机网络的概率为 $p^M(1-p)^{N(N-1)/2-M}$。图 2-5 显示了不同连接概率下随机网络的示例。

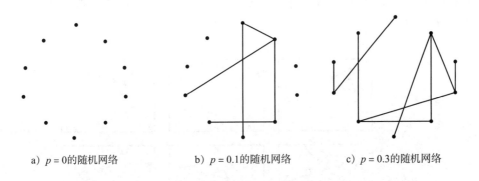

a) $p=0$ 的随机网络　　　b) $p=0.1$ 的随机网络　　　c) $p=0.3$ 的随机网络

图 2-5　不同连接概率下的随机网络示例

含有 N 个节点的随机网络中,任意一个节点度为 k 的概率为 $p^k(1-p)^{N-1-k}$,可见随机网络中节点的度分布服从二项分布,其概率函数为

$$p(k) = \binom{N-1}{k} p^k (1-p)^{N-1-k} \tag{2-22}$$

当网络的规模 N 很大且任意两点连接的概率 p 很小时,网络中节点的度分布可以用泊松分布来表示:

$$p(k) \approx \frac{\langle k \rangle^k}{k!} e^{-k} \tag{2-23}$$

Erdos 和 Renyi 系统性地研究了当 $N \to \infty$ 时,随机网络的性质与连接概率 p 之间的关系。在连接概率为 p 的随机网络中,当 $N \to \infty$ 时,生成的随机网络具有某种性质 Q 的概率为 1,则称连接概率为 p 的随机网络具有性质 Q。他们发现随机网络的很多性质都是突然涌现的。即连接概率小于某阈值时,该连接概率下的所有随机网络都不具有某性质,连接概率一旦大于某阈值时,该连接概率下的随机网络几乎都具有某性质。本书采用模拟生成随机网络的方式,直观地展示随机网络的性质。生成随机网络的伪代码如算法 2-1 所示。

算法 2-1　生成随机网络伪代码

输入：随机网络节点数 N，节点之间的连接概率 p；
输出：随机网络 G
1. 创建包含 N 个节点的图；
2. 遍历图中两个节点的任意组合；
3. 随机生成 0~1 之间的小数 n。当 $n<p$ 时，连接两节点；
4. 返回随机网络 G

根据上述伪代码，使用 Python 语言上提供的 NetworkX 工具包[⊖]，按不同概率生成的随机网络如图 2-6 所示。

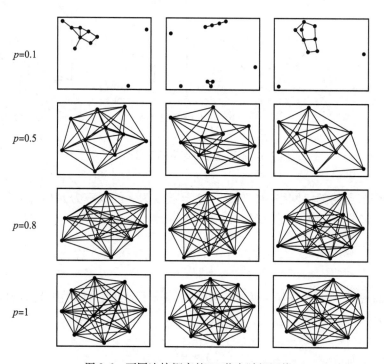

图 2-6　不同连接概率的 10 节点随机网络

可以很直观地看出，10 个节点的网络，随机生成概率分别为 0.1、0.5、0.8 时，随机网络中的边随着连接概率的增加逐渐增多。当生成概率 $p=0.1$ 时，随机生成的网络中没有一个网络是一个整体，并且含有多个离散的点。而当 $p=0.5$ 时，随机生成的三个网络都是一个整体。当 $p=0.8$ 时，可以观察到网络中的边明显比生成概率为 0.5 时要多很

⊖　https://networkx.org/

多，近乎为全连通网络，具有较高地生成全连通网络的概率。当 $p=1$ 时，随机生成的网络永远为全连通网络。有了以上直接的观察过后，接下来具体地了解随机网络的三大特性。

2.2.2 随机网络特性

1. 连通性

随机网络的连通性是指在一个随机网络中，从一个节点出发可以到达任意一个节点，则称该随机网络具有连通性。这与逾渗理论[8]相仿，逾渗理论研究的是从网络最外围的一个节点进入，穿过网络到达距进入节点最远端的节点，形成可以渗透整个网络的通道出现的概率。把网络节点间的通道作为两个节点连接的形式，那么一个网络是连通的等价于这个网络是可以渗透的。举一个例子，当大量的纽扣（$N\gg 1$）散落在地上，每两个纽扣之间相同的概率 p 系上一条线，于是得到一个有 N 个点，约有 $p[N(N-1)/2]$ 条边的随机网络。如果捡起一颗纽扣，有概率通过连线直接捡起整个网络。模拟实验结果显示，如果概率 p 大于某个临界值 $p_c \propto (\ln N)/N$，那么几乎每一个随机网络都是连通的，也就是说随机捡起任意一颗纽扣，都会连带捡起地上几乎所有的纽扣。

在一个包含 10 个节点的网络中，根据式 $(\ln N)/N$，则阈值假设为 $(\ln 10)/10 \approx 0.23$。分别模拟十万次和一百万次生成概率为 0.1、0.2 与 0.25 的随机网络，统计网络中最大的连通网络。算法 2-2 显示了连通性实验伪代码。

算法 2-2　连通性实验伪代码

输入：随机网络节点数 $N=10$，节点之间的连接概率 $p_1=0.25, p_2=0.2, p_3=0.1$，模拟生成次数 $num_1=100\,000, num_2=1\,000\,000$；

输出：平均最大连通网络节点数 $g_1^1, g_1^2, g_2^1, g_2^2, g_3^1, g_3^2$，其中上标对应于两种不同的次数 n_1, n_2，下标对应于节点之间的连接概率 p_1, p_2, p_3；

1. 创建包含 N 个节点的图；
2. 遍历图中两个节点的任意组合；
3. 随机生成 0~1 之间的小数 n，当 $n<p$ 时，连接两节点；
4. 得到随机网络 G；
5. 计算随机网络 G 中最大连通网络的节点个数 g'；
6. 重复生成 num 次，计算最大连通网络的节点个数的平均值 g；
7. 分别取 p 值为 p_1, p_2, p_3，取 num 值为 num_1, num_2，重复进行步骤（1）~（6）；
8. 返回平均最大连通网络节点数 $g_1^1, g_1^2, g_2^1, g_2^2, g_3^1, g_3^2$

从表 2-5 可以发现，当 $p=0.25$ 时，平均最大连通网络中的节点十分接近节点总数，也就意味着通过一颗纽扣几乎能拉起的纽扣，通过模拟得到能拉起的纽扣总数的期望约为 9.94。生成概率为 0.2 时，因为生成概率与阈值差距不大，通过模拟得到能拉起的纽

扣总数的期望约为 9.78，也接近于 1。当选择生成概率为 0.1 时，通过模拟得到能拉起的纽扣总数的期望约为 7.49。随着模拟次数增大，因为受到每次模拟随机性的影响，所得期望减少是可以接受的。但可以确定的是，随着模拟次数增多，模拟结果更接近真实的期望值。由于理论证明的结果是在节点数量趋于无穷的情况下，几乎每一个随机网络都是连通的。受到收敛速度与"几乎"的限制，在模拟过程中不可能到达真实的极限结果，只能尽可能接近，因此结果似乎不如想象中理想，但是仍然能看出生成概率在超过阈值之后，网络全连通的概率更接近于 1。

表 2-5　连通性实验中随机网络的平均最大连通网络

生成概率	平均最大连通网络节点数 （100 000 次）	平均最大连通网络节点数 （1000 000 次）
0.25	9.937 42	9.938 593
0.20	9.777 38	9.779 499
0.10	7.489 93	7.484 823

2. 小世界性

随机网络的平均度是 $\langle k \rangle = p(N-1) \approx pN$。设 L 是随机网络的平均路径长度。若在随机网络中随机选取一个点，网络中会约有 $\langle k \rangle^L$ 个其他的点与该点之间的距离等于或者非常接近于 L。因此 $N \propto \langle k \rangle^L$，即 $L \propto \ln N / \ln \langle k \rangle \approx \ln N / \ln pN = \ln N / (\ln p + \ln N)$。这说明即使随机网络的规模非常庞大，其平均路径长度也可以相对较小，这反映了随机网络具有小世界性（具体参考第 3 章）。接下来通过模拟生成随机网络，验证上述理论观点。分别模拟生成概率为 0.5，具有 20、200 与 500 个节点的网络，统计它们的平均路径长度，其中设定边的距离均为 1。算法 2-3 显示了小世界性实验伪代码。

算法 2-3　小世界性实验伪代码

输入：随机网络节点数 $N_1 = 20, N_2 = 200, N_3 = 500$，节点之间的连接概率 $p = 0.5$；
输出：平均最短路径 L_1, L_2, L_3；
1. 创建包含 N 个节点的图；
2. 遍历图中两个节点的任意组合；
3. 随机生成 0~1 之间的小数 n。当 $n < p$ 时，连接两节点；
4. 得到随机网络 G；
5. 计算随机网络 G 中平均最短路径 L；
6. 分别取 N 值为 N_1, N_2, N_3，重复进行步骤（1）~（5）；
7. 返回平均最大连通网络节点数 L_1, L_2, L_3。

从表 2-6 的结果可以看出，随着网络节点数的增大，网络的平均最短路径在缓慢下降。由式子 $L \propto \ln N / (\ln p + \ln N)$ 可以看出，随着网络规模的扩大，平均最短路径会逐渐减小，并趋近于 1。最终当平均最短路径接近 1 时，对应网络的规模由随机网络的连接概率

p 决定。当 $p=1$ 时，$L=1$。当 $p<1$ 时，随着网络规模 N 的增大 $L\to 1$，并且 p 越小，想要 L 趋近于 1 所需的 N 值相对越大。

表 2-6 小世界性实验中随机网络的平均最短路径

节点数	20	200	500
平均最短路径	1.275	1.245 65	1.244 944

3. 不聚类性

不聚类性由聚类系数反应，聚类系数是表示网络中节点聚集程度的系数，它源于社会学中的"可传递三元组比率"。聚类系数描述了网络中个体的邻居节点也互为邻居的可能性。节点 i 的聚类系数 C_i 定义为

$$C_i = \frac{\sum a_{i,j} a_{i,k} a_{j,k}}{\sum a_{i,j} a_{j,k}} \tag{2-24}$$

其中 $i\neq j\neq k$。$a_{i,j}$ 表示网络中节点 i 和 j 之间的连边，若存在连边则 $a_{i,j}=1$，否则 $a_{i,j}=0$。一种更直观的理解，对于节点 i，其邻居节点个数为 n，其所有邻居节点可能构成的边数为 $n(n-1)/2$，其所有邻居节点实际存在的边数为 e，则计算节点 i 的聚类系数为

$$C_i = \frac{2\times e}{n(n-1)} \tag{2-25}$$

因此整个网络的聚类系数为

$$C = \sum C_i/n \tag{2-26}$$

其中，n 为网络中节点的总数。直观上理解网络聚类系数，是每个节点的聚类系数之和除以节点总数。

对于随机网络，单个节点的邻居节点个数为 np，其所有邻居节点可能构成的边数为 $np(np-1)/2$，其所有邻居节点实际存在的边数为可能构成的边数乘以连接概率 p。所以在 np 个邻居节点所构成的子网络中，按连接概率 p 连接的边数，$p\times np(np-1)/2$。则单个节点聚类系数为

$$C_i = \frac{p\times np(np-1)/2}{np(np-1)/2} = p \tag{2-27}$$

在随机网络中，整个网络的聚类系数为

$$C = \sum C_i/n = np/n = p \tag{2-28}$$

在连接密度相对高的现实网络中，节点之间倾向于形成一个团体关系。因此现实网络中的聚类系数往往比随机网络的聚类系数更大。对一个连接概率为 p 的随机网络而言，

其聚类系数为 $C=p$，等于随机网络边的连接概率。

在具有聚类特性的复杂网络中，比如一个人的朋友圈，在其中任意找两个朋友，这两个朋友之间互为朋友的概率相对于任意两个陌生人互为朋友的概率更大。如果一个网络是完全随机的，那么一个人的两个朋友之间互为朋友的概率，就和任意两个陌生人互为朋友的概率是完全相同的，这是很小的概率。所以说现实中的复杂网络，它并不是完全随机的，而是具有比完全随机网络高得多的聚类特性，这也是人们通过对许多大型现实的复杂网络的数据统计分析得到的结论。在随机网络中，由于所有节点的连接概率都遵循同一个概率值，当随机网络保持网络中所存在的边的个数与复杂网络相同时，网络中的节点数也相等，聚类系数会明显小于复杂网络，因此体现为不聚类性。

接下来通过模拟生成随机网络，与一个现实中的复杂网络相对比验证不聚类性。这里选取了扎卡里空手道俱乐部图（Zachary's Karate Club Graph）为对照网络。扎卡里空手道俱乐部图[9]是社会网络分析领域中的经典数据集，社会学家Zachary用两年的时间来观察美国一所大学中的空手道俱乐部34名成员间的社会关系。基于这些成员在俱乐部内部及外部的交往情况，构造了成员之间的社会关系网。其节点数目为34，连边数为78。选取一个节点总数为34，按0.1的连接概率生成一个具有和扎卡里网络一样节点的随机网络，并保证连接边数与扎卡里网络相近。然后分别计算扎卡里网络与生成的随机网络的聚类系数，进行对比。算法2-4显示了不聚类性实验伪代码。

算法2-4　不聚类性实验伪代码

输入：随机网络节点数 $N=34$，节点之间的连接概率 $p=0.1$；
输出：聚类系数 C；
1. 创建包含 N 个节点的图；
2. 遍历图中两个节点的任意组合；
3. 随机生成0~1之间的小数 n。当 $n<p$ 时，连接两节点；
4. 得到随机网络 G；
5. 计算随机网络 G 的聚类系数 C；
6. 返回聚类系数 C

重复进行了5次模拟实验，从表2-7的结果可以看出，生成的随机网络具有比扎卡里网络更多的连边数，但是聚类系数却与扎卡里网络的聚类系数相差巨大。读者可以尝试更小的边的连接概率，将生成的随机网络的连变数与扎卡里网络更加贴近，再观察聚类系数的变化。可以预见在连接概率更小的情况中，聚类系数将变得更小，验证了随机网络的不聚类性，间接说明了在现实中复杂网络的聚类特性。

读者可以尝试运行本书提供的代码，更进一步体会感受随机网络的生成、连通性、小世界性和不聚类性。

表 2-7　不聚类性实验中的连边数与聚类系数

	连边数	聚类系数随机网络
扎卡里网络	78	0.541
随机网络（$N=34$，$p=0.1$）	116	0.156
随机网络（$N=34$，$p=0.1$）	105	0.173
随机网络（$N=34$，$p=0.1$）	118	0.175
随机网络（$N=34$，$p=0.1$）	111	0.164
随机网络（$N=34$，$p=0.1$）	114	0.190

小结

1. 随机网络模型是建模社会中复杂关系网络的基本方法。随机网络随机研究的深入不断发展，先后提出 ER 随机网络模型、P1 随机网络模型、P2 随机网络模型、指数随机网络模型。这些随机网络模型从简化抽象的模型起步，不断贴近真实的关系网络。ER 随机网络模型提供了最原始的随机网络构成，由节点与按概率生成的边所组成。P1 随机网络模型在此基础上将节点间的边改为有向边。P2 随机网络模型取消了 P1 随机网络的节点间独立假设。指数随机网络模型专注于网络的局部关系结构，也被称为"网络构局"，更加贴近现实复杂关系网络。

2. 随机网络拥有三大特性，分别是连通性、小世界性、不聚类性。连通性是指，当节点间的连接概率高于某个阈值后，整个网络都将被连通。小世界性是指，在一个规模巨大的随机网络中，整个网络的平均路径长度可以很小。不聚类性是指，随机网络与现实社会中的复杂关系网络相比，节点不会明显地聚集。

习题

1. 列举并解释随机网络的三个特性。
2. 尝试自己编写代码，模拟随机网络生成，来验证随机网络的连通性、小世界性和不聚类性。（推荐 python，使用 NetworkX、NumPy、Matplotlib 等工具包）
3. 描述 ER 随机网络模型，并计算总共有 A 个节点的网络中，具有 B 条边的随机网络生成的概率（$B<A(A-1)/2$）。
4. 节点聚类系数、网络聚类系数如何进行计算？请证明 ER 随机网络的聚类系数为节点之间的连接概率 p。
5. 描述 P1 随机网络模型，比较 P1 随机网络与 ER 随机网络的区别。
6. 列举 P1 随机网络的所有参数，并说明各个参数所对应的解释。
7. 描述 P2 随机网络模型，比较 P2 随机网络与 ER 随机网络、P1 随机网络的区别。

8. 描述指数随机网络模型，比较指数随机网络与 ER 随机网络、P1 随机网络和 P2 随机网络的区别。

9. 列举指数随机网络中的构局及其意义。

参考文献

[1] ERDÖS P, RÉNYI A. On random graphs [J]. Publicationes Mathematicae, 1959, 4: 3286-3291.

[2] ERDÖS P, RÉNYI A. On the envolution of random graphs [J]. Publicationes Mathematicae, 1960, 5: 17-60.

[3] HOLLAND P W, LEINHARDT S. An exponential family of probability distributions for directed graphs [J]. Journal of the American Statistical Association, 1981, 76(373): 33-50.

[4] DUIJN M A J, SNIJDERS T A B, Zijlstra B J H. A random effects model with covariates for directed graphs [J]. Statistica Neerlandica, 2004, 58: 234-254.

[5] LUSHER D, KO SKINEN J, ROBINS G. Exponential Random Graph Models for Social Networks: Theory, Methods, and Applications (Structural Analysis in the Social Sciences) [M]. Cambridge: Cambridge University Press, 2002.

[6] GILBERT E N. Random Graphs [J]. Annals of Mathematical Statistics, 1959, 30(4): 1141-1144.

[7] MORENO J L, JENNINGS H H. Statistics of Social Configurations [J]. Sociometry, 1938, 342-374.

[8] BROADBENT S R, HAMMERSLEY J M. Percolation processes: I Crystals and mazes [C] //Mathematical proceedings of the Cambridge philosophical society. Cambridge: Cambridge University Press, 1957, 53(3): 629-641.

[9] ZACHARY W W. An information flow model for conflict and fission in small groups [J]. Journal of anthropological research, 1977, 33(4): 452-473.

CHAPTER 3

第 3 章

小世界现象

通俗地讲，小世界现象指的是在生活中看似距离"很遥远"的人却距离"很近"的现象，例如，自己现在的同事可能与自己多年未联系的儿时玩伴是朋友。小世界现象最初由伊锡尔·德·索拉·普尔（Ithiel de Sola Pool）和曼弗雷德·柯亨（Manfred Kochen）提出。接着在 1967 年，哈佛大学心理学教授斯坦利·米尔格拉姆（Stanley Milgram）进行了著名的"六度分隔"实验，进一步证实了这一现象。自此，激起了小世界现象研究的浪潮。小世界现象可以解释网络的结构特征和动态变化，揭示复杂网络的运行实质，在理解现实世界和指导决策方面具有重要的意义。

本章首先从 Milgram 著名的**六度分隔实验**过程讲起，然后针对六度分隔实验设置的不足点，介绍**六度分隔实验的拓展**；接着介绍常见的**小世界模型**以及各自优缺点；并对本章介绍的小世界模型进行**仿真实验**；最终介绍**小世界模型在现实生活中的应用**。

3.1 小世界现象：六度分隔

Kevin Bacon 是好莱坞的一名演员，曾在很多影片中担任一些小角色。弗吉尼亚大学的计算机科学家布雷特·恰登设计了一个游戏，用来计算其他电影演员和 Bacon 之间的距离。Bacon 数的定义为：如果一个演员和 Bacon 合拍过同一部电影（如图 3-1 所示的演员 A），则该演员的 Bacon 数是 1；如果与 Bacon 合拍过电影的演员一起合拍过电影（如图 3-1 所示的演员 B），则这个演员的 Bacon 数为 2；依此类推，如果一个演员的 Bacon 数是 n，意味着连接这个演员和 Bacon 中间需要 ($n-1$) 名演员。恰登彻底考察了几乎所有互联网电影数据库，最终发现，最高的 Bacon 数是 8。通过 Bacon 数可以发现，直观上关联很少的人群之间在特定的距离度量上具有很近的距离，这种距离上很"遥远"的人却离得"很近"的现象称为小世界现象。

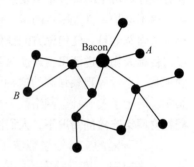

图 3-1　Bacon 数计算

3.1.1 六度分隔实验

小世界现象由政治学家伊锡尔·德·索拉·普尔和数学家曼弗雷德·柯亨于1958年首次提出，但在20多年后才发表在《社交网络》上[1-2]，其假说为：**看起来很庞大的由相识关系构成的社会网络系统，在一定意义上说是很小的，即人们通过很少的几层朋友关系就可以到达任何另外一个人**。1967年哈佛大学心理学教授斯坦利·米尔格拉姆（Stanley Milgram）为检验这种小世界现象，设计了信件传递消息的机制，这就是著名的"六度分隔"实验[3]。具体实验过程如下：

首先从美国波士顿、奥马哈、内布拉斯加随机征集了300名左右的志愿者作为"起始者"，分别让他们传递一封信件给"目标人物"——一位住在波士顿的股票经纪人。每一位起始者都会得到这位目标人物的一些信息（包括他的地址和职业）。之后，要求每个参与者把信件交给他认为最有可能把信送到目的地的熟人并需要记录自己寄给的下一个人的信息，可以亲自送或者通过熟人链来使得信件送达。规定所有的参与者只能将信件转发给自己能直呼其名的熟人，并要求信件要尽可能快速地转发到目标。

最终，实验结果如图3-2所示，成功到达目标人物要经过的中间人个数从2到10不等，平均要经过5个中间人，也就是说，每封信平均经手约6次才能到达。于是，米尔格兰姆提出六度分割理论，认为世界上任意两个人之间建立联系，最多只需要6个人！这真是个令人不可思议的结果，因为如果考察某个特定的人群（例如大学生群体），发现他们具有共同点不是什么奇怪的事情，比如国内某大学计算机系的学生，想要通过一系列同学，给美国加州大学伯克利分校计算机系的某位学生发送一条信息，这不会是一件太困难的事。但小世界现象强调的是：**任何地方的任何人可以对目标人物发送消息，即使这两者间没有任何共同点**。当考虑到种族、宗教、阶级等割裂的现状，小世界现象强调的这种"任何"在主观看来似乎就不那样显而易见了。米尔格兰姆实验展示了关于社会网络两个显著事实：**一是社会网络包含丰富的短路径；二是不了解全局社交网络连接的情况下，人们能够自发找到这些短路径**。

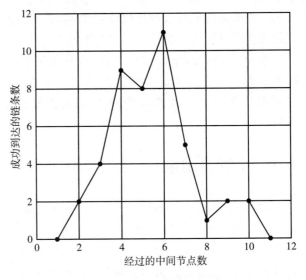

图3-2　实验结果

六度分隔的实验结果证实了小世界现象，激发了学术界对小世界现象的研究。同时部分学者也对六度分割实验的实验设置与实验结论质疑。如图3-3所示，有效数据样本不足。在真实实验中，真正到达目的地的信件只有 64 件，有效率只占原参与者的 22%；样本选择的过程中未考虑人种、年龄、学历、阶级、性别以及地理位置等差异，从而使得结论的普适性有待商榷；此外，调查数据受到受访者主观偏见的影响。例如，一个受访者对朋友的定义可能与另一个受访者的定义大不相同。

图 3-3 对六度分隔实验设置的质疑

3.1.2 六度分隔实验拓展

Milgram 的六度分隔实验引发学术界的兴趣与思考，同时也激发起对实验结果广泛存在的质疑。于是，出现了许多六度分隔的扩展实验。他们不仅发现了六度分隔实验的局限性，而且也验证了"小世界现象"的普遍存在性。

为了克服经典六度分割理论的不足，Peter Sheridan Dodds[3] 使用电子邮件在全球范围内来检验六度分隔理论。在实验过程中，参与者是 98 847 名在线注册用户，目标人物是 18 位来自 13 个不同国家的人（包括大学教授、警察、兽医、科技顾问等）。每个参与者被随机分配一位目标人物，要求通过向熟人转发电子邮件的方式实现信息向目标人物的快速转发。在转发时，发信人不仅要给出下一个转发人的姓名及邮箱地址，还要描述他们关系的类型（朋友、亲戚、同事、兄弟姐妹或其他）、关系的来源（工作、学校、家庭/亲密关系、共同朋友、网络）、关系的强弱（不亲近到极其亲近之间五个等级），以及选择这个人的原因（位置、旅行、家庭、工作、教育等）。

实验结果表明，由于最初注册参与实验的人中仅有 25% 的人进行了第一次转发，所以总共 24 163 条链，最终仅有 384 条链成功到达目的地。原因是随着每一步的转发，平均只有 37% 的链会继续转发下去，其他的会中断。对中止参加的人进行访问，发现只有 0.3% 的人是因为无法想到合适的转发者，而剩下 99.7% 的中止参与者并不是没有可以继续传递下去的转发者，说明兴趣的缺失是他们退出实验的主要原因。在转发中，人们更倾向于选择朋友而不是工作或家庭关系。成功的转发链相比失败的转发链，更多包含职业的关系和来自较高教育水平的关系。同时转发时，人们更习惯于使用"十分亲近"的关系，成功的转发链相比失败的转发链，在"不亲近"和"偶然"关系的选择上多一些。最终实验者评估出搜寻距离在 5~7 之间。该实验在六度分隔实验上增加了样本的数量以及扩大样本筛选的地理范围至全球，并且验证了六度分隔现象，证明小世界现象存在一定的普适性。

上一节中提到 Milgram 的六度分隔实验存在成功到达目的地的信件比例较低的问题，导致该问题的主要原因包括：1）实验过程缺乏沟通和合作，加上对参与者传递信件有较严格的要求，降低了个体的参与热情；2）由于实验规则过于强调需将信件传给更有可能到达目的地的熟人，会令参与者感到困难而退出[4]。针对以上问题，GUIOT 等人[5] 使用电话方式进行实验，要求参与者打电话给存在双向关系的熟人。使用电话作为信息媒介的优点是快速便捷，并且是双向交流，提升了参与者与实验组织者的沟通与合作，进而可能会加强个体的参与热情，降低退出率。参与实验的初始者是 52 名居住在蒙特利尔的法裔加拿大人，其中男女比例均等。目标人物是蒙特利尔一所犹太学校的校长。最终结果是 52 条传达链中有 44 条链都成功到达目标人物，有效数据占比为 85%，这证明采用电话方式的确可以降低参与者的退出率。最终实验发现，起始者和目标人物间的平均距离为 4.7。虽然该实验解决了六度分隔实验到达目的地成功率低的问题，并且样本在性别上的分布均等，但是仍存在样本数量小的问题[5]。除此之外，面向不同种族人群[6]、不同性别人群[7] 进行了拓展研究，虽然这些拓展研究未能完全复现 Milgram 的实验结果，但是他们实验得出的平均路径长度范围在 1.8 到 5.7 之间，证明了小世界现象的存在性与普适性。

以上的扩展实验，虽然揭示了六度分隔实验的不足，但重要的是它们证实了小世界现象的普遍性。在互联网时代，社交媒体的流行与移动通信技术的普及使得信息传递更加高效快捷，人与人之间的距离也变得越来越近。Backstrom 等人研究了 Facebook 上的电子社交网络，其中包含约 7.21 亿的用户和约 690 亿的关系链接。他们提出了"四度分离"的概念，发现在电子社交网络中的平均距离为 4.74[8]。

3.2 小世界网络模型

上一节中主要描述了六度分隔实验与小世界现象的直观解释。这一节将从模型角度介绍小世界网络模型以及小世界网络的特性。

3.2.1 W-S 模型

存在小世界现象的社交网络有两个特征：一是拥有许多三元闭包，二是存在较短的短路径（短路径即某节点到达另一节点所经最短距离的路径）。同质性是指人们更愿意与同自己志趣相投的人建立关系，这样可以形成大量三元闭包，同时弱连接能让人们与网络中较远的人建立关系，因此能够实现不同的社会群体的跨越，这为短路径的存在提供条件。1998 年，Duncan Watts 和 Steve Strogatz[9] 根据这种朴素的思想，提出基于同质性和弱连接的网络模型——Watts Strogatz（W-S）模型，开拓了小世界网络的定量分析新纪元。下面介绍模型的具体内容。

首先假设每个人都生活在一个二维网格中，可以将网格距离看作是一种地理关系或某种抽象社会关系的近似。图 3-4 a 显示了以网格形式排列的一组节点，在水平或垂直方向上直接相邻的两个节点，称它们相距一个网格步。

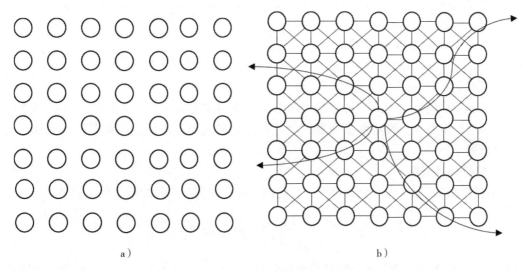

图 3-4　W-S 模型过程[9]

如图 3-4 b 所示，该模型中每个节点拥有两种连接，一种是同质性连接，一种是弱关系连接。同质性连接用以连接那些相互熟悉的人，具体地是指某个节点到那些相距 r 网格步以内的节点的连接，r 为常数。另外，对于弱关系连接，每个节点也形成与网格中其他较远的 k 个节点的连接，这些节点以概率 P 随机均匀地选择。这些连接对应于弱关系连接。

图 3-4 b 展示了 W-S 模型的网络示意图，可以看出，它是同质连接形成的基本结构之上散落着少量随机连接。由于两个相邻的节点在 r 网格步内的朋友有许多重叠，因此该网络结构拥有大量闭包。同时，该网络存在短路径的可能性较高。这是因为随机弱连接能够实现不同社会群体之间的跨越，在较短的步数下就能够接触大量节点，于是到达目的节点的短路径存在概率就比较高。Boliobas 和 Chung 以精确的数学模型论证了这种观点[10]，并确定了典型的路径长度[11]。

以上主要从概念描述的角度讲解了 W-S 模型的构建及其拥有大量三元闭包和存在短路径概率较高的特征。接下来从数学角度介绍 W-S 小世界模型的网络特征和通用性。

W-S 模型是建立在规则网格基础之上，通过调节参数——概率 p，将连接边进行随机断链重连，从而实现规则网络到随机网络的过渡。这里的断链重连就是前文提到的"弱连接"。如图3-5所示是一维网格对应概率 p 从0到1变化的网络结构。随着断链重连的概率越来越高，也就是产生弱连接越来越多时，规则网络变为随机网络。而在 p 变化为某个数值所对应的网络具有小世界特性。

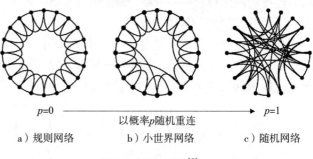

a）规则网络　　b）小世界网络　　c）随机网络

图3-5　W-S模型[9]

从本质上说，小世界网络是指在规则网络上增加随机性，因此可以把小世界网络理解为介于规则网络和随机网络之间的一种网络，结合了规则网络的高聚集系数特征和随机网络的短平均路径长度特征。聚集系数和特征路径长度是研究小世界网络的重要网络属性。具体的介绍如下。

1. 特征路径长度

描述网络的连通性，从全局角度，量化网络中任意顶点对间的最短距离的平均值：

$$L = \frac{1}{n(n-1)} \sum_{i \neq j} d(v_i, v_j) \tag{3-1}$$

其中，L 为特征路径长度，n 为网络节点总数目，$d(v_i, v_j)$ 是任意节点 i、j 间的最短路径长度。

2. 聚类系数

表示一个网络中节点的聚集程度，用来描述网络中节点间连接的紧密度。假设某一节点为 i，它与 k_i 个相邻节点直接相连。假设节点 i 的所有近邻点间都两两相连，则这 k_i 个近邻点间最多有 $k_i(k_i-1)/2$ 条边。而实际网络中，节点 i 的 k_i 个近邻点间未必都是两两相连。假设 i 实际连接边数为 e_i，则聚类系数可以表示为

$$C_i = \frac{2e_i}{k_i(k_i-1)} \tag{3-2}$$

其中，C_i 为节点 i 的聚类系数，k_i 为节点 i 的近邻点数，e_i 为节点 i 实际连接边数。

接下来考察 p 对网络特征的具体影响。从一个有 n 个顶点，每个顶点 k 条边的晶格，随机采用概率 p 进行布线。$p=0$ 为规则网络。$p=1$ 为随机网络，使用聚集系数 $C(p)$ 和平均路径长度 $L(p)$ 来衡量网络的属性。图3-6展示了 p 的变化对聚集系数 $C(p)$ 和平均路径长度 $L(p)$ 的影响。

可以发现，当 p 值较小时，引入随机边对 $L(p)$ 有着很大的非线性影响，$L(p)$ 迅速减小。但较小的 p 对聚集系数 $C(p)$ 影响很小，且几乎保持不变。这说明采用较小的概率 p

时，所形成的网络具有高聚集系数和短路径特征。大量研究表明，该结论具有鲁棒性，通过选用不同的规则网格和不同的随机布线算法都能够得出相似的结论。

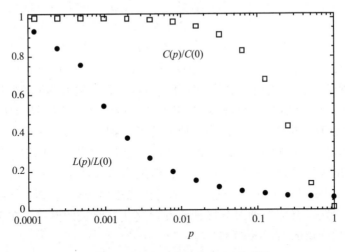

图 3-6　概率 p 对网络特性的影响[9]

Watts 等人为了验证 W-S 模型的通用性，构建真实网络以测试其是否存在小世界网络的特性。他们分别计算演员合作网络（先前提到的 Bacon 网络）、电力传输动态网络以及秀丽隐杆线虫的神经网络的路径长度和聚类系数。最终发现在相同的节点和连接情况下，路径长度与随机图十分接近，但聚类系数更大（见表 3-1），正如 W-S 模型取较小 p 时的小世界网络特征。由此可见，W-S 模型具有通用性。

表 3-1　真实的小世界网络[9]

	实际路径长度	随机路径长度	实际聚类系数	随机聚类系数
演员合作网络	3.65	2.99	0.79	0.000 27
电力网络	18.7	12.4	0.080	0.005
秀丽隐杆线虫	2.65	2.25	0.27	0.05

然而，由于 W-S 小世界模型在其生成过程中可能会产生孤立节点，从而影响网络的连通性。为此，Newman 和 Watts 对模型进行修正，提出了 N-W 小世界网络模型[12]。该模型将 W-S 小世界模型的随机化重连用随机化加边来代替，以免模型产生孤立节点。随机加边是指在规则网格的基础上以概率随机选取两个顶点，加入一条边。任意两个不同的节点之间至多只能有一条边，并且每一个节点都不能有边与自身相连。随机化加边的策略有效解决了 W-S 模型网络连通性的问题。

除此之外，W-S 模型的可搜索性如何也是一个关键的问题。在上文中提到，米尔格兰姆实验展示了关于社会网络两个显著事实：**一是社会网络包含丰富的短路径；二是人们能够自发找到这些短路径**。在小世界实验中人们搜索路径的方式被称为分散式搜索，即将当前的信件寄给下一个最有可能到达目标的人，是一种有目标的局部信息搜索。具体地，随机选择起始节点和目标节点，在这里分别设为节点 s 和节点 t。从节点 s 开始，消息沿着网络中的边传递到目标节点 t，每个路经的节点都只知道自身节点的连接状况以及目标节点 t 在网络中的位置，而且它们必须选择某个邻居转发该消息，最终确定节点 s 到达节点 t 的步骤数。通常通过构建某个模型的分散搜索来检验其可搜索性。研究证明基于 W-S 模型的分散搜索到达一个目标需要相当多的步骤（比实际最短路径长的多）[13]。因此 W-S 虽然能够有效构建与社交网络类似的特征（拥有大量三元闭包、存在短路径），但很难获得人们在网络中共同合作从而找到路径的能力。原因是在该模型中，"弱连接"太随机，只描述弱连接可跨越远距离的特性，但没有考虑产生弱连接的方式与同质性之间的关系。因此需要一种不仅引入弱连接同时还能描绘出弱连接与同质性间关系的模型，从而获得既包含短路径又能够通过分散搜索发现这些短路径的网络，在下一小节中，将介绍提供有效分散搜索的 W-S-K 模型。

3.2.2 W-S-K 模型

W-S 模型用随机边来代表弱关系，每当使用一次断链重连建立一条捷径时，一个相邻节点被释放，然后从整个网络中再随机选取一个节点。这种随机性意味着每个节点（除其自身外）被选中的概率是相同的，忽略了节点间的差别。然而研究表明，人们建立关系时会考虑自身与他人的身份标识，这种身份标识涉及距离、职业、种族等因素[11]。由于 W-S 模型忽视个体间和身份标识相关的同质性，因此其建立的随机"弱连接"无法有效地搜寻到最短路径。于是，Kleinberg 等[13] 提出了 Watts Strogatz Kelinberg（W-S-K）模型，该模型在建立随机连接时考虑了地理距离这一因素，两个节点间产生随机连接的可能性会随着它们之间的地理距离增大而减小。

对于 $n×n$ 的网格，对 $p≥1$，$q≥1$，每个节点 u 和在 p 步长的晶格距离内的邻居都有一条有向短距离边，以及与 q 个随机选择的节点 v_i 之间有一条有向长距离边，其中 v_i 的选取是根据 u 和 v_i 之间的晶格距离 r 的负幂次 α（$\alpha \neq 0$，且是固定值）作为概率进行选择。如图 3-7 所示，展示了当 $p=1$，$q=1$ 时较为特殊的情况，此时节点 u 与步长为 1 的晶格距离内的邻居产生有向短距离边（即图 3-7 中的 a，b，c，d），与一个随机选择的节点（即图 3-7 中的 v）产生有向长距离边。在此规则下，不同的 α 值会得到不同的模型。当 α 非常小时，如图 3-8 a 所示，距离较远的节点也能建立连接，因此产生的连接随机性太强，不能有效用于分散搜索；当 α 非常大时，如图 3-8 b

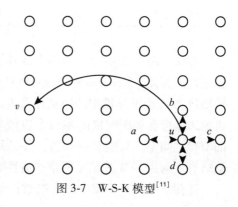

图 3-7 W-S-K 模型[11]

所示,只有距离比较近的点才能建立连接,因此产生的连接"不够随机",没有提供足够多的远距跳跃(即弱联系)。试想,是否存在一个最佳的 α 取值,使得随机连接的分布能够在这两种极端间达到平衡,从而实现快速的分散搜索呢?

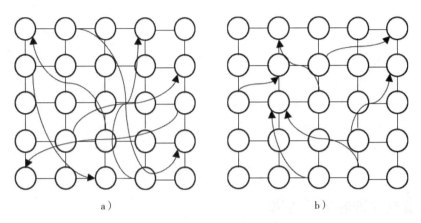

图 3-8　W-S-K 模型过程[14]

理论上,存在这样的 α 取值能够使得模型实现最佳搜索效果。在大型网络规模下,当 α=2 时分散搜索最有效,此时随机连接遵循反平方分布。接下来将从数学角度给出简化解释:图 3-9 使用分散搜索算法来传递消息[13],如前文提到,其根据模型生成的网络中的随机源和目标之间转发消息所需的预期步骤数 T,进而判断模型的搜索效果。T 的下界是一个与 $\log N$ 成比例的函数(N 是模型包含的节点数)。当 α=2 时,是唯一的指数,使得分散搜索算法实现的交付时间能够以 $\log N$ 的多项式为界,也就是在 α=2 时,搜索所花的时间最小,因此在此时模型的搜索效果最好。

下面,进一步解释当 α=2 时,可以实现最高效的分散搜索。给定一个网络节点 v 和一个固定的距离 d,考虑到 v 的距离在 d 到 $2d$ 范围内的节点组,如图 3-10 所示。考虑 v 与该节点组中节点产生连接的概率。首先,因为 d 到 $2d$ 这个范围的面积与半径平方成正比,所以组中节点总数与 d^2 成正比。其次,节点 v 到该组节点产生连接的概率与 d^{-2} 成正比,故该两个分项可近似相互抵消。据此可以得出结论:v 与这个环上某个节点产生随机连接的概率近似地独立于 d 值。换句话说,随机连接在不同的分辨尺度上的数量是近似相等的。这使得无论目标相距多远,人们都能够在转发过程中不断找到缩短到目标距离的路径,这样一级一级地缩小范围,比如从国家再到省再到市到区最后到街道,最终能成功抵达目的地。

用 W-S-K 来刻画现实世界的网络时,会发现其只考虑了地理距离因素。然而现实网络通常是更加丰富和复杂的,往往需要融合更多的因素实现对于真实网络过程的理论化建模。下一小节将介绍更符合现实社交网络情况的网络模型。

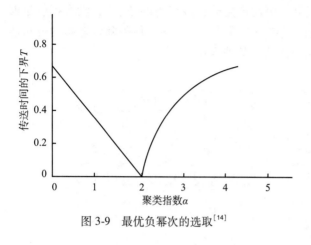

图 3-9 最优负幂次的选取[14]

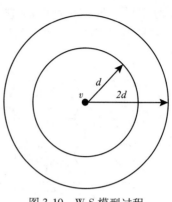

图 3-10 W-S 模型过程

3.2.3 其他改进的 W-S 模型

W-S-K 模型中的晶格距离只刻画了个体间的地理位置距离，但在现实社会网络中，人与人之间的社会性距离，不仅会考虑地理位置，同时还会考虑种族、职业、宗教信仰、教育、阶级、兴趣爱好和组织从属关系等方面。与 W-S-K 模型类似，Watts 等人[15] 提出了改进的 W-S 模型，融合考虑了影响社会性距离的多种因素，从多个标度衡量晶格距离。由于两个模型的构建过程一致，故本节只介绍如何建模社会性距离的问题。

在社会性距离建模方面，改进的 W-S 模型从多个标度计算社会性距离，其计算的规则为：**多个标度下的距离最小值作为相似度**。该规则的现实基础是：若两个人在某一标度上很接近时，他们也许会认为在绝对意义上是接近的，即便在其他的标度上距离很远。下面首先介绍基于单一维度的距离度量，然后介绍多个维度下社会性距离的计算。

基于某个衡量维度，可以将大规模的研究群体分为不同的种类，在不同种类下又可以进一步分为更小的子类，依次类推。最终可以将整个研究群体划分为不同的小群组（如家庭或工作组等），形成从属关系网络，如图 3-11 所示。

针对单一标度下的从属网络而言，所有的研究对象为树形结构中的叶子节点。该模型中，当两个节点属于同一个群组时，距离为 0；当两个节点属于不同的群组时，任意两个节点的距离通过它们最近的公共祖先节点的高度来确定。例如，在图 3-11 中，由于 A 和 B 分别属于不同的群组，它们的距离则由最近公共上级节点的高度来确定，即 A 和 B 的距离为 2。

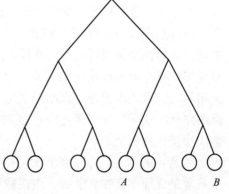

图 3-11 单一标度下的从属网络[15]

现在考虑多标度下计算社会性距离的情况。根据改进的 W-S 模型的思想：选取多个标度下距离最近的那个距离作为社会性距离。首先分别计算每个标度下的距离，最后选取距离最小的那个数值作为最终计算结果。

这里以两个标度下的距离计算为例进行说明。多个标度与两个标度计算方法类似。图 3-12 考虑了地理和职业两种维度。节点 A 和 C 在维度 1 上距离为 1，在维度 2 上距离为 3，则 A 和 C 之间的社会性距离为 1；类似地，B 和 C 的距离在维度 1 上距离为 3，在维度 2 上距离为 1，则 B 和 C 之间的距离为 1。A 和 B 的距离在两种维度下都为 3，因此它们之间的社会性距离为 3。

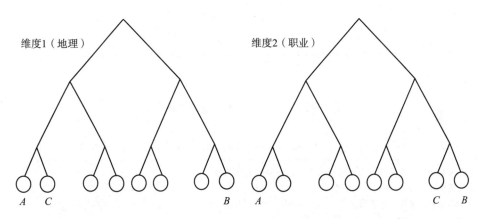

图 3-12　双重标度下的从属网络[15]

在社会性距离建模完毕后，将这些距离带入 W-S-K 网络模型中，基于改进的 W-S 建模过程进行远程弱关系的生成。实验发现，使用多维的社会标度可以相对容易地在一个大型的网络中搜索到选定的目标。除此之外，如图 3-13 所示，H 代表社会标度的数目，α 代表社会群体的相似程度。当模型参数落入图 3-13 中阴影区域时，搜索网络就存在。这表明搜索路径的存在性不依赖于相似度或者社会标度的数量，只要当人们在衡量相似度时考虑一个以上的社会标度。这与 Kleinberg 条件（即 W-S-K 模型中 $\alpha=2$）在某种意义上不同，后者要求网络在所有尺度上每个节点都拥有相等数目的链接才能保证网络的可搜索性，而前者实验结果表明只要人们在衡量相似度时考虑超过一个社会标度，则所构建的网络具有可搜索性。直观上思考，使用多种标度下的关系能够实现社会空间上更大的跨越，因此可以帮助更有效地搜索。

3.3　小世界模型仿真

本节将对 NetworkX 包中的 W-S 模型源码进行解读，并采用伪代码来进一步解释 W-S-K 模型，最后验证所生成网络的小世界特性，如代码 3-1 所示。

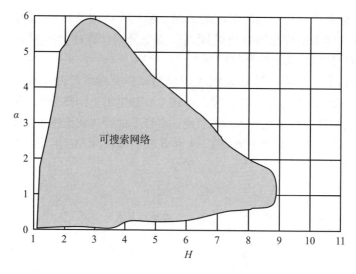

图 3-13 小世界网络的可搜索条件[15]

代码 3-1　W-S 模型伪代码

输入：节点总数 n，每个节点的邻居节点设为 k，边进行重连的概率 p
输出：边重连概率为 p 的 W-S 小世界网络
1. G = Graph() # 新建简单无向图
2. nodes = list(range(n))　　# 新建 n 个节点
3. edges = connect_neighbors(nodes) # 将节点与 $k/2$ 个邻居节点连接
4. # 随机选择先前建立的邻居边进行断链重连
5. for (u, v) in edges:
6. 　　if select_probability(u, v)<p: # 随机过程，当随机概率小于 p 时进行断链重连
7. 　　　　w = random.choice(nodes) # 随机选择当前要去重连的节点
8. 　　　　w = filter(w) # 检验 w 是否就是原边连接的节点 v 或者 w 与 u 本来就存在边，若是则随机选择另一个节点再进行判断，直至返回不是 v 节点且 u 先前没有边连接的节点
9. 　　　　if G.degree(u) ≥ n-1: # 如果 u 节点已经与图中所有节点产生连接边则退出重连过程
10. 　　　　　　break
11. 　　　　else:
12. 　　　　　　G.rewire(u, v, w) # 将 (u, v) 边重连为 (u, w) 边
13. return G

　　通过调用 NetworkX 程序包，建立一个包含 100 个网络节点的 W-S 模型，研究 p 从 0 到 1 以 0.1 间隔变化时，网络平均路径长度和聚类系数的变化趋势。

　　如图 3-14 和 3-15 所示，随着 p 增大，平均路径长度不断减小，在 p 从 0 变化至 0.1 的过程中呈现明显的变小趋势。聚集系数随着 p 的增大，整体呈现下降趋势。并且如上文 W-S 模型特性中提到的，从图 3-14 中可发现，当 p 值较小时，引入随机边对平均路径长度有着很大的非线性影响，平均路径长度迅速减小。但较小的 p 对聚集系数影响很小。此时所形成的网络具有高聚集系数和短路径特征的小世界网络特性。

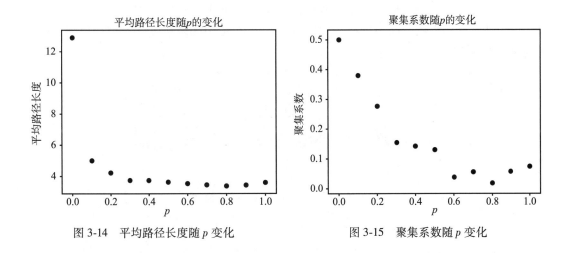

图 3-14 平均路径长度随 p 变化　　　　图 3-15 聚集系数随 p 变化

接下来进行 W-S-K 模型的构建，如代码 3-2 所示。

代码 3-2　W-S-K 模型构建伪代码

输入：节点总数 n，每个节点的邻居节点设为 k，随机边的条数 r，产生连接的概率与 $d(u,v)$ 的 $-q$ 次方成正比
输出：输入 q 值对应下的 W-S-K 小世界网络

```
1. G = Graph() #新建简单无向图
2. nodes = list(range(n)) #新建 n 个节点
3. edges = connect_neighbors(nodes) #将节点与 k/2 个邻居节点连接
4. for u in nodes: #对每个节点建立随机边
5.     for i in range(r): #建立 r 条随机边
6.         select_nodes = prepare(G, nodes, u, k, r) #筛选出度小于 k+r 的节点作为可进行随机连接的节点集合
7.         if G.degree(u) < k+r: #检查 u 节点的度小于 k+r 才可增加随机边
8.             while w == u:
9.                 w = random.choice(select_nodes) #从可选节点集合中随机选择节点
10.                path = shortest_path_length(G, u, w) #计算 (u, w) 间的晶格距离
11.                p = pow(path, -q) ##计算 (u, w) 间产生连接的概率
12.                if random.random() < p: #如果该边未被随机选中则继续选择可链接的节点
13.                    w = u
14.                    continue
15.                else:
16.                    G.add_edge(u, w) #被选中则建立 (u, w) 的随机边
17.                    break
18. return G
```

完成以上对 W-S-K 模型的仿真，接下来将验证在不同 q 值下对应的网络特性。

如图 3-16 所示，可以发现，在 q 较小时，如图 3-16 a 所示，每个节点更多建立对较远节点的随机边，q 较大时，如图 3-16 c 所示，节点更易建立对临近节点的随机边。本节只介绍了 W-S 模型与 W-S-K 模型，并未介绍改进后的 W-S 模型，实际上，该模型与

W-S-K 的模型建立过程相似，只是在网格的晶格距离上定义有所不同，感兴趣的同学可以预设出基于社会距离的晶格网络，之后再进行 W-S-K 中的随机连边，就可以完成改进后的 W-S 模型仿真。

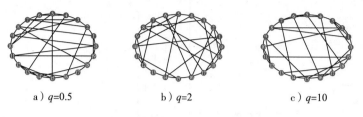

a）q=0.5　　　　　　b）q=2　　　　　　c）q=10

图 3-16　不同 q 取值下的 W-S-K 模型

3.4　小世界模型应用

小世界现象在现实生活中普遍存在，是现实网络形成的内在属性。小世界模型为分析和研究现实复杂网络的特性提供了数学化的工具，为相关应用和决策提供指导。当前，小世界网络和小世界模型被广泛地应用于信息传播、流行病学、无线传感网络、生物、物理、网络安全等领域。

在信息时代，小世界现象的存在意味着信息只用通过几个中间人便可达到目的节点，也就是说小世界现象为信息的传播提供了有效通路。于是小世界模型常被用来研究、解释网络中的信息传播。例如，Fowler[16] 使用小世界模型来模拟美国大选选举网络，发现个人的投票决定平均会影响四个人的投票决定，这意味着可以通过网络操控来影响人们的投票决定，从而获取政治盈利。

还有小世界模型可以模拟传染病在人群中的传播，为流行病的控制提供指导等。例如，2020 年年初暴发的新冠肺炎在全球蔓延，对世界造成了严重的损害。Smeets 等人[17]基于比利时的住院数据来研究新冠疫情的传播规律，他们发现疫情的传播网络具有小世界特性。Schlosser 等人[18] 探究 COVID-19 疫情期间的封锁措施对疾病传播的作用，他们在疾病传播网络上发现封锁措施可以有效缓解"小世界现象"，从而减缓和延迟了疾病的远范围传播。

小世界网络在无线传感网络的研究上应用也十分广泛。Helmy 在文献 [19] 中所做的工作就是最早将小世界概念应用于无线网络的研究。结果表明，通过重新布线无线传感节点之间的少量链接，可以大大减少无线传感网络的平均路径长度。此外，Guidoni 等人[20] 提出通过应用小世界概念来改进无线传感器网络中的同步方法。在所提出的异构传感器网络中应用改进的同步协议，实现了小世界网络拓扑。与传统方法相比，同步误差可以减少 50% 以上。小世界概念的另一个重要应用是提高无线传感网络的能效。在设计具有提高的能效的自组网时，Zhang 等人[21] 为拟议的小世界网络使用了无线节点的新能效度量标准。实验表明提出的模型比常规随机网络具有更高的能源效率。

除此之外，小世界现象还可以应用到生物、物理等领域来解释复杂系统。比如英国物理学家、复杂网络理论奠基人马克·纽曼发现了相变理论中自发性对称缺失（Spontaneous Symmetry-Breaking，指的是当温度跨域一个临界值时，系统稳定性发生变化的现象），和小世界网络的高聚类特性颇为相似，于是将二者联系起来进行研究；还有将小世界模型以及小世界网络中弱关系等概念应用在神经元建模中的研究等。无论成像方式如何，小世界体系结构都在大规模的人脑结构网络中得到了有力的证明。He 等人[22] 使用结构 MRI，基于皮质厚度的区域间协变和其他形态学指标（例如灰质体积[23] 和表面积[24]），首先在年轻、健康的成年人群的结构协方差网络中首次确定了小世界特性。人脑网络在结构和功能上都以优化的小世界方式组织得很好。这促进了本地聚类区域中的信息专业化，并以低成本促进了空间分布的大脑区域中的信息集成。

小世界不仅可以解释复杂网络，还可为提高 Internet 网络性能和安全提供指导。由于 Internet 网络具备高聚类系数、短平均路径长度的小世界特性，因此可利用小世界原理对现有结构进行改进。比如在 Internet 网络结点中建立少数长程的随机路径，或者"断链重连"形成少数长程路径，就可从实质上减少网络信息传播的中间节点，提高传播速度，同时也可改进整个网络的可靠性；病毒扩散的重要方式之一是通过少数的"断链重连"的节点，加强对这些节点的监控可以提高网络的安全性等[25]。

近年来的一些研究，也在物联网中发现了小世界特性，并被用于解决物联网中增强同步、容错性等问题[26]，小世界现象也被用于全球教育资源网络，来协调教育资源地区不平等的问题[27]，社交网络中的小世界现象也被更加深入地探究，例如发现年轻人相比年长的父辈生活在"更小的小世界"里[28]。

小结

1. Stanley Milgram 的"六度分隔"实验证明了小世界现象，但同时该实验也引发了学者对其实验设置与实验结论的质疑。比如信件到达率很低，数据样本不足，样本的选取没有考虑人种、年龄、学历、阶级、性别以及地理位置等，因此后续出现大量扩展实验对"六度分隔"实验进行了优化，这些实验的结论证明了小世界现象的普适性。

2. Duncan Watts 和 Steve Strogatz 提出基于同质性和弱连接的网络模型——W-S 模型，开拓了小世界网络的定量分析新纪元，并且发现了小世界网络具有高聚集系数和短平均路径长度的特征。W-S 模型虽然具有社交网络的两大特征——拥有大量三元闭包和短路径，但很难获得人们在网络中共同合作从而找到路径的能力。因此需要建立一种既包含短路径又能够通过分散搜索发现这些短路径的网络模型，于是 W-S-K 模型被提出。

3. 相比 W-S 模型，W-S-K 模型考虑到人们建立关系时会考虑自身与他人的身份标识，这种身份标识在该模型中被定义为地理距离，两个节点间产生随机连接的可能性等于它们之间的地理距离的负 α 幂次,当 $\alpha=2$ 时能够实现短路径的有效搜索。当将这样的模型推广至现实世界时会发现一些问题,W-S-K 模型只考虑了地理距离因素,但在现实社会网络中,人与人之间的社会性距离,不仅会考虑地理位置,同时还会考虑种族、职业、宗教信仰、教育、阶级、兴趣爱好和组织从属关系等方面。

4. 改进的 W-S 模型从多个标度衡量晶格距离,使得模型更加符合现实情形。使用多维的社会标度可以相对容易地在一个大型的网络中搜索到选定的目标,改进的 W-S 模型实验结果表明,只要人们在衡量相似度时考虑多于一个社会标度,则可实现有效搜索。在 3.3 节对 W-S 模型和 W-S-K 模型进行了仿真实验,验证了模型的特性。

5. 小世界现象应用十分广泛,可应用于信息传播、流行病学、无线传感网络、生物、物理、网络安全等领域,揭示复杂网络的运行实质,帮助人们理解现实世界并指导决策。

习题

1. 六度分隔实验揭示了社交网络哪两个性质?
2. Milgram 所开展的六度分隔实验存在哪些不足之处?
3. 请分别描述 W-S 模型、W-S-K 模型的构建过程。
4. 小世界网络的典型网络特征是什么?
5. 分别阐释 W-S-K 模型在 W-S 模型上、W-S 改进模型在 W-S-K 模型上所做出的改进以及原因。
6. 请说明进行有效分散搜索的条件有哪些。
7. 使用 Python 的 NetworkX 包自己搭建 W-S 模型。
8. 使用 Python 的 NetworkX 包基于 W-S 模型验证小世界现象的特性。
9. 结合自身生活经验,阐述小世界现象在现实生活中的应用。

参考文献

[1] DE SOLA POOL I, KOCHEN M. Contacts and influence [J]. Social networks, 1978, 1(1): 5-51.

[2] SCHNETTLER S. A structured overview of 50 years of small-world research [J]. Social networks, 2009, 31(3): 165-178.

[3] MILGRAM S. The small world problem [J]. Psychology today, 1967, 2(1): 60-67.

[4] DODDS P S, MUHAMAD R, WATTS D J. An experimental study of search in global social networks [J]. science, 2003, 301(5634): 827-829.

[5] BOCHNER S, BUKER E A, MCLEOD B M. Communication patterns in an international student dormitory: A modification of the Small World Method 1 [J]. Journal of Applied Social Psychology, 1976, 6(3): 275-290.

[6] KORTE C, MILGRAM S. Acquaintance networks between racial groups: Application of the small world method [J]. Journal of personality and social psychology, 1970, 15(2): 101.

[7] LIN N, DAYTON P, GREENWALD P. The urban communication network and social stratification: A small world experiment [J]. Annals of the International Communication Association, 1977, 1(1): 107-119.

[8] BACKSTROM L, BOLDI P, ROSA M, et al. Four degrees of separation [C]//Proceedings of the 4th Annual ACM Web Science Conference. 2012: 33-42.

[9] WATTS D J, STROGATZ S H. Collective dynamics of 'small-world' networks [J]. Nature, 1998, 393 (6684): 440-442.

[10] BOLLOBÁS B, CHUNG F R K. The diameter of a cycle plus a random matching [J]. SIAM Journal on discrete mathematics, 1988, 1(3): 328-333.

[11] 大卫·伊斯利, 乔恩·克莱因伯格. 网络、群体与市场 [M]. 北京: 清华大学出版社, 2011.

[12] NEWMAN M E J, MOORE C, Watts D J. Mean-field solution of the small-world network model [J]. Physical Review Letters, 2000, 84(14): 3201.

[13] KLEINBERG J M. Navigation in a small world [J]. Nature, 2000, 406(6798): 845-845.

[14] KLEINBERG J. The small-world phenomenon: An algorithmic perspective [C]//Proceedings of the thirty-second annual ACM symposium on Theory of computing. 2000: 163-170.

[15] WATTS D J. Six degrees: The science of a connected age [M]. New York: WW Norton & Company, 2004.

[16] FOWLER J H, SMIRNOV O. Mandates, parties, and voters: how elections shape the future [M]. Philadelphia: Temple University Press, 2007.

[17] SMEETS B, WATTÉ R, RAMON H. Scaling analysis of COVID-19 spreading based on Belgian hospitalization data [J]. medRxiv, 2020: 2020. 03. 29. 20046730.

[18] SCHLOSSER F, MAIER B F, JACK O, et al. COVID-19 lockdown induces disease-mitigating structural changes in mobility networks [J]. Proceedings of the National Academy of Sciences, 2020, 117(52): 32883-32890.

[19] HELMY A. Small worlds in wireless networks [J]. IEEE Communications Letters, 2003, 7(10): 490-492.

[20] GUIDONI D L, BOUKERCHE A, OLIVEIRA H A B F, et al. A small world model to improve synchronization algorithms for wireless sensor networks [C]//The IEEE symposium on Computers and Communications. IEEE, 2010: 229-234.

[21] ZHANG T, CAO J, CHEN Y, et al. A small world network model for energy efficient wireless networks [J]. IEEE Communications Letters, 2013, 17(10): 1928-1931.

[22] HE Y, CHEN Z J, EVANS A C. Small-world anatomical networks in the human brain revealed by cortical thickness from MRI [J]. Cerebral cortex, 2007, 17(10): 2407-2419.

[23] BASSETT D S, BULLMORE E, VERCHINSKI B A, et al. Hierarchical organization of human cortical networks in health and schizophrenia [J]. Journal of Neuroscience, 2008, 28(37): 9239-9248.

[24] SANABRIA-DIAZ G, MELIE-GARCÍA L, ITURRIA-MEDINA Y, et al. Surface area and cortical thickness descriptors reveal different attributes of the structural human brain networks [J]. Neuroimage, 2010, 50 (4): 1497-1510.

[25] FOWLER H J. 14 Turnout in a Small World [M]. Philadelphia: Temple University Press, 2005.

[26] SOHN I. Small-world and scale-free network models for IoT systems [J]. Mobile Information Systems, 2017, 2017.

[27] WEEDEN K A, CORNWELL B. The small-world network of college classes: implications for epidemic spread on a university campus [J]. Sociological science, 2020, 7: 222-241.

[28] DONG Y, LIZARDO O, CHAWLA N V. Do the young live in a smaller world than the old? age-specific degrees of separation in a large-scale mobile communication network [J]. arXiv preprint arXiv: 1606.07556, 2016.

CHAPTER 4

第 **4** 章

幂律分布网络

1999 年，美国物理学家艾伯特-拉斯洛·巴拉巴西等人[1]发现网络中大部分节点的度较小（连接数较少），而少数"关键"节点的度却很大（连接数很多），即节点的度分布满足"幂律"（Power Laws）分布[2-3]。通常将符合该规律的网络称为无标度网络（Scale-Free Network）[4]。本章从基础理论和具体模型的角度对无标度网络进行介绍，主要包括**幂律**、**马太效应与长尾效应**、**无标度网络**。首先引入幂律分布，详细讲解了幂律的定义和特征，并介绍了幂律在多个领域中的应用。接着从流行度（Popularity）的角度对马太效应和长尾效应进行介绍，最后总结了无标度网络的特性以及模型构建方法。

4.1 幂律

幂律分布广泛存在于社会生活中，例如大多数微博用户只有几百个粉丝，而少数知名博主却拥有百万甚至千万级粉丝量；抖音短视频平台中，拥有数百万播放量的热门视频少之又少，大部分视频播放量不足一千。为了充分刻画个体与个体之间的差异，本节主要从幂律的定义以及幂律的应用两个方面介绍相关知识。

4.1.1 幂律的定义

现实世界有些情况下个体与个体之间的差异并不明显。例如，《中国居民营养与慢性病状况报告㊀（2020 年）》指出中国 18 岁至 44 岁成年男子的平均身高为 169.7 厘米，说明绝大部分男生的身高均在该平均身高左右，符合正态分布。然而在某些情况下个体与个体之间却存在显著的差异。例如根据《中国统计年鉴㊁（2020 年）》，我国社会目前 90%的人月收入在 5000 元左右，月收入过百万的人占比不足 0.1%。类似居民个人收入，生活中存在诸多多数个体量级较小而少数个体量级很大的情况，显然正态分布无法刻画这些现象。

20 世纪 40 年代初期，美国哈佛大学语言学家乔治·齐夫[5-6]对语言的演化开展统计

㊀ http://www.scio.gov.cn/xwfbh/xwbfbh/wqfbh/42311/44583/index.htm
㊁ http://www.stats.gov.cn/sj/ndsj/2020/indexch.htm

学研究。他首先统计了英文单词在文学作品中的出现次数（即频率），然后按照频率高低将单词进行了排序。经研究发现一个单词出现的频率与它在频率表中的排序值的常数次幂成反比，若某单词排序值为 r，则其在语料库中出现的频率 $f(r)$ 满足：

$$f(r) = r^{-\alpha} \tag{4-1}$$

其中，α 表示非 0 常数。同时，齐夫发现排在第 1 位单词的频率大约是排在第 2 位单词的频率的 2 倍，是排在第 3 位单词的频率的 3 倍，第 4 位单词的频率的 4 倍。依次类推，排在第 r 位的单词其频率应为排在第 1 位单词频率的 $1/r$。例如，在布朗语料库[一]（Brown Corpus）中排在前三位的单词分别为"the"（69 971 次）"of"（36 411 次）"and"（28 852 次），比例约为 6∶3∶2。此外，单词排序值 r 与其频率 $f(r)$ 的乘积近似为一个定值。例如，对于单词"the"，其 $r=1$、$f(r)=69\ 971$，则 $r \times f(r) = 1 \times 69\ 971 = 69\ 971$；对于单词"of"而言，有 $r \times f(r) = 2 \times 36\ 411 = 72\ 822$；同理，对于单词"and"，有 $r \times f(r) = 3 \times 28\ 852 = 86\ 556$。虽然在布朗语料库中三个单词的排序值与频率的乘积存在一定的差异，但是随着语料库的增大，二者的乘积逐渐倾向于一个定值，即满足：

$$r \times f(r) = C \tag{4-2}$$

其中，C 为一定值。

通常将满足式（4-1）和式（4-2）的分布称为齐普夫定律（Zipf's Law），然而齐普夫定律只是一个语言学的统计规律，它表明英语单词中绝大多数单词很少被使用，只有极少数单词被频繁使用。如图 4-1 所示，维基百科中被使用次数最多的单词是定冠词"the"，其次是"of""and"等无实际意义的连词[二]。齐普夫定律满足语言学的发展过程，极少数单词被频繁地使用恰恰有利于人们使用尽可能少的词汇表达更加丰富的语义信息。

实际上齐普夫定律是幂律的一种雏形，数十年来人们不断地研究社会生活中的幂律分布，对其内涵进行剖析。幂律定义如下[2]：

幂律，又称幂法则，主要描述一个量随着另一个量的幂次的变化而产生相对变化的函数关系，该关系与两个变量的初始大小无关。

幂律的形式化描述为

$$f(x) = \alpha x^{-k} + o(x^{-k}) \tag{4-3}$$

其中，α 和 k 均为常数，$o(x^{-k})$ 是变量 x 的一个逼近极小函数。

利用程序构造幂律分布如图 4-2 所示，图中黑色点表示从 0~1000 的自然数中按照式（4-3）随机采样的 100 个数据点（$\alpha=10$，$k=0.3$），曲线为数据点的拟合曲线。在如图 4-2 a 所示的幂律分布示例中可以明显发现曲线的右边好似拖着一条长长的尾巴，体现了"长尾效

㊀ https://www1.essex.ac.uk/linguistics/external/clmt/w3c/corpus_ling/content/corpora/list/private/brown/brown.html

㊁ http://www.wugology.com/zipfs-law/

应"[7],其对应的函数值较小;而左边的"狭小"区域虽然面积较小,但是却拥有较高的函数值,正如帕累托法则(Pareto's Principle)[8]所述:在任何一组事物中,最重要的部分往往只占其中的少部分,约20%。因此**幂律分布的曲线形状表现形式是不断下降的,先存在一个最高峰,然后开始急速下降,当下降到一定量级时下降的速度变得非常缓慢**[2]。对式(4-3)等号两端同时取对数,忽略逼近函数 $o(x^{-k})$,得到:

$$\ln f(x) = \ln\alpha - k\ln x \tag{4-4}$$

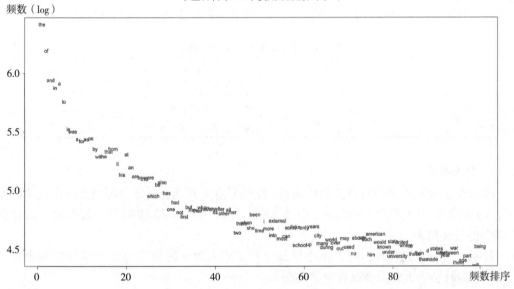

图 4-1 维基百科 Top-100 单词使用频率图

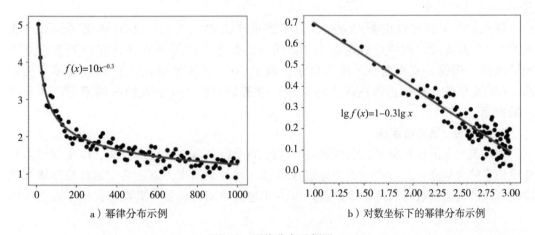

a)幂律分布示例 b)对数坐标下的幂律分布示例

图 4-2 幂律分布示例图

易知 $\ln f(x)$ 与 $\ln x$ 满足线性关系。正如图 4-2 b 所示，**幂律分布在对数坐标下可以表示为一条斜率为幂指数的负数的直线**。这一线性关系是研究人员判断给定数据分布是否满足幂律分布的重要依据[9]。

4.1.2 幂律的应用

大量研究表明幂律广泛存在于社会学、经济学、物理学、生物学等众多领域，例如互联网中网页被访问次数[10]、金融市场波动[11]、地震规模大小[12]、多数国家姓氏的分布[13]、学术论文引用次数分布[14]、音乐唱片销量[15]、每类生物物种数的分布[16] 等。经典幂律分布幂指数对比如表 4-1 所示。本节将介绍幂律在多个领域的典型应用。

表 4-1 经典幂律分布幂指数对比

类型	幂指数	类型	幂指数
网页被点击次数	0.6~1.03[17]	行星碎片大小	2.0~2.1[19]
网页访问量	约为 1[17]	英文单词出现频率	约为 1[20]
金融资产收益率	约为 3[18]	科学家撰写学术论文数	1.2~3.7[18]

1. 个人收入

19 世纪意大利著名的经济学家帕累托⊖在研究意大利社会财富分配结果时发现少数人的收入要远远高于大多数人的收入，因此提出了著名的 80/20 法则[8]：**20%的人口占据了 80%的社会财富**。

若令 X 表示个人收入，则 X 不小于某个特定收入值 x 的概率与 x 的常数次幂满足反比关系，即社会个人收入情况符合幂律分布：

$$P(X \geq x) = x^{-k} \tag{4-5}$$

其中，k 为非负常数。

而现实发展的比理论更加夸张，以美国的个人收入为例，2020 年美国的人均收入为 3.88 万美元，而中位数则是 2.7 万美元。普通人的年收入普遍在两万到三万美元的区间，但是，富豪的收入极为夸张，截至 2021 年美联储的统计调查显示，美国前 1%的富豪收入比例占国民收入的 27%，即美国百分之一的人拥有国家超过四分之一的财富。

2. 古登堡-里克特定律

地震是严重的自然灾害，全世界每年发生的地震次数在五百多万次，但是能对人类造成伤害的大概在一二百次。虽然地震区域分布在各个国家，但是某个地区的震级和该震级对应的地震次数也满足幂律关系。1956 年地震学家古登堡与里克特提出了著名的**古**

⊖ https://en.wikipedia.org/wiki/Vilfredo_Pareto

登堡-里克特定律（Gutenberg-Richter Law）[21]，用于表示某一地区震级与大于等于该震级地震次数的关系：

$$N=10^{a-bM} \tag{4-6}$$

其中，M 表示特定的震级，N 表示震级大于或等于 M 的地震次数，a 为常数，b 值是与地下应力状态相关的常数[22]。

3. 网络科学

1999 年，巴拉巴西等人[1]指出，一个具有时间标签的网络在其增长的过程中具有一定的优先连接性，即虽然原则上新加入网络的节点可以连接到任何先前存在的节点，但这种选择不是完全随机的，而是与网络中节点度存在线性关系[4]。网络中两个节点之间连接性的初始差异将随着网络的增长而进一步增加，各个节点的度值将与时间的平方根成比例地增长[23]。因此，随着网络规模的扩大，具有较多连接的节点会拥有越来越多的连接。如果使用"度"这个概念来替代"连接"，那么节点的度在整个网络中也是遵循幂律分布的[24]。

4. 科学影响

在对幂律分布进行多方面研究之后，研究人员将幂律关系的着眼点放在了科学本身及其所产生的影响力方面[14]。随着计算机科学的进一步发展，尤其是海量图书扫描以及电子出版物和信息学档案的构建，推动了对人类科学文化的大规模探索。王等人[25]提出了一种量化长期科学影响的机制模型，该模型使用论文和科学出版物的数量来衡量科学家的影响力。他们将来自不同期刊和学科的论文的引文历史分解为一条曲线，并表明所有论文都倾向于遵循相同的幂律曲线模式。

4.2 马太效应与长尾效应

最初人们习惯利用正态分布对自然科学领域中的现象进行解释，但是生活中却又存在着一些不平衡的现象。若用"流行度"进行衡量，对于世界上的绝大部分人而言只有周围的亲朋好友知晓他们的名字，了解他们的基本状况；只有部分"流行"的明星、名人才能做到家喻户晓。这些现象和发现被总结为两个熟知的定律：一是**"马太效应"**（Matthew Effect）[26]，即穷人愈穷、富人愈富；二是**"长尾效应"**（Long Tail Effect）[27]，即在任何一组事物中往往是其中的少部分占据了绝大多数资源。为什么会产生这样的不平衡？应该如何表示这样的不平衡？本节主要介绍生活中的马太效应与长尾效应。

4.2.1 马太效应的定义

2012 年《科学》杂志发表论文[2]提出："利用解释性和预测性理论对观察结果进行总结的能力是现代科学的最大优势。如果可以解释非常不同的事实，则认为理论框架特别成功。观察到一些明显复杂的现象可能与简单数学模型产生的动力学表现出惊人的相似性，从而通过检查数据与这些模型的行为在质量上的一致性来实证搜索基本定律。"因此，**对于幂律的研究不仅要使用数学符号来描述它，还应该结合生活常识从统计学的角度使用大量的数据去证明它**。

幂律在社会学中最典型的体现为"马太效应"[26]，其基本内涵为"**富者愈富，穷者愈穷；强者愈强，弱者愈弱**"。竞争中的双方，如果其中一方在初期获得了一点优势，那么在后续的竞争过程中，这种优势会逐渐累积，导致双方的差距越来越大，即优势方占据的资源越来越多，逐渐形成"两极分化"。1968年美国著名社会学家罗伯特·莫顿[28]在分析社会对于科学家研究贡献的心理规律时指出："相对于那些不知名的研究者，声名显赫的科学家通常得到更多的声望，即使他们的成果是类似的。"他引用圣经《新约·马太福音》[29]中的一则寓言："凡有的，还要加给他，叫他多余；没有的，连他所有的也要夺过来。"之后，"马太效应"一词成了社会学、经济学中常用的词语。莫顿进一步将马太效应归纳为[30]：

任何个体、群体或地区，在某一个方面（如金钱、名誉、地位等）获得成功和进步，就会产生一种积累优势，就会有更多的机会取得更大的成功和进步。

事实上无论是个人、企业还是国家的发展均或多或少地受到马太效应的影响。优胜者不断获得新的资源，逐渐扩大自身的优势，进入一个良性循环；而劣势者会逐渐失去对资源的占有份额，状况越来越糟糕。由此可见，马太效应既有积极作用又有消极作用。

积极作用：鞭策弱者通过努力拼搏改变现有状况，如果不比他人付出更多的努力就无法摆脱弱者的地位。

消极作用：使优势方与弱势方构成的分层固化，逐渐形成两极分化，不利于社会的和谐发展。

马太效应在经济领域影响甚广，经济全球化使得企业品牌资本的构建日益迫切。企业只有积累足够的品牌资本，不断整合市场资源，才能持续创造财富，在经济全球化的浪潮中持续前进。**品牌资本的马太效应**[31]指："某个行业或产业的产品或服务，品牌知名度越大，其品牌的价值越高，忠实消费者就越多，未来占有的市场份额就越大；反之，品牌占有的市场份额越来越少，最终被品牌知名度更高的产品或服务替代"。品牌资本的核心是标准和技术，例如美国高通公司成功使得码分多址（Code Division Multiple Access, CDMA）相关技术成为国际标准，所有生产CDMA相关通信产品的企业都必须向高通公司支付使用费和专利费。在此品牌资本的影响下高通公司一跃成为日进斗金的跨国企业，并逐渐发展成为全球领先的无线科技创新者，开启了移动互联时代，在3G以及4G技术的研发中始终占据着主导地位。此外，星巴克公司（Starbucks）的品牌资本马太效应也非常显著[32]。在过去的数十年间，星巴克的股价攀升了近20倍，其收益之高甚至超过了可口可乐、微软等大公司[33]，获得了越来越多投资者的青睐。

如果"强者愈强，弱者愈弱"，那么历史上那些强大的帝国只会变得越来越强盛、巨头公司将会一直引领市场、电影明星也从来不用担心会"过气"。但现实并非如此，罗马帝国、蒙古帝国盛极一时，但仍摆脱不了灭国的命运；柯达公司、诺基亚公司曾经独步全球，但在智能手机时代却濒临破产；此外，年少成名却最终默默无闻的人比比皆是，难道是马太效应不正确吗？实际上马太效应存在一定的缺陷，主要表现为缺乏辩证思维[34]：

- 马太效应注重事物发展的短期趋势，只关注量的变化，而忽视了其质的变化，无法有效分析事物发展的长期趋势。
- 马太效应难以被证明具有普遍的真理性，只是对短期趋势理论的一种假说。

现实生活中除了"马太效应"在起作用之外，"平均回归"（Mean Reversion）效应[35]也在起作用。所谓"平均回归"指**一个偶然的小概率事件很难重复发生，一旦遇到随机性成功之后必然回到正常水平**[36]。例如，某个企业由于赶上了技术风口而迅速成为行业的领头羊，但是能连续赶上行业风口的可能性极小。马太效应与平均回归效应的共同作用，构成了多姿多彩的现实世界，努力奋斗仍然是摆脱现有状况的最佳方式。

4.2.2 长尾效应的定义

流行度不仅可以形容电影明星的受欢迎程度，也可以形容商业产品的受欢迎程度、市场份额等[37]。假设一家连锁书店为提升销售利润，需要对原有销售策略进行调整：一方面可以对种类比较少的畅销书籍进行降价，另一方面可以对种类繁多的普通书籍进行降价。那么应该采取哪种策略？

根据朴素的生活经验——高度畅销的商品带来高收益，很多人选择对种类较少的畅销书籍进行降价，因为畅销书籍的大量销售可以带来"薄利多销"的结果。但是大量市场营销方面的研究表明，对种类繁多的普通商品进行降价会带来更多的利润[38]。为便于理解，做图书种类与销售量关系图（如图 4-3 所示），其中横轴表示图书种类数，纵轴表示图书销量。图中可以看到明显的分割线，左侧代表畅销书籍，这部分的书籍种类很少但是销售数量很高；右侧代表普通书籍，这部分书籍种类很多但是销售数量相对较少。易知，销售总利润等于书籍种类、每类书籍销售数量、每类书籍单册利润三者的乘积。假如所有书籍单册利润是一致的，那么影响书籍销售总利润的因素只有书籍种类和销售数量。由微积分定义知图 4-3 阴影部分的面积即为书籍的总利润，虽然畅销书籍的销量很高（左侧区域），但是由于"长尾"部分足够长，所以右侧阴影的面积是显著大于左侧阴影面积的，即销售普通书籍获得的利润高于销售畅销书籍的利润，并且可以发现图书种类与销售量关系图符合幂律

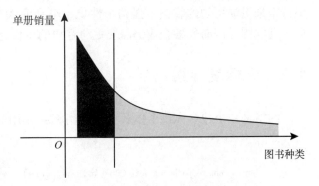

图 4-3 图书种类与销售量关系图[38]

分布图像。

2004 年，美国《连线》杂志主编克里斯·安德森㊀在分析亚马逊（Amazon）、网飞（Netflix）等网站的商业和经济模式时首次提出了长尾（Long Tail）效应，具体指[39]：**并未受重视的销量低但是种类多的产品或服务由于总量巨大而累积得到的总收益超过主流产品的现象**。

"头"（Head）和"尾"（Tail）分别指正态曲线中间突起的部分和两边相对平缓的部分。一般认为头部为流行的畅销产品或服务，而尾部区域为个性化的、零散的需求。这些个性化的需求逐渐形成一条"长长的尾巴"，使得非主流市场的规模超过了流行市场，从而导致图 4-3 中右侧灰色区域的面积略大于左侧黑色区域的面积。长尾效应在一定程度上说明**商业和文化的未来不在热门产品，不在传统需求曲线的头部，而在于需求曲线中那条无穷长的尾巴**[39]。例如，埃里克·布林约尔松等人[40]分析了亚马逊网站书籍销售量与排名的关系，他们发现销售书籍中有 40% 是线下书店里不卖的书籍。该分析结果说明未在实体书店销售的图书要比书店当中推荐售卖的图书形成的市场更大。

现实生活中众多企业凭借长尾效应取得了巨大成功。例如，美国谷歌（Google）公司通过为数以百万计的中小企业提供广告服务获得了丰厚的利润。互联网未流行之前，广告主要以电视广告、广告牌等形式为主，大量中小企业或个人从未打过广告或者从未大规模打过广告，甚至并不觉得自己可以打广告。因为广告商和出版商并不会过多关注这些名不见经传的小企业、小客户，而是积极地寻求与龙头企业进行合作。谷歌公司推出的 AdSense 服务㊁成功降低了打广告的门槛，广告不再高不可攀。AdSense 是一种自助的、个性化的、廉价的服务。目前谷歌有近一半的生意来自中小企业等客户的广告，数以百万计的中小企业构成了一个可观的长尾市场[41]。除互联网公司外，长尾效应也深深影响着传统银行业。招商银行通过重新划分客户群体、个性化客户需求使得其自身信用卡业务量迅速增长。在以往客户群体划分中，各银行习惯性按"高低"等级为用户进行画像，他们认为 20% 的客户掌握着 80% 的财富（即"二八法则"）。招商银行按照持卡人的产品生命周期进行了个性化群体划分，分别发行了学生卡（Young 卡）、普卡、金卡和白金卡㊂。他们坚信用户的个性化需求构成了一个长尾市场，关注这部分长尾市场能够为商业银行带来更加可观的收益。强调个性化、小利润大市场是长尾效应在经济领域的重要特征，互联网经济时代各企业仍需要关注客户的个性化需求，重视长尾效应以及马太效应。

4.3　无标度网络

网络是一个包含大量个体及个体之间相互作用的系统[42]。人们在对各类网络的研究

㊀　https://en.wikipedia.org/wiki/Chris_Anderson_(writer)
㊁　https://www.google.cn/adsense/start/
㊂　http://cc.cmbchina.com/

过程中发现有一类网络中节点的度值 k 与该度值对应的节点数 $P(k)$ 满足幂律关系,且其幂指数往往在 2 与 3 之间[43]。为了对该类特殊性质的网络进一步探究,研究人员将其命名为无标度网络[1]。本节从**社会网络的幂律分析**开始,主要介绍**无标度网络的定义及其特性、无标度网络的典型构建模型**。

4.3.1 现实网络的无标度分析

现实生活中存在多种形态的网络,包括社交网络、人际关系网、贸易网络等。研究发现这些网络节点的度分布都符合幂律[24]。例如,社交网络中只有部分大 V 有百万级的粉丝量,他们在网络中具有较大权力,而绝大部分普通用户只有数百个粉丝;互联网中大部分网站没有或只有极少数的站外链接,只有部分权威全站拥有众多站外链接。本节将对互联网、金融网络进行无标度分析,以引出无标度网络的具体定义。

1. 互联网无标度分析

前述章节提出的多个网络模型以建模和量化分析现实生活的网络,但是这些模型并未考虑真实网络的典型特征——动态性。例如,经典模型假设网络中的节点数量固定,然后在网络规模不变的情况下采用随机连接(ER 模型)或重新连接(W-S 模型)建立节点间的关联[44]。然而现实世界中的网络都是开放的,不停地有新的节点加入或者原有节点消亡。从网络的整个生命周期来看,网络规模是动态的[45]。例如,互联网中页面数量随时间的增加呈指数增长,科学论文随着新论文的发表而不断增长。这些网络的共同特征是**网络通过添加新的节点而不断扩展**,而这些新的节点将连接到系统中已经存在的节点。

此外,随机网络模型假设两个节点连接的概率是随机且均匀的。然而,多数现实网络中的网络连接具有一定的偏好性[46]。例如,一个新演员很可能会扮演配角,并与具有更高地位和知名度的演员合作。因此,新演员与已成名演员一起演出的可能性远高于与其他新人演员一起演出的可能性;一个新创建的网页将更可能包含指向知名网页的链接。这些示例表明,新节点连接到现有节点的概率并非均匀,而连接到已经具有大量连接的节点的可能性更高。

基于以上两种特征的模型自然会导致节点度分布的尺度不变性[47]。为了合并网络的不断增长的特征,从 m_0 个少量顶点开始,在每个时间步添加一个具有 m 个边($m \leqslant m_0$)的新节点,这些新边将新节点连接到系统中已经存在的 m_0 个不同的节点上。为了合并优先连接,假设新节点将连接到节点 i 的概率 $P(k_i)$ 取决于连通性 k_i,这样 $P(k_i) = k_i / \sum_j k_j$。在 t 个时间步之后会生成一个具有 $t+m_0$ 个节点和 m_t 条边的随机网络。该网络演化为尺度不变状态,其节点度值分布遵循幂律。正如对真实网络观察到的幂律所描述的那样,系统在其发展的不同阶段具有不同的大小。

2. 金融系统无标度分析

随着世界经济的发展,对于金融系统的研究也越来越多,当下的金融系统是典型的基于无标度网络的应用,因此也受到无标度网络特性的影响。20 世纪 90 年代,巴西金融危机从巴西银行业开始爆发，这场危机不仅使巴西的经济遭到了重大打击，也使得人们开始意识到金融系统崩溃的危险性，因此，越来越多的研究开始对金融系统的网络结构进行分析，其中巴西金融危机主要是从银行业的违约开始的，有研究[48]表明违约风险的传染性远超其余风险，因此其在金融体系中具有不可忽视性。事实上由于机构违约而导致的预期损失可能超过银行间负债规模的数倍。

宏观经济冲击在扩大违约风险的传染性方面起着至关重要的作用。具体而言，当系统受市场冲击影响时传染性风险的比例显著增加，从而在系统中创建了更多的传染性渠道。通过将市场事件和交易对手的影响关联起来可以解释这种现象。无标度的金融网络引入了两种本地连通性度量：交易对手敏感性和本地连接脆弱性。其中交易对手敏感性用于衡量机构债权人对后者潜在违约的敏感性；当给定节点违约时，本地连接脆弱性用于衡量本地连接脆弱性是否会增加。因此，金融系统的无标度网络搭建过程如下所述。

金融系统中的交易对手关系可以表示为加权有向图或网络，定义为三元组 $I=(V,E,C)$：

- 金融机构集合 V，其数量为 n。
- 双边敞口矩阵 E，E_{ij} 代表节点 i 对节点 j 的敞口，定义为在计算之日机构 i 对机构 i 的所有负债的（按市价计）市值。因此，这是在 i 立即违约的情况下 i 的最大短期损失。
- $C=\{c_i, i\in V\}$，其中 c_i 是机构 i 的资本，代表其吸收损失的能力。

这样的网络可以表示为图，其中节点代表机构，连接代表风险。将节点 $i\in V$ 的度内近亲 $k_{in}(i)$ 定义为其债务人的数量，将度数 $k_{out}(i)$ 定义为其债权人的数量：

$$k_{in}(i) = \sum_{j\in V} 1\{E_{ij} > 0\} \tag{4-7}$$

$$k_{out}(i) = \sum_{j\in V} 1\{E_{ij} > 0\} \tag{4-8}$$

其中，节点 i 的度数 $k(i)=k_{in}(i)+k_{out}(i)$，并测量其连通性。

尽管网络中的所有机构都不是银行，但为简单起见，将这些风险称为"银行间"风险。将 $A(i)$ 表示为金融机构 i 的银行间资产，将 $L(i)$ 表示为其银行间负债：

$$A(i) = \sum_{j\in V} E_{ij} \tag{4-9}$$

$$L(i) = \sum_{j\in V} E_{ji} \tag{4-10}$$

4.3.2 无标度网络的定义及特性

对比随机网络，网络中每个新加入的节点是随机地连接到原有节点。尽管节点之间的连边充满不确定性，但是随机网络大部分节点的度数基本相同，服从泊松分布[1]；然而本章所介绍的网络中绝大部分节点度值很小，只有少部分节点具有较高度数，节点度值分布服从幂律分布。研究人员将该类网络命名为"无标度网络"[1]，其与随机网络的对比如图4-4所示。

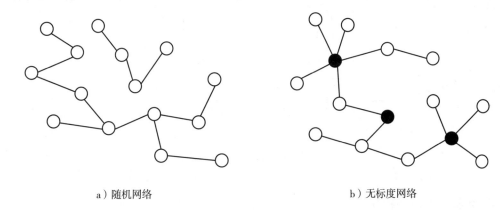

a）随机网络　　　　　　　　　　b）无标度网络

图4-4　随机网络与无标度网络对比

1. 无标度网络的定义

1999年，美国物理学家艾伯特-拉斯洛·巴拉巴西[○]在绘制万维网的拓扑结构时发现网络中部分节点连接数远高于其他节点，并且网络中任一节点的连接数均服从幂律分布。同时发现其他的复杂网络，如社交网络、生物网络中节点的连接数也服从幂律分布，此类网络即为"无标度网络"[4]。

无标度网络定义为[1]：**网络节点度分布满足或近似满足幂律分布的网络即为无标度网络**。无标度网络中存在一定数量的度值较高的节点称为枢纽节点[49]，也记作Hub节点。

实际上"无标度"的概念源自幂律的**尺度不变性**（Scale Invariance）[50]，即将幂函数 $f(x)=\alpha x^{-k}$ 的自变量 x 经过放大或缩小任意尺度后，其函数关系仍为幂函数。例如将自变量 x 放大常数 c 倍后，有

$$f(cx)=\alpha(cx)^{-k}=c^{-k}\times \alpha x^{-k}=c^{-k}f(x)\propto f(x) \tag{4-11}$$

其中，符号"∝"表示正比关系。如图4-5 a~c所示，将自变量 x 放大4倍、10倍后，其函数图像仍具有标志性的"长尾"，只是函数值略有变化。值得注意的是对幂指数的缩放实际上并未改变幂律分布函数，因为任何特定幂次的幂律关系都是其他幂次函数的缩放形式。

令 $P(k)$ 表示网络节点的度分布，即该网络中度值为 k 的节点出现的频数，则无标度网络的度分布满足：

$$P(k) \sim k^{-\gamma} \tag{4-12}$$

[○] https://barabasi.com/

其中，幂指数 γ 为描述无标度网络的参数，通常位于 2 和 3 之间（有时也在该区间外）[51]。

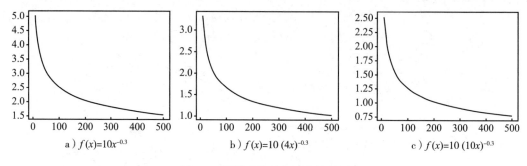

图 4-5　幂律函数尺度不变性示例

2. 无标度网络的特征

如图 4-4 所示，无标度网络中具有较高度数的节点"升级"为枢纽节点，这些枢纽节点间的网络关系决定了无标度网络的特性[52]。具体而言，无标度网络满足如下特征：

（1）鲁棒且脆弱性

鲁棒性（Robustness）是一种衡量网络结构的特征，也被称为健壮性，具体指在异常错误或者过载等情况下网络系统的生存能力[53]；脆弱性（Vulnerability）具体指当网络遭受蓄意攻击时系统所体现出来的正常运转能力[54]。当网络出现异常情况或者遭受外部攻击时，如果仍然能正常运转则具有良好的鲁棒性；如果网络瞬间崩溃，则认为该网络具有脆弱性。即鲁棒性指网络抵御干扰或攻击能力强，脆弱性指网络抵抗干扰或攻击能力差。

既鲁棒又脆弱看似是矛盾的，但实际上无标度网络恰恰是鲁棒且脆弱的。无标度网络中存在着少部分度值较高的 Hub 节点，这些节点连接着大量度更小的普通节点，这种层级关系使得网络具有一定的容错性。如果随机破坏无标度网络中的节点，显然普通节点被成功破坏的概率远高于 Hub 节点。由于这些节点具有很小的度并不会对整个网络的连通产生较大的影响，整个网络具有良好的鲁棒性。即便随机破坏了 Hub 节点，因为网络中还有其他 Hub 节点，整个网络原有的连通性同样不会受到较大影响。因此，无标度网络具有鲁棒性。Hub 节点虽然提升了网络的信息传输效率，但使得网络难以抵御外部的蓄意攻击。如果定向地攻击 Hub 节点，由于它们连接着大量普通节点，这些普通节点除了通过 Hub 节点之外并没有其他传播信息的方式和环路，则整个网络将变为多个相对离散的图，极大影响原网络的连通性。因此，无标度网络又具有脆弱性。足以可见，Hub 节点对于无标度网络而言是个"双刃剑"。

此外，科恩等人[55]利用逾渗理论[68]（详见 **1.4 节逾渗理论与晶格模型**）证明无标度网络的逾渗阈值近似为 0，即网络中随机破坏任意数量的节点并不会破坏整个网络原有的连通性[56]，这与第 2 章介绍的随机网络具有显著的不同（随机网络的逾渗阈值为节点总数的倒数[57]）。

（2）聚集系数随节点度数升高而降低

无标度网络中节点度值越高，网络聚集系数（Clustering Coefficient）越低，并且同样满足幂律分布[58]。回顾聚集系数的定义：假设网络中某一节点与 k 个节点相连，则这 k 个邻居节点之间最多可能存在的连边有 $k(k-1)/2$ 条。该节点的聚集系数定义为 k 个节点之间实际存在的边数与最多可能存在的边数之比。网络中所有节点聚集系数的平均值称为该网络的聚集系数。

该特性表明无标度网络中度数较低的普通节点往往从属于某些致密的子图中，如图 4-4 b 所示可近似看作两个子图，这些子图之间通过其他的 Hub 节点互相连接。

（3）节点之间的平均距离较小

无标度网络中节点与节点之间的平均距离相较于其他网络而言较小。对于多数不规则网络，如小世界网络[59]（详见**第 3 章小世界现象**），该距离与其他高度规则的网络相比非常小。例如，科恩和哈夫林[60]证明幂指数 $\gamma \in [2,3]$ 的无标度网络节点之间的平均距离 $d \sim \ln(\ln N)$，其中 N 为网络节点数。而在规则网络中，节点之间的平均距离为

$$L = \frac{2}{N(N-1)} \sum_{i>j} d_{ij} \tag{4-13}$$

其中，d_{ij} 表示节点 i 与节点 j 之间的距离，N 为网络节点总数。

此外，无标度网络中 Hub 节点度值越高，节点之间的平均距离越短。易知当 Hub 节点度值增加时，网络中越有可能使用远距离路径传递信息，这构成了小世界现象的基础。

4.3.3 无标度网络的典型构建模型

生活中似乎很多网络都表现出无标度的特性，例如跨银行支付网络[61]、语义网络[62]等，然而布罗伊多等人[63]经过统计分析发现许多网络实际上并不符合无标度特性，因此无标度网络并不是随随便便就出现的。著名数学家保罗·厄多斯等人[64]迭代地随机选取两个节点添加连接以生成一种随机网络，经分析这种随机网络并不满足无标度特性，说明无标度网络是由特定的生成模型生成的。

1999 年巴拉巴西在提出"无标度网络"这一概念的同时，提出了基于**偏好依附**（Preferential Attachment）的幂律分布生成机制[1]，并由多罗戈夫采夫[65]等人计算得到解析解。所谓偏好依附指**"新节点"与"旧节点"相连的概率**[66]。由不同偏好依附规律而产生的无标度网络构建模型存在细微差异，主要分为 BA 模型[1]、适应度模型[67]、局域世界演化模型[68]、分层模型[69]等。

1. BA 模型

BA 模型（The Barabási-Albert Model）是构建无标度网络的基础模型，也是第一个无标度网络构建模型[70]，有时也称为"富者更富"[47]模型。生成无标度网络的关键是保证节点度值的分布满足幂律分布，即新加入网络的节点以非均匀的概率分布与原有节点

建立连接,原有节点的邻居节点越多,被连接的概率越高。该过程可使得"富人"更"富",度值较高的节点度值会越来越高。

具体而言,BA 模型基于以下两个假设。

- **生长机制**:网络随着时间的推移不断有新的节点加入,即网络自身的规模在逐渐扩大。
- **优先连接**:新加入网络的节点优先与已有较多连接的节点相连。

生长机制模拟的是现实生活中各类网络规模的不断增大,例如互联网中新创建的网页、银行系统中新开业的银行、航空网络中新运营的机场等;优先连接则模拟的是"富者更富",例如新创建的网页一般会链接到较为知名的网站,新运营的机场会优先考虑与大型机场之间建立航线等。因此,BA 模型中节点 n_i 的偏好依附满足:

$$\prod(k_i) = \frac{k_i}{\sum_{j=1}^{n} k_j} \tag{4-14}$$

其中,k_i 表示节点 i 在原网络中的度值,n 为网络中原有节点总数。

基于 BA 模型构造无标度网络步骤如下所述。

①**节点数量增长**:假设网络 G 中包含 n 个节点,节点之间共有 e 条连边,每个时间步内 G 中增加一个新节点。

②**节点连接建立**:新加入网络 G 的节点与网络中已有节点建立 m 个连接,且 $m<n$。

③**优先连接选择**:新加入节点与原有节点之间建立连接时优先考虑度值较高的节点,则新节点与节点 n_i 相连的概率满足式(4-14)。

经过 t 个时间步后,网络中共包含节点 $n+t$ 个,以及 $e+mt$ 条连边。BA 模型构造的无标度网络与真实的无标度网络仍然存在一些差异,例如没有致密连接的小社群等。此外,在现实网络中式(4-14)基本不会为 0,即新节点与孤立节点连接的概率不为 0。巴拉巴西通过控制变量法进一步证明了生长机制与优先连接两个基本假设是构建无标度网络的必要条件[1],若网络中一直保持 n 个节点,节点之间不断进行优先连接,那么大约经过 n^2 个时间步后网络中所有节点相互连接,节点度值分布不再满足幂律分布,此时无法构成无标度网络。

2. 适应度模型

BA 模型存在一个明显的缺陷,即网络中存在越久的节点越容易拥有较高的度值,这与现实情况并不相符。例如,互联网中总会有一些新创建的网页在短时间内获得较高流量,进而成为热门网站;短视频平台上也经常会有一些新发布的视频瞬间火爆全网,成为"后起之秀"。为了解决这一问题,比安科尼等人[67]进一步提出了适应度模型(Fitness Model)。

适应度模型是一个综合评估新加入网络节点发展状况的无标度网络构建模型(例如新网页的创建、新银行的营业等),主要通过改进优先连接机制使得新加入网络的节点的度值也能在短期内迅速增加。为了整合不同网络节点竞争连接的不同能力,适应度模型

为网络中每个节点分配了一个吸引因子 γ_i，则修正后的优先连接机制为

$$\prod(k_i) = \frac{\gamma_i k_i}{\sum_{j=1}^{n} \gamma_j k_j} \tag{4-15}$$

吸引因子的设置在一定程度上衡量了不同节点对新节点的吸引能力，可以间接表示网页内容的重要性、产品的质量、银行的业务量等方面存在的差异。新加入网络的节点可能会优先连接到具有较高度值的节点（较高的 k_i 值），比如可能与知名度更高的网页相连接、与更加有名的演员进行合作、引用被引次数多的论文等；并且吸引能力较强的节点（较高的 γ_i 值），比如可能会选择内容更合适的网站进行连接、与有相关影片表演经验的演员合作、引用结论更加新颖的论文等。因此，在适应度模型中，节点的度与吸引因子共同决定了网络原有节点对新加入节点的吸引能力。

3. 局域世界演化模型

BA 模型与适应度模型均假设新加入网络的节点以一定的概率与整个网络的节点进行连接，然而在现实生活中这一假设有时并不成立。例如，某些地方银行首先要与上一级银行建立联系，然后才会与其他银行建立业务关系；新搬到某个小区的居民会优先与同一栋楼的居民相识；因此在**网络中存在新加入的节点只能与部分节点进行优先连接**。为解决这一问题，覃等人[68]提出了构建无标度网络的**局域世界演化模型**（Local-world Evolving Network Model）。

在局域世界演化模型中，每个节点仅具有本地连接信息，因此仅能在部分区域中进行优先连接。该模型从现有网络的全部节点中随机选择 M 个节点作为"**局域世界**"，无标度网络生成算法如下：

①首先将网络初始节点数量 n_0 和连边的数量 e_0 设置为较小值。

②每个时间步在网络中添加一个新的节点，依据优先连接机制与局域世界中的 M 个节点建立 m 条连接（$m<M<n_0$），其中每一步的连接概率 $\prod_{\text{Local}}(k_i)$ 为

$$\prod\nolimits_{\text{Local}}(k_i) = \prod(i \in \text{Local-world}) \frac{k_i}{\sum_{j\text{Local}} k_j} \tag{4-16}$$

易知，经过 t 个时间步后生成网络中节点的总数为 n_0+t。因此局域世界的规模 $M \in [m, n_0+t]$，并且将节点 i 选入特定局域世界网络的概率为

$$\prod(i \in \text{Local-world}) = \frac{M}{n_0 + t} \tag{4-17}$$

根据平均场理论[71]，假设网络中节点 i 的度值 k_i 为连续变量且 k_i 的变化率与 $\prod_{\text{Local-world}}(k_i)$ 成比例，则节点度值 k_i 满足动力学方程：

$$\frac{\partial k_i}{\partial t} = m \prod\nolimits_{\text{Local}}(k_i) = \frac{mM}{n_0 + t} \frac{k_i}{\sum_{j\text{Local}} k_j} \tag{4-18}$$

由于 M 个节点的随机选择会随着时间 t 的增加促成局域世界连接，因此局域世界中节点的累积程度取决于随机选择过程[72]。假设式（4-19）成立：

$$\frac{k_i}{\sum_{j\text{Local}} k_j} = \langle k_i \rangle M \tag{4-19}$$

其中，节点平均度值 $\langle k_i \rangle = (2mt+2e_0)/(n_0+t)$，代入上述公式得：

$$\frac{\partial k_i}{\partial t} = \frac{mM}{n_0+t} \frac{k_i}{\frac{2mt+2e_0 M}{n_0+t}} = \frac{mk_i}{2mt+n_0} \approx \frac{k_i}{2t} \tag{4-20}$$

局域世界演化模型遵循与 BA 无标度模型相同的幂律分布 $P(k) \sim 2m^2/k^3$，并且经计算机模拟得出：当局域世界节点数量 M 从 m 逐渐增加到 n_0+t 时，构建的网络节点度值分布从指数分布逐渐过渡到幂律分布[67]。综上，局域世界演化模型成功地模拟了这种无标度网络的构建过程，其中节点仅拥有网络的局部信息，但是构造节点的机制取决于不同网络中实际的局部连接条件。

4. 分层模型

不管是 BA 模型、适应度模型还是局域世界演化模型，其生成网络的节点度值分布均与时间 t（或新节点增加次数）有关。当 t 较大时，度分布逐渐满足幂律分布。受确定性分形的分层规则启发，巴拉巴西[69] 等人提出了与增长时间无关的分层模型以构造无标度网络。

分层模型从网络中的最小单元开始，通过自相似的层次叠加来迭代生成无标度网络。其中这个最小单元称为**模体**（Motif），指序列中的局部保守区域或者是一段序列中的固定序列模式[3]。网络以迭代方式构建，每次迭代都重复并重用之前步骤中生成的节点（或模体）。如图 4-6 所示，分层模型选定一个节点为网络的初始根节点，并以"**三节点两连接**"作为一个模体，具体生成过程如下：

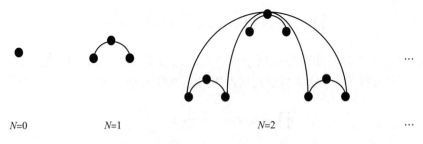

图 4-6　分层模型示例（三节点两连接）[69]

当 $N=0$ 时，在网络中增加两个节点，并将每个节点连接到初始根节点，构成一个由三节点两连接组成的模体。

当 $N=1$ 时,在网络中添加两个模体,每个模体与 $N=0$ 创建的网络相同(相当于**副本**),并将这两个模体的每个底部节点连接到整个网络的初始根节点,即根节点将增加四个新连接。

……

当 $N=n-1$ 时,继续在网络中添加两个模体,每个模体包含 3^{n-1} 个节点,与 $N=n-2$ 时迭代创建的网络相同,并将这两个模体的 2^n 个底部节点中的每个节点连接到整个网络的根节点。

通过上述步骤构建成网络后,利用数学分析获得模型的度分布 $P(k)$。由幂律分布图像知节点度分布的尾部由连接最多的节点或枢纽节点决定。显然,在复制模型中度值最大的枢纽节点是 $N=0$ 时选取的初始根节点。接下来的两个枢纽节点是在最后一步中添加到网络中的两个模体内部的根节点。因此,为了描述幂律分布的尾部仅关注枢纽节点即可。当 $N=i-1$ 时连接最紧密的初始根节点度值为 $2^{i+1}-2$。在下一次迭代中,此根节点的两个副本将出现在两个新添加的模体中。随着进一步迭代,当 $N=n-1$ 时初始根节点的 3^{n-i} 个副本将出现在网络中,但是两个新创建的副本在下一步迭代时不会增加自身的度值。因此 n 次迭代之后,网络中存在 $(2/3)3^{n-i}$ 个节点,其度数为 $2^{i+1}-2$。利用累积度分布计算网络中节点度值分布的幂指数,则节点度值分布幂律函数尾部满足:

$$P_{\text{cum}}(k) \sim k^{-\gamma} \sim k^{\frac{\log 3}{\log 2}} \tag{4-21}$$

因此,以三节点两连接为模体的分层模型构建的无标度网络其度分布的幂指数为

$$\gamma = \frac{\log 3}{\log 2} \tag{4-22}$$

研究人员也对不同模体构造的无标度网络进行了探究,当以"五节点四连接"作为模体时,生成网络节点度分布幂指数 $\gamma=1$;当以"四节点三连接"作为模体时,幂指数 $\gamma=1+\log 4/\log 3$[73]。事实上在无标度网络中一直存在着度值非常大的枢纽节点(如分层模型中的初始根节点)以及高度连接的致密结构(即模体)。在分层模型的任何步骤中,都存在两个度值较大的枢纽节点,它们的连通性大约是根节点连通性的一半。

小结

1. 幂律是广泛存在于人类社会各个领域的数学规律。幂律主要描述一个量随着另一个量的幂次变化而产生相对变化的函数关系,该关系与两个变量的初始大小无关。大量的研究表明幂律可应用于社会学、经济学、物理学、生物学等众多领域。

2. 幂律分布函数在对数坐标下表示为一条斜率为幂指数的负数的直线。在实际生活中,幂律被总结为"马太效应"和"长尾效应":马太效应指任何个体、群体或地区,在某一个方面获得成功和进步后会产生一种积累优势,会因此具备更多的机会取得更大的

成功和进步；长尾效应指并未受重视的销量低但种类多的产品或服务由于总量巨大而累积得到的总收益超过主流产品的现象。

3. 网络节点度分布满足或近似满足幂律分布的网络即为无标度网络，该类网络具有标度不变性、鲁棒且脆弱性。此外，网络聚集系数随节点度数的升高而降低，节点之间的平均距离较小。

4. 无标度网络的构建模型主要包括 BA 模型、适应度模型、局域世界演化模型和分层模型。具体而言，BA 模型通过生长机制与优先连接机制实现网络规模的增长、枢纽节点的构建。适应度模型通过改进 BA 模型的优先连接机制使得新加入网络的节点的度值能在短期内迅速增加。局域世界演化模型假设新加入网络的节点只能与部分节点进行优先连接，于是通过构造"局域世界"模拟无标度网络的构建过程。而分层模型是一种基于模体的通过自相似层次叠加来迭代生成无标度网络的构建模型。

习题

1. 生活中存在许许多多的幂律现象，除了本章所提到的示例外，请列举两个与幂律有关的生活现象并进行分析，言之有理即可。

2. 在无标度网络章节，介绍了常用的无标度网络模型及其构建的数学方法，请使用自己熟悉的语言，完成一个无标度网络的简单构建。

3. 在生活中，除了图书销售领域，还有许多领域会应用到长尾效应，请举例说明流行度效应的其他应用。

4. 假如一个音乐专辑前六个月的销量如下表所示，请你预测后六个月的销量，并说明为什么？

月份(月)	1	2	3	4	5	6
销量(万)	120	60	30	28	27	26

5. 网络病毒在复杂网络中的传播是现代网络面临的难题之一，请你设计一个网络免疫方法，在尽可能少地耗费资源的情况下达到网络免疫的效果。

参考文献

[1] BARABÁSI A L, ALBERT R. Emergence of scaling in random networks [J]. Science, 1999, 286(5439): 509-512.

[2] STUMPF M P H, PORTER M A. Critical truths about power laws [J]. Science, 2012, 335(6069): 665-666.

[3] DAS M K, DAI H K. A survey of DNA motif finding algorithms [J]. BMC bioinformatics, 2007, 8(7): 1-13.

[4] BARABÁSI A L, BONABEAU E. Scale-free networks [J]. Scientific american, 2003, 288(5): 60-69.

[5] ZIPF G K. Human Behaviour and the Principle of Least Effort [M]. Boston: Addison-Wesley, 1949.

[6] ZIPF G K. The Psychobiology of Language [M]. Boston: Houghton-Mifflin, 1935.

[7] BINGHAM A, SPRADLIN D. The long tail of expertise [M]. London: Pearson Education, 2011.

[8] BACKHAUS J. The pareto principle [J]. Analyse & Kritik, 1980, 2(2): 146-171.

[9] REED W J, HUGHES B D. From gene families and genera to incomes and internet file sizes: Why power laws are so common in nature [J]. Physical Review E, 2002, 66(6): 067103.

[10] ADAMIC L A, HUBERMAN B A, BARABÁSI A L, et al. Power-law distribution of the world wide web [J]. Science, 2000, 287(5461): 2115-2115.

[11] GABAIX X, GOPIKRISHNAN P, PLEROU V, et al. A theory of power-law distributions in financial market fluctuations [J]. Nature, 2003, 423(6937): 267-270.

[12] GUTENBERG B, RICHTER C F. Frequency of earthquakes in California [J]. Bulletin of the Seismological society of America, 1944, 34(4): 185-188.

[13] ZANETTE D H, MANRUBIA S C. Vertical transmission of culture and the distribution of family names [J]. Physica A: Statistical Mechanics and its Applications, 2001, 295(1-2): 1-8.

[14] PRICE, DEREK J. Networks of scientific papers [J]. Science, 1965: 510-515.

[15] COX R A K, FELTON J M, CHUNG K H. The concentration of commercial success in popular music: an analysis of the distribution of gold records [J]. Journal of cultural economics, 1995, 19(4): 333-340.

[16] WILLIS J C, YULE G U. Some statistics of evolution and geographical distribution in plants and animals, and their significance [J]. Nature, 1922, 109(2728): 177-179.

[17] KRASHAKOV S A, TESLYUK A B, SHCHUR L N. On the universality of rank distributions of website popularity [J]. Computer Networks, 2006, 50(11): 1769-1780.

[18] 张宇, 张建玮, 王正行. 金融市场中幂律分布的经验和理论研究进展——经济物理学研究的一个前沿 [J]. 物理, 2004(10): 734-740.

[19] 张济忠. 分形 [M]. 北京: 清华大学出版社, 2011.

[20] MONTEMURRO M A. Beyond the Zipf-Mandelbrot law in quantitative linguistics [J]. Physica A: Statistical Mechanics and its Applications, 2001, 300(3-4): 567-578.

[21] GUTENBERG B, RICHTER C F. Magnitude and energy of earthquakes [J]. Nature, 1955, 176(4486): 795-795.

[22] GUTENBERG B, RICHTER C F. Earthquake magnitude, intensity, energy, and acceleration [J]. Bulletin of theseismological society of America, 1956, 46(2): 105-145.

[23] BIANCONI G, BARABÁSI A L. Bose-Einstein condensation in complex networks [J]. Physical review letters, 2001, 86(24): 5632.

[24] BORGE-HOLTHOEFER J, BANOS R A, GONZÁLEZ-BAILÓN S, et al. Cascading behaviour in complex socio-technical networks [J]. Journal of Complex Networks, 2013, 1(1): 3-24.

[25] WANG Z M, O'CONNOR T P, HESHKA S, et al. The reconstruction of Kleiber's law at the organ-tissue level [J]. The journal of nutrition, 2001, 131(11): 2967-2970.

[26] PERC M. The Matthew effect in empirical data [J]. Journal of The Royal Society Interface, 2014, 11(98): 20140378.

［27］BRYNJOLFSSON E, HU Y, SIMESTER D. Goodbye pareto principle, hello long tail: The effect of search costs on the concentration of product sales［J］. Management Science, 2011, 57(8): 1373-1386.

［28］MERTON R K. The Matthew effect in science: The reward and communication systems of science are considered［J］. Science, 1968, 159(3810): 56-63.

［29］KILPATRICK G D. The origins of the Gospel according to St. Matthew［J］. Bolchazy-Carducci Publishers, 2007.

［30］MERTON R K. The Matthew effect in science, II: Cumulative advantage and the symbolism of intellectual property［J］. ISIS, 1988, 79(4): 606-623.

［31］冯丹. 马太效应对现代品牌管理的启示［J］. 电子商务, 2010 (10): 32-36.

［32］TALPAU A, BOSCOR D. Customer-oriented marketing-A strategy that guarantees success: Starbucks and McDonalds［J］. Economic Sciences, 2011, 4(1): 51.

［33］HASKOVA K. Starbucks marketing analysis［J］. CRIS-Bulletin of the Centre for Research and Interdisciplinary Study, 2015, 1: 11-29.

［34］BOTHNER M S, HAYNES R, LEE W, et al. When do Matthew effects occur［J］. Journal of Mathematical Sociology, 2010, 34(2): 80-114.

［35］KIM M J, NELSON C R, STARTZ R. Mean reversion in stock prices? A reappraisal of the empirical evidencehui［J］. The Review of Economic Studies, 1991, 58(3): 515-528.

［36］POTERBA J M, SUMMERS L H. Mean reversion in stock prices: Evidence and implications［J］. Journal of financial economics, 1988, 22(1): 27-59.

［37］PAPADOPOULOS F, KITSAK M, SERRANO M Á, et al. Popularity versus similarity in growing networks［J］. Nature, 2012, 489(7417): 537-540.

［38］BRYNJOLFSSON E, HU Y, SIMESTER D. Goodbye pareto principle, hello long tail: The effect of search costs on the concentration of product sales［J］. Management Science, 2011, 57(8): 1373-1386.

［39］ANDERSON C. The long tail: Why the future of business is selling less of more［M］. Paris: Hachette Books, 2006.

［40］BRYNJOLFSSON E, HU Y, SMITH M D. Consumer surplus in the digital economy: Estimating the value of increased product variety at online booksellers［J］. Management science, 2003, 49(11): 1580-1596.

［41］DAVIS H. Google advertising tools: Cashing in with AdSense, AdWords, and the Google APIs［M］. Sebastopol O'Reilly Media, Inc, 2006.

［42］周涛, 柏文洁, 汪秉宏, 等. 复杂网络研究概述［J］. 物理, 2005, 34(1): 31-36.

［43］CHOROMAŃSKI K, MATUSZAK M, MIĘKISZ J. Scale-free graph with preferential attachment and evolving internal vertex structure［J］. Journal of Statistical Physics, 2013, 151(6): 1175-1183.

［44］HOLME P, SARAMÄKI J. Temporal networks［J］. Physics reports, 2012, 519(3): 97-125.

［45］BARABÁSI A L. The network takeover［J］. Nature Physics, 2012, 8(1): 14-16.

［46］GOLOSOVSKY M, SOLOMON S. Stochastic dynamical model of a growing citation network based on a self-exciting point process［J］. Physical Review Letters, 2012, 109(9): 098701.

［47］DURHAM Y, HIRSHLEIFER J, SMITH V L. Do the rich get richer and the poor poorer? Experimental tests of a model of power［J］. The American Economic Review, 1998, 88(4): 970-983.

［48］CONT R, MOUSSA A. Network structure and systemic risk in banking systems［J］. Edson Bastos e,

Network Structure and Systemic Risk in Banking Systems, 2010.

[49] ALBERT R, BARABÁSI A L. Statistical mechanics of complex networks [J]. Reviews of modern physics, 2002, 74(1): 47.

[50] KRUG J. Origins of scale invariance in growth processes [J]. Advances in Physics, 1997, 46(2): 139-282.

[51] ONNELA J P, SARAMÄKI J, HYVÖNEN J, et al. Structure and tie strengths in mobile communication networks [C] //Proceedings of the national academy of sciences, 2007, 104(18): 7332-7336.

[52] CAI J, WANG Y, LIU Y, et al. Enhancing network capacity by weakening community structure in scale-free network [J]. FutureGeneration Computer Systems, 2018, 87: 765-771.

[53] QIU T, ZHAO A, XIA F, et al. ROSE: Robustness strategy for scale-free wireless sensor networks [J]. IEEE/ACM Transactions on Networking, 2017, 25(5): 2944-2959.

[54] AMMANN P, WIJESEKERA D, KAUSHIK S. Scalable, graph-based network vulnerability analysis [C]// Proceedings of the 9th ACM Conference on Computer and Communications Security. 2002: 217-224.

[55] COHEN R, EREZ K, HAVLINL S, et al. The Structure and Dynamics of Networks [M]. Princeton: Princeton University Press, 2011: 507-509.

[56] COHEN R, EREZ K, BEN-AVRAHAM D, et al. Breakdown of the internet under intentional attack [J]. Physical review letters, 2001, 86(16): 3682.

[57] GRIMMETT G R, MARSTRAND J M. The supercritical phase of percolation is well behaved [C]// Proceedings of the Royal Society of London. Series A: Mathematical and Physical Sciences, 1990, 430 (1879): 439-457.

[58] HOLME P, KIM B J. Growing scale-free networks with tunable clustering [J]. Physical review E, 2002, 65(2): 026107.

[59] MILGRAM S. The small world problem [J]. Psychology today, 1967, 2(1): 60-67.

[60] COHEN R, HAVLIN S. Scale-free networks are ultrasmall [J]. Physical review letters, 2003, 90 (5): 058701.

[61] DE MASI G, IORI G, CALDARELLI G. Fitness model for the Italian interbank money market [J]. Physical Review E, 2006, 74(6): 066112.

[62] STEYVERS M, TENENBAUM J B. The large-scale structure of semantic networks: Statistical analyses and a model of semantic growth [J]. Cognitive science, 2005, 29(1): 41-78.

[63] BROIDO A D, CLAUSET A. Scale-free networks are rare [J]. Nature communications, 2019, 10(1): 1-10.

[64] ERDOS P, RÉNYI A. On the evolution of random graphs [J]. Publ Math Inst Hung Acad Sci, 1960, 5 (1): 17-60.

[65] DOROGOVTSEV S N, MENDES J F F, SAMUKHIN A N. Structure of growing networks with preferential linking [J]. Physical review letters, 2000, 85(21): 4633.

[66] NEWMAN M E J. Clustering and preferential attachment in growing networks [J]. Physical review E, 2001, 64(2): 025102.

[67] BIANCONI G, BARABÁSI A L. Bose-Einstein condensation in complex networks [J]. Physical review letters, 2001, 86(24): 5632.

[68] SEN Q, GUAN-ZHONG D. A new local-world evolving network model [J]. Chinese Physics B, 2009, 18(2): 383.

[69] BARABÁSI A L, RAVASZ E, VICSEK T. Deterministic scale-free networks [J]. Physica A: Statistical Mechanics and its Applications, 2001, 299(3-4): 559-564.

[70] DOROGOVTSEV S N, GOLTSEV A V, MENDES J F F. Pseudofractal scale-free web [J]. Physical review E, 2002, 65(6): 066122.

[71] BARABÁSI A L, ALBERT R, JEONG H. Mean-field theory for scale-free random networks [J]. Physica A: Statistical Mechanics and its Applications, 1999, 272(1-2): 173-187.

[72] LI X, CHEN G. A local-world evolving network model [J]. Physica A: Statistical Mechanics and its Applications, 2003, 328(1-2): 274-286.

[73] ANDRADE Jr J S, HERRMANN H J, ANDRADE R F S, et al. Apollonian networks: Simultaneously scale-free, small world, Euclidean, space filling, and with matching graphs [J]. Physical review letters, 2005, 94(1): 018702.

CHAPTER 5

第 5 章

流行病学

流行病的分析、防治、干预一直是困扰人类的重大科学问题。19 世纪中叶,英国暴发了传染性强、致死率极高的流行病——霍乱,接近六百人在不到两周的时间里相继病逝。起初大多数人认为霍乱的传播途径是空气。然而约翰·斯诺医生通过标记霍乱病人的居住地,发现霍乱病人的分布规律和当地水井的分布规律有惊人的相似。由此,他初步推断霍乱是通过水源传播的。经过实地调查,约翰·斯诺医生最终发现了一口被污染的水井。在去除水井中的污染源后,霍乱病人的增长趋势明显下降[1]。此次事件被公认为流行病学研究的起始点。

流行病学主要研究流行病的扩散规律、分布情况、传播因素以及疾病传播的隔离和防治策略,其核心难题在于如何对流行病进行建模。流行病的经典建模工作大致可分为仓室传染病模型和复杂网络传染病模型。两者的区别在于对个体间接触概率的假设不同。本章从基础传染病模型、传播阈值理论、传染病的防控三个方面讲述仓室传染病模型,从接触网络模型和集合种群模型两方面讲述复杂网络传染病模型。

5.1 仓室传染病模型

为了对传染性疾病进行分析和控制,科学家们对传染病的传播过程进行数学建模,研究传染病的传播速度、空间范围、传播途径、动力学机理等问题,以指导传染病的预防和控制。仓室传染病模型(Compartmental Epidemic Models)简称仓室模型,是对一类传染病模型的统称,其特点在于根据人群状态将目标人群分为若干类,每个类也被形象地称为仓室,并且假设所有人群是均匀混合的,即不同类之间的相互接触概率相同,也被称作均匀网络中的传染病模型。常见的仓室传染病模型按照不同假设分为 SIR[1]、SIS[2]、SIRS[3]、SEIR[4] 等。

5.1.1 经典传染病模型

经典传染病模型的建立基础在于对疾病传播因素的合理假设。为了描述人群的不同状态,经典传染病模型将目标人群划分为三类:易感者(S)、感染者(I)、康复者

(R)。易感者代表尚未染病，但有可能被感染的人群。感染者代表已经染病，并且具有传染力的人群。康复者代表已经治愈且不会再次染病的人群。经典传染病模型的假设可概括为以下三点：

1) 不考虑人口的出生、死亡、流动等种群动力因素，人口总数始终为常量。

2) 一个感染者一旦与易感者接触就必然具有一定的传染力。单位时间内，一个感染者能传染的易感者数目与环境内易感者总数成正比。

3) 单位时间内从感染者中移出的人数与感染者数量成正比，且被移出的人不会再患病。

基于上述假设，可以构建最经典的 SIR 和 SIS 两个传染病动力学模型。两个模型的区别在于：SIR 模型中康复者不会再次患病，而 SIS 模型中康复者存在再次被感染的可能。由此可见，SIR 模型适用于治愈后会产生很强免疫力的传染病，如天花、流感、麻疹等；而 SIS 模型适用于治愈后几乎不产生免疫力的传染病，如伤风、痢疾等。

1. SIR 模型

SIR 模型由克马克（Kermack）与麦肯德里克（McKendrick）在 1927 年研究伦敦黑死病时提出。该模型认定康复后的感染者不会再患病，即治愈后会产生很强免疫力，如天花、流感、麻疹等。经典 SIR 模型将总人口分为三类，分别是易感者，数量记为 $s(t)$；感染者，数量记为 $i(t)$；康复者，数量记为 $r(t)$。总人口则记为 $N(t)$，相应地表示为 $N(t)=s(t)+i(t)+r(t)$，其中 t 表示对应的时刻信息。同时，上述三个假设条件的量化表述如下：

1) 人口总数不受出生、死亡、流动等因素的影响，始终保持一个常数，即 $N(t) \equiv K$。

2) 感染者一旦与易感者接触就必然具有一定的传染力。单位时间内，一个感染者能传染的易感者数目与环境内易感者总数成正比，设比例系数为 β，从而在 t 时刻单位时间内传染人数为 $\beta s(t) i(t)$。

3) 单位时间内从感染者中移出的人数与感染者数量成正比。设比例系数为 γ，从而在 t 时刻单位时间内康复者人数为 $\gamma i(t)$。

基于上述条件，可以观察出目标人群的状态在三类不同人群之间的变迁，如图 5-1 所示。易感者被感染转化为感染者，感染者康复后转化为康复者。于是可以得到微分方程：

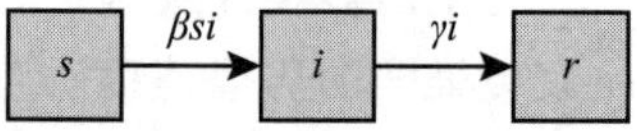

图 5-1 SIR 模型结构示意图

$$\begin{cases} \dfrac{\mathrm{d}i}{\mathrm{d}t} = \beta si - \gamma i \\ \dfrac{\mathrm{d}s}{\mathrm{d}t} = -\beta si \\ \dfrac{\mathrm{d}r}{\mathrm{d}t} = \gamma i \end{cases} \tag{5-1}$$

最终通过求解公式（5-1），可求解得 $i=(s_0+i_0)-s+\dfrac{1}{\sigma}\ln\dfrac{s}{s_0}$，其中 σ 是传染期接触数，$\sigma=\dfrac{\beta}{\gamma}$。

下面对 SIR 模型进行数值模拟，其中令 $\beta=0.8$，$\gamma=0.2$；$s(0)=0.99$，$i(0)=0.01$，$r(0)=0$。从图 5-2 中可以观察到易感者、感染者、康复者随时间的变化。在 SIR 模型中康复者不会再次患病，易感者总会有概率染病成为感染者，感染者不会死亡并且有概率康复，因此最终所有人都会成为康复者，疾病将在人群中消亡。

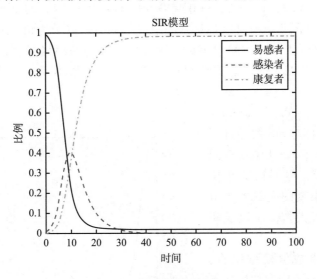

图 5-2　SIR 模型数值模拟

2. SIS 模型

SIR 模型假设感染者痊愈后不会再次被感染，形成了终身免疫，例如荨麻疹、腮腺炎等。然而一些流行病在康复后仍然存在再次被传染的风险，例如流感、脑炎等。为此，1932 年克马克与麦肯德里克又提出了 SIS 模型。不同于 SIR 模型将康复的感染者认定不会再患病，SIS 模型假设康复后的感染者存在再次被感染的风险。SIS 模型将人群仅分为易感者和感染者两类，相应地可表示为 $N(t)=s(t)+i(t)$。SIS 模型的假设如下：

1）不考虑人口的出生、死亡、流动等种群动力因素。人口始终保持一个常数，表示为 $N(t)\equiv K$。

2）感染者一旦与易感者接触就必然具有一定的传染力。单位时间内，感染者能传染的易感者数目与环境内易感者总数成正比。设该比例系数为 β，则 t 时刻单位时间内传染人数为 $\beta s(t)i(t)$。

3）单位时间内从感染者中移出的人数与病人数量成正比。设比例系数为 γ，从而在 t 时刻单位时间内康复的人数为 $\gamma i(t)$。

基于上述条件，可以发现研究目标群体在两类不同人群之间转换，如图5-3所示。易感者被感染转化为感染者，感染者康复后再次转化为易感者。相应地，图5-3所对应的微分方程为

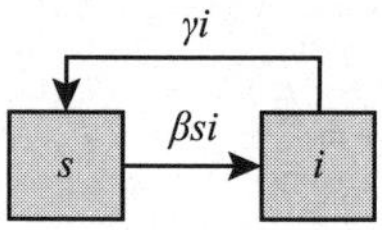

$$\begin{cases} \dfrac{\mathrm{d}i}{\mathrm{d}t} = \beta si - \gamma i \\ \dfrac{\mathrm{d}s}{\mathrm{d}t} = -\beta si + \gamma i \end{cases} \qquad (5\text{-}2)$$

图5-3 SIS模型结构示意图

同样地，令 $\beta = 0.8$，$\gamma = 0.2$，$s(0) = 0.99$，$i(0) = 0.01$，对SIS模型进行数值模拟，得到图5-4。从图5-4中可以观察到易感者与感染者数量达到了一个平衡，疾病最终长期存在。这是因为单位时间中感染者康复的人数与易感者染病的人数相等，从而达到了动态平衡的状态。此时易感者和感染者各自总人数不变，但是人在这两种状态间转换。

若令 $\beta = 0.3$，$\gamma = 0.35$，$s(0) = 0.6$，$i(0) = 0.4$，再对SIS模型进行数值模拟，得到图5-5，从中观察到感染者最终消失了。这是因为单位时间内由感染者康复的人数大于由感染导致的易感者人数，所以疾病最终消亡。

根据上述两组数值模型结果，发现当SIS模型具有不同的初始化参数时，传染病的最终状态可能出现截然不同的结果。那么如何预测一个未知疾病是将会大规模流行还是最终消亡呢？为此，研究人员基于SIS模型提出了流行病学的"阈值理论"。在该理论中最核心的概念为基

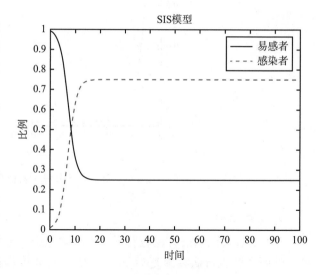

图5-4 SIS模型数值模拟1

本再生数（Basic Reproductive Number），符号表示为 R_0，其物理含义为"一个感染者在一个全都是易感者的人群中，直接传染的新感染者的平均人数"。当 $R_0 < 1$ 时，模型仅存在无病平衡点，疾病随时间流逝会自然消亡。当 $R_0 > 1$ 时，模型存在唯一的地方病平衡点，疾病随时间流逝会始终存在，成为地方病。此时模型的无病平衡点不稳定，平衡状态轻微的波动便会导致疾病再次流行。因此 $R_0 = 1$ 成为判断疾病是否会流行的阈值。基本再生数的计算公式为

$$R_0 = (1 + r\overline{T}_L)(1 + r\overline{T}_I) \qquad (5\text{-}3)$$

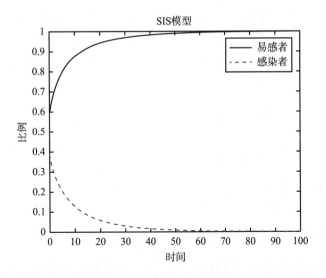

图 5-5　SIS 模型数值模拟 2

其中，$\overline{T}_L$ 和 $\overline{T}_I$ 来自对现实情况的观察，$\overline{T}_L$ 表示感染者的潜伏期平均长度；$\overline{T}_I = \overline{S}_I - \overline{T}_L$，$\overline{S}_I$ 表示一个感染者发病的时间和他感染的下一个人发病的时间的间隔；r 表示指数增长的增长率，如果用 $\Delta i(t)$ 表示第 t 天的新增感染者人数，则 r 符合

$$\Delta i(t) = \Delta i(t - \Delta t) e^{r\Delta t} \tag{5-4}$$

5.1.2　扩展传染病模型

在经典的 SIR 和 SIS 模型基础上，先后扩展出了 SIRS 和 SEIR 两个模型。其中，SIRS 模型针对传染病患者康复后，获得的免疫力不能终生保持，在免疫力消失时会再成为易感者。SIRS 模型将总人口分为三类，分别是易感者，数量记为 $s(t)$；感染者，数量记为 $i(t)$；康复者，数量记为 $r(t)$。总人口则记为 $N(t)$，相应地表示为 $N(t) = s(t) + i(t) + r(t)$。SIRS 模型的特点在于康复者获得的免疫力是暂时的，具有时效性。SIRS 的模型假设描述如下：

1）不考虑人口的出生、死亡、流动等种群动力因素，人口始终保持一个常数，表示为 $N(t) \equiv K$。

2）感染者一旦与易感者接触就必然具有一定的传染力。单位时间内，感染者能传染的易感者数目与环境内易感者总数成正比。假设该比例系数为 β，则在 t 时刻单位时间内传染人数为 $\beta s(t) i(t)$。

3）单位时间内从感染者中移出的人数与病人数量成正比。设该比例系数为 γ，则在 t 时刻单位时间内康复者人数为 $\gamma i(t)$。假设单位时间内有 $\delta r(t)$ 的康复者丧失免疫力，成为易感者，从而面临再次被感染的风险。

基于上述模型假设，可以发现目标群体状态在三类不同人群之间的转换，如图 5-6 所示。易感者被感染转化为感染者，感染者康复后转化为康复者，康复者在一段时间后失去免疫力，转化为易感者。其对应的微分方程为

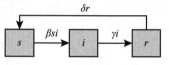

图 5-6　SIRS 模型结构示意图

$$\begin{cases} \dfrac{\mathrm{d}i}{\mathrm{d}t} = \beta s i - \gamma i \\ \dfrac{\mathrm{d}s}{\mathrm{d}t} = \delta r - \beta s i \\ \dfrac{\mathrm{d}r}{\mathrm{d}t} = \gamma i - \delta r \end{cases} \qquad (5\text{-}5)$$

在 SIRS 模型中，系数 δ 决定了康复者获得免疫的平均保持时间。在模型中有两个稳定平衡点，分别是 $s=N, i=0, r=0$ 和 $s=\dfrac{\gamma}{\beta}, i=\dfrac{\delta}{\gamma}r$。前者表示传染病达到无病平衡点，疾病消亡；后者表示传染病呈现流行状态，而消除传染病的参数条件需要 $\gamma > \beta N$，从而使得传染病消亡。当不能满足上述条件时，应通过措施尽量减小康复者丧失免疫的比例 δ，增大感染者康复的比例 γ，从而使得更多人保持对疾病的免疫力。

令 $\beta=0.8, \gamma=0.2, \delta=0.3$；$s(0)=0.99, i(0)=0.01, r(0)=0$，对 SIRS 模型进行数值模拟，得到图 5-7。从图 5-7 中可以观察到易感者与感染者数量达到了一个平衡，疾病最终流行并长期存在。

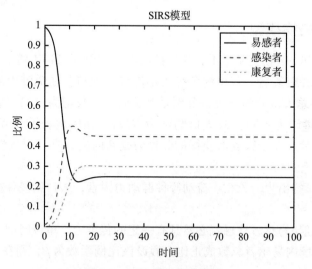

图 5-7　SIRS 模型数值模拟 1

令 $\beta=0.1, \gamma=0.15, \delta=0.3$；$s(0)=0.5, i(0)=0.4, r(0)=0.1$，对 SIRS 模型进行数值模拟，得到图 5-8，由于满足条件 $\gamma > \beta N$，从图 5-8 中可以观察到疾病最终流行。

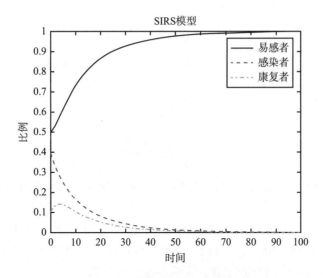

图 5-8　SIRS 模型数值模拟 2

针对具有一定潜伏期的传染病，易感者在接触过病人后不会立刻患病，而是成为病原体的携带者。为了对这一类传染病进行建模分析，提出了 SEIR 模型，其整个研究目标群体分为四类，分别是易感者，数量记为 $s(t)$；暴露者，数量记为 $e(t)$；感染者，数量记为 $i(t)$；康复者，数量记为 $r(t)$。总人口则记为 $N(t)$，相应地表示为 $N(t)=s(t)+e(t)+i(t)+r(t)$。SEIR 模型的特点在于易感者在接触感染者之后，存在一段潜伏期，在潜伏期内暴露者没有传染能力。SEIR 的模型假设如下：

1) 不考虑人口的出生、死亡、流动等种群动力因素。人口始终保持一个常数，表示为 $N(t) \equiv K$。

2) 感染者一旦与易感者接触就必然具有一定的传染力。单位时间内，感染者能传染的易感者数目与环境内易感者总数成正比。在 t 时刻单位时间内传染人数为 $\beta s(t)i(t)$。

3) 被传染的人由于潜伏期的存在成为暴露者，此时没有传染性。单位时间内，从暴露者转变为感染者的人数为 $\omega e(t)$，疾病的平均潜伏期为 $\dfrac{1}{\omega}$。

4) 单位时间内从感染者中移出的人数与感染者数量成正比。设比例系数为 γ，则在 t 时刻单位时间内康复者人数为 $\gamma i(t)$，且康复者不能够被再次感染，疾病的病程为 $\dfrac{1}{\gamma}$。

如图 5-9 所示，SEIR 模型中目标群体的状态在四类不同人群之间转换。易感者被感染转化为暴露者，暴露者经过潜伏期后转化感染者，感染者康复后转化为康复者。SEIR 模型对应的微分方程为

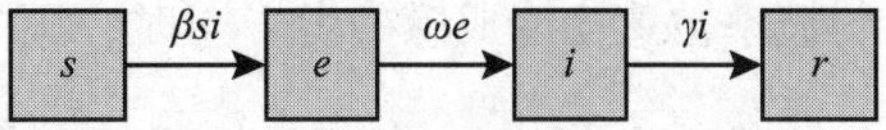

图 5-9　SEIR 模型结构示意图

$$\begin{cases} \dfrac{\mathrm{d}i}{\mathrm{d}t} = \omega e - \gamma i \\ \dfrac{\mathrm{d}s}{\mathrm{d}t} = -\beta si \\ \dfrac{\mathrm{d}r}{\mathrm{d}t} = \gamma i \\ \dfrac{\mathrm{d}e}{\mathrm{d}t} = \beta si - \omega e \end{cases} \qquad (5\text{-}6)$$

与 SIR 模型相比，SEIR 模型考虑了传染性疾病的潜伏期。这类疾病的传播周期更长，防控也难度更大。

令 $\beta = 0.8, \gamma = 0.2, \omega = 0.3$；$s(0) = 0.4, e(0) = 0.3, i(0) = 0.2, r(0) = 0.1$，对 SEIR 模型进行数值模拟。如图 5-10 所示，SEIR 模型中虽然加入了暴露者，延长了疾病存在的时间，但是最终所有人都会成为康复者，疾病将在人群中消亡。

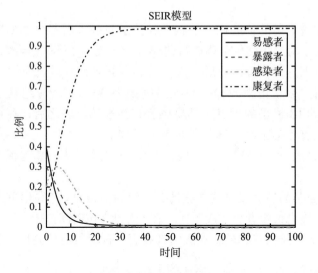

图 5-10　SEIR 模型数值模拟

5.1.3　疾病传播阈值理论

针对流行病的防控，建立易感者感染率和感染者康复率之间的动态关系，对重大疾病的状态预测具有重要意义。以 SIS 传染病传播模型为例，易感者与感染者接触时会以 β 的概率被感染变成感染者，同时，康复者可能会以 γ 的概率重新成为易感染个体，其有效传播率为 $\sigma = \dfrac{\beta}{\gamma}$。基于平均场理论[5]，可得到感染者密度 $\rho(t)$ 随时间 t 变化的非线性微

分方程为

$$\frac{\mathrm{d}\rho(t)}{\mathrm{d}t} = -\rho(t) + \sigma\langle k\rangle\rho(t)[1-\rho(t)] \tag{5-7}$$

其中，$\langle k\rangle$表示人群中节点的平均度，$[1-\rho(t)]$表示感染者和易感染者相接触的概率。

在稳定状态下 $\mathrm{d}\rho(t)/\mathrm{d}t = 0$，得

$$\rho(\infty)\{\sigma\langle k\rangle[1-\rho(\infty)] - 1\} = 0 \tag{5-8}$$

求得传染病的传播阈值为 $\sigma_c = 1/\langle k\rangle$，以及感染者在稳定状态下的密度 ρ 为

$$\rho = \begin{cases} 0 & \sigma < \sigma_c \\ \sigma - \sigma_c & \sigma > \sigma_c \end{cases} \tag{5-9}$$

当传染病有效传播率 σ 小于传播阈值 σ_c 时，疾病最终会消亡；当传染病的有效传播率 σ 大于传播阈值 σ_c，疾病将达到一个长期持续存在的状态。

为此，学者提出与传播阈值等价的定义：基本再生数 R_0，$R_0 = \sigma/\sigma_c$。基本再生数是指：在一个全是易感者的稳定种群中，引入一个感染者个体，这个感染者个体在康复之前平均能感染的人数。在新冠病毒传播初期，研究者们纷纷用仓室模型对病毒进行建模，旨在估计疾病的传播参数、评估疾病的传播能力、预测疾病的传播趋势、为制定相应的防控措施提供数据支持。

虽然仓室模型将人群细分为多个仓室，从宏观上考虑了不同群体之间的状态变迁，但是人群均匀混合的假设与真实情况相悖。传染病是通过染病个体和易感者个体之间的接触传播，每个个体所接触的个体都具有差异，不能一概而论。假设将个体间互相接触的关系构成一个网络，仓室模型实际上是一个均匀网络，每个节点之间都有连接，但是这有违真实人群网络中的无标度性，因此通过复杂网络来研究传染病传播更符合实际情况。

5.1.4 传染病的防控

根据上节内容，可知基本再生数 R_0（在一个全是易感者的稳定种群中，引入一个感染者个体，这个感染者个体在康复之前平均能感染的人数）能够推断出在没有干预的情况下传染病将会流行还是消亡。对于特定的病原体来说，基本再生数 R_0 是相对稳定的。随着传染病的发展，种群中不再全是易感者，仅靠基本再生数 R_0 不能反映传染病当前的传播趋势和受人工干预的效果，于是引入新的参数有效再生数 R_t。

有效再生数（Effective Reproduction Number）是指在时刻 t 确诊的某一位感染者，在其感染期内平均传染的二代确诊病例数。一般地，用有效再生数 R_t 来衡量传染病的实时可传播性。当有效再生数 $R_t > 1$ 时，传染病将会在人群中迅速传播；而随着 R_t 逐渐降低，传染病的发展速度也会逐渐下降。最终当 $R_t < 1$ 后，感染人数会逐渐降低，传染病最终解

除。有效再生数 R_t 满足：

$$R_t \propto k \cdot b \cdot d \tag{5-10}$$

上式展示了有效再生数 R_t 的影响因素。其中 SEIR 模型建模时 k 代表人与人的接触率，b 代表接触后的感染率，d 代表病程时间。

为了遏制传染病的传播，应当针对影响有效再生数 R_t 的参数采取相应的防控措施。对于人与人的接触率 k，应当减少易感者与感染者/暴露者的接触。为此应该采取隔离感染者/暴露者的措施。对于接触后的感染率 b，可以做好个人防护措施，如佩戴口罩、穿防护服等。同时，开展传染病的接种对于降低感染率也具有重要的作用。对于病程时间 d，可以通过针对性的抗病毒治疗缩短病程。

5.2 复杂网络传染病模型

复杂网络传染病模型（Epidemic Models on the Complex Network）简称为复杂网络模型。它的特点在于细粒度地考虑了人与人之间的连接关系，能够更细致地刻画传染病在复杂网络中的动态传播过程。在复杂网络框架下传染病的研究大致可以分为两类：

1）基于接触网络模型的传染病研究。在接触网络模型中，节点表示单独的个体，边表示个体之间的接触，传染病可以通过边从感染个体传播给易感个体。

2）基于集合种群模型的传染病模型研究。在集合种群模型中，节点通常表示某个区域或者种群，而边则表示区域之间的人口流动。

在此模型中时常结合人口流动数据，来研究种群层面上的传染病传播，对于全球流行的传染病有重要的研究意义。

不同尺度下的传染病研究具有不同的关注点。从宏观社会角度来说，重点在于关注种群之间的人口迁移网络；从微观个体角度来说，研究重点在于个体之间的关系网络。传染病的传播与网络拓扑结构关系密切。例如连接紧密的网络结构会导致传染病快速传播，网络中具有防范意识的个体会因为传染病的传播而切断与感染个体的联系，或者改变迁移路线，从而改变网络结构。

随着小世界网络和无标度网络等网络模型的提出，传染病模型的研究进入了新的时代。许多真实的系统都可以用复杂网络框架描述。对于现实的社会系统而言，人群之间的接触模式不再遵循仓室模型中的均匀混合假设，而是表现出复杂网络的特性，比如小世界性、无标度性等，于是复杂网络的传染病研究开始成为传染病研究领域的主要方向。复杂网络抽象出真实社会系统的本质特点，并且可以利用物理等学科的思想方法[6-7]，对复杂网络上的传染病进行严谨的数学计算，研究传染病的传播动态，进一步为公共卫生机构政策的制定提供重要的理论依据。

在介绍复杂网络传染病模型之前，首先要了解平均场理论。平均场理论是将随机过程模型中的一个单体受到的所有影响近似为一个外部场，进而将多体问题分解为多个单体问题的求解范式和理论。通过把多个物体的作用效果整合处理,用平均作用效果代替多个单一作用效果的和,这样能够有效简化复杂问题,将高维难求解的问题转化为低维易求解的问题。

复杂网络中,节点度的分布极为不均衡,其中一小部分节点的度较大,大部分节点的度较小。相比均匀网络,复杂网络中拥有较高度的节点是传染病传播的有力帮手。由于较大的度,节点更容易被感染,同时也更容易传播疾病,因此传染病在复杂网络中的传播速度要快于均匀网络上的传播速度。基于平均场理论,感染者的密度 $\rho_k(t)$ 随时间 t 变化的非线性微分方程为

$$\frac{\mathrm{d}\rho_k(t)}{\mathrm{d}t} = -\rho_k(t) + \sigma k [1-\rho_k(t)]\theta(\rho_k(t)) \tag{5-11}$$

其中,$\rho_k(t)$ 表示所有度为 k 的节点在 t 时感染者的密度,$\theta(\rho_k(t))$ 表示任意一个节点与度为 k 的感染者节点相连的概率。当网络稳定时,$\mathrm{d}\rho_k(t)/\mathrm{d}t = 0$,可以得到:

$$\rho_k = \frac{\sigma k\theta(\sigma)}{1+\sigma k\theta(\sigma)} \tag{5-12}$$

其中,ρ_k 表示网络中感染者密度。从式(5-12)可以看出复杂网络中感染者密度与网络节点的度成正比,也就是说当网络的度越大,则达到地方病平衡状态时网络中感染者密度也越大。对于无关联的无标度网络,任意一条边与感染节点相连接的概率为 $kp(k)/\langle k \rangle$,由此可以得到:

$$\theta(\sigma) = \frac{1}{\langle k \rangle} \sum_k kp(k)\rho_k \tag{5-13}$$

$$\theta = \frac{1}{\langle k \rangle} \sum_k kp(k) \frac{\sigma k\theta}{1+\sigma k\theta} \tag{5-14}$$

关于 θ 的式子有一个平凡解 $\theta = 0$,如果存在非平凡解则需要满足条件:

$$\frac{\mathrm{d}}{\mathrm{d}\theta}\left(\frac{1}{\langle k \rangle} \sum_k kp(k) \frac{\sigma k\theta}{1+\sigma k\theta}\right)\bigg|_{\theta=0} \geq 1 \tag{5-15}$$

进一步简化能得到:

$$\lambda \sum_k \frac{k^2 p(k)}{\langle k \rangle} = \frac{\langle k^2 \rangle}{\langle k \rangle}\sigma \geq 1 \tag{5-16}$$

于是无标度网络中传播的阈值为

$$\sigma_c = \frac{\langle k \rangle}{\langle k^2 \rangle} \tag{5-17}$$

因此,在一个节点数足够多的无标度网络中,网络的传播阈值 σ_c 近似为零。当传染

病的传播概率大于零时,传染病一定会在网络中传播并流行,最终长期存在于网络中,达到平衡状态。研究发现,无论是 SIS 传染病模型还是 SIR 传染病模型等,阈值理论在传染病模型中均有效[8]。

5.2.1 接触网络模型中的疾病传播

接触网络模型是考虑个体之间接触连接的复杂网络模型,将现实中个体之间的接触抽象表示为两个节点之间的连边,从而放弃了经典模型中均匀混合的结构,而采用网络结构来更好地展现个体交互之间的复杂特征,例如时序特征、无标度特征、小世界特征等。为了求解接触网络模型中的疾病传播,预测疾病的暴发、感染人数以及疾病随时间的变化趋势等,基于 SIS 模型和 SIR 模型对接触网络中的疾病传播进行了深入研究。本节将首先介绍基于 SIS 模型的研究成果。

从最简单的均匀随机网络开始考虑,在此网络中节点的度等于网络平均度 $\langle k \rangle$。根据平均场理论,感染者节点均等价,由此可得感染者密度 $\rho(t)$ 随时间的演化方程为

$$\frac{d\rho(t)}{dt} = -\rho(t) + \beta \langle k \rangle \rho(t)(1-\rho(t)) \tag{5-18}$$

演化方程中 $\beta \langle k \rangle \rho(t)(1-\rho(t))$ 代表易感者转化为感染者的速率,$-\rho(t)$ 代表感染者康复速率。当达到平衡态时,$d\rho(t)/dt=0$,可得:

$$\rho(\infty)[-1+\beta \langle k \rangle (1-\rho(\infty))] = 0 \tag{5-19}$$

对于 $\rho(\infty)$ 进行求解,得到两个实数解 $\rho(\infty)>0$ 和 $\rho(\infty)=0$。其中得到 $\rho(\infty)>0$ 的前提是 $\beta > \beta_c = 1/\langle k \rangle$,$\beta_c$ 是传染病流行的阈值。传染病阈值 β_c 将平衡态划分为两种情况:当 $\beta < \beta_c$ 时,得到 $\rho(\infty)=0$,疾病最终消亡;当 $\beta > \beta_c$ 时,得到 $\rho(\infty)>0$,疾病长期存在。

在现实的复杂网络中不同节点的度并不相同,因此具有不同的感染概率。为此,利用异质平均场理论对均匀随机网络中的演化方程进行改进,将 $\rho(t)$ 修改为 $\rho_k(t)$,其中 $\rho_k(t)$ 代表网络中度为 k 的节点是感染者的概率,也代表了在 t 时刻度为 k 的节点中感染者的比例。假设网络中节点的度之间没有关联,并且所有具有相同度的节点等价,可得度为 k 的节点的感染者密度 $\rho_k(t)$ 随时间的演化方程[9] 为

$$\frac{d\rho_k(t)}{dt} = -\rho_k(t) + \beta k [1-\rho_k(t)] \Theta(t) \tag{5-20}$$

其中

$$\Theta(t) = \frac{1}{\langle k \rangle} \sum_k P(k) \rho_k(t) \tag{5-21}$$

表示任选一条边,该边两端有感染者节点的概率。式(5-21)中 $P(k)$ 代表网络度分布;$\beta k[1-\rho_k(t)]\Theta(t)$ 代表度为 k 的易感者节点被传染的速率;$-\rho_k(t)$ 代表度为 k 的感染者节

点的恢复速率。假设 $\rho_k(0) \approx 0$，则上述演化方程在早期时段可线性化为

$$\frac{\mathrm{d}\boldsymbol{\rho}}{\mathrm{d}t} = \boldsymbol{A\rho} \tag{5-22}$$

其中，$\boldsymbol{\rho}(t) = [\rho_1(t), \rho_2(t), \cdots, \rho_{k_{\max}}(t)]^{\mathrm{T}}$，$k_{\max}$ 是最大度，雅可比矩阵 $\boldsymbol{A}$ 的元素为

$$A_{kk'} = \beta \frac{kk'P(k')}{\langle k \rangle} - \delta_{kk'} \tag{5-23}$$

其中，$\delta_{kk'}$ 是狄拉克函数，当 $k = k'$ 时，$\delta_{kk'} = 1$；否则 $\delta_{kk'} = 0$。当矩阵 $\boldsymbol{A}$ 的最大特征值 $\beta\langle k^2\rangle/\langle k\rangle - 1 > 0$ 时（其中 $\langle k^2 \rangle$ 表示度分布的二阶矩），$\rho(t) = \sum_k P(k)\rho_k(t)$ 将呈指数趋势增加，传染病流行。由此可得 $\beta_c = \langle k \rangle/\langle k^2 \rangle$ 是传染病暴发的阈值。对于度分布满足 $P(k) \sim k^{-\gamma}$ 并且 $\gamma \leq 3$ 的异质复杂网络，在网络大小趋于无穷时，$\langle k^2 \rangle$ 不收敛，因此传染病的暴发阈值近似等于 0；但是当 $\gamma > 3$ 时，传染病暴发阈值大于 0，因此不会恒定处于暴发状态。

异质平均场理论还能够近似求解一些更加贴近现实的异质复杂网络，例如度关联网络、时变异质网络、异质多层网络等[10]。基于 SIS 模型的时变异质网络中，每个节点 i 都拥有一个满足幂率分布的活跃率 a_i，活跃率表示节点在单位时间内与其他任意节点相连接的概率。时变异质网络中，在每个时间段的起始时刻 t，网络由 N 个孤立的节点组成，随后每个节点按 $a_i\Delta t$ 的概率跃升为活跃状态。在活跃状态的节点会选择任意 m 个其他节点连接。在下一时间段的起始时刻 $t + \Delta t$，网络所有连边将被删除，重新开始上述步骤。令 I_a^t 和 S_a^t 分别代表起始时刻 t，活跃率为 a 的感染者和易感者节点数，根据异质平均场近似理论可得：

$$I_a^{t+1} = I_a^t - \mu I_a^t + \beta m(N_a - I_a^t)a\int \mathrm{d}a' I_{a'}^t/N_a + \beta m(N_a - I_a^t)\int \mathrm{d}a' I_{a'}^t a'/N_a \tag{5-24}$$

其中，$\beta m(N_a - I_a^t)\int \mathrm{d}a' I_{a'}^t a'/N_a$ 代表活跃状态的感染者节点主动连接并感染的活跃率为 a 的易感者节点数量，$\beta m(N_a - I_a^t)a\int \mathrm{d}a' I_{a'}^t/N_a$ 代表活跃的活跃率为 a 的易感者主动连接到感染者节点并被感染的数量，N_a 代表活跃率为 a 的节点的数量。根据以上方程求解，可得传染病暴发的阈值为

$$(\beta/\mu)_c = \frac{2\langle a \rangle}{\langle a \rangle + \sqrt{\langle a^2 \rangle}} \tag{5-25}$$

从阈值表达式可以看出，时变异质网络上的传染病暴发条件仅与网络中节点的平均活跃程度大小有关。异质平均场理论适用的前提是网络拥有无穷大拓扑维数，这样的适用范围忽略了两种要素[9]：1）忽略了节点之间的连接状态，仅用度分布宏观描述网络连接，失去了接触网络中的细微结构；2）忽略了节点之间的动力学关联。考虑第一种要素，可以利用淬火平均场理论引入节点之间的连接状态。

淬火平均场理论考虑了网络中节点具体的连接情况，用邻接矩阵 C 来表示。令 $\rho_i(t)$ 代表 t 时刻节点 i 处于感染状态的概率，则可以得出 $\rho_i(t)$ 随时的演化方程[7,9] 为

$$\frac{\mathrm{d}\rho_i(t)}{\mathrm{d}t} = -\rho_i(t) + \beta[1-\rho_i(t)]\sum_{j=1}^{N}C_{ij}\rho_j(t) \tag{5-26}$$

其中，$-\rho_i(t)$ 代表节点 i 的疾病康复速率，$\beta[1-\rho_i(t)]\sum_{j=1}^{N}C_{ij}\rho_j(t)$ 代表节点 i 的邻居节点中感染者节点的传染速率，N 代表网络中的节点个数。因此网络中感染者节点占比 $(t)=1/N\sum_{i=1}^{N}\rho_i(t)$。在传染病初始阶段仅存在少量感染者，可以认为 $\rho_i(0)\approx 0$，因此传染病传播初期的方程可线性近似为

$$\frac{\mathrm{d}\boldsymbol{\rho}}{\mathrm{d}t} = -\boldsymbol{\rho} + \beta C\boldsymbol{\rho} \tag{5-27}$$

其中，$\boldsymbol{\rho}(t)=[\rho_1(t),\rho_2(t),\cdots,\rho_N(t)]^T$。最终可求解得传染病暴发的阈值为 $\beta_c=1/\Lambda_c$，其中 Λ_c 是邻接矩阵 C 的最大特征值。在无标度且无度关联网络中，当幂率指数 $\gamma>2.5$ 时，传染病暴发阈值 $\beta_c \propto 1/\sqrt{k_{\max}}$；当幂率指数 $\gamma>2.5$ 时，传染病暴发阈值 $\beta_c \propto \langle k\rangle/\langle k^2\rangle$。在网络节点数量趋于无穷时，上述两种情况下的阈值均趋于 0。淬火平均场理论相比异质平均场理论多考虑了节点间的连接，但同样忽略了节点间的动力学关联性，以致高估易感者被传染的概率[9]，因此点对点近似理论被提出。

点对点近似理论更为精确地刻画了节点状态之间的动力学关联性[6]。该理论在考虑节点状态的基础上加入了时间因素，使得节点状态随时间变化。$\varphi_{x_i}(t)$ 代表节点 i 在 t 时刻处于 x_i 状态的概率，$\varphi_{x_ix_j}(t)$ 表示节点 i 和节点 j 在 t 时刻分别处于 x_i 状态和 x_j 状态的概率。令 $\rho_i(t)=\varphi_{I_i}(t)$ 表示 t 时刻节点 i 处于感染状态的概率，节点 i 状态的演化方程可表示为

$$\frac{\mathrm{d}\rho_i(t)}{\mathrm{d}t} = -\rho_i(t) + \beta\sum_{j=1}^{N}C_{ij}\varphi_{S_iI_j}(t) \tag{5-28}$$

其中，$-\rho_i(t)$ 代表节点 i 的疾病康复速率，$\beta\sum_{j=1}^{N}C_{ij}\varphi_{S_iI_j}(t)$ 代表节点 i 被传染的概率。点对点近似理论的计算复杂度要远高于异质平均场理论和淬火平均场理论，但依然能够应用到复杂的自适应网络中。在自适应网络中，节点间的连边会根据情况按一定概率断开或者重连，以达到孤立感染者，阻断传播的目的。自适应重连导致易感者聚集形成拥有较低传播阈值的群体，当传染病侵入群体，很可能迅速传播。易感者聚集和自适应重连这两个相对抗的作用会引起极为复杂的动力学现象。

5.2.2 集合种群模型中的疾病传播

在现实社会网络中，传染病传播受个体运动的影响。例如，便捷的现代化出行方式，尤其是航班，会将传染病从一个城市输入另一个城市，实现传染性疾病的跨区域传播。

集合种群模型描述了个体的迁移性质[11]，它将总人口划分为多个亚种群，各个亚种群间通过人口流动形成网络。图 5-11 形象展示了亚种群之间的联系，亚种群中的粒子也会相互发生传染反应，并且粒子会在亚种群中迁移。图 5-11 a 展示了亚种群网络的全貌，其中虚线代表感染者的流动，节点代表不同地区，颜色深度代表该地区的感染程度；图 5-11 b 展示了两个亚种群间的人口流动，其中深色的节点代表感染者。

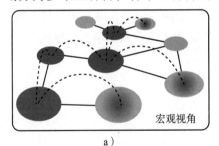

1. 集合种群模型中的 SIS 模型

本节以 SIS 模型为例介绍集合种群模型[13]。首先考虑一种最简单的运动方式，即个体在网络上做随机扩散。设集合种群网络的大小为 V，度分布为 $P(k)$，平均度为 $\langle k \rangle = \sum_k P(k)k$。令节点 i 上的粒子数为 $n(i)$，那么网络中总粒子数为 $N = \sum_{i=1}^{V} n(i)$。对于任意度分布的网络，较好的近似方法是基于度的平均场理论，即将网络中度为 k 的节点看作是等价的，包括节点中的粒子数。这里引入参量 ρ_k 表示度为 k 的节点上的平均粒子数：

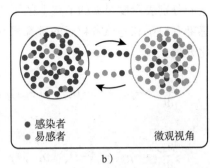

图 5-11 集合种群模型示意图[12]

$$\rho_k = \frac{1}{V_k} \sum_{i \in N(k)} n(i) \tag{5-29}$$

其中，$V_k = VP(k)$ 表示度为 k 的节点数，$N(k)$ 表示度为 k 的所有节点的集合。ρ_k 随时间演化的方程为

$$\frac{d\rho_k}{dt} = -D_k \rho_k + k \sum_{k'} P(k'|k) D_{k'k} \rho_{k'} \tag{5-30}$$

其中，$-D_k \rho_k$ 代表单位时间内度为 k 的节点中迁出的粒子数，$k \sum_{k'} P(k'|k) D_{k'k} \rho_{k'}$ 代表单位时间内从其他节点迁入的粒子数，D_k 代表度为 k 的节点内粒子迁出的概率，$D_{k'k}$ 代表度为 k' 的节点内的粒子迁移到度为 k 的节点中的概率，$\rho_{k'}$ 代表度为 k' 的节点中的粒子个数，$P(k'|k)$ 代表度为 k 的节点连接度为 k' 的节点的概率。

令 r 为节点中粒子的迁出概率常数，并且假设节点中的粒子随机扩散，可以推导出 $D_{k'k} = r/k'$。在度无关联网络中 $P(k'|k) = k'P(k')/\langle k \rangle$，由此可将 ρ_k 的演化方程改写为

$$\rho_k = \frac{k}{\langle k \rangle} \rho \tag{5-31}$$

其中，$\rho = N/V$ 代表每个节点中的平均粒子数。由上述演化方程可知，度越大的节点被迁出粒子迁入的概率越大。

在集合种群模型的基础上，加入 SIS 模型对人群的划分，令 $n_I(i)$ 和 $n_S(i)$ 分别代表节点 i 上的感染者和易感者数量，则节点 i 上的人群总数 $n(i)=n_I(i)+n_S(i)$。根据前面的思路，引入两个新参量 $\rho_{I,k}$ 和 $\rho_{S,k}$：

$$\rho_{I,k}=\frac{1}{V_k}\sum_{i\in N(k)}n_I(i) \tag{5-32}$$

$$\rho_{S,k}=\frac{1}{V_k}\sum_{i\in N(k)}n_S(i) \tag{5-33}$$

它们分别表示度为 k 的节点上的平均感染者数和平均易感者数，其中 $\rho_k=\rho_{I,k}+\rho_{S,k}$。假设感染者粒子和易感者粒子的逃逸概率分别为 D_I 和 D_S，则可以得到 $\rho_{I,k}$ 和 $\rho_{S,k}$ 的随时间演化方程：

$$\frac{\mathrm{d}\rho_{I,k}}{\mathrm{d}t}=-\rho_{I,k}+(1-D_I)[(1-\mu)\rho_{I,k}+\beta\Gamma_k]+k\sum_{k'}P(k'|k)\frac{1}{k'}D_I[(1-\mu)\rho_{I,k'}+\beta\Gamma_{k'}] \tag{5-34}$$

$$\frac{\mathrm{d}\rho_{S,k}}{\mathrm{d}t}=-\rho_{S,k}+(1-D_S)[\mu\rho_{I,k}+\rho_{S,k}-\beta\Gamma_k]+k\sum_{k'}P(k'|k)\frac{1}{k'}D_S[\mu\rho_{I,k'}+\rho_{S,k'}-\beta\Gamma_{k'}] \tag{5-35}$$

对于上述第一个方程的前两项表示单位时间内度为 k 的节点上粒子经反应、扩散后导致的感染者粒子数的变化。其等式右边的最后一项表示从邻居节点移动进来的感染者粒子数。方程中 β、μ、Γ_k 分别代表传染病的感染率、恢复率以及反应核，Γ_k 的具体形式由粒子间的接触模式决定。$\beta\Gamma_k$ 代表单位时间内度为 k 的节点中平均感染的粒子数目。此外，Γ_k 有两种典型形式，第一种是 $\Gamma_k=\rho_{I,k}\rho_{S,k}$，代表一个节点中的所有粒子都能互相接触；第二种是 $\Gamma_k=\rho_{I,k}\rho_{S,k}/\rho_k$，代表一个节点中的粒子只能和同节点中有限个数的粒子接触。

当 $D_I=D_S=1$，并且网络是度无关联网络（任何一个节点的度与它的邻居节点的度是相互独立的）时，第一种表达式有稳态解：

$$\rho_I=\rho-\frac{\mu}{\beta}\frac{\langle k\rangle^2}{\langle k^2\rangle} \tag{5-36}$$

由式（5-36）可知，当达到稳态时，系统中存在感染者粒子的条件为

$$\rho>\frac{\mu}{\beta}\frac{\langle k\rangle^2}{\langle k^2\rangle} \tag{5-37}$$

在这样的情形下，种群网络的拓扑结构对于传染病的传播有着重要的影响。

第二种表达式的稳态解为

$$\rho_I = \rho(1-\mu/\beta) \tag{5-38}$$

在对应条件下,传染病的暴发前提是 $\mu/\beta<1$,此时传染病传播的决定性因素是 μ 和 β 的大小,与网络的拓扑结构无关。

2. 集合种群模型中的 SIR 模型

类似地,基于集合种群模型中可以加入 SIR 模型的人群分类信息[14]。此时人群被分为易感者、感染者和康复者三类人群,在一个节点 i 中分别用 S_i、I_i、R_i 来代表,同时一个节点上的粒子总数为 $N_i = S_i + I_i + R_i$。假设每个易感者感染的比率是 $\beta I_i/N_i$,并且感染者从传染病中康复转为康复者的比率是 μ,根据基本再生数 $\lambda = \beta/\mu$ 可预测传染病将来是否会暴发。假设在集合种群中每个节点的基本再生数都大于 1,传染病开始传播将处于暴发状态。令 p 代表粒子从一个节点迁移到另一个节点的概率。当 $p=0$ 时,节点之间不会有粒子流动,因此传染病将在一个节点内暴发,其余节点不会受到传染病影响。当 $p \to 1$ 时,节点间的粒子流动非常活跃,由于每个节点的基本再生数都大于 1,传染病将从一个节点开始传染至整个种群,在整个种群中流行。此时的网络等价于一个均匀仓室模型。因此可能存在一个阈值 p_c,当 $p>p_c$ 时,根据均匀仓室模型中的推导,网络中最终会形成持续稳定的传染病,即有限比例的节点会感染;相反,该比率会趋于 0。

为了准确地描述网络中以亚种群为节点的传染病传染规律,考虑引入新的参数 λ^*,该参数表示一个感染的节点能够平均感染的节点数量。类似于仓室模型,当 $\lambda^*>1$ 时,传染病在网络中会暴发并感染大部分节点。在一个集合种群网络中,令其中节点的度分布为 $P(k)$,ρ_k 是度为 k 的节点中粒子的数目,D_k^0 代表初始状态被感染的度为 k 的节点,D_k^1 代表第 1 代被感染的度为 k 的节点。随着传染病的传播可得以下递归方程:

$$D_k^n = \sum_{k'} D_{k'}^{n-1}(k'-1)P(k|k')\left(1-\frac{D_k^{n-1}}{N_k}\right)\left[1-\left(\frac{1}{\lambda}\right)^{\omega_{k'k}}\right] \tag{5-39}$$

其中,$(k'-1)P(k|k')$ 表示 $(k'-1)$ 个邻居节点中度为 k 的平均节点数,$(1-D_k^{n-1}/N_k)$ 表示这些节点在第 $n-1$ 代中仍然没有被感染的概率,$[1-(1/\lambda)^{\omega_{k'k}}]$ 代表节点在接受 $\omega_{k'k}$ 个感染者后感染的概率。当入侵感染态粒子数为 $\omega_{k'k}$ 时,不发生流行病暴发的概率为 $(1/\lambda)^{\omega_{k'k}}$。

在一个处于暴发状态度为 k 的节点中,粒子总数为 ρ_k,感染者粒子总数为 $\alpha\rho_k$,感染者粒子持续平均时间为 μ^{-1},同时感染者粒子迁出到度为 k' 的邻居节点中的概率为 $D_{kk'}$。因此从 k 跳跃到 k' 的平均感染者数 $\omega_{k'k} = D_{kk'}\alpha\rho_k\mu^{-1}$。假设粒子在网络上随机游走,那么 $D_{kk'} = p/k$。最终得到 $\omega_{k'k} = p\alpha\mu^{-1}/\langle k \rangle$。

考虑每个亚种群都处在疾病暴发阈值附近的情形,即 $\lambda-1 \ll 1$,且初始阶段 $D_k^{n-1}/N_k \ll 1$,同时网络是度无关联的。递归方程可以重新表示为

$$\Theta^n = (\lambda-1)\frac{\langle k^2 \rangle - \langle k \rangle}{\langle k \rangle^2}\frac{p\alpha\rho}{\mu}\Theta^{n-1} \tag{5-40}$$

其中，$\Theta^n = \sum_{k'} D_{k'}^n (k'-1)$。由式（5-40）可知，流行病暴发的条件为

$$\lambda^* = (\lambda - 1) \frac{\langle k^2 \rangle - \langle k \rangle}{\langle k \rangle^2} \frac{p\alpha\rho}{\mu} > 1 \tag{5-41}$$

小结

1. 仓室传染病模型简称仓室模型，是对一类传染病模型的统称，特点在于将所研究的人群分为几类，形象地称为几个仓室，并且假设所有人群是均匀混合的，相互接触的概率相同，也被称作均匀网络中的传染病模型。常见的仓室传染病模型按照不同假设分为 SIR、SIS、SIRS、SEIR 等。

2. 为了控制传染病传播的趋势，应当针对影响有效再生数 R_t 的参数采取相应的防控措施。对于人与人的接触率 k，应当减少易感者与感染者/暴露者的接触。对于接触后的感染率 b，可以做好个人防护措施，如佩戴口罩、穿防护服等。对于病程 d，可以通过针对性的抗病毒治疗缩短病程。

3. 复杂网络传染病模型简称复杂网络模型。它的特点在于细粒度地考虑了人与人之间的连接关系，能够更细致地刻画传染病在复杂网络中的动态传播过程。相关研究大致可以分为两类：基于接触网络模型的传染病研究、基于集合种群模型的传染病研究。

习题

1. 请分别描述经典传染病模型 SIR、SIS、SIRS、SEIR 中的人群划分与人群之间的转化关系。
2. 请描述仓室传染病模型和复杂网络传染病模型在建模上的区别和联系。
3. 请描述接触网络模型的基本假设。
4. 请描述集合种群模型的基本假设。
5. 简述疾病传播的阈值理论。
6. 列举传染病防控的指标参数。
7. 为降低传染病快速传播，请阐述可以从哪些方面采取有效防控措施。

参考文献

[1] KERMACK W O, MCKENDRICK A G. A contribution to the mathematical theory of epidemics [J]. Proceedings of the royal society of london. Series A, Containing papers of a mathematical and physical character, 1927, 115(772): 700-721.

[2] KERMACK W O, MCKENDRICK A G. A contribution to the mathematical theory of epidemics [J].

Proceedings of the royal society of london. Series A, Containing papers of a mathematical and physical character, 1927, 115(772): 700-721.
[3] BRAUER F, CASTILLO-CHAVEZ C, CASTILLO-CHAVEZ C. Mathematical models in population biology and epidemiology [M]. New York: Springer, 2012.
[4] ARON J L, SCHWARTZ I B. Seasonality and period-doubling bifurcations in an epidemic model [J]. Journal of theoretical biology, 1984, 110(4): 665-679.
[5] RUAN Z, WANG C, MING H P, et al. Integrated travel network model for studying epidemics: Interplay between journeys and epidemic [J]. Scientific reports, 2015, 5(1): 11401.
[6] EAMES K T D, KEELING M J. Modeling dynamic and network heterogeneities in the spread of sexually transmitted diseases [J]. Proceedings of the national academy of sciences, 2002, 99(20): 13330-13335.
[7] GRANELL C, GÓMEZ S, ARENAS A. Dynamical interplay between awareness and epidemic spreading in multiplex networks [J]. Physical review letters, 2013, 111(12): 128701.
[8] JIN Z, SUN G, ZHU H. Epidemic models for complex networks with demographics [J]. Math Biosci Eng, 2014, 11(6): 1295-1317.
[9] WANG W, TANG M, STANLEY H E, et al. Unification of theoretical approaches for epidemic spreading on complex networks [J]. Reports on progress in physics, 2017, 80(3): 036603.
[10] SAUMELL-MENDIOLA A, SERRANO M Á, BOGUÑÁ M. Epidemic spreading on interconnected networks [J]. Physical Review E, 2012, 86(2): 026106.
[11] RUAN Z, TANG M, GU C, et al. Epidemic spreading between two coupled subpopulations with inner structures [J]. Chaos: An Interdisciplinary Journal of Nonlinear Science, 2017, 27(10): 103104.
[12] PASTOR-SATORRAS R, CASTELLANO C, VAN MIEGHEM P, et al. Epidemic processes in complex networks [J]. Reviews of modern physics, 2015, 87(3): 925.
[13] COLIZZA V, PASTOR-SATORRAS R, VESPIGNANI A. Reaction-diffusion processes and metapopulation models in heterogeneous networks [J]. Nature Physics, 2007, 3(4): 276-282.
[14] COLIZZA V, VESPIGNANI A. Invasion threshold in heterogeneous metapopulation networks [J]. Physical review letters, 2007, 99(14): 148701.

第二篇

社交媒体挖掘与社群智能篇

CHAPTER6

第6章

自然语言处理

随着社交网络的不断发展，互联网空间中的信息呈现爆炸式的增长，其中语言文字成为最为广泛、有效的信息表达媒介。自然语言处理作为语言文字信息分析和挖掘的核心理论和方法，已经成为学术界和工业界的关注热点，并被广泛应用到了各个领域，包括对话系统、信息检索、机器翻译系统等。

自然语言处理技术的主要目的是利用计算机对人类自然语言进行理解，接收用户自然语言形式的输入，通过特定的方法进行处理加工和理解，从而返回用户期望的结果，实现计算机和人类之间的交流。本章主要对自然语言处理的基本概念、核心技术和典型应用进行介绍。

6.1 自然语言处理概述

语言文字是人类之间进行信息交流的最直接的方式，是人类思维的载体。从一句简单的问候"你好"，到一段新闻内容，再到现在这本复杂的书籍，都以语言文字的形式进行表达。语言是人类对认知世界的知识进行编码得到的复杂符号系统，人类通过感觉器官（如眼睛、耳朵等）和知觉器官（如大脑）对客观世界的信息进行接收和加工，在大脑中形成认知世界，经过系统化处理就形成了知识。这些知识是隐式的知识，所以必须对知识进行编码，即把无形的知识编码成有形物质媒体承载的并能存储和传播的，并且为特定人类群体所理解的代码符号系统，自然语言就是这种表达知识的符号系统。

随着计算机技术的发展，人们开始考虑利用计算机对大规模的语料数据进行自动化的处理，但计算机是无法直接对语言文字进行理解的，因此自然语言处理（Natural Language Processing，NLP）技术应运而生，重点研究人与计算机之间利用自然语言进行有效通信的各种理论和方法，利用计算机对语料数据进行认知、理解和生成。自然语言处理的定义如下：

定义 6-1（自然语言处理） 利用计算机来接收用户的自然语言输入，经过特定的方法对自然语言进行加工和理解，从而返回用户期望的结果，以实现人类利用自然语言与计算机进行交互，从而更便捷、高效地进行信息处理。

自然语言处理是人工智能、计算机科学、信息工程的交叉领域，涉及统计学、语言学等知识，又常被称为计算语言学。从计算机诞生，自然语言处理这个概念被提出伊始，人们便希望计算机能够真正理解人类的语言，于是便有了图灵测试，利用自然语言进行交互以测试机器是否能表现出与人等价或无法区分的智能。让计算机准确理解人类语言，并自然地与人进行交互是自然语言处理的最终目标。

自然语言处理由自然语言理解（Natural Language Understanding，NLU）和自然语言生成（Natural Language Generation，NLG）两个主要的技术领域构成，分别关注计算机对语料信息的精准理解能力和计算机模拟人类语言表达的自然和流畅程度。

1）自然语言理解： 自然语言理解的主要目标是使计算机理解自然语言，重点在于理解，包括基础的词法、句法等语义理解，以及需求、篇章、情感层面的理解。具体来说，就是理解语言、文本等，从中提取出有用的信息，用于下游的任务。

2）自然语言生成： 自然语言生成的主要目标是利用结构化的数据、文本、图表、音频、视频等，让计算机结合上下文场景生成符合人类的语法规范，甚至个性化的自然语言文本，实现人机交互过程。

自然语言处理具有非常广泛的应用领域，在自然语言理解领域，包括自然语言结构化分析（比如分词、词性标注、句法分析等）、表征学习（比如字、词、句子的向量表示）、信息检索（包括个性化搜索和语义搜索、文本匹配等）、信息抽取（命名实体提取、关系抽取、事件抽取等）等多种多样的应用。在自然语言生成领域，包括机器翻译、文本摘要、问答系统、对话系统等典型交互应用，如图6-1所示。下面对部分典型自然语言处理应用领域进行简要介绍。

1）信息抽取： 从特定文本中进行目标信息的抽取，如时间、地点、任务、日期、专有名词等，目的是从文本中了解在何时何地发生了何事，产生的结果是什么。例如从新闻报道中抽取关于某一社会事件的基本信息，如发生的时间、地点、起因、影响等。

2）信息检索： 通过对大规模的文档建立索引实现信息的查找与搜索，常用于搜索引擎中。查询时通常对输入查询表达式进行分析，得到索引，在索引中查询匹配的候选文档，再根据特定的排序机制对索引结果进行排序，按照特定顺序输出候选文档。

3）文本分类/情感分析： 按照一定的分类标准对自然语言文本进行分类，如按照文本的主题或内容进行划分。情感分析本质上也是一个文本分类问题，根据文本中蕴含的情感极性得到情感类别，在舆情分析、商品推荐中有着广泛的应用。

4）机器翻译： 将源语言文本翻译为另一种语言文字。机器翻译技术在各大翻译引擎中得到了广泛应用，包括谷歌翻译、有道翻译等。

5）文本摘要： 将原文档的主要内容和信息进行自动归纳与提炼，聚焦到最核心部分的内容，自动生成简短的文本摘要内容。

6）问答系统： 根据用户输入的问题，生成相应的答案。通常需要进行语义分析，进行命名实体识别和实体链接等操作，并进行一定的推理过程，利用相关知识中推理得到正确答案，常见应用有智能客服等。

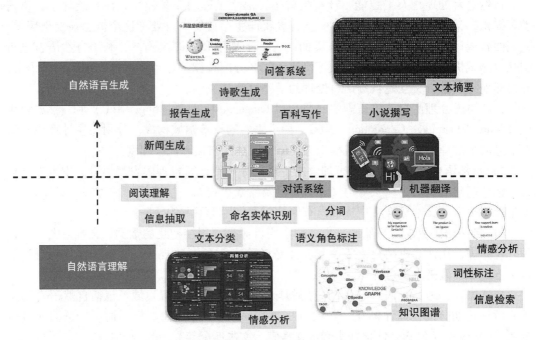

图 6-1　自然语言处理典型应用

7）对话系统：与用户进行日常对话交流或帮助用户完成特定的任务。对话系统主要分为非任务驱动型和任务驱动型，主要区别在于是与用户进行日常对话还是帮助用户完成特定任务；前者的主要应用有小冰等，后者的主要应用有苹果 Siri、微软小娜等。

自然语言处理的发展先后经历了基于规则的方法、基于统计的方法，以及现阶段最为流行的基于深度学习的方法。整个发展历程如图 6-2 所示。

最初自然语言处理主要采用基于规则的方法。基于规则的方法实现相对简单，但是也有很大的局限性。首先，复杂的规则设计需要大量同时精通计算机和语言学的专家，是一个费时费力的过程。其次，人工设计的规则难以覆盖规模庞大的自然语言语句。因此在自然语言处理的初期阶段，基于规则的方法虽然解决了领域难题，但难以进行大规模的推广应用。从 21 世纪初至今，以深度学习为代表的计算模型在自然语言处理领域取得了瞩目的成就，人们逐渐转向深度神经网络来进行自然语言处理领域的研究。以深度神经网络为代表的复杂网络模型避免了复杂的人为特征工程，借助于复杂的网络结构实现语法和语义特征的自动学习和表示，可以基于海量语料数据进行端到端（End-to-End）的模型训练，从而使得模型效果得到显著提升。从神经网络语言模型，到词向量模型Word2Vec，再到序列模型（Sequence to Sequence，Seq2Seq）和注意力机制（Attention Mechanism）的引入，以及预训练语言模型的提出，深度学习将自然语言处理的研究推向了高潮，在机器翻译、文本摘要、阅读理解、问答系统、文本生成等诸多领域取得了极大的进步。

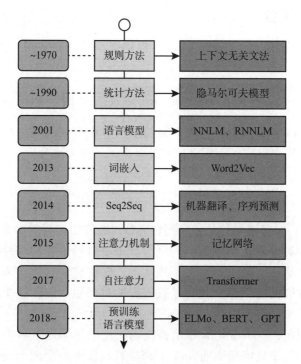

图 6-2 自然语言处理发展历程

6.2 语言模型

在自然语言处理中，一个句子通常被看作是一系列词语的全排列，这些词语能够形成不同的组合状态，例如：
- 我 是 城南中学 的 学生
- 是 我 城南中学 的 学生
- 学生 是 我 城南中学 的
- 城南中学 学生 我 是 的
- ……

在这些所有可能的排列中，只有很少一部分（由于语言的多样性，不一定只有一种情况是合逻辑的）是可以被人正常理解的，那么如何衡量一个词语序列是否可以被理解？语言模型（Language Model，LM）的提出就是用来解决这个问题的。具体而言，通过给每个句子赋予一个统计上的概率，合理的句子得到的概率比较大，而不合理的句子得到的概率比较小。语言模型在自然语言处理的研究中具有重要的作用,对词性标注、句法分析、机器翻译等各种应用研究的发展起到了巨大的推动作用。

6.2.1 统计语言模型

对于给定的句子序列 $S = w_1, w_2, \cdots, w_n$,根据概率论中的链式法则,其概率计算公式为

$$P(S) = P(w_1, \cdots, w_n) = P(w_1) \cdots P(w_n | w_1, \cdots, w_{n-1}) = \prod_{i=1}^{n} P(w_i | w_1, \cdots, w_{i-1}) \quad (6\text{-}1)$$

那么如何计算 $P(w_i | w_1, \cdots, w_{i-1})$ 呢?最简单的方法是利用最大似然估计法,即根据句子序列在完备语料库中出现的频率来估计其概率,计算方法为

$$P(w_i | w_1, \cdots, w_{i-1}) = \frac{\text{count}(w_1, w_2, \cdots, w_i)}{\text{count}(w_1, w_2, \cdots, w_{i-1})} \quad (6\text{-}2)$$

其中,$\text{count}(w_1, w_2, \cdots, w_i)$ 表示该句子序列在完备语料库中出现的频率。这个建模过程存在两个重要的问题:数据稀疏和参数空间巨大。由于自然语言的多样性和变化性,想要构建一个覆盖所有自然语言的语料库是不现实的,即使成功构建出来,其中也会有绝大部分自然语言语句以极低的频率出现,导致数据稀疏问题,因此这个建模过程是无法实用的。

为了解决上述问题,n-gram 语言模型被提出,它采用了马尔科夫假设,即认为自然语言中每个词出现的概率只依赖于前 $n-1$ 个词。若假设下一个词出现的概率不依赖于前面的词,即为 uni-gram,计算公式为

$$P(w_1, w_2, \cdots, w_n) = \prod_{i=1}^{n} P(w_i) \quad (6\text{-}3)$$

若假设下一个词出现的概率只依赖于前面一个词,即为 bi-gram,计算公式为

$$P(w_1, w_2, \cdots, w_n) = \prod_{i=1}^{n} P(w_i | w_{i-1}) \quad (6\text{-}4)$$

若下一个词出现的概率依赖于前面两个词,即为 tri-gram,计算公式为

$$P(w_1, w_2, \cdots, w_n) = \prod_{i=1}^{n} P(w_i | w_{i-2}, w_{i-1}) \quad (6\text{-}5)$$

n-gram 语言模型中 n 值的选取是一个困难的问题。当 n 较大时,可以为语言模型提供更加丰富的上下文语境信息,实现更加准确的语言建模,但会导致整个模型的参数量和计算代价增大,并且需要更多的训练语料才可以达到较好的效果;当 n 较小时,提供的上下文语境较少,但参数个数和计算代价也会降低,需要较少的训练语料即可达到预期效果。根据一般性经验,n 的取值不超过 5。

n-gram 语言模型的训练过程同样采用最大似然估计的思路。根据齐普夫定律,只存在少数的常用词,其他大部分词都是低频词汇,因此对于大多数词而言,它们在语料中

都是稀疏的。由于数据稀疏问题的存在,最大似然估计不是一种很好的参数估计方法。为此,研究人员提出了一系列平滑技术,通过降低训练语料中出现过的 n-gram 单元的条件概率分布,以使未出现的 n-gram 条件概率分布为非零,且经过平滑后保证概率和为 1。常用的平滑技术包括加一平滑(Add-one 平滑)、加 delta 平滑(Add-delta 平滑)、插值平滑(Interpolation 平滑)等。

Add-one 平滑法又称为拉普拉斯定律,规定所有 n-gram 在训练语料中至少出现一次(即规定未出现过的 n-gram 在训练语料中出现了 1 次),则句子序列的概率计算公式为

$$P_{\text{Add1}}(w_1, w_2, \cdots, w_n) = \frac{C(w_1, w_2, \cdots, w_n) + 1}{N + V} \tag{6-6}$$

其中,N 为训练语料中所有 n-gram 的数量,V 为所有不同的 n-gram 的数量。这种方法使得训练语料中未出现的 n-gram 的概率不再为 0,而是一个大于 0 的较小的概率值,但是由于训练语料中未出现的 n-gram 数量过多,平滑之后会导致训练语料中未出现过的 n-gram 占用太多的概率空间,并且这种方法还认为所有未出现的 n-gram 概率相等,具有一定的不合理性。区别于 Add-one 平滑法,Add-delta 平滑法在计算概率时对未出现的 n-gram 不是加 1,而是加一个比 1 小的整数 λ,效果比 Add-one 平滑法要好,但仍然不够理想。

Add-one 平滑法对于未出现的 n-gram 都一视同仁,存在不合理性。插值平滑法利用插值技术,将高阶模型和低阶模型进行线性组合,利用低阶 n-gram 模型对高阶 n-gram 模型进行线性插值。当数据不足以对高阶 n-gram 模型进行合理的概率估计时,低阶 n-gram 模型通常可以提供更加有效的信息,因此通过组合不同阶的模型可以得到更好的模型。把不同阶的 n-gram 模型进行线性加权组合的方式为

$$P(w_n | w_{n-1}, w_{n-2}) = \lambda_1 P(w_n) + \lambda_2 P(w_n | w_{n-1}) + \lambda_3 P(w_n | w_{n-1}, w_{n-2}) \tag{6-7}$$

其中,λ_i 可以根据经验进行设定,也可以利用 EM 算法等进行确定。

总结来说,统计语言模型就是计算一个句子的概率值大小,整句的概率就是各个词出现概率的乘积,概率值越大表明该句子越合理。n-gram 是典型的统计语言模型,它假设当前单词的出现仅和前面的 $n-1$ 个单词相关,与其他单词无关,因此整个句子的概率就是各个单词出现概率的乘积。然而,该模型存在诸多不足。首先,在求每一个词出现的概率时,随着 n 的提升,能够拥有更多的前置信息量,可以使得当前词的预测更加准确。但是当 n 过大时会出现稀疏问题,导致很多词的概率值为 0。为解决这一问题,常用 n-gram 模型为 bi-gram 或 tri-gram,但会导致 n-gram 模型中无法获取上下文的长时依赖信息。其次 n-gram 只是基于频次进行统计,泛化能力较低。同时 n-gram 语言模型还无法建模出词语之间的相似度,每个单词的概率仅与其在语料中出现的频率有关。

6.2.2 神经网络语言模型

为了缓解 n-gram 模型概率估算时的数据稀疏问题,研究者提出利用神经网络对自然

语言进行建模。代表性工作是本吉奥（Bengio）等人在 2003 年提出的神经网络语言模型（Neural Network Language Model，NNLM）[1]，该语言模型使用了一个三层前馈神经网络进行语言模型的建模。NNLM 的整体结构如图 6-3 所示。

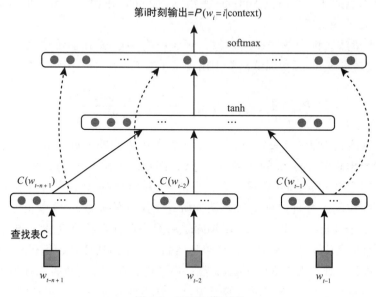

图 6-3 NNLM 模型图

观察图 6-3，假设有一组词序列 $w_1, w_2, \cdots, w_t$，其中 $w_i \in V$，V 是词表中所有单词的集合；NNLM 的输入是一个单词序列，输出是一个概率值，表示根据上下文 context 预测下一个单词 i 的概率，这一过程为

$$f(w_t, w_{t-1}, \cdots, w_{t-n+1}) = P(w_t = i \mid \text{context}) = P(w_t \mid w_1^{t-1}) \tag{6-8}$$

其中，w_t 表示该单词序列中的第 t 个单词，w_{t-n+1} 表示输入长度为 n 的单词序列中的第一个单词，w_1^{t-1} 表示从第 1 个单词到第 $t-1$ 个单词组成的子序列。

NNLM 模型整体分为三层，分别是输入层、隐藏层和输出层。其中输入层首先将输入单词序列 $w_1, w_2, \cdots, w_n$ 映射到词表中，即利用独热表示（one-hot 编码）将单词转换为向量，第 i 个单词的表示向量中只有第 i 个维度的值为 1，其他维度的值均为 0。然后再将独热向量表示乘以参数矩阵 C 以映射到实向量 c_i 中，其中 $c_i \in R^m$，表示词表中的第 i 个单词的分布式向量表示。参数矩阵 C 包含 v 行，每一行的内容代表对应单词的向量值，只不过 C 本身也是网络的参数，需要在网络训练过程中进行迭代更新。训练开始时利用随机值初始化矩阵 C。在网络训练完成之后，矩阵 C 被正确赋值，其中每一行代表一个单词的向量值。通过神经网络对自然语言进行建模，不仅能够根据上文预测下文单词，同时获得一个参数矩阵 C，也就是每个单词的向量表示。

得到单词序列中每个单词的向量表示之后,按照顺序前后拼接合并成为一个向量,再利用 tanh 激活函数得到隐藏层的输出。计算过程为

$$a=\tanh(\boldsymbol{Hx}+\boldsymbol{D}) \tag{6-9}$$

其中,x 是合并后的向量表示,$\boldsymbol{H}$ 是连接隐藏层神经元权重矩阵,$\boldsymbol{D}$ 是连接隐藏层神经元偏置矩阵。最终输出层计算目标单词概率的公式为

$$y=b+\boldsymbol{W}x+a \tag{6-10}$$

$$P(w_t|w_{t-1},\cdots,w_{t-n+1}) = \frac{e^{y_{t_{w_t}}}}{\sum_i e^{y_i}} \tag{6-11}$$

语言模型需要根据前 n 个单词预测下一个单词,因此最终输出层是一个多分类器,利用 Softmax 函数进行归一化概率计算并输出。整个函数的优化目标是使得目标单词所对应的概率值最大。由于自然语言词汇表通常较大,因此语言模型训练过程中的大部分计算量集中在最后一层上,是整个模型的计算瓶颈。

神经网络语言模型先给每个单词赋予一个低维向量表示(词向量),再通过神经网络建模当前单词出现的概率与之前的 $n-1$ 个单词之间的约束关系,从而学习到每个单词的分布式向量表征。在词表征足够好的情况下,这种方式相比于 n-gram 模型具有更好的泛化能力,从而很大程度地降低了数据稀疏带来的问题。但神经网络语言模型中神经网络参数量较大,计算复杂,训练过程比较困难。另外 NNLM 直观上看就是使用神经网络编码的 n-gram 模型,仅包含了有限的前文信息,无法解决长期依赖的问题。

为了解决神经网络语言模型只能处理定长信息的问题,米科洛夫(Mikolov)等人[2]在 2010 年提出了循环神经网络语言模型(Recurrent Neural Network based Language Model,RNNLM),正式开启了循环神经网络在语言模型中的应用历程。RNNLM 的目标同样是根据自然语言序列中的上文来预测下一个单词,但利用的神经网络为 RNN 及其变体网络。相比于 NNLM,RNNLM 的优势在于:RNNLM 具有天然的处理序列数据的能力,不再被固定长度的上下文窗口所限制,利用隐藏状态存储长时上下文中的信息,捕获更长的上下文依赖,以序列"自然语言"为例介绍 RNNLM 的建模过程,如图 6-4 所示。

RNNLM 的输入层是单词序列"<s>自然语言",其中<s>代表序列起始符。通过词嵌入将每个单词映射为对应的向量表示,再经过隐藏层的处理,最终输出层可以看作分别计算条件概率 $P(w|\text{<s>})$、$P(w|\text{<s>自})$、$P(w|\text{<s>自然})$、$P(w|\text{<s>自然语})$、$P(w|\text{<s>自然语言})$ 在整个词表中的值。模型训练目标就是使期望词对应的条件概率尽可能大。相比前馈神经网络,隐状态的传递性使得 RNN 语言模型原则上可以捕捉前向序列的所有信息(虽然可能比较弱)。通过在整个训练集上优化交叉熵损失来训练模型,使得网络尽可能建模出自然语言序列与后续词之间的内在联系。

神经网络语言模型通过深度神经网络来探索和建模自然语言内在的依赖关系。尽管

与统计语言模型的直观性相比,神经网络模型可解释性较差,但这并不妨碍其成为一种非常好的概率分布建模方式。神经网络语言模型的优点包括:

1) 可以对自然语言中的长距离依赖进行有效建模,具有更强的约束性;
2) 避免了数据稀疏所带来的问题;
3) 词表征能够有效提高模型泛化能力。

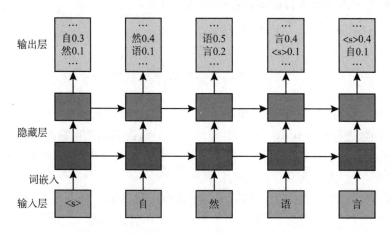

图 6-4 RNNLM 建模过程

但是由于神经网络本身的复杂性,若想训练得到一个效果较好的神经网络语言模型,需要大量的训练数据以及较长的训练时间,并且由于其"黑盒特性",可解释性较差。

6.2.3 语言模型评价指标

上文中介绍了两类语言建模方式,包括统计语言模型和神经网络语言模型,那么如何判断哪种语言模型的效果更好呢?哪种语言模型更加接近自然语言的真实分布呢?信息论中通常采用相对熵(Relative Entropy)来衡量两个分布之间的相似程度。对于离散变量 x,熵、交叉熵和相对熵的定义为

$$H(p) = -\sum_i p(x_i) \log p(x_i) \tag{6-12}$$

$$H(p,q) = -\sum_i p(x_i) \log q(x_i) \tag{6-13}$$

$$D(p \parallel q) = H(p,q) - H(p) = \sum_i p(x_i) \log p(x_i)/q(x_i) \tag{6-14}$$

假设 p 是样本的真实分布,q 是其对应的建模表示。由于真实分布的熵 $H(p)$ 是确定的,因此优化相对熵 $D(p \parallel q)$ 等价于优化交叉熵 $H(p,q)$。对于自然语言序列 $W = w_1, w_2, \cdots, w_N$,可以推导得出每个单词的平均交叉熵为

$$H(W) = -\frac{1}{N} \log P(w_1, w_2, \cdots, w_N) \tag{6-15}$$

显然，交叉熵越小，建模的概率分布越接近于数据的真实分布。虽然交叉熵具有明显的物理意义，描述了样本的平均编码长度，但是不够直观。为此，研究人员提出了困惑度（Perplexity），其基本思想是在语言模型的训练过程中，测试集中的句子都是正常的、接近自然语言真实分布的句子，因此训练完成的语言模型赋予测试集中句子的概率越高，则该语言模型越精确。困惑度的计算公式为

$$\text{Perplexity}(W) = 2^{H(W)} = \sqrt[N]{\frac{1}{P(w_1, w_2, \cdots, w_N)}} \tag{6-16}$$

困惑度在语言模型中的物理意义可以描述为：对于任意给定序列，下一个候选词的可选范围大小。同样地，困惑度越小，说明所建模的语言模型越精确。

6.3 文本表示

计算机本身无法直接处理文本数据，需要首先将文本转换为计算机能够接受的数字或向量表示，即词向量表示，才可以进行后续的处理步骤。文本表示研究将自然语言文本转换为向量表示的方法，通常分为离散型表示和分布式表示。两者的主要区别在于词语之间的相似程度能否通过向量之间的相似程度进行度量。

6.3.1 离散表示

独热表示是一种最为简单直接的离散型文本表示方法，将每个单词表示为维度等于词表大小的向量，这个向量中只有一个维度值为1，其他维度值均为0。例如词表中只有四个词——自然语言、计算、社会学、教材，那么它们的独热表示分别为[1,0,0,0]、[0,1,0,0]、[0,0,1,0]、[0,0,0,1]。独热表示的优点是简单易用，不需要复杂的设计和训练过程，但有着致命的缺点。首先每个单词的向量维度均为词表大小。若词表中存在十万个单词，便需要一个十万维的向量来表示每一个单词，而每个向量中仅有一个维度是1。这将造成存储上的巨大浪费，在深度学习场景中容易受到维度灾难的困扰。其次任何两个向量之间均为正交向量，无法利用向量之间的距离来衡量词之间的关联性，即独热表示无法表示出单词之间的语义关联。

词袋模型（Bag of Word，BoW）是另一种离散型文本表示方法，也称为计数向量表示，正如其名称显示的那样，将所有词语装进一个袋子里，不考虑其词法和语序的问题，即每个词语都是独立的，把每一个单词都进行统计，同时计算每个单词出现的次数。词袋模型仅仅考虑了所有词的权重，权重仅与词在语料中出现的次数有关，而忽略了词之间的上下文关系。在计算过程中，词袋模型首先需要对所有文本进行分词，然后统计每个单词出现的次数，就可以得到该文本基于词的特征表示，然后将所有文本语料中的这些词与对应的词频放在一起，即可得到文本的向量表示。词袋模型同样存在非常多的局

限性。例如,它仅考虑了词频,而没有考虑文本中的上下文信息,会导致大量信息的损失。

6.3.2 基于共现矩阵的分布式表示

离散表示虽然能够进行词语或者文本的向量表示,进而用模型进行情感分析或文本分类等任务,但其不能表示词语间的相似程度或者词语间的类比关系。比如词汇"美丽"和"漂亮",它们表达相近的意思,所以希望它们在整个文本向量空间中的距离较为接近。一般认为词向量或文本向量之间的夹角越小,两个词的相似度越高。而离散表示无法体现这种相似性的关系。为了解决这个问题,达冈等人[3]提出了分布式表示方法,其核心思想是上下文相似的词,其语义也相似。例如,当在阅读文章时遇到不认识的词,通常会通过其上下文来猜测其含义。分布式表示方法就是利用上下文信息把每个单词映射成一个维度固定的短向量,这样在所构造的向量空间中,每个词都是一个点,而且可以借助距离来判断任意两个词的语义相似度。

基于共现矩阵的文本表示是一种典型的分布式词向量表示方法,其中共现指的是共同出现,例如两个单词在一句话或一篇文章中共同出现。这里规定共现窗口的概念,如果窗口宽度为2,则认为当前单词的前后2个单词属于该单词的共现单词。首先需要构建共现矩阵,其反映了"词-上下文"信息。该矩阵中每行代表一个单词,每列代表每个单词对应的上下文,矩阵中的每个元素值表示对应的单词和上下文在语料中共同出现的次数。共现矩阵构建完成之后,矩阵中的每行就可以代表该行单词所对应的向量表示,其中反映了每个单词的上下文分布信息。假设给定语料库中共包含三个句子:"I like deep learning.""I like NLP.""I enjoy flying."。窗口值设置为1的情况下,共现矩阵如表6-1所示。

表 6-1 共现矩阵示例

	I	like	enjoy	deep	learning	NLP	flying	.
I	0	2	1	0	0	0	0	0
like	2	0	0	1	0	1	0	0
enjoy	1	0	0	0	0	0	1	0
deep	0	1	0	0	1	0	0	0
learning	0	0	0	1	0	0	0	1
NLP	0	1	0	0	0	0	0	1
flying	0	0	1	0	0	0	0	1
.	0	0	0	0	1	1	1	0

根据上述共现矩阵可以得到每个单词的向量表示,如like的词向量为[2 0 0 1 0 1 0 0]。基于共现矩阵的文本表示明显优于独热表示,因为它的每一维都有特定的含义——共现次数,可以体现词语之间的相似度。但这种表示仍然存在许多问题:首先高频词(例如

the、a、is 等）经常与其他单词共现，但其共现次数并不能表示他们与周围的词具有语义上的相似性；其次每个词向量的维度仍然等于词表的大小，且较为稀疏，即共现矩阵中存在大量的 0 值，因此需要通过降维进一步处理。

针对共现矩阵的稀疏性问题，通常采用 SVD 矩阵分解对共现矩阵进行降维，只选取最重要的若干个特征值，即可得到每个单词的低维向量表示。例如，将表 6-1 中的共现矩阵 X 进行 SVD 分解，得到正交矩阵 U，对 U 进行归一化得到的矩阵即可视为所有单词的词向量。SVD 分解的公式为

$$X = USV^T \tag{6-17}$$

得到的正交矩阵归一化后的矩阵如表 6-2 所示。

表 6-2　共现矩阵 SVD 分解结果

I	0.24	0.21	0.10	0.38	−0.18	−0.18	−0.42	−0.06
like	0.20	0.82	−0.17	0.31	0.18	−0.23	0.13	0.14
enjoy	0.37	0.64	0.16	0.00	−0.58	0.64	0.00	−0.31
deep	0.36	0.38	0.35	−0.07	0.45	0.08	0.55	−0.47
learning	0.40	0.52	−0.50	−0.43	0.35	0.16	−0.47	−0.40
NLP	0.35	0.35	−0.22	−0.19	0.13	0.49	0.21	0.66
flying	0.41	0.42	−0.40	−0.38	−0.51	−0.43	0.42	−0.12
.	0.38	0.58	0.59	−0.62	−0.03	−0.23	−0.26	0.24

经过 SVD 分解之后，原始的稀疏共现矩阵转换成了稠密矩阵，矩阵中每一行的值代表了对应单词的向量表示。基于共现矩阵的分布式词向量表示可以表现出很多优良的性质，包括充分利用了全局的统计信息，具有较低的维度表示，支持词汇之间的相似度计算等。

6.3.3　基于神经网络的分布式表示

独热表示和基于共现矩阵的文本表示方法，只能将不同的单词转换为特定的向量表示，但不同向量之间没有交互关系，无法反映词语之间的语义关联，而且计算复杂度太高，从而导致实用效果较差。本章第二节所介绍的神经网络语言模型根据句子中前 $n-1$ 个单词去预测下一个单词，最终学习得到的参数矩阵 C 即为词向量表示，其中参数矩阵 C 包含 v 行，v 为词表大小，第 i 行的数据即为词表中第 i 个单词对应的词向量。根据分布式表示假设，上下文相似的词，其语义也相似，利用神经网络预测方法直接从某词汇的邻近词汇对其进行预测，在此过程中学习到不同单词的低维稠密向量表示。基于神经网络可以对大量文本数据进行快速处理，从而使得学习到的向量分布更加可靠与高效。

谷歌在 2013 年提出了 Word2Vec 模型[4]，基于大量无标注的文本数据，利用轻量级

的神经网络进行训练可直接得到词向量表示。Word2Vec 的网络结构和 NNLM 基本类似，同样只包含输入层、隐藏层和输出层，但训练方法不同。Word2Vec 有两种训练方法，一种是连续词袋模型（Continuous Bag-Of-Word，CBOW），核心思想是利用上下文内容预测中间的目标词。另一种是 Skip-gram，和 CBOW 刚好相反，通过目标单词去预测它的所有上下文单词，通过最大化目标单词出现的概率，模型训练完成之后得到各个网络层之间的权重矩阵，词向量即可从权重矩阵中得到。Word2Vec 的词向量可以较好地表达单词之间的相似和类比关系。因此，自提出后被广泛应用在自然语言处理任务中。

Skip-gram 模型以一个单词为输入，来预测它的上下文单词。首先考虑最简单的情形，即当上下文长度取 1 时，语言模型就变成了利用当前词 x 预测它的下一个词 y。模型接收的初始输入为独热表示的向量，在训练完成后可得到每个单词对应的词向量。Skip-gram 模型结构如图 6-5 所示。

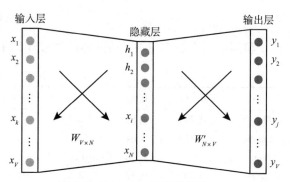

图 6-5 Skip-gram 模型结构图 1

图 6-5 中 x 即为单词的独热编码形式的输入，维度为词表的大小 v，y 是在这 v 个词上的输出概率。通过迭代训练，模型可以得到与真实标签的独热编码一致的预测结果。模型的整体结构与 NNLM 是相同的，这里隐藏层的激活函数是线性的，相当于没有做任何处理，很大程度上简化了 NNLM 的计算复杂度。模型训练完成后，得到的有效信息是神经网络中每个神经元的权重，例如输入 x 的独热编码为 $[1,0,0,\cdots,0]$，则从输入层到隐藏层的映射神经元中，只有对应于位置 1 的权重会被激活，权重数量与隐藏层节点数量相同，从而组成一个向量 $c(x)$ 对输入 x 进行表示，而每个输入单词的独热表示中 1 的位置均不同，因此 $c(x)$ 可以唯一表示每个输入 x。

上面讨论的是最简单的情形，即上下文只包含一个词。而当上下文中包含多个单词时，可采用 Skip-gram 模型，其结构如图 6-6 所示。

上下文包含多个单词时，Skip-gram 模型可以看作是多个简单模型的并联。假设输入文本序列是 "Joe Biden won the US election"，设定窗口大小为 2，Skip-gram 模型所关心的是给定中心词

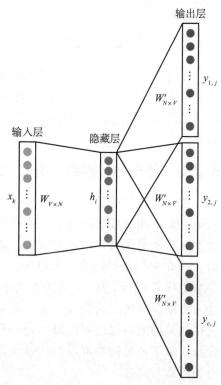

图 6-6 Skip-gram 模型结构图 2

"won",生成上下文背景词"Joe""Biden""the""US""election"的条件概率。Skip-gram 模型训练过程同样利用最大似然思想,假设词表大小为 v,给定一个长度为 T 的文本序列中,第 t 个词为 $w^{(t)}$,时间窗口为 m。通过最大化任一特定中心词生成所有背景词的概率进行模型的训练过程:

$$\prod_{t=1}^{T} \prod_{-m \leq j \leq m, j \neq 0} P(w^{(t+j)} | w^{(t)}) \tag{6-18}$$

式(6-18)中的最大似然估计与式(6-19)中的最小化损失函数等价:

$$-\frac{1}{T} \sum_{t=1}^{T} \sum_{-m \leq j \leq m, j \neq 0} \log P(w^{(t+j)} | w^{(t)}) \tag{6-19}$$

设 v 和 u 分别表示每个单词的中心词和背景词的词向量。对于词汇表中索引为 i 的单词,它作为中心词和背景词时的词向量分别为 v_i 和 u_i,而 Skip-gram 模型所要学习的模型参数即为每个单词的这两种向量。为了利用损失函数对模型参数进行更新,需要使用模型参数表达损失函数中的给定中心词生成背景词的条件概率。设背景词 w_o 和中心词 w_c 在词汇表中的索引分别为 o 和 c,损失函数中给定中心词生成背景词的条件概率可以通过 Softmax 函数定义:

$$P(w_o | w_c) = \frac{\exp(u_o^T v_c)}{\sum_{i \in V} \exp(u_i^T v_c)} \tag{6-20}$$

当序列长度较长时,通过在每次迭代过程中随机采样一个较短的子序列得到该序列的损失,然后根据该损失计算词向量的梯度并迭代更新词向量。下面给出计算随机采样的子序列的损失有关中心词向量的梯度计算方法。和前文中长度为 T 的文本序列的损失函数类似,随机采样的子序列的损失实际上是对子序列中给定中心词生成背景词的条件概率的对数求平均。通过微分可以求解式(6-20)中条件概率的对数有关中心词向量 v_c 的梯度:

$$\frac{\partial \log P(w_o, w_c)}{\partial v_c} = u_o - \sum_{j \in V} \frac{\exp(u_j^T v_c)}{\sum_{i \in V} \exp(u_i^T v_c)} u_j \tag{6-21}$$

该公式也可以改写为

$$\frac{\partial \log P(w_o, w_c)}{\partial v_c} = u_o - \sum_{j \in V} P(w_j | w_c) u_j \tag{6-22}$$

上述迭代更新过程计算开销较大,每次都需要遍历整个词典,对应的解决方案在后文进行介绍。随机采样的子序列有关其他词向量的梯度同理可得。模型训练过程中,每一次迭代实际上是利用这些梯度来迭代更新子序列中出现过的中心词和背景词的词向量。训练完成之后,对于词表中任一索引为 i 的单词,均可以得到该单词对应的中心词和背景词的词向量。

CBOW 模型利用一个中心词周围的上下文单词作为输入预测该中心词，模型结构如图 6-7 所示。

CBOW 模型与 Skip-gram 模型结构基本相同，只存在输入和输出的不同。假设文本序列为"Joe Biden won the US election"，CBOW 模型关心的是利用背景词"Joe""Biden""the""US""election"生成中心词"won"的条件概率。设定窗口大小为 m，CBOW 模型的优化目标是最大化由背景词生成任一中心词的概率：

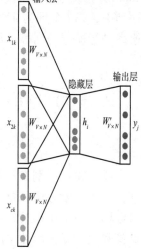

图 6-7 CBOW 模型结构图

$$\prod_{t=1}^{T} P(w^{(t)} | w^{(t-m)}, \cdots, w^{(t-1)}, w^{(t+1)}, \cdots, w^{t+m}) \quad (6\text{-}23)$$

式（6-23）中的最大似然估计与式（6-24）中的最小化损失函数等价。

$$-\sum_{t=1}^{T} \log P(w^{(t)} | w^{(t-m)}, \cdots, w^{(t-1)}, w^{(t+1)}, \cdots, w^{t+m}) \quad (6\text{-}24)$$

分别用 v 和 u 表示背景词和中心词的词向量（注意：与 Skip-gram 模型相反）。对于词表中索引为 i 的单词，它作为背景词和中心词时的词向量表示分别为 v_i 和 u_i。设中心词 w_c 在此表中的索引为 c，背景词 $w_{o_1}, w_{o_2}, \cdots, w_{o_{2m}}$ 在词表中的索引为 $o_1, o_2, \cdots, o_{2m}$，损失函数中给定背景词生成中心词的概率可以通过 Softmax 函数定义为

$$P(w_c | w_{o_1}, \cdots, w_{o_{2m}}) = \frac{\exp\left(\frac{u_c^{\mathrm{T}}(v_{o_1} + \cdots + v_{o_{2m}})}{2m}\right)}{\sum_{i \in V} \exp\left(\frac{u_i^{\mathrm{T}}(v_{o_1} + \cdots + v_{o_{2m}})}{2m}\right)} \quad (6\text{-}25)$$

与 Skip-gram 模型相同，当序列长度较长时，每次随机采样一个较短的子序列计算该子序列的损失，然后根据该损失计算词向量的梯度并迭代更新词向量。通过微分，可以计算出式（6-25）中条件概率的对数对于任一背景词向量 $v_{o_i}(i = 1, 2, \cdots, 2m)$ 的梯度为

$$\frac{\partial \log P(w_c | w_{o_1}, \cdots, w_{o_{2m}})}{\partial v_{o_i}} = \frac{1}{2m}\left(\boldsymbol{u}_c - \sum_{j \in V} \frac{\exp(\boldsymbol{u}_j^{\mathrm{T}} v_c)}{\sum_{i \in V} \exp(\boldsymbol{u}_i^{\mathrm{T}} v_c)}\right)\boldsymbol{u}_j \quad (6\text{-}26)$$

该式也可写为

$$\frac{\partial \log P(w_c | w_{o_1}, \cdots, w_{o_{2m}})}{\partial v_{o_i}} = \frac{1}{2m}\left(\boldsymbol{u}_c - \sum_{j \in V} P(w_j | w_c)\right)\boldsymbol{u}_j \quad (6\text{-}27)$$

和 Skip-gram 模型相同，CBOW 模型训练完成后，对于词表中任一索引为 i 的单词，均可以得到该单词对应的中心词和背景词的词向量。

基于神经网络的 Word2Vec 模型可以通过上下文将语义信息较好地嵌入到向量空间中。由 Word2Vec 获得词的向量化表示将自然语言特征较好地融入低维稠密向量中，为后续的自然语言处理任务提供了统一的表示机制，实现了文本信息的自动化向量表示学习，完全突破了传统特征工程对于模型性能的约束。尽管目前很多有监督学习自然语言处理模型效果已经很好，但都需要针对单个任务使用有标注数据训练，当目标的分布稍有变化则不能继续使用，因此只能在特定的领域中起作用。为了获得任务无关的通用词向量表示，预训练语言模型逐渐进入人们的视野，逐渐成为自然语言处理领域的新范式，通过使用大规模自然语言文本语料库进行预训练过程，学习人类自然语言蕴含通用语言表示，大大提升了语言表示的性能，为自然语言处理领域的发展带来了新的曙光。本章在下一节进行预训练语言模型的介绍。

6.4 预训练动态词向量

6.4.1 预训练概念

预训练是深度学习领域一个非常重要的训练范式，在众多领域有着非常广泛的应用。预训练过程可以为网络性能的提升带来巨大的好处：首先当新任务所拥有的数据量较少时，难以进行大型神经网络模型的训练，而利用大量通用数据预先训练好大型网络模型中的大部分网络参数，然后利用少量的面向特定任务的数据对模型进行微调，就可以获得较好的模型性能；其次，即使新任务有充足的训练数据，预训练过程同样可以极大地提高模型的收敛速度，使得深度模型的训练效率更高。

随着预训练技术的发展，大量研究开始探索在自然语言处理领域引入预训练方法，以提升模型的效果。通过使用大规模无标注的文本语料对深层网络结构进行训练，并在训练完成后对模型参数加以保留，以学习自然语言中蕴含的丰富语法、语义和结构信息，实现自然语言的精准建模，然后将训练得到的模型参数应用于后续的特定下游任务中，从而提升任务的性能。由于自然语言的复杂性，利用特定任务的少量训练数据难以全面地学习自然语言中的语言学信息，导致模型性能较差，泛化能力较弱。基于大量无标注的自然语言文本，预训练过程将文本中蕴含的大量语言学知识进行抽象，编码到网络结构中，为下游任务起到特征补充作用，增强模型的泛化能力。

上一节中提到的 Word2Vec 模型其实就是自然语言处理领域中一种早期的预训练技术，基于大量的无标注文本数据进行神经网络训练，从而得到每个单词的词向量表示。基于 Word2Vec 的预训练方式可以在一定程度上提升自然语言处理模型的性能，是自然语言处理领域常用的文本表征方法。然而，Word2Vec 依然无法解决多义词问题。多义词是自然语言中经常出现的现象，也是语言灵活性和高效性的一种体现。而传统的 Word2Vec

采用语言模型的训练方式得到单词的向量表示，相同的单词在面对不同的上下文时只能编码映射到同一个向量空间中，因此这种训练方式无法区分多义词，导致对于后续任务的性能提升非常有限。

为了解决上述问题，动态词向量成为一个突破点，其根据单词所处的上下文语境动态调整单词的向量表示，可以有效解决多义词的问题。ELMO[5]是一种上下文相关的文本表示方法，在多个典型下游任务中取得了优异的性能。随着 GPT（Generative Pre-Training）[6]、BERT（Bidirectional Encoder Representations from Transformers）[7]、XLNet（Generalized Autoregressive Pretraining）[8]等大量预训练语言模型的相继提出，预训练技术逐渐成为自然语言处理领域的标准范式，并在各类典型的下游任务上取得了显著的性能提升。

6.4.2 ELMO 模型

ELMO（Embedding from Language Model）模型[5]最早用来解决 Word2Vec 输出为静态词向量，无法根据上下文动态变化的问题。其本质思想是，通过预训练多层神经网络捕捉自然语言不同层次的特征。在实际应用过程中，根据目标单词的特定上下文动态调整目标词的词向量，从而有效表达在不同上下文情境下的语义信息，解决多义词问题。为此，ELMO 采取了典型的两阶段预训练模式。第一阶段利用语言模型对每个单词的词向量进行预训练；第二阶段用于执行下游任务，通过将从预训练网络中提取出对应单词网络各层的词向量作为新特征补充到下游任务中。图 6-8 为 ELMO 模型预训练过程的结构图，采用了双层双向 LSTM 作为基本的网络结构，训练任务目标是依据单词 w_i 的上下文单词去正确地预测该单词。单词 w_i 之前的单词序列称为上文，之后的单词序列称为下文。图 6-8 中左边的是前向双层 LSTM，输入为目标单词 w_i 的上文单词序列，右边的是反向双层 LSTM，输入为目标单词 w_i 的下文单词序列。正反向编码器均由两层 LSTM 网络叠加组成。

利用大量的无标注文本语料对如图 6-8 所示的网络模型进行训练。训练完成之后，每个单词都可以得到三个对应的词向量。最底层是单词的词向量表示，表征词语级别的特征；接着是第一层双向 LSTM 中对应单词位置的词向量，本层中会编码较多的单词句法特征信息；最后是第二层 LSTM 中对应单词的位置词向量，本层中会编码较多的单词语义特征信息。由此可见，ELMO 在训练过程中，不仅得到了每个单词的词向量表示，同时还得到了两个双向 LSTM 结构，根据这两个网络参数即可依据上下文进行单词向量的动态调整。

ELMO 模型预训练过程完成后，即可应用于下游任务中。以问答任务为例，对于输入问题"谁赢得了美国大选"，通过将该问题输入预训练完成的 ELMO 网络中，其中的每个单词都可以获得三个对应的词向量，之后赋予三个词向量不同的权重，进行加权求和，得到输入文本中每个单词特定的词向量表示。该向量表示考虑了单词所处的特定上下文情境，可以有效解决多义词问题。在得到每个单词的词向量后，将其作为下游任务网络的输入，即可实现预训练过程对下游任务的效果增强。ELMO 为下游任务提供的是每个单词的特征形式，这种预训练方法被称为"基于特征的预训练"。实验结果表明，ELMO 根据上下文来动态调整单词的向量表示，可以有效解决多义词问题，同时两层的 LSTM 网络还可以保证语义相似的单词在词性上也是相同的。ELMO 在多个自然语言处理任务中取得了优秀的效果，适应范围极广。

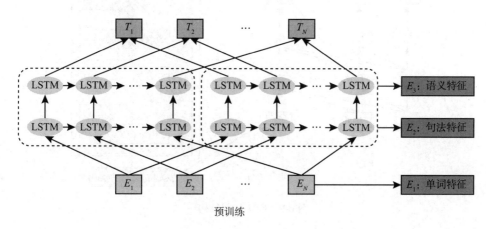

图 6-8　ELMO 模型结构图

6.4.3　GPT 模型

ELMO 模型的提出使学术界认识到基于大规模语料构建预训练语言模型的优越性。而 ELMO 本身也存在一定的缺点。首先，在特征抽取方面，ELMO 选择了 LSTM 而不是更为强大的 Transformer[9] 模型，导致特征抽取能力较差；其次，ELMO 采用双向拼接的特征融合方式可能带来一定程度的特征损失。因此，OpenAI 提出了 GPT 预训练语言模型[6]。不同于 ELMO 的基于特征的预训练方法，GPT 模型的预训练方法为基于微调的预训练方法，这种预训练模型与图像处理领域的预训练模式本质上是相同的，GPT 就是这一经典模式的开创者。

GPT 模型结构如图 6-9 所示，采取两阶段训练过程，其中第一阶段进行语言模型的预训练，第二阶段通过模型微调解决下游任务。区别于 ELMO，GPT 利用 Transformer 模型作为特征抽取器。Transformer 在语义特征提取能力、长距离特征捕获能力、任务综合特征抽取能力以及并行计算能力等方面都超过 RNN 模型。与 ELMO 直接得到每个单词的词向量表示作为下游任务的输入不同的是，GPT 模型预训练完成之后，下游任务的网络结构不能自由设计，需要向 GPT 网络的结构对齐，把任务的网络结构改造成与 GPT 的网络结构相同的结构。然后在训练下游任务时，首先利用预训练完成的网络参数对下游网络结构进行初始化，然后利用新任务的数据对网络参数进行微调，使得网络可以有效完成下游任务。

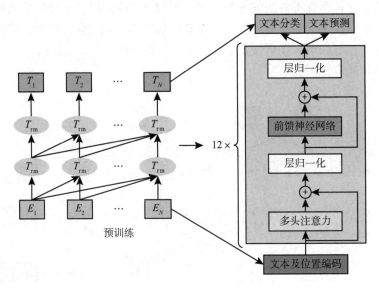

图 6-9　GPT 模型结构图

在 GPT 的基础上，OpenAI 相继提出了 GPT-2[10] 和 GPT-3[11] 模型，使得预训练语言模型学习到越来越多的人类语言知识，可以在少量微调甚至是完全不需要微调的情况下为下游任务带来极大的性能提升。GPT-2 希望通过海量数据和庞大的模型参数训练出一个类似百科全书的模型，不需要标注数据也能解决具体问题，即零样本学习（Zero-Shot）问题。GPT-2 模型的结构类似于 GPT 模型，仍然使用单向的 Transformer 模型。与 GPT 最大的区别在于，GPT-2 的训练数据在数量、质量、广泛度上都有大幅度提高，通过抓取大量不同类型的文本数据，并且经过筛选去重构建高质量的训练数据，最终训练出体量更巨大的模型。

GPT-2 模型把第二阶段中有监督的下游任务替换成了无监督的训练任务，这样使得预训练和微调阶段的模型结构完全一致。这样既使用了统一的结构做训练，又可适配不同类型的任务。虽然学习速度较慢，但也能达到相对不错的效果。GPT-2 在海量数据集上对 Transformer 模型进行了预训练过程，最大的模型拥有 1600 维隐藏层，模型参数量达到 15 亿。庞大的参数规模使得模型可以拥有巨大的存储空间，涵盖更多的知识，在众多自然语言处理任务中取得优异的性能。

在 GPT-2 模型的基础上，OpenAI 提出了 GPT-3 模型，依旧延续 GPT 系列的单向语言模型训练方式，模型参数量暴增到了 1750 亿，训练数据的规模更是达到了 45TB，聚焦于更通用的自然语言处理模型。GPT-3 模型主要为了解决下述两个问题。

1）对领域内有标签数据的过分依赖：尽管有了预训练+微调的两阶段训练框架，但依然需要一定数量的领域标注数据，否则在下游任务上难以取得较好的效果，而标注数据的成本往往是比较高的。

2）领域数据分布的过拟合问题：在微调阶段，由于领域数据有限，模型容易发生过拟合现象，导致模型的泛化能力下降，更加难以应用到其他领域。

实验结果表明，GPT-3作为一个自监督模型，几乎可以完成自然语言处理的绝大部分任务，例如面向问题的搜索、阅读理解、语义推断、机器翻译、文章生成和自动问答等。而且该模型在诸多任务上表现卓越，例如，在法语-英语和德语-英语机器翻译任务上达到当前最佳水平；自动产生的文章几乎让人无法辨别出自人类还是机器，甚至还可以依据任务描述自动生成代码。

6.4.4 BERT模型

虽然ELMO和GPT预训练模型在各种任务中取得了显著的性能提升，但依然存在一些不足。例如，ELMO中采用LSTM作为特征抽取器，性能相比于Transformer有很大的差距；GPT中采用了单向语言模型，无法捕捉到单词下文信息。为了克服上述问题，BERT（Bidirectional Encoder Representations from Transformer）[7]采用双向语言模型进行预训练，同时特征抽取器选择了Transformer。

BERT采用了与GPT模型完全相同的两阶段训练模式，首先进行语言模型的预训练，然后利用微调模式解决下游任务。BERT模型结构如图6-10所示。与GPT不同的是，BERT模型使用掩码语言模型（Masked Language Model，Masked-LM）的预训练任务对语料中的双向语义信息进行建模，实现了真正的双向语言模型的目的。Masked-LM预训练类似于一种完形填空任务，即在预训练时，随机遮盖输入文本序列中的部分单词，在输出层预测该位置的概率分布，进而通过极大化似然概率来对模型参数进行更新。与此同时，BERT模型引入预测下一句的任务来学习句子级别的语义关系。具体做法是，按照GPT提出的组合方式将两个句子组合为一个序列，模型预测后面的句子是否为前面句子的下文，也就是建模预测下一句的任务。因此，BERT模型的预训练过程实质上是一个多任务学习过程，同时完成训练Masked-LM和预测下一句两个任务，损失函数也由这两个任务的损失组成。

预训练完成后，BERT模型在微调时同样需要对下游任务网络结构进行改造。但与GPT不同的是，改造的是下游任务的输入和输出部分，使其可以适用于BERT预训练完成的模型参数。例如对于句子关系类任务，改造方法是：在输入层，对输入的句子加上BERT内部规定的起始和终止符号，然后在两个句子之间加上分隔符；在输出层，将第一个起始符号对应的Transformer的最后一层位置上串接一个Softmax分类层即可。

经过改造，自然语言处理领域的大部分任务都可以改造成BERT模型可以接收的方式，从而享受预训练带来的性能提升。BERT的表现是里程碑式的，在自然语言处理领域的众多基本任务中都获得了显著的效果提升，从而对学术研究和产业应用产生了深远的影响。自然语言处理领域后续的许多研究都以BERT模型为基础进行进一步的改进。学术界普遍认为，BERT模型的成功让自然语言处理领域找到了一种方法，可以像计算机视觉领域一样进行迁移学习。通过利用大量无标注的自然语言文本进行预训练，使得网络模型可以学习到先验的语言学知识。当面临数据缺乏的新任务时，这些知识可以对新任务起到极大的特征补充作用，提高模型的泛化能力。

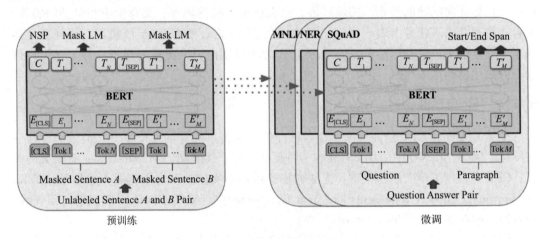

图 6-10　BERT 模型结构图

6.4.5　基于 BERT 的改进模型

BERT模型的出现开启了自然语言处理领域的一个新时代，此后涌现了大量的预训练语言模型。这些新式的预训练语言模型从模型结构上主要可以分为两大类：基于BERT的改进模型和XLNet模型。基于BERT的改进模型主要针对BERT模型从不同的方面进行改进，例如改进生成任务、引入知识、引入多任务等，这些模型都属于自编码语言模型；而XLNet模型与BERT模型的区别较大，是自回归语言模型的一个典型范例。

1. 改进生成任务

由于BERT和GPT模型分别只利用了Transformer模型的编码端和解码端进行训练，未考虑编解码器直接的注意力机制，因此直接将BERT或者GPT用于序列到序列的自然语言生成任务仅能达到次优效果。

为此，针对序列到序列的自然语言生成任务，微软亚洲研究院提出了全新的预训练方法：掩码序列到序列（Masked Sequence to Sequence，MASS）[12]预训练。MASS模型结构如图6-11所示，编码器和解码器分别使用4层的Transformer结构。MASS模型的训练目标为随机屏蔽句子中一个长度为k的连续片段，然后通过编码器-注意力-解码器模型预测生成该片段。图6-11中编码器端的第3—6个词被屏蔽掉，然后解码器端只预测这几个连续的词，而屏蔽掉其他词，"_"代表被屏蔽的词。MASS预训练有以下几大优势：

解码器端其他词（在编码器端未被屏蔽掉的词）都被屏蔽掉，以鼓励解码器从编码器端提取信息来帮助连续片段的预测，这样能促进编码器-注意力-解码器结构的联合训练；为了给解码器提供更有用的信息，编码器被强制去抽取未被屏蔽掉的词的语义信息，以提升编码器理解源序列文本的能力；让解码器预测连续的序列片段，以提升解码器的语言建模能力。MASS 包含重要的超参数 k（屏蔽的连续片段长度），通过调整 k 的大小，MASS 能包含 BERT 中的屏蔽语言模型训练方法以及 GPT 中标准的语言模型预训练方法，使 MASS 成为一个通用的预训练框架。

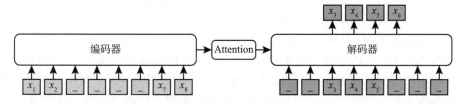

图 6-11　MASS 模型结构图[12]

UniLM（Unified Language Model）[13]是一种统一的预训练方法，既可以针对自然语言理解任务进行微调，也能用于自然语言生成任务。UniLM 模型使用了三种类型的语言建模任务进行预训练：单向模型、双向模型、序列到序列预测模型。给定一个输入序列，UniLM 会获取每个单词的基于上下文的向量表征。预训练过程会根据多种无监督语言建模目标优化共享的 Transformer 网络，包括单向语言模型、双向语言模型、序列到序列语言模型。为了控制对所要预测的单词上下文的读取，UniLM 使用了不同的自注意掩码，利用掩码控制不同任务下模型可以获取到的上下文。UniLM 主要有三大优势：第一，统一的预训练流程让单个 Transformer 语言模型能为不同类型的语言模型使用共享的参数和架构，从而减轻对分开训练和管理多个语言模型的需求；第二，这种参数共享能使学习到的文本表征更通用，因为它们针对不同的语言建模目标（其中利用上下文的方式各不相同）进行了联合优化，能缓解在任意单个语言模型任务上的过拟合；第三，除了在 NLU 任务上的应用，作为序列到序列语言模型使用的 UniLM 也使其能自然地用于 NLG 任务，比如抽象式摘要和问答。

2. 引入知识

BERT 模型主要建模原始的语言内部的信号，较少利用语义知识单元建模，导致模型很难学出语义知识单元的完整语义表示。通过引入外部知识，可以使预训练模型学习到海量文本中蕴含的潜在知识，进一步提升预训练语言模型在下游任务中的效果。百度提出基于知识增强的 ERNIE1.0 模型[14]，通过建模海量数据中的实体概念等先验语义知识，学习语义知识单元的完整语义表示。ERNIE1.0 通过掩码词和实体概念等完整语义单元来训练 Masked-LM，从而使得模型对语义知识单元的表示更贴近真实世界，可以获得知识单元的完整语义表示，增强了模型的语义表示能力。

清华大学与华为的研究者认为，知识图谱中的多信息实体可以作为外部知识改善语言表征，并提出 ERNIE（THU）模型[15]。该模型通过使用知识图谱增强 BERT 的预训练效果。ERNIE（THU）主要分为抽取知识信息与训练语言模型两大步骤。在抽取知识信息部分，首先识别文本中的命名实体，将识别到的实体与知识图谱中的实体进行匹配。为了更好地融合文本和知识特征，研究者设计了新的预训练目标，即随机掩码掉一些对齐了输入文本的命名实体，并要求模型从知识图谱中选择合适的实体以完成对齐。

3. 引入多任务学习

BERT 的预训练过程实质上是一个多任务学习的过程，通过同时训练 Masked-LM 和预测下一句两个任务提高预训练模型的语义表达能力。为了进一步利用多任务学习提升模型的性能，微软提出 MT-DNN（Multi-Task Deep Neural Network）模型[16]，主要包含输入层、文本编码层和任务特定层。其中输入层采用和 BERT 相同的机制，任务特定层则采用辅助任务约束模型的学习方向，例如单句分类、文本相似性等任务。MT-DNN 的训练过程分为预训练阶段和微调阶段。预训练阶段与 BERT 相同，而微调阶段引入了多任务学习机制，使用多个任务来微调共享的文本编码层和任务特定层的参数，这种微调的方法使得预训练模型能在更多的数据上进行训练，同时还能获得更好的泛化能力。

BERT 通过词或句子的共现信号构建预训练语言模型。然而，除单词的共现信号之外，语料中还包含词法、语法、语义等其他有价值的信息。百度提出可持续学习的语义理解框架 ERNIE2.0[17]，在预训练阶段引入多任务学习机制，支持增量地引入词汇、语法、语义多个层次的自定义预训练任务，能全面捕捉训练语料中的词法、语法、语义等潜在信息。在预训练阶段，通过交替学习这些不同种类的任务，实现模型的持续更新。这种连续交替的学习范式使模型不会忘记之前学到的语言知识，达到持续提升模型效果的目的。

4. 改进训练方法

除了添加不同形式的信息外，BERT 模型的训练方法也可以进行一定程度的改进。RoBERTa[18] 是 Facebook AI 发布的基于 BERT 改进的预训练模型，其改进主要体现在以下 4 个预训练方法：动态掩码机制、移除预测下一句的任务、更大的 batch size、更多的数据和更长的训练时间。RoBERTa 提出了一种动态掩码机制，即一开始把预训练的数据复制 10 份，每一份都随机进行掩码，则同一个序列会有 10 种不同的掩码方式，因而在模型预训练的过程中，每个序列被掩码的词语是会变化的。为了捕捉句子之间的关系，RoBERTa 在预训练阶段去除了预测下一句的任务，改为每次输入连续的多个句子，直到序列达到最大长度，这种训练方式也叫作全句模式。

6.4.6　XLNet 模型

BERT 是典型的自编码模型，旨在从引入噪声的数据中恢复出原数据。BERT 的预训练过程采用了降噪自编码思想，提出了 Masked-LM 预训练任务，该任务的最大贡献在于使模型获得了真正的双向上下文信息，但是也带来了一些问题：首先，预训练时使用的掩码机制在下游任务微调时并不会使用,导致训练和使用两个过程存在数据偏差,对实际效果有一定影响;其次,BERT 中每个单词的预测是相互独立的。然而,在类似于"New York"这样的复杂实体,"New"和"York"是存在关联的,而 BERT 模型忽略了单词的关联性。为了解决上述问题,卡耐基梅隆大学提出 XLNet 模型[8],主要通过排列语言模型、双流自注意力和循环机制等构建自回归语言模型。

排列语言模型是指预测某个单词时,XLNet 使用原始输入次序的随机排列来获取双向上下文信息,同时维持自回归模型原有的单向形式。它采用了一种比较巧妙的实现方式:使用单词在排列中的位置计算上下文信息。如对于一个 2→4→3→1 的排列,单词 2 和单词 4 就可以作为上文的输入来预测单词 3。当原句的所有排列都取完时,就能获得所有的上下文信息。为了考虑位置因素对预测结果的影响,引入目标预测单词的位置信息。双流自注意力机制要解决的问题是,当获得融合了位置因素的向量表示后,只能获得该位置信息以及上文信息,不足以预测该位置后的单词;而原来的向量表示则因为获取不到位置信息,依然不足以预测该位置后的单词。因此,XLNet 引入了双流自注意力机制,将两者结合起来,如图 6-12 所示。

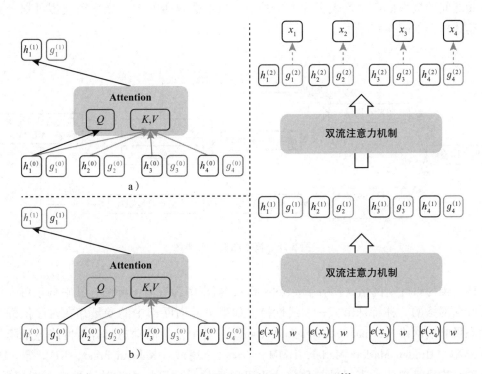

图 6-12　XLNet 双流自注意力机制示例图[8]

循环机制在处理下一个单词时结合上个单词的隐藏层表示,使得模型能够获得更长距离的上下文信息。XLNet 虽然在前端采用了相对位置编码,但在隐藏层表示时涉及的处理与排列独立，因此还可以沿用这个循环机制。该机制使得 XLNet 在处理长文本时具有较好的优势。相比 BERT，XLNet 采用自回归语言模型解决了单词之间预测不独立的问题，同时采用了排列语言模型等机制使自回归模型也可以获得双向的上下文信息。XLNet 的最终结果与 BERT 进行了较为公平的比较，在模型的训练数据、超参数以及网格搜索空间等与 BERT 一致的情况下，使用单模型在 GLUE 基准上进行对比实验，均取得了优异的结果。

6.5 统计学习模型

自然语言处理中常用的模型包括马尔可夫模型（Markov Model）和条件随机场（Conditional Random Field，CRF），它们均属于概率图模型（Probabilistic Graphical Model，PGM），被广泛应用于词性标注、音字转换、中文分词、歧义消解等任务中。概率图模型是一类用图来表达变量关系的概率模型，随机变量或随机向量表示为图中的节点，所有随机变量根据可见性分为观测变量（Observed Variable）和隐变量（Latent Variable），随机变量之间的概率依存关系表示为图中的边。按照边是否有向，概率图模型可划分为两种，整体框架如图 6-13 所示。

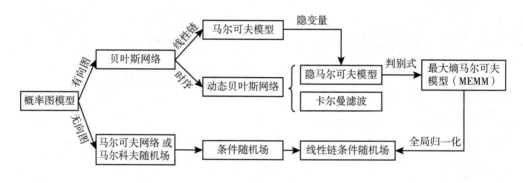

图 6-13 概率图模型分类图

第一类为贝叶斯网络（Bayesian Network），概率图为有向无环图，其中马尔可夫模型为贝叶斯网络的一种特殊形式——线性链。如果贝叶斯网络中的变量存在时序依赖，则为动态贝叶斯网络（Dynamic Bayesian Network），其中常见的动态贝叶斯网络包括隐马尔可夫模型（Hidden Markov Model，HMM）、卡尔曼滤波（Kalman Filter，KF）等，HMM 是一种结构最简单的动态贝叶斯网络，也可以看作马尔可夫模型的线性链为时序关系，并加入了观测变量的情形。

第二类为马尔可夫网络（Markov Network）或马尔可夫随机场（Markov Random Field，MRF），概率图为无向图。若给定了观测变量的条件，研究隐变量组成的马尔可夫随机场,即为条件随机场。类似于贝叶斯网络到马尔可夫模型的特殊化,若隐变量退化为线性链的结构,即为线性链条件随机场(Liner Chain CRF)。

6.5.1 马尔可夫模型

1. 马尔可夫过程

20 世纪初,俄国数学家安德雷·马尔可夫提出一种随机过程——马尔可夫过程(Markov Process)。在该过程中,给定当前一个或几个状态,接下来若干时刻状态的演化仅仅依赖于当前状态,而与历史状态无关,该特性被称为马尔可夫性,对其建模后即为马尔可夫模型。若每个状态仅仅关联于其前 n 个时刻的状态,则为 n 阶马尔科夫过程。若 $n=1$,即每一个状态仅仅关联于之前一个状态,则为一阶马尔可夫过程。本章讨论的马尔可夫模型,特指一阶马尔可夫模型。在马尔可夫过程中,把时间进行离散化,同时状态的取值为离散型,则得到马尔可夫链,它是随机变量 x_1,x_2,…组成的一个数列;其中,第 t 项的取值依赖且仅依赖于第 $t-1$ 项的取值:

$$p(x_t|x_{t-1},x_{t-2},\cdots,x_1)=p(x_t|x_{t-1}) \tag{6-28}$$

马尔可夫链包括如下关键概念。

1)状态空间:马尔可夫链中每一个变量的值域被称为状态空间,可表示为 $Q=\{q_1,q_2,\cdots,q_N\}$,其中 N 是可能的状态数。

2)转移概率矩阵:马尔可夫链可以用条件概率模型来描述。通常把 $t-1$ 时刻的状态取值作为条件,t 时刻状态取值的条件概率称作转移概率,即

$$P_{ij}=a_{ij}=P(x_t=q_j|x_{t-1}=q_i) \tag{6-29}$$

公式(6-29)表示前一个状态为 q_i 的条件下,当前状态为 q_j 的概率。不同状态之间相互转移的概率可以构成一个矩阵,称为"转移概率矩阵"。假如每一个时刻的状态有 N 种,前一时刻的每一种状态都有可能转移到当前时刻的任意一种状态,所以一共有 $N\times N$ 种情况,矩阵形式为

$$\boldsymbol{A}=[a_{ij}]_{N\times N} \tag{6-30}$$

3)初始概率分布:表示马尔可夫过程中第一项所服从的概率分布,共有 N 种可能的取值,表示为 N 维向量,即

$$\boldsymbol{\pi}=\pi_1,\pi_2,\cdots,\pi_N \tag{6-31}$$

$$\pi_i=P(x_1=q_i) \tag{6-32}$$

下面结合例子对上述概念进行解释。假设天气状态可以分为晴、阴、雨三种,依次使用 q_1(晴)、q_2(阴)、q_3(雨)表示,且天气状态只与前一天的天气状态有关,即服从马尔可夫性,同时天气状态的转移概率矩阵 $\boldsymbol{A}$ 如表 6-3 所示。

表6-3 转移概率矩阵 A

	晴	阴	雨
晴	0.75	0.125	0.125
阴	0.5	0.25	0.25
雨	0.25	0.5	0.25

注：横向为今天的天气状态，纵向为明天的天气状态。

给定初始概率分布 $\pi=(0.5,0.3,0.2)$，第一天的天气状态概率分布为 $P(x1)=(0.5,0.3,0.2)$，第二天为晴天的概率为 $P(x2=q1)=P(x1=q1)a11+P(x1=q2)a21+P(x1=q3)a31=0.5×0.75+0.3×0.5+0.2×0.25=0.575$。同理，第二天为阴天的概率为 $P(x2=q2)=0.2375$，雨天的概率 $P(x2=q3)=0.1875$。以此类推，每一天的天气状态概率分布如表6-4所示。

表6-4 每天天气状态概率分布

天数	晴	阴	雨
1	0.5	0.3	0.2
2	0.575	0.2375	0.1875
3	0.5969	0.225	0.1781
4	0.6047	0.2199	0.1754
⋮	⋮	⋮	⋮

2. 隐马尔可夫模型

马尔可夫过程过于简单，不足以准确描述一些日常现象。例如，在上一节天气状态的例子中，晴、阴、雨只是一种观测出来的结果，天气的变化本质上受某些隐藏的气象特征影响，包括季节、大气循环、空气湿度等。如果期望根据观测到的天气状态对隐藏的气象特征演化机制进行预测，则需要隐马尔可夫模型（Hidden Markov Model，HMM），通过引入隐变量，实现对隐藏特征的建模。

HMM 是一种动态概率图模型，根据一个隐藏的马尔可夫链，描述随机生成一组隐藏状态组成的序列（状态序列），同时每个隐藏状态随机生成一个可观测变量，从而生成由全体观测变量（观测序列）组成的序列。隐马尔可夫模型用概率图表示如图6-14所示。

隐马尔可夫模型的形式化定义如下所述。

设 $I=\{i_1,i_2,\cdots,i_T\}$ 表示长度为 T 的状态序列，$O=\{o_1,o_2,\cdots,o_T\}$ 为对应的观测序列，$Q=\{q_1,q_2,\cdots,q_N\}$ 是状态变量的值域（状态空间），$V=\{v_1,v_2,\cdots,v_M\}$ 是观测变量的值域。定义状态转移矩阵 $A=[a_{ij}]_{N×N}$，其中 a_{ij} 是在时刻 t 处于状态 q_i 的条件下，在时刻 $t+1$ 转移到 q_j 的概率：

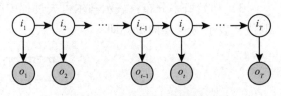

图6-14 隐马尔可夫模型

$$a_{ij}=P(i_t=q_j|i_{t-1}=q_i) \tag{6-33}$$

令 $\boldsymbol{B}=[b_j(k)]_{N\times M}$ 表示发射矩阵，其中 b_j 是在时刻 t 给定状态 q_j 的条件下，生成观测变量 v_k 的概率：

$$b_j(k)=P(o_t=v_k|i_t=q_j) \tag{6-34}$$

$\boldsymbol{\pi}=(\pi_i)_N$ 为初始状态概率向量，其中，$\pi_i=P(x_1=q_i)$ 是 $t=1$ 时刻处于状态 q_i 的概率。隐马尔可夫模型可以表示为三元组 $\lambda=(\boldsymbol{A},\boldsymbol{B},\boldsymbol{\pi})$，其中 $\boldsymbol{A}$ 和 $\boldsymbol{\pi}$ 确定了隐马尔可夫链，生成不可观测的状态序列；$\boldsymbol{B}$ 决定了如何从状态生成观测，与状态序列综合确定如何产生观测序列。

隐马尔可夫模型基于以下基本假设：

1）齐次马尔可夫假设，即任意时刻 t 的状态只依赖前一时刻的状态，与其他时刻的状态和观测无关，也与时刻 t 无关，即

$$P(i_t|i_{t-1},i_{t-2},\cdots,i_1,o_{t-1},o_{t-2},\cdots,o_1)=P(i_t|i_{t-1}), t=1,2,\cdots,T \tag{6-35}$$

2）观测独立假设，即任意时刻的观测值依赖于该时刻的状态，即

$$P(o_t|i_t,i_{t-1},\cdots,i_1,o_{t-1},o_{t-2},\cdots,o_1)=P(o_t|i_t) \tag{6-36}$$

隐马尔可夫模型的训练（学习过程）可分为有监督学习和无监督学习。若训练数据包括观测序列 O 和状态序列 I，则为有监督学习，可通过最大似然估计法估计模型参数，即利用状态转移的频率估计状态转移概率，用观测样本出现的频率预测观测概率。然而事实上，监督学习需要标注大量的状态序列，而人工标注往往代价昂贵，因此通常针对 HMM 的训练采用无监督的方式进行，即训练数据仅包括观测序列 O。

隐马尔可夫模型可以解决以下三类基本问题。

1）评估问题：给定模型 λ 和观测序列 O，计算在给定模型下观测序列出现的概率 $P(O|\lambda)$。评估问题可利用前向（Forward）和后向（Backward）算法求解。

2）学习问题：通常为无监督学习问题，已知观测序列 O，估计模型参数 λ，使得在给定模型参数下似然函数 $P(O|\lambda)$ 最大，即利用最大似然估计法估计参数。学习问题可采用 EM 算法。

3）解码问题：已知模型和观测序列 O，寻找一种最可能的状态序列 I，使得 $P(I|O)$ 最大。解码问题可采用维特比（Viterbi）算法。

6.5.2 条件随机场

条件随机场指在给定一组输入序列条件下，得到另一组输出序列的条件概率分布模型。条件随机场可用于不同的序列预测问题。本节重点讨论它在序列标注问题中的应用，主要关注其特殊形式：线性链（Linear Chain）条件随机场。如无特殊说明，本节在通常情况下讨论的都是线性链条件随机场。本节将从两条路线介绍 CRF：1）首先讨论 HMM

存在的问题,引出中间过渡模型——最大熵马尔可夫模型(Maximum Entropy Markov Model,MEMM),进而引出 CRF 模型;2)从 CRF 的视角出发,介绍其定义、因子分解等相关知识,逐步引出 CRF 的形式化定义,展示其中的 3 个基本问题——边缘概率计算问题、学习问题和解码问题。

1. 条件随机场的提出动机

通常,分类问题可以按照是否为概率模型分为硬分类和软分类两种,如图 6-15 所示,其中硬分类表示直接输出样本对应的分类,这类模型包括 SVM、决策树等。软分类模型为样本产生了属于不同类别的概率,大体上可以分为概率生成(Generative)模型和概率判别(Discriminative)模型。具体而言,假设目标变量集合为 Y(待推断的隐变量),可观测变量集合为 X,概率判别模型直接对条件分布 $P(Y|X)$ 建模,而概率生成模型则对联合分布 $P(X,Y)$ 建模。其中较为有名的概率判别模型有逻辑回归(Logistic Regression,LR)模型,概率生成模型有朴素贝叶斯(Naive Bayes,NB)模型。逻辑回归模型按照交叉熵损失函数训练,这类模型也叫对数线性模型或最大熵模型(Maximum Entropy Model)。对朴素贝叶斯模型而言,如果将单元素的条件独立性做推广到一系列的隐变量,那么,由此得到的模型被称为动态模型,比较有代表性的如 HMM。

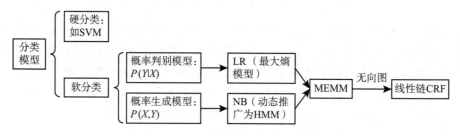

图 6-15 线性链条件随机场的发展历程

一般地,如果将最大熵模型和 HMM 相结合,那么这种模型叫作最大熵马尔可夫模型,用概率图表示如图 6-16 所示。

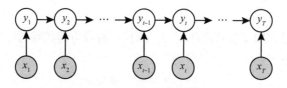

图 6-16 最大熵马尔可夫模型概率图表示

图 6-16 与 HMM 的概率图相比,观测变量和隐变量的边方向反转,MEMM 以 HMM 为基础,吸收了最大熵模型作为概率判别模型的优点,形成一种判别式有向图模型。应用在分类中,隐变量就是输出的分类,HMM 中的观测独立假设不再成立。

HMM 是一种生成式模型，建模对象为联合分布 $P(X,Y|\lambda)$。根据 HMM 的概率图，有

$$P(\boldsymbol{x},\boldsymbol{y})=P(y_1)\sum_{t=2}^{T}P(y_t|y_{t-1})P(x_t|y_t) \tag{6-37}$$

其中，略去 $\boldsymbol{x}$ 和 $\boldsymbol{y}$ 的下标，分别表示观测变量和隐变量从 1 到 T 时刻的全体组成的向量，全体值也可用冒号表示，例如 $\boldsymbol{x}_{1:T}=(x_1,x_2,\cdots,x_T)$。

观测独立假设实际上是一种强假设。例如在词性标注任务中，给定文本样本（由一系列单词组成的句子），那么基于观测独立假设则认为所有的单词之间没有关联。显然这种假设并不合理。事实上，在词性标注任务中必须考虑单词的上下文信息，而这一点是 HMM 难以做到的。

MEMM 则直接对条件概率建模，用 $P(y_t|y_{t-1},x_t)$ 代替 HMM 中两个条件概率，表示根据前一状态和当前观测，预测当前状态。根据概率图，给定 x_t，y_{t-1} 和 y_t 不独立，所以观测独立假设不成立。对全体变量的条件概率建模：

$$P(\boldsymbol{y}|\boldsymbol{x})=\sum_{t=1}^{T}P(y_t|y_{t-1},x_t)=\sum_{t}\frac{1}{Z(x_t,y_{t-1})}\sum_{a}\lambda_a f_a(x_t,y_t) \tag{6-38}$$

其中，y_0,y_{T+1}，f_a 为特征函数；λ_a 为对应权值；$Z(x_t,y_{t-1})$ 为归一化因子，保证连乘的对象均为合法的概率分布。概率分布 $P(y_t|y_{t-1},x_t)$ 是一个服从最大熵的指数模型。

MEMM 直接基于观测序列产生隐藏状态，可以描述观测变量之间长距离的耦合性，即观测变量全体对状态的影响。如图 6-12 b 所示，每一个分布函数定义为

$$P(y_t|y_{t-1},\boldsymbol{x})=\sum_{t=1}^{T}\frac{1}{Z(\boldsymbol{x},y_{t-1})}\sum_{a}\lambda_a f_a(\boldsymbol{x},y_t) \tag{6-39}$$

然而，MEMM 的缺陷是其必须要满足局部的概率归一化，只能找到局部最优值，导致了标记偏见问题。例如，当涉及概率值 $P(y_t|y_{t-1},x_t)$ 时，如果 $P(y_t|y_{t-1})$ 非常接近 1（几乎为必然事件），那么观测变量是不会影响到 $P(y_t|y_{t-1},x_t)$。为此，将 MEMM 的有向图转化为无向图，这样就必须进行全局归一化，也就打破了齐次马尔可夫假设，即线性链条件随机场。HMM、MEMM、CRF 的区别如表 6-5 所示。

表 6-5 HMM、MEMM、CRF 区别表

	HMM	MEMM	CRF
齐次马尔可夫假设	√	√	×
观测独立假设	√	×	×
判别/生成	生成	判别	判别
有向/无向	有向	有向	无向
归一化	局部	局部	全局

2. 马尔可夫随机场

设 Y 是一组随机变量，用无向图 $G=(V,E)$ 表示概率分布 $P(Y)$，无向图中随机变量之间存在三种马尔可夫性：成对（Pairwise）马尔可夫性、局部（Local）马尔可夫性、全局（Global）马尔可夫性。

成对马尔可夫性：设 u 和 v 是 G 中任意两个没有边连接的节点，它们分别对应随机变量 Y_U 和 Y_V。其他所有节点组成集合 $O=V\setminus\{u,v\}$，对应随机向量 Y_O。三者存在 $Y_U \perp Y_V | Y_O$ 关系，即给定 Y_O，Y_U 和 Y_V 条件独立，公式为

$$P(Y_u, Y_v | Y_O) = p(Y_u | Y_O) P(Y_v | Y_O) \tag{6-40}$$

局部马尔可夫性：设 $v \in V$ 是 G 中任意节点，$N(v)$ 为 v 在图上所有邻接节点组成的集合，设 $N^*(V) = N(V) \cup \{V\}$，$O = V \setminus N^*(V)$，则 $Y_V \perp Y_O | Y_{N(V)}$。

全局马尔可夫性：设节点集合 A，B 是在 G 中被节点集合 C 分开的任意节点集合（C 为 A，B 的分离集），则 $Y_A \perp Y_B | Y_C$。

上述三种马尔可夫性彼此等价。下面给出马尔可夫随机场的定义：

定义 6-2（马尔可夫随机场） 设联合概率分布 $P(Y)$ 由无向图 $G=(V,E)$ 表示。如果 $P(Y)$ 满足成对、局部或全局马尔可夫性，则称此联合分布表示的概率图模型为马尔可夫随机场或概率无向图模型。

图 6-17 展示了一个简单的 MRF。对于图中一个节点子集，若其中任意两节点都有边连接，则称该子集为一个团（Clique）。若 C 是一个团，并且加入另外任何一个节点都不再形成团，则称 C 为最大团。换言之，最大团就是不能被其他团所包含的团。例如，在图 6-17 中，由 2 个节点组成的团包括 $\{Y_1, Y_2\}$，$\{Y_2, Y_3\}$，$\{Y_3, Y_4\}$，$\{Y_4, Y_2\}$，$\{Y_1, Y_3\}$，$\{Y_1, Y_2, Y_3\}$，$\{Y_2, Y_3, Y_4\}$，最大团为 $\{Y_1, Y_2, Y_3\}$，$\{Y_2, Y_3, Y_4\}$，而 $\{Y_1, Y_2, Y_3, Y_4\}$ 不是团，因为 Y_1 和 Y_4 之间没有边相连。

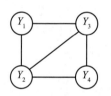

图 6-17 马尔可夫随机场例子

将 MRF 的联合概率分布表示为其所有最大团上随机变量的函数的乘积，称为**因子分解**。设 C 为图 G 上的最大团，则 $P(Y)$ 可以进行因子分解：

$$P(Y) = \frac{1}{Z} \prod_C \Psi_C(Y_C) \tag{6-41}$$

其中，Z 为归一化因子，保证 $P(Y)$ 为合法的概率分布：

$$Z = \sum_Y \prod_C \Psi_C(Y_C) \tag{6-42}$$

其中，函数 Ψ_C 为势函数，一般大于 0。

图 6-17 可以因子分解为

$$P(Y) = \frac{1}{Z} \Psi_{123}(Y_1, Y_2, Y_3) \Psi_{123}(Y_2, Y_3, Y_4) \tag{6-43}$$

3. 条件随机场定义

条件随机场定义如下：设 X 与 Y 是随机变量，若随机变量 Y 构成的是一个马尔可夫随机场，则称条件概率分布 $P(Y|X)$ 是条件随机场。

注意在 CRF 的定义中，并未要求 X 和 Y 有相同的结构。如果它们具有相同结构，并且 Y 退化为线性链的形式，则构成了线性链条件随机场，如图 6-18 所示。

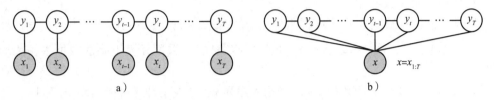

图 6-18 线性链条件随机场概率图

定义 6-3（线性链条件随机场） 设线性链 $X=(X_1,X_2,\cdots,X_n)$，$Y=(Y_1,Y_2,\cdots,Y_n)$ 均为随机变量序列，X 为输入变量序列，Y 为输出变量序列，在给定 X 的条件下，Y 的分布 $P(Y|X)$ 构成条件随机场，且满足如下的马尔可夫性：

$$P(Y_t|X,Y\setminus Y_t) = P(Y_t|X,Y_{t-1},Y_{t+1}) \tag{6-44}$$

则称 $P(Y|X)$ 为线性链条件随机场。

下面对 CRF 进行因子分解，每个因子是定义在相邻两个状态变量（最大团）上的势函数。假设每个团的势函数相同（对应在词性标注上具有统一的词性转移规则），则条件概率分布可以因子分解为

$$P(y|x)=\frac{1}{Z}\prod_{t=1}^{T}\Psi_t(y_{t-1},y_t,x)=\frac{1}{Z}\exp\sum_{t=1}^{T}F(y_{t-1},y_t,x) \tag{6-45}$$

其中，$F(y_{t-1},y_t,x)=\ln\Psi_t(y_{t-1},y_t,x)$。

那么 F 该如何构造？与 MEMM 类似，可以为 CRF 设计特征函数，包括节点特征函数和上下文局部特征函数。

1) 节点特征函数：仅与当前节点 y_t 有关，记为 $s_l(y_t,x,t)$，$l=1,2,\cdots,L$，其中 t 是当前节点在序列的位置；S 为 Y 的状态空间；$L\leq|S|$ 为节点特征函数可能的个数，一般不超过状态空间的规模。

2) 上下文局部特征函数：仅与当前节点和上一个相邻节点有关，记为 $g_k(y_{t-1},y_t,x,t)$，$k=1,2,\cdots,K$，其中 $K\leq|S|^2$ 为上下文局部特征函数的总个数。

两种特征函数取值均为二值型标量（0 或 1），若满足特征条件则取值为 1，否则为 0。同时，为了表征每个特征函数的重要度，可以为其设计权值。设 λ_k 为 g_k 的权值，μ_l 为 s_l 的权值，则所有的权值和特征函数的线性组合共同决定了线性链 CRF。此时，CRF 参数化形式为

$$P(y|x)=\frac{1}{Z(x)}\exp\sum_{t=1}^{T}\left[\sum_{l=1}^{L}\mu_l s_l(y_t,x,t)+\sum_{k=1}^{K}\lambda_k g_k(y_{t-1},y_t,x,t)\right] \quad (6\text{-}46)$$

其中，$Z(x)$ 为归一化因子。

CRF 可以解决以下三种类型的问题。

1) 边缘概率计算问题：给定模型 $P(Y|X)$，求序列中某一个状态的边缘概率 $P(Y_t|X)$，可利用前向-后向算法求解。

2) 学习问题：给定 N 个 T 维样本 $(x^{(1)},y^{(1)}),(x^{(2)},y^{(2)}),\cdots,(x^{(N)},y^{(N)})$，学习模型参数 $\theta=[u_{1:L}\lambda_{1:K}]^T$，则 $\hat{\theta}=\mathrm{argmax}_{\theta}\sum_{i=1}^{N}\log P(y^{(i)}|x^{(i)})$，采用梯度下降法或拟牛顿法均可求解。

3) 解码问题：已知模型 $P(Y|X)$ 和输入序列 x，寻找一种最可能的输出序列 y，使得 $P(Y|X)$ 最大。解码问题可采用维特比算法。

6.6 自然语言处理典型任务

为了对语言文字进行更好地解析和理解，自然语言处理按照处理对象的粒度、目标等可以细分成诸多典型子任务，包括数据标注、分词、词性标注、句法分析、命名实体识别、实体消歧、关系抽取等。这些经典子任务往往是构建复杂自然语言处理系统的基础。本节将对这些任务进行介绍，同时简要总结常用的自然语言处理工具。

6.6.1 文本预处理任务

1. 数据标注

数据标注是自然语言处理的基础。数据标注质量对模型的最终性能具有重大的影响。在数据标注过程中，通常为文本序列的每一个元素（即单词）标注一个标签。一般来说，一个文本序列指的是一个自然语言句子，而一个元素指的是句子中的单词。数据标注一般可以分为两类：1) 原始标注（Raw Labeling），每个元素都需要被标签标注；2) 联合标注（Joint Segmentation and Labeling），所有的分段被标注为相同的标签。解决联合标注问题最简单的方法就是将其转换为原始标注问题，标准做法为 BIO 标注。

BIO 标注即将每个元素标注为 "B-X" "I-X" 或 "O"，其中 "B-X" 表示此元素所在的片段属于 X 类型并且此元素在此片段的开头，"I-X" 表示此元素所在的片段属于 X 类型并且此元素在此片段的中间位置，"O" 表示不属于任何类型。例如，用 X 表示为商品名称（Commodity Phrase，CP），则 BIO 的三个标记为：1) B-CP，商品名称的开头；2) I-CP，商品名称的中间；3) O，不是名词短语。因此可以将一段话"我要买一台笔记本电脑"划分为如图 6-19 所示的结果。其中"笔记本电脑"为商品名称 CP，因此"笔"被标注为 B-CP，"记本电脑"均被标记为 I-CP，其余单词被标记为 O。BIO 标注可以作为其他序列标注任务的基础，通过定义不同的 B 和 I 的类别，可以进一步实现命名实体识别、词性标注等诸多任务。

根据不同类型的任务需求，可以有不同的标注类型，从而产生不同的标注结果，为下游任务提供监督学习信号。

2. 分词

英文中采用空格实现词与词的分割，具有天然的空格分隔符。然而，汉语中字与字之间不存在分隔符，需要进行另一项预处理工作——分词。分词就是让计算机系统在汉语的词与词之间自动加上空格或其他显示分隔标记，使得计算机系统可以进行下一步的单词处理工作。自从中文分词的问题被提出后，研究者们提出了诸多自动分词方法，包括基于词典、基于统计语言模型以及基于序列标注的分词方法等。

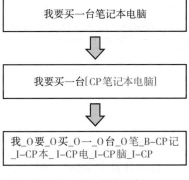

图 6-19 BIO 标注示例

基于词典的分词算法也称为字符串匹配分词算法，按照一定的策略将待匹配的字符串和一个已经建立好的足够大的词典中的词进行匹配。若找到某个特定的词语，则说明匹配成功，将该单词作为一个分词的结果。常用的基于词典的分词算法包括正向最大匹配法、逆向最大匹配法和双向匹配分词法等。基于词典的分词算法具有应用广泛、分词速度快等优势，可以通过增减词典来调整最终的分词效果。例如，当出现了从未见过的新词汇时，可以直接向词典中进行添加，以实现正确切分的目的。但过于依赖词典也导致这种方法存在许多问题，比如处理未收录的词时效果较差，并且当词典中的单词出现公共子字串时，就会出现歧义切分的问题，对词典的完备性要求较高。

由于歧义问题的存在，简单的基于词典匹配的方法难以实现较好的分词效果。前文中提到的语言模型利用大量文本的统计信息对自然语言文本进行建模，可以用来解决分词任务。基于 n-gram 语言模型的分词方法利用统计信息找出一条概率最大的分词路径对单词序列进行切分。假设存在一个汉字序列 S，W 为 S 上所有可能的切分路径，分词任务就可以建模为求解使条件概率 $P(W|S)$ 最大的切分路径 W^*：

$$W^* = \arg\max_W P(W|S) \tag{6-47}$$

根据贝叶斯公式可得

$$W^* = \mathrm{argmax}_W \frac{P(W)P(S|W)}{P(S)} \tag{6-48}$$

其中，$P(W)$ 为 n-gram 语言模型计算公式。根据上述概率公式即可计算各种切分路径的概率大小，选择概率最大的切分路径作为最终的分词结果。以"他说的确实在理"这句话为例，利用 n-gram 语言模型进行分词过程，可以得到如图 6-20 所示的概率图。

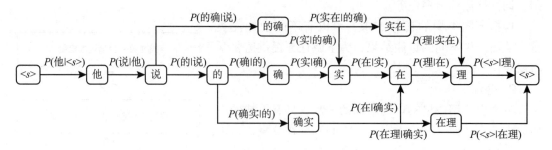

图 6-20　n-gram 模型分词示例图

分别计算多条分词路径的概率分布,选择概率最大的路径作为最终的分词结果。经过计算可以得出,"他说的确实在理"这句话合理的分词结果应该是"他 说 的 确实 在 理",即图 6-20 中最下面的分词路径的概率最大。

6.6.2　词性标注

词性是指以词的语法功能作为划分词类的依据。词类是一个语言学术语,是以语法特征(包括句法功能和形态变化)为主要依据、兼顾词汇意义对词进行划分的结果。一个词类指的是大量具有相同语法功能、在句子中相同位置出现的词聚合在一起形成的范畴。词类划分具有层次性。例如在汉语中,词可以分为实词和虚词,实词中又包含体词、谓词等,体词中又可以分出名词和代词等。

词性标注的目的是判断一个句子中每个单词所属的语法范畴,确定每个词的词性并进行标注,是自然语言处理任务中一项非常重要的基础性工作。词性标注的正确与否会直接影响到后续的句法分析、语义分析等工作。词性标注的相关方法可以分为基于规则、基于统计模型以及基于深度学习等。

在词性标注的早期研究过程中,常用基于规则的方法,按照词类的搭配关系和上下文语境构造词类消歧规则,由人工构建词类标注规则。随着标注语料库规模的增大,可用的资源也变得越来越多,人工提取规则的方法就变得难以实际应用。基于统计学习的方法将词性标注看作一个序列标注问题,其基本思想是给定大量的带有各自标注的词序列,基于单词的统计信息利用 HMM、CRF 等统计模型进行训练,从而预测给定文本中每个词的词性。下面结合实例说明基于 HMM 的词性标注过程。

- 输入序列:我爱自然语言处理。
- 输出序列:PRP VB NN。

其中,PRP 是人称代词,VB 是动词原形,NN 是名词。在 HMM 模型中,状态序列对应序列 T,也就是词性标签序列;而观测序列对应序列 O。词性标注问题可以理解为 HMM 三大问题中的第三个问题:解码问题。因此,词性标号的最终目标是得到最符合原句子词性的组合序列,即

$$T = \mathrm{argmax}_T P(T \mid O) \tag{6-49}$$

其中，$O = \{O_1, O_2, \cdots, O_N\}$ 为观察序列，$T = \{T_1, T_2, \cdots, T_N\}$ 为状态/标签序列。

$$P(T \mid O) = \frac{P(O \mid T) P(T)}{P(O)} \tag{6-50}$$

根据贝叶斯公式（6-50），首先，由于给定的观测序列 $P(O)$ 是固定不变的，因此可以省略分母。在贝叶斯公式中 $P(O \mid T)$ 被称为似然函数，$P(T)$ 被称为先验概率。对应到具体任务中，$P(O \mid T)$ 是"已知状态序列 T，求观测序列 O 的概率"，$P(T)$ 则是状态序列本身的概率。因此任务变为

$$T = \mathrm{argmax}_T P(T \mid O) = \mathrm{argmax}_T P(O \mid T) P(T) \tag{6-51}$$

1) 根据齐次马尔可夫假设，当前状态只与前一个状态有关，则 $P(T)$ 的计算公式见式（6-52）。其中，$P(T_i \mid T_{i-1})$ 是状态转移概率，注意 $P(T_1 \mid T_0)$ 指的是初始状态 T_1 的概率：

$$P(T) = P(T_1, T_2, \cdots, T_N) = \prod_{i=1}^{N} P(T_i \mid T_{i-1}) \tag{6-52}$$

2) 根据观测独立假设，当前的观测 O_i 只与当前状态 T_i 有关，则 $P(O \mid T)$ 的量化计算见式（6-53），其中 $P(O_i \mid T_i)$ 表示观测概率：

$$P(O \mid T) = \prod_{i=1}^{N} P(O_i \mid T_i) \tag{6-53}$$

上述的观测概率、状态转移概率和初始状态概率可以由监督学习（最大似然估计）和非监督学习（EM 算法）得到。利用词性标记数据对 HMM 模型进行训练，在给定输入文本序列的前提下，计算出输出标记序列中概率最大的标记序列，即为最终的词性标记结果。

6.6.3 语义角色标注

语义角色标注是实现浅层语义分析的一种方式，其目的是分析句子中的各种成分与谓词之间的关系，以谓词为中心，得到句子的谓词-论元结构，并用语义角色来描述这些结构关系。语义角色标注是很多自然语言处理任务中一个很重要的中间步骤。在研究中一般假设谓词已经给定，需要找出给定谓词的多个论元并标注出它们的语义角色。以"小明昨天晚上在公园遇到了小红"为例，标注的语义角色如图 6-21 所示。句中的谓词为"遇到"，标注出的语义角色包括**施事者**（Agent）"小明"，**时间**（Time）"昨天晚上"，**地点**（Location）"公园"和**受事者**（Patient）"小红"。

传统的语义角色标注系统大多建立在句法分析基础之上，通常包括 5 个流程。首先构建一棵句法分析树，从句法树上识别出给定谓词的候选论元；然后进行候选论元剪除，从大量的候选项中剪除那些最不可能成为论元的候选项；接着进行论元识别，从上一步

裁剪之后的候选中判断哪些是真正的论元，通常当作一个二分类问题来解决；最后通过多分类得到论元的语义角色标签。可以看到，句法分析是基础，并且后续步骤常常会构造一些人工特征，这些特征往往也来自句法分析。然而，完全句法分析需要确定句子所包含的全部句法信息，并确定句子各成分之间的关系，是一个非常困难的任务。目前技术下的句法分析准确率并不高，句法分析的细微错误都会导致语义角色标注的错误。

输入序列	小明	昨天	晚上	在	公园	遇到	了	小红	。
语块	B-NP	B-NP	I-NP	N-PP	B-NP	B-VP		B-NP	
标注序列	B-Agent	B-Time	I-Time	O	B-Location	B-Predicate	O	B-Patient	O
语义角色	Agent	Time	Time		Location	Predicate	O	Patient	

图 6-21 语义角色序列标注示例

深度学习方法在语义角色标注领域有广泛的应用，同样将其视为序列标注问题，只依赖输入文本序列，而不依赖任何额外的语法解析结果或是复杂的人造特征，实现端到端的语义角色标注过程。其中实现语义角色标注的经典模型为 BiLSTM+CRF，共由词嵌入层、Bi-LSTM 层和 CRF 层构成：词嵌入层负责将输入单词转换为向量表示；Bi-LSTM 层负责提取单词前文和后文的特征，提升标注的准确度；CRF 层负责连接 LSTM 层输出的线性表示，作为 CRF 的状态函数结果，得到每个单词对应的词性标注。

6.6.4 命名实体识别

命名实体识别实现从文本中识别出命名性指称项，为关系抽取等任务作铺垫，在信息抽取、信息检索、问答系统等多种自然语言处理任务中都具有至关重要的作用。命名实体识别技术研究的命名实体一般包括三大类（实体类、事件类、数字类）和七小类（人名、地名、组织机构名、时间、日期、货币和百分比）。由于时间、日期、货币等实体构成的规律比较明显，通常可以利用模式匹配的方式取得较好的识别效果，所以现阶段研究主要集中于识别其余复杂实体，如人名、地名等。命名实体识别研究的主要方法有基于规则、基于统计以及基于深度学习的命名实体识别方法等。

基于规则的命名实体识别基于专家知识构造规则模板，选用特征包括统计信息、标点符号、关键字、指示词和方向词、位置词（如尾字）、中心词等方法，结合命名实体库，对每条设定的规则进行权重赋值，然后通过实体与规则的程度进行实体类型判断。但在实际应用过程中，需要大量的语言学知识进行规则的构建，并且不同的语言往往具有不同的规则，因此规则的构建往往依赖于具体语言、领域和文本风格，可移植性差且更新维护较为困难。

基于统计的命名实体识别方法同样将命名实体识别问题视为序列标注问题，利用语料来学习标注模型，从而实现对句子中的每个单词进行标注，常用的算法包括 HMM、

CRF 等。深度学习算法也被广泛应用于命名实体识别过程中,其中最典型的方法即为词性标注过程中介绍的 BiLSTM+CRF 模型,只需将训练数据替换为命名实体标注数据即可。在自然语言处理领域,除了常用的 RNN 模型外,CNN 也同样被用于命名实体识别领域。虽然 CNN 在提取长序列的特征上有弱势,但 CNN 具有极强的并行能力,运算速度快。膨胀卷积的引入,使得 CNN 在命名实体识别任务中,能够兼顾运算速度和长序列的特征提取,实现较好的命名实体识别效果。

前文介绍的预训练语言模型(如 BERT)可以从大量无标注文本数据中学习到隐含的语言学知识。基于预训练的 BERT 模型,再利用少量的标注数据进行模型的微调,即可取得极高的命名实体识别准确率。预训练是目前解决这类语言学层面的自然语言处理任务的主流思路。BERT+BiLSTM+CRF 实现命名实体识别的模型结构如图 6-22 所示。基于预训练 BERT 模型,可以得到输入单词序列的词嵌入向量表示,利用 LSTM 和 CRF 模型捕捉序列中的顺序依赖关系,即可实现高准确率的命名实体识别。

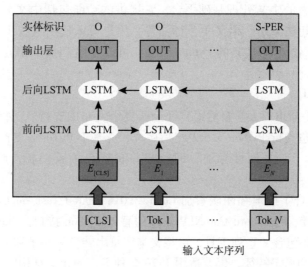

图 6-22　BERT+BiLSTM+CRF 命名实体识别结构图[19]

6.6.5　自然语言处理工具

为了减轻研究人员和开发者的负担,众多机构开发了大量的自然语言处理工具包,提供了各类典型任务的处理接口。本节对自然语言处理工具进行简单介绍。

1. 结巴分词

结巴分词⊖是一款基于 Python 的高效中文分词组件,支持四种分词模式:1) 精确模

⊖ https://github.com/fxsjy/jieba/

式，试图将句子最精确地切开，适合文本分析；2）全模式，把句子中所有的可以成词的词语都扫描出来，速度非常快，但是不能解决歧义；3）搜索引擎模式，在精确模式的基础上，对长词再次切分，提高召回率，适合用于搜索引擎分词；4）Paddle 模式，利用 PaddlePaddle[一]深度学习框架，训练序列标注（双向 GRU）网络模型实现分词，同时支持词性标注。

结巴分词使用的具体算法为：1）基于前缀词典实现高效的词图扫描，生成句子中汉字所有可能成词情况所构成的有向无环图；2）采用动态规划查找最大概率路径，找出基于词频的最大切分组合。同时结巴分词提供了包括分词、关键词提取、词性标注等典型自然语言处理功能。

2. LTP

语言技术平台（Language Technology Platform，LTP）[二]是由哈尔滨工业大学社会计算与信息检索研究中心研发的自然语言处理工具箱。经过十余年的持续研发和推广，已成为国内外最具影响力的中文处理基础平台。它提供的功能包括中文分词、词性标注、命名实体识别、依存句法分析、语义角色标注等。用户可以使用这些工具直接进行自然语言处理相关工作。Pyltp[三]是 LTP 的 Python 封装，可以利用 Python 语言实现这些自然语言处理任务。

3. StanfordNLP

StanfordNLP[四]是斯坦福大学自然语言处理研究组发布的支持 53 种语言的自然语言处理工具包，该工具包支持 Python 3.6 及之后版本，并基于 PyTorch 支持多种语言的完整文本分析管道，包括分词、词性标注、词形归并和依存关系解析，此外它还提供了与 CoreNLP[五]的 Python 接口。

StanfordNLP 结合了斯坦福团队参加 CoNLL 2018 Shared Task on Universal Dependency Parsing 使用的软件包和 Stanford CoreNLP 软件的官方 Python 接口。StanfordNLP 不仅提供 CoreNLP 的功能，还包含一系列工具，可将文本字符串转换为句子和单词列表，生成单词的基本形式、词性和形态特征，以及适用于 70 余种语言的句法结构。

4. NLTK

NLTK[六]（Natural Language Toolkit）是由宾夕法尼亚大学计算机和信息科学系使用 Python 语言实现的一种自然语言工具包，其在收集大量公开数据集和模型的基础上，提供了全面、易用的接口，涵盖了分词、词性标注、命名实体识别、句法分析等自然语言

[一] https://www.paddlepaddle.org.cn/
[二] https://github.com/HIT-SCIR/ltp
[三] https://github.com/HIT-SCIR/pyltp
[四] https://github.com/stanfordnlp
[五] https://github.com/stanfordnlp/CoreNLP
[六] http://www.nltk.org/

处理领域的功能。

5. SpaCy

SpaCy[一]是一个 Python 自然语言处理工具包，诞生于 2014 年，是具有工业级强度的 Python NLP 工具包。SpaCy 大量使用了 Cython 来提高相关模块的性能，区别于学术性质更浓的 NLTK，具有更强的业界应用的实际价值。SpaCy 的主要功能包括分词、词性标注、词干化、命名实体识别、名词短语提取等。

小结

本章对自然语言处理研究领域进行了全面而详细的介绍，总结了自然语言处理领域的发展历程和未来发展趋势：

1. 语言模型通过赋予每个自然语言句子一个概率统计上的概率来判断一句话是否合理。语言模型是众多自然语言处理任务的基础，只有真正对自然语言有了深层次的理解，才可以准确判断出语言是否合理，为其他自然语言处理任务的发展奠定了基础。

2. 为了使计算机可以对自然语言进行有效的处理，需要利用文本表示方法将自然语言文本转换为计算机可以接受的向量表示。从离散表示，到基于共现矩阵和基于神经网络的分布式表示，文本的向量表示逐渐可以捕捉自然语言之间的语法、语义和语用之间的相关性，利用向量之间的关系对语言进行准确建模。

3. 随着深度学习的不断发展，预训练逐渐成为一个重要的训练范式。通过利用大量的无标注自然语言文本对大规模网络模型进行预训练，使得网络参数可以学习到自然语言中的各种语法、语义知识，从而在面对新任务时仅需要少量的数据即可达到较好的任务效果，为自然语言处理技术的发展起到了巨大的推动作用。

4. 自然语言是一种典型的序列形式的数据，因此用于处理序列任务的统计学习模型，如马尔可夫模型和条件随机场对于建模自然语言有着强大的能力，通过图来表达变量之间的关系，从而实现序列预测过程，被广泛应用于众多的自然语言处理基础任务中。

习题

1. 简述自然语言处理任务的定义和意义。
2. 为什么歧义问题是自然语言处理面临的一大瓶颈？什么情况下会出现歧义问题？
3. 简述语言模型的概念以及神经网络语言模型的计算原理。
4. 假设语料库中一共包含三个句子："I am a student." "I like NLP." "I have many books about deep learning."。窗口值设置为 2 的情况下，求出对应的共现矩阵以及每个单

[一] https://spacy.io/

词的分布式向量表示。

5. 思考神经网络语言模型中 Skip-gram 与 CBOW 算法的异同点。
6. 简述 ELMO、GPT、BERT 预训练语言模型之间的关系与区别。
7. 简述 HMM、MEMM、CRF 的联系与区别。

*8㊀. 基于搜狗实验室发布的搜狗新闻语料库（数据链接：http://www.sogou.com/labs/resource/cs.php），编码实现 Word2Vec 算法过程（Skip-gram 或 CBOW 均可）。

*9. 基于 CoNLL-2004 and CoNLL-2005 Shared Tasks 数据集（数据链接：https://www.cs.upc.edu/~srlconll/）编码实现基于 BiLSTM+CRF 的语义角色标注模型。

*10. 基于 CLUENER2020 数据集（数据链接：https://github.com/CLUEbenchmark/CLUENER2020）编码实现基于预训练 BERT 模型的命名实体识别模型。

参考文献

[1] BENGIO Y, DUCHARME R, VINCENT P, et al. A neural probabilistic language model [J]. Journal of machine learning research, 2003, 3(Feb): 1137-1155.

[2] MIKOLOV T, KARAFIÁT M, BURGET L, et al. Recurrent neural network based language model [C]//Eleventh annual conference of the international speech communication association. 2010.

[3] DAGAN I, MARCUS S, MARKOVITCH S. Contextual word similarity and estimation from sparse data [C]//31st Annual Meeting of the Association for Computational Linguistics. 1993: 164-171.

[4] MIKOLOV T, SUTSKEVER I, CHEN K, et al. Distributed representations of words and phrases and their compositionality [C]//Advances in neural information processing systems. 2013: 3111-3119.

[5] PETERS M E, NEUMANN M, IYYER M, et al. Deep contextualized word representations [C]//Proceedings of NAACL-HLT. 2018: 2227-2237.

[6] RADFORD A, NARASIMHAN K, SALIMANS T, et al. Improving language understanding by generative pre-training [J]. URL https://s3-us-west-2.amazonaws.com/openai-assets/researchcovers/languageunsupervised/language understanding paper. pdf, 2018.

[7] DEVLIN J, CHANG M W, LEE K, et al. BERT: Pre-training of Deep Bidirectional Transformers for Language Understanding [C]//Proceedings of the 2019 Conference of the North American Chapter of the Association for Computational Linguistics: Human Language Technologies, Volume 1 (Long and Short Papers). 2019: 4171-4186.

[8] YANG Z, DAI Z, YANG Y, et al. XLNet: generalized autoregressive pretraining for language understanding [J]. Advances in neural information processing systems, 2019, 32: 5753-5763.

[9] VASWANI A, SHAZEER N, PARMAR N, et al. Attention is all you need [C]//Proceedings of the 31st International Conference on Neural Information Processing Systems. 2017: 6000-6010.

[10] RADFORD A, WU J, CHILD R, et al. Language models are unsupervised multitask learners [J].

㊀ 带 * 号的为选做题。——编辑注

OpenAI blog, 2019, 1(8): 9.
[11] BROWN T B, MANN B, RYDER N, et al. Language models are few-shot learners [J]. arXiv preprint arXiv: 2005. 14165, 2020.
[12] SONG K, TAN X, QIN T, et al. MASS: masked sequence to sequence pre-training for language generation [C] //International Conference on Machine Learning. PMLR, 2019: 5926-5936.
[13] DONG L, YANG N, WANG W, et al. Unified language model pre-training for natural language understanding and generation [J]. arXiv preprint arXiv: 1905. 03197, 2019.
[14] SUN Y, WANG S, LI Y, et al. Ernie: Enhanced representation through knowledge integration [J]. arXiv preprint arXiv: 1904. 09223, 2019.
[15] ZHANG Z, HAN X, LIU Z, et al. ERNIE: enhanced language representation with informative entities [C] //Proceedings of the 57th Annual Meeting of the Association for Computational Linguistics. 2019: 1441-1451.
[16] LIU X, HE P, CHEN W, et al. Multi-task deep neural networks for natural language understanding [C] //Proceedings of the 57th Annual Meeting of the Association for Computational Linguistics. 2019: 4487-4496.
[17] SUN Y, WANG S, LI Y, et al. Ernie 2.0: A continual pre-training framework for language understanding [C] //Proceedings of the AAAI Conference on Artificial Intelligence. 2020, 34(05): 8968-8975.
[18] LIU Y, OTT M, GOYAL N, et al. Roberta: A robustly optimized bert pretraining approach [J]. arXiv preprint arXiv: 1907. 11692, 2019.
[19] DAI Z, WANG X, NI P, et al. Named entity recognition using BERT BiLSTM CRF for Chinese electronic health records [C] //2019 12th international congress on image and signal processing, biomedical engineering and informatics (cisp-bmei). IEEE, 2019: 1-5.

CHAPTER 7

第 7 章

文本主题模型

在互联网时代，人类形成了海量的文本信息。为了实现对信息的高效理解、存储和检索，主题分析借助主题模型发现文本文档中的主题，挖掘单词与特定主题的相关性。文本主题模型的发展脉络如图 7-1 所示。首先，1975 年索尔顿等人[1]提出**向量空间模型**（Vector Space Model，VSM），即**单词向量空间模型**（Word Vector Space Model），假设文本是由单词构成，不考虑词的顺序、文法、含义。VSM 作为最传统的文本模型，使用精确的词匹配，但没有能力处理一词多义或一义多词问题。针对 VSM 无法建模近义词的问题，迪尔韦斯特等人[2-3]在 1990 年提出**潜在语义分析**（Latent Semantic Analysis，LSA）。1999 年，霍夫曼等人[4-6]又在此基础上，吸收 Unigram 模型中的概率化文本建模思想，提出**概率潜在语义分析**（Probabilistic Latent Semantic Analysis，PLSA），解决了一词多义问题。布莱等人[7]则在 PLSA 基础上，于 2003 年提出了**潜在狄利克雷分配**（Latent Dirichlet Allocation，LDA）模型，该模型将 PLSA 中的参数进一步贝叶斯化。LDA 与 PLSA 同属于概率生成模型，两者生成过程接近，但不同点在于 PLSA 参数虽未知但固定，样本随机由参数生成，属于"频率派"思想；LDA 样本固定，参数未知但不固定，假设参数也是随机变量，服从一个先验分布，属于"贝叶斯派"思想。LDA 是当前最常见的一种主题模型，目前绝大多数文本主题模型都是使用 LDA 及其变体，例如层次狄利克雷过程 HDP[8]等。

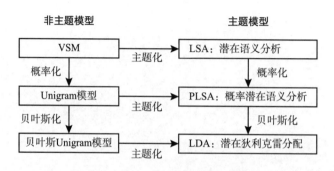

图 7-1 文本主题模型的发展脉络

结合文本主题模型的发展历程，本章将首先简要介绍 VSM，并引出 LSA，重点展示主题化的建模思想；然后简要介绍 Unigram，展示概率化文本建模的思想，引出 PLSA，作为 LSA 概率化的改进；再沿着 Unigram 模型阐述贝叶斯文本建模思想，由此引出 LDA，作为 PLSA 贝叶斯化的进一步发展。最后叙述 LDA 的后续发展，简要介绍几个典型的 LDA 变体模型。

7.1 潜在语义分析

潜在语义分析[2-3]是一种无监督学习方法，主要用于文本的主题分析，也称为**潜在语义索引**（Latent Semantic Indexing，LSI）。它是早期出现的非概率主题模型之一，可采用**奇异值分解**（Singular Value Decomposition，SVD）[2-3]和**非负矩阵分解**（Non-negative Matrix Factorization，NMF）[9-10]两种解法。首先介绍单词向量空间模型；再阐述通用的主题向量空间模型，展示主题化建模的思想，指出 LSA 的必要性；然后叙述 LSA 的 SVD 解法；最后介绍 LSA 的 NMF 解法。

7.1.1 单词向量空间

文本挖掘的重要问题之一是表示文本的语义内容，并计算文本之间的内容相似度。传统的**单词向量空间模型**（Word Vector Space Model）假设文本中所有单词的出现情况表示文本的语义，把每个文本建模成一个向量，每一维对应一个单词在该文本中出现的次数或者权值。语料库中每个文本都表示为一个向量，存在于一个向量空间；向量空间的度量（如数量积或夹角余弦）表示文本之间的"语义相似度"。

表 7-1 给出一个具体例子。4 篇文本组成的集合共可提取 6 个不同的单词，可表示为 6×4 的单词-文本矩阵，其中每行表示一个单词，每列表示一个文本（注：空表示数值为 0）。矩阵元素 x_{ij} 表示第 i 个单词在第 j 个文本中出现的频数。两个单词向量的数量积或夹角的余弦表示对应的文本之间的语义相似度。因此，向量 x_i 与 x_j 之间的相似度为

$$x_i \cdot x_j \text{ 或 } \frac{x_i \cdot x_j}{\|x_i\| \|x_j\|} \tag{7-1}$$

表 7-1 单词-文本矩阵例

	d_1	d_2	d_3	d_4
airplane	2			
aircraft		2		
computer			1	
apple			2	3
fruit				1
produce	1	1	2	1

其中，•表示向量的数量积，∥•∥表示向量的范数。若要计算文本 d_2 和 d_3 之间的相似度，根据公式（7-1），其内积为2，标准化内积为0.298。

定义 7-1（单词-文本矩阵） 给定一个语料库 $D=\{d_1,d_2,\cdots,d_n\}$，共包含 n 个文本，所有文本中出现的所有单词构成一个字典（词汇表）$V=\{v_1,v_2,\cdots,v_m\}$，共包含 m 个单词。将单词在文本中出现的数据用单词-文本矩阵（Word-document Matrix）表示，记作 X。

$$X=\begin{bmatrix} x_{11} & x_{12} & \cdots & x_{1n} \\ x_{21} & x_{22} & \cdots & x_{2n} \\ \vdots & \vdots & & \vdots \\ x_{m1} & x_{m2} & \cdots & x_{mn} \end{bmatrix} \tag{7-2}$$

这是一个 $m\times n$ 矩阵，元素 x_{ij} 表示单词 v_i 在文本 d_j 中出现的频数或权值。单词的种类很多，而每个文本中出现单词的种类通常较少，所以单词-文本矩阵是一个稀疏矩阵。

VSM 直接使用单词-文本矩阵的信息，矩阵的第 j 列向量 x_j 表示文本 d_j：

$$x_j=[x_{1j} \quad x_{2j} \quad \cdots \quad x_{mj}]^\mathrm{T}, j=1,2,\cdots,n \tag{7-3}$$

其中，x_{ij} 是单词 v_i 在文本 d_j 中的频数或权值，$i=1,2,\cdots,m$；矩阵 X 也可写作 $X=[x_1,x_2,\cdots,x_n]$。

权值通常用单词**频率-逆文本频率**（Term Frequency-Inverse Document Frequency，TF-IDF）表示，其定义是：

$$\mathrm{TFIDF}_{ij}=\mathrm{TF}_{ij}\times\mathrm{IDF}_{ij}=\frac{\mathrm{tf}_{ij}}{\mathrm{tf}_{\cdot j}}\log\frac{\mathrm{df}}{\mathrm{df}_i}, i=1,2,\cdots,m; j=1,2,\cdots,n \tag{7-4}$$

顾名思义，TF-IDF 由词频（TF）和逆文本频率（IDF）两部分组成。式（7-4）中 tf_{ij} 是单词出现在文本中的频数，$\mathrm{tf}_{\cdot j}$ 是文本中所有单词的频数之和，两者的比值则为词频（TF）；df_i 是含有单词 v_i 的文本数，df 是文本集合 D 的全部文本数，两者比值为文本频率。取倒数再取对数则为逆文本频率（IDF）。直观上，单词 v_i 在一个文本 d_j 中出现的频率越高，该单词在该文本中的重要程度就越高；单词 v_i 在整个语料库所有（或其他）文本中出现越少，该单词就越能代表文本 d_j 的特点，因此也有更高的重要度。总之，TF-IDF 综合考虑了两种重要度。

例如，结合表 7-1，计算文本 d_3 中各个单词的 TF-IDF 值。文本 d_3 中共包含 5 个单词，"computer""apple""produce" 的词频分别为 1/5、2/5、2/5。文本总数为 4 篇，包含上述单词的文本数目分别为 1、2、4。据此，文本 d_3 中各个单词的 TF-IDF 计算如表 7-2 所示。

直观上，两个文本中共现的单词越多，语义越相似。此时，对应单词向量均非零的分量就越多，内积就越大（X 矩阵是非负的），则两个文本内容越相似。VSM 的优点是模型简单，计算效率高。因为 X 矩阵通常是稀疏的，两个向量的内积计算只需要在共同非零的分量上进行即可，需要的计算很少，执行效率高。但 VSM 也有一定的局限性。首先，当数据量很大时，单词-文本矩阵维度很高且稀疏，这使得基于单词向量进行文本表示的效率并不高；其次，因为自然语言的单词存在多义词及近义词，所以 VSM 表示文本不一定准确；另外，VSM 假设单词与单词之间相互独立且没有关联，但这不符合现实情况。例如，在表 7-1 中，直观上文本 d_1 和 d_2 只有 "produce" 共同出现，由此计算的相似度仅为 0.2。显然仅基于词共现性进行相似度计算并不合理，因为 "airplane" 和 "aircraft" 是近义词。VSM 将这两个近义词视为两个独立的单词，没有考虑单词的同义性，计算余弦相似度时往往会低估实际的相似度。另一方面，文本 d_3 和 d_4 只有单词 "apple" 共同出现且重复较多次数，导致计算的相似度很高。然而 "apple" 具有多义性，可以表示 "apple computer" 或 "fruit"，实际上两个文本的内容并不相似，模型没有考虑单词的多义性，计算余弦相似度时会高估实际的相似度。

表 7-2 TF-IDF 计算过程示例

	TF	包含该词的文本数	IDF	TF-IDF
computer	0.2	1	1.386	0.277
apple	0.4	2	0.693	0.277
produce	0.4	4	0	0

7.1.2 主题向量空间

针对 VSM 的高维稀疏性问题，可以考虑能否对单词-文本矩阵进行降维，用更低维度的向量表示文本。针对单词相互独立的问题，可以考虑如何度量文本的语义。主题（Topic）便可用来解决上述问题。类比于写作过程，一般首先确定主题（或中心思想），再遣词造句（选择该主题的常用单词）构成文章。所谓主题，指文本所讨论的语义内容，一个文本一般含有多个主题。两个文本的语义相似度可以用主题相似度来描述。主题可以由若干语义相关的单词表示，其中同义词（如 "airplane" 与 "aircraft"）可以表示同一个主题，而多义词（如 "apple"）可以表示不同的主题，这样主题模型就可以解决 VSM 模型的上述不足。

由上所述，可以设想定义一个**主题向量空间模型**（Topic Vector Space Model）。语料库中每个文本可以用主题空间的一个向量表示，每一个分量对应一个主题和该文本的相关度。这里依旧用数量积或夹角余弦表示两个文本向量的相似度。注意主题个数通常远远小于单词个数，且主题向量空间模型更加抽象。

1. 定义

语料库 D、字典 V 和单词-文本矩阵 X 的定义见 7.1.1 节。假设整个语料库共含有 k 个主题，每个主题由一个定义在字典 V 上的 m 维向量表示，称为**主题向量**，即

$$t_l = [t_{1l}, t_{2l}, \cdots, t_{ml}]^T, l=1,2,\cdots,k \tag{7-5}$$

其中，t_{il} 是单词 v_i 在主题 t_l 的重要度，$i=1,2,\cdots,m$；k 个主题向量构成一个主题向量空间（Topic Vector Space），维数为 k。

主题向量空间 T 也可用**单词-主题矩阵**（Word-topic Matrix）表示，具体如下：

$$T = \begin{bmatrix} t_{11} & t_{12} & \cdots & t_{1k} \\ t_{21} & t_{22} & \cdots & t_{2k} \\ \vdots & \vdots & & \vdots \\ t_{m1} & t_{m2} & \cdots & t_{mk} \end{bmatrix} \tag{7-6}$$

矩阵 T 也可写为 $T=[t_1, t_2, \cdots, t_k]$。

2. 文本的主题向量空间表示

考虑文本 d_j，在单词向量空间中由一个向量 x_j 表示，将 x_j 投影到主题向量空间 T 中，得到主题向量空间中的一个 k 维向量 y_j，表示如下：

$$y_j = [y_{1j} \quad y_{2j} \quad \cdots \quad y_{kj}]^T, j=1,2,\cdots,n \tag{7-7}$$

其中，y_{lj} 是文本在主题 t_l 中的重要度，$l=1,2,\cdots,k$。

矩阵 Y 表示主题在文本中出现的情况，称为**主题-文本矩阵**（Topic-document Matrix），表示如下：

$$Y = \begin{bmatrix} y_{11} & y_{12} & \cdots & y_{1n} \\ y_{21} & y_{22} & \cdots & y_{2n} \\ \vdots & \vdots & & \vdots \\ y_{k1} & y_{k2} & \cdots & y_{kn} \end{bmatrix} \tag{7-8}$$

矩阵 Y 也可以写作 $Y=[y_1, y_2, \cdots, y_n]$。

3. 从单词向量空间到主题向量空间的线性变换

单词向量空间的文本向量 x_j 可以由主题向量空间中的向量 y_j 近似表示，具体由 k 个主题向量以 y_j 为系数的线性组合近似表示。

$$x_j \approx y_{1j}t_1 + y_{2j}t_2 + \cdots + y_{kj}t_k \quad j=1,2,\cdots,n \tag{7-9}$$

所以，单词-文本矩阵 X 可以近似表示成单词-主题矩阵 T 和主题-文本矩阵 Y 的乘积形式，这就是潜在语义分析。

$$X \approx TY \tag{7-10}$$

直观上，潜在语义分析将文本在单词向量空间的表示（m 维），通过线性变换转换成主题向量空间（k 维）中的表示，如图 7-2 所示。图 7-3 表示了矩阵 X 的因子分解的示意图，上半部分表示了公式（7-9），实质上单词向量空间的文本向量 x_j 近似表示为单词-主

题矩阵 T 右乘列向量 y_j；下半部分表示了公式（7-10），将一个列向量 y_j 扩展为多个列向量组成的矩阵 Y，同样将列向量 x_j 扩展为矩阵 X，得到 X 可近似表示为矩阵 T 和 Y 的乘积。

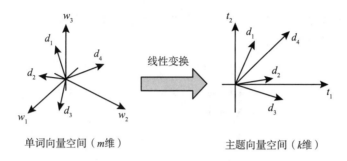

图 7-2　单词向量空间到主题向量空间的线性转换

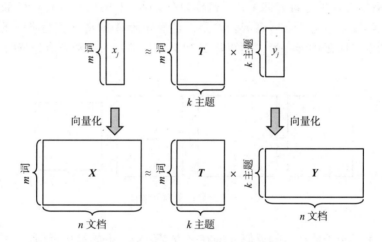

图 7-3　单词-文本矩阵因子分解示意图

在单词向量空间中，两个文本 d_i 和 d_j 的相似度可以由数量积表示，即 $x_i \bullet x_j$。经过矩阵分解后，在主题向量空间中，两者相似度可表示为 $y_i \bullet y_j$。LSA 需要同时决定两部分内容——主题向量空间 T 以及文本在主题向量空间的表示 Y，使得两者的乘积是原始矩阵数据的近似。

7.1.3　基于奇异值分解的潜在语义分析算法

潜在语义分析的其中一种解法是将单词-文本矩阵进行奇异值分解，分解为三个矩阵的乘积，左矩阵视为单词-主题矩阵（即主题向量空间），中间和右矩阵的乘积视为主题-文本矩阵（即文本在主题向量空间的表示）。

1. 截断奇异值分解算法

定理 7-1（奇异值分解基本定理） 任意实矩阵 $A \in R^{m \times n}$ 都可分解为

$$A = U\Sigma V^{\mathrm{T}} \tag{7-11}$$

其中，U 是 m 阶正交矩阵，V 是 n 阶正交矩阵，Σ 是由降序排列的非负对角线元素组成的矩形对角矩阵。满足以下条件：

$$\begin{aligned} &UU^{\mathrm{T}} = I \\ &VV^{\mathrm{T}} = I \\ &\Sigma = \mathrm{diag}(\sigma_1, \sigma_2, \cdots, \sigma_p) \\ &\sigma_1 \geqslant \sigma_2 \geqslant \cdots \geqslant \sigma_p \geqslant 0 \\ &p = \min(m, n) \end{aligned} \tag{7-12}$$

以上分解被称为奇异值分解，σ_i 被称为矩阵 A 的奇异值；U 被称为左矩阵，U 的列向量 $u_i \in R^m$ 被称为 A 的左奇异向量；V 被称为右矩阵，V 的列向量 $v_i \in R^n$ 被称为 A 的右奇异向量。矩阵 A 的秩等于非零奇异值个数。注意矩阵 A 的奇异值是唯一的，常将奇异值按降序排列以确保 Σ 的唯一性，而矩阵 U 和 V 不是唯一的。奇异值分解的示意图如 7-4 所示。

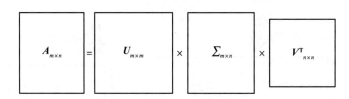

图 7-4 奇异值分解示意图

奇异值分解可用于低秩矩阵近似（即在平方损失意义下的最优近似）。给定一个秩为 r 的矩阵 A，要求其最优 k 秩近似矩阵 A'，$k<r$。该问题可形式化为

$$\begin{aligned} &\min_{A' \in R^{m \times n}} \| A - A' \|_F \\ &\text{s.t. } \mathrm{rank}(A') = k \end{aligned} \tag{7-13}$$

奇异值分解提供了上述问题的解析解：对矩阵 A 进行奇异值分解后，将矩阵中的 $r-k$ 个最小的奇异值置零，只取最大的 k 个奇异值对应的部分获得矩阵，则有：

$$A_k = U_k \Sigma_k V_k^{\mathrm{T}} \tag{7-14}$$

其中，$U_k \in R^{m \times k}$ 和 $V_k \in R^{n \times k}$ 分别为 U 和 V 的前 k 列组成的矩阵。该过程为矩阵的截断奇异值分解，对原始数据实现了压缩。实际应用中提到的奇异值分解，通常指截断奇异值分解。截断奇异值分解的示意图如图 7-5 所示。

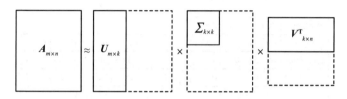

图 7-5 截断奇异值分解示意图

对单词-文本矩阵 X 设定主题个数为 k，进行 k 秩截断奇异值分解，具体如下：

$$X \approx U_k \Sigma_k V_k^T = \begin{bmatrix} u_1 & u_2 & \cdots & u_k \end{bmatrix} \begin{bmatrix} \sigma_1 & 0 & 0 & 0 \\ 0 & \sigma_2 & 0 & 0 \\ 0 & 0 & \ddots & 0 \\ 0 & 0 & 0 & \sigma_k \end{bmatrix} \begin{bmatrix} v_1^T \\ v_2^T \\ \vdots \\ v_k^T \end{bmatrix} \quad (7\text{-}15)$$

其中，矩阵 U_k 每一个列向量表示一个主题，称为主题向量，它们构成 k 维的主题向量空间；矩阵 $(\Sigma_k V_k^T) \in R^{k \times n}$ 共包含 n 个列向量，每个列向量是一个文本在主题向量空间的表示。

2. 例子

考察表 7-1 的例子，首先分析单词，确定主题数目，猜测"airplane"和"aircraft"为 1 个主题，"apple"和"computer"为 1 个主题，"apple"和"fruit"为 1 个主题，总共 3 个主题。因此令 $k=3$，然后进行 3 秩截断奇异值分解，结果如图 7-6 所示。

	d_1	d_2	d_3	d_4
airplane	2	0	0	0
aircraft	0	2	0	0
computer	0	0	1	0
apple	0	0	2	3
fruit	0	0	0	1
produce	1	1	2	1

≈

airplane	−0.07	0.55	0.71
aircraft	−0.07	0.55	−0.71
computer	−0.15	0.03	0
apple	−0.80	−0.39	0
fruit	−0.17	−0.15	0
produce	−0.54	0.46	0

×

4.33	0	0
0	2.38	0
0	0	2.00

×

	d_1	d_2	d_3	d_4
	−0.16	−0.16	−0.66	−0.72
	0.66	0.66	0.07	−0.36
	0.71	−0.71	0	0

图 7-6 截断奇异值分解示例

左矩阵 U_3 有 3 个列向量，中间的对角矩阵 Σ_3 由 3 个从大到小的奇异值组成，右矩阵为 V_3^T，由 3 个行向量组成。现在将 Σ_3 和 V_3^T 相乘，整体变成两个矩阵乘积的形式。

矩阵 U_3 即为主题向量空间，有 3 个 6 维列向量，表示 3 个主题，矩阵 $(\Sigma_k V_k^T)$ 有 4 个列向量，每个列向量为一个文本在主题向量空间中的表示，如图 7-7 所示。不在原始的单词向量空间计算相似度，而是在主题向量空间计算相似度，则文本 d_1 和 d_2 的相似度为 0.342，比之前略有提升。

	t_1	t_2	t_3
airplane	−0.07	0.55	0.71
aircraft	−0.07	0.55	−0.71
computer	−0.15	0.03	0
apple	−0.80	−0.39	0
fruit	−0.17	−0.15	0
produce	−0.54	0.46	0

×

	d_1	d_2	d_3	d_4
t_1	−0.69	−0.69	−2.84	−3.11
t_2	1.57	1.57	0.18	−0.86
t_3	1.41	−1.41	0	0

图 7-7　基于奇异值分解的潜在语义分析结果实例

7.1.4　基于非负矩阵分解的潜在语义分析算法

SVD 作为一种常用的潜在语义分析算法能够解决语义问题，但存在计算耗时的问题。尤其是在文本处理中，由于单词和文本数量庞大，导致高维度矩阵的奇异值分解非常困难。同时 SVD 分解出的矩阵元素可正可负，在真实世界中难以进行直观解释。非负矩阵分解（Non-negative Matrix Factorization，NMF）[9-10] 作为潜在语义分析的另一种解法，也可用于主题分析。目标是将单词-文本矩阵分解为两个矩阵的乘积，其中左矩阵可作为主题向量空间，右矩阵可作为文本在主题向量空间的表示。

NMF 可以形式化为任意非负矩阵 X，即矩阵中所有的元素非负（记作 $X \geq 0$），寻找非负矩阵 W 和 H，使得：

$$X \approx WH \tag{7-16}$$

矩阵 X 分解为左右两个矩阵，可以理解为原始矩阵 X 的某一列向量（如第 j 列）是矩阵 W 的所有列向量的加权和，对应权重系数为矩阵 H 的第 j 列元素，所以 W 称为基矩阵；W 中每个列向量称为基向量，H 称为系数矩阵。NMF 旨在用较少的基向量、系数向量表示较大的数据矩阵，是对原数据的压缩。

1. NMF 的潜在语义分析模型

给定一个 $m \times n$ 非负单词-文本矩阵 $X \geq 0$，假设文本集合共包含 k 个主题，对 X 进行非负矩阵分解，即求非负的 $m \times k$ 矩阵 $W \geq 0$ 和 $k \times n$ 矩阵 $H \geq 0$，使得 $X \approx WH$。令 $W = [w_1, w_2, \cdots, w_k]$ 为 k 个主题构成的主题向量空间，令 $H = [h_1, h_2, \cdots, h_n]$ 为文本在主题向量空间的表示，包括 n 个文本，具体示意图如图 7-8 所示。

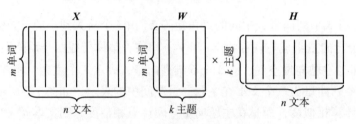

图 7-8　非负矩阵分解示意图

NMF 具有可解释性，主题向量和文本向量均非负，W 中的元素可解释为单词和主题的概率相关度，H 中的元素可解释为文本和主题的概率相关度。

2. 非负矩阵分解算法

NMF 可以形式化为最优化问题求解，期望找到两个矩阵 W 和 H，使两者相乘得到的矩阵对应位置的值和原矩阵 X 对应位置的误差尽可能小，定义如下：

$$\min_{W,H} J(W,H)$$
$$\text{s. t. } W, H \geq 0 \tag{7-17}$$

其中损失函数如下：

$$J(W,H) = \frac{1}{2} \sum_{i,j} (X_{ij} - (WH)_{ij})^2 \tag{7-18}$$

如果完全用矩阵表示，则有：

$$J(W,H) = \frac{1}{2} \sum_{i,j} \| X - WH \|_F^2 \tag{7-19}$$

要求解的参数共 $m \times k + k \times n$ 个。为了简化运算，可以采用梯度下降法求解，由于：

$$(WH)_{ij} = \sum_{l=1}^{k} W_{il} H_{lj} \Rightarrow \frac{\partial (WH)_{ij}}{\partial W_{il}} = H_{lj} \tag{7-20}$$

根据式（7-20），将损失函数对 W 求偏导，得到：

$$\frac{\partial J(W,H)}{\partial W_{il}} = -\sum_{j} [X_{ij} - (WH)_{ij}] H_{lj}$$
$$= -\sum_{j} X_{ij} H_{lj} + \sum_{j} (WH)_{ij} H_{lj}$$
$$= -[(XH^T)_{il} - (WHH^T)_{il}] \tag{7-21}$$

同理

$$\frac{\partial J(W,H)}{\partial H_{lj}} = -[(W^T X)_{lj} - (W^T WH)_{lj}] \tag{7-22}$$

可采用梯度下降法进行迭代，如下：

$$W_{il} = W_{il} + \lambda_{il} [(XH^T)_{il} - (WHH^T)_{il}] \tag{7-23}$$
$$H_{lj} = H_{lj} + \mu_{lj} [(W^T X)_{lj} - (W^T WH)_{lj}] \tag{7-24}$$

其中 $\lambda_{il} > 0$ 和 $\mu_{lj} > 0$ 是步长，如果选取

$$\lambda_{il} = \frac{W_{il}}{(WHH^T)_{il}}, \mu_{lj} = \frac{H_{lj}}{(WWH)_{lj}} \tag{7-25}$$

那么

$$W_{il} = W_{il} \frac{(XH^T)_{il}}{(WHH^T)_{il}} \tag{7-26}$$

$$H_{lj} = H_{lj} \frac{(W^T X)_{lj}}{(W^T WH)_{lj}} \tag{7-27}$$

结合乘法迭代规则，如果初始化的 W 和 H 为非负矩阵，则每一步都保证了结果为正数，一直迭代下去就会收敛。因此，下面将导出算法 7-1，对 W 和 H 交替迭代更新，每次都对 W 进行列归一化。

算法 7-1 非负矩阵分解的迭代算法

输入：单词-文本矩阵 $X \geq 0$，主题个数 k，最大迭代次数 max_iter
输出：主题矩阵 W，文本表示矩阵 H
1. 初始化 $W \geq 0$，$H \geq 0$，并对 W 进行列归一化
2. 重复步骤 3、4 max_iter 次：
3. 按照式（7-26）更新 W 的每个元素
4. 按照式（7-27）更新 H 的每个元素

考察表 7-1 的例子，继续选择主题个数 $k = 3$，对单词-文本矩阵进行非负矩阵分解，结果如图 7-9 所示。

	t_1	t_2	t_3
airplane	0	1.31	0
aircraft	0	0	1.31
computer	0.30	0.06	0.06
apple	1.75	0	0
fruit	0.38	0	0
produce	0.89	0.73	0.73

×

	d_1	d_2	d_3	d_4
t_1	0	0	1.28	1.59
t_2	1.48	0	0.24	0
t_3	0	1.48	0.24	0

图 7-9 基于非负矩阵分解的潜在语义分析结果实例

7.2 概率潜在语义分析

概率潜在语义分析（Probabilistic Latent Semantic Analysis，PLSA）[4-6] 也称**概率潜在语义索引**（Probabilistic Latent Semantic Indexing，PLSI），是一种利用概率生成式模型对文本集合进行主题分析的无监督学习方法。模型的最大特点是用隐变量表示主题。整个模型可理解为文本生成主题，主题生成单词，从而得到单词-文本矩阵的过程。PLSA 的提出是为了处理 LSA 作为非概率模型的弊端。如图 7-1 所示，正如 VSM 引入主题得到 LSA，

PLSA 也可看作是基于 Unigram 文本模型引入主题而改进得到的模型。本节首先简要介绍 Unigram 模型及其中的概率生成式思想，然后描述 PLSA 模型的内容和性质，最后介绍 PLSA 的学习算法——EM 算法。

7.2.1 概率化文本建模

日常生活中存在大量的文本，每个文本可以表示为有序的单词序列。假设语料库共有 N 个文本 $D=\{d_1,d_2,\cdots,d_N\}$，任意文本 d_j 表示为 $(w_{j1},w_{j2},\cdots,w_{jL})$，其中 w_{jl} 表示文本 d_j 中第 l 个位置的单词。简便起见，假设所有文本等长，且长度为 L。假设字典共有 M 个词组成单词集合 $V=\{v_1,v_2,\cdots,v_M\}$，则语料库中任意位置单词的取值空间为 V，即 $w_{jl}\in V$。

概率化文本建模，旨在探索所有文本中的单词序列是如何生成的。Unigram 模型采用了概率化的思想对文本进行建模。宏观上，假设每个位置单词 w_{jl} 的生成过程独立同分布于某个概率分布。设给定位置上特定单词出现概率为 $P(w_{jl})$，因此对于一个长度为 L 的文本 d_j 而言，存在 L 次独立重复试验，概率为 $P(\boldsymbol{w}_j)=P(w_{j1})P(w_{j2})\cdots P(w_{jL})$。若考虑 N 篇文本，假设文本与文本之间是独立的，则整个语料库被生成的概率为 $P(\boldsymbol{W})=P(\boldsymbol{w}_1)P(\boldsymbol{w}_2)\cdots P(\boldsymbol{w}_N)$，共存在 $N\times L$ 次独立重复实验。

微观上，需要考虑每个位置单词生成的具体概率分布是什么。假设存在参数 $\boldsymbol{p}=(p_1,p_2,\cdots,p_M)$ 构成参数向量，其中 p_i 表示每一个位置生成字典中的单词 v_i 的概率，其中 $p_1+p_2+\cdots+p_M=1$，则每一个位置的单词生成类似于一个伯努利试验。但伯努利试验只有两个结果，此处为 M 个结果，生成一个位置的单词 w_{jl} 的实验记作 $w_{jl}\sim \text{Mult}(1,\boldsymbol{p})$，换言之，$w_{jl}$ 的生成结果服从参数为 $\boldsymbol{p}$、重复次数为 1 的多项分布（类别分布）。

上述生成过程表明，Unigram 模型是词袋模型（Bag-of-Word，BoW），即假设文本中的单词是独立可交换的。如果只关注字典里每个单词在文本中的词频 n_{ji}，则 $\boldsymbol{n}_j=(n_{j1},n_{j2},\cdots,n_{jM})$ 正好服从参数为 $\boldsymbol{p}$、重复次数 L 的多项分布：

$$P(\boldsymbol{n}_j)=\text{Mult}(\boldsymbol{n}_j\,|\,L,\boldsymbol{p})=\binom{L}{\boldsymbol{n}_j}\prod_{i=1}^{M}p_i^{n_{ji}} \quad (7\text{-}28)$$

若考虑文本 d_j 被生成的概率，即先后进行 L 次独立重复实验。由于带有次序信息，需要消去式（7-28）中的组合数，结果如下：

$$P(\boldsymbol{w}_j)=\prod_{i=1}^{M}p_i^{n_{ji}} \quad (7\text{-}29)$$

如果选择单词-文本矩阵（定义见 7.1.1 节）每个元素表示字典中的单词在每个文本中的频数，那么 $x_{ij}=n_{ji}$（$\boldsymbol{n}_j$ 正好对应单词文本矩阵的第 j 列）。如果给定参数 $\boldsymbol{p}$，文本 d_j 被生成的概率可通过单词-文本矩阵计算得到。例如，表 7-1 中文本 d_4 共有 5 个单词，apple 出现 3 次，fruit 出现 1 次，produce 出现 1 次，它们在原文中按照某个确定的顺序排列，则文本 d_4 可理解为通过先后 5 次独立重复实验生成，生成概率计算如下：

$$P(\mathbf{w}_4)=p(\text{apple})^3 p(\text{fruit})p(\text{produce}) \tag{7-30}$$

综上，文本可用两种形式表示，可用 N 个长度为 L 的单词序列表示；也可用单词-文本矩阵表示。后者是前者的信息汇总，消去了次序信息。两种形式如图 7-10 所示。

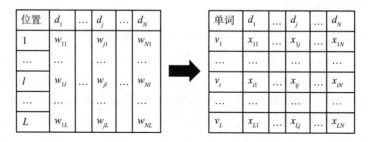

图 7-10 语料库的两种表示方法

整个语料库被如此生成的概率（似然函数）如下：

$$P(W)=\prod_{j=1}^{N}\prod_{i=1}^{M}p_i^{x_{ij}}=\prod_{i=1}^{M}p_i^{n(v_i)} \tag{7-31}$$

其中

$$n(v_i)=\sum_{j=1}^{N}x_{ij} \tag{7-32}$$

表示合并同类项后单词 v_i 在整个语料库中出现的总次数。

因此，似然函数可通过单词-文本矩阵计算得出。接下来的主要任务是估计模型中的参数 p，可通过最大似然估计，用实际频率估计概率得出，即

$$\hat{p}_i=\frac{n(v_i)}{NL} \tag{7-33}$$

7.2.2 生成模型

以上 Unigram 模型的假设很简单，但与人类写文章的遣词造句过程差距比较大。所以还需要在此基础上引入主题，这就是 PLSA。假设一个文本有多个主题混合而成，每个主题都是单词上的概率分布，文中每一个位置的单词都由一个固定的主题生成。

假设主题集合 $Z=\{z_1,z_2,\cdots,z_K\}$，共有 K 个预先设定个数的主题。如果生成 N 个文本，共需要 $N\times L$ 次独立重复试验，PLSA 的概率图如图 7-11 所示。

模型中，单词和文本是观测变量，主题是隐变

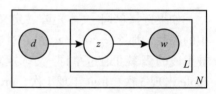

图 7-11 PLSA 的概率图模型

量。定义如下参数：概率分布 $P(d_j)$ 表示选中文本 d_j 的概率；条件概率分布 $P(z_k|d_j)$ 表示文本 d_j 生成主题 z_k 的概率；条件概率分布 $P(w_{jl}=v_i|z_k)$ 表示主题 z_k 生成单词 v_i 的概率（简记为 $P(v_i|z_k)$）。按照上述概率值，单词-文本的生成模型如算法 7-2 所示。

算法 7-2　PLSA 的生成算法

输入：PLSA 模型参数 $P(d_j),P(z_k|d_j),P(v_i|z_k)$

输出：语料库 $D=\{d_1,d_2,\cdots,d_N\}$ 的全部内容

1. 依概率 $P(d_j)$ 选中一个文本，共生成 N 个文本。针对每个文本 d_j 的每个位置（第 l 个位置）执行以下操作：
2. 确定文本 d_j 后，依照条件概率分布 $P(z_k|d_j)$，从主题集合 Z 中随机选取一个主题 z_k
3. 选定 z_k 后，依照条件概率分布 $P(v_i|z_k)$，从字典中随机选取一个单词 v_i，令 $w_{jl}=v_i$
4. 独立重复 2、3 步骤 L 次，直到生成文本 d_j
5. 独立重复 1~4 步骤 N 次，直到生成整个语料库 N 个文本

文本、主题、单词之间的关系可用图 7-12 来表示。

PLSA 模型生成 "单词-主题-文本" (v,z,d) 的三元组，但仅能观测到 "单词-文本" (v,d) 的二元组。类似于 Unigram 模型，全体观测数据可表示为单词-文本矩阵 X 的形式。整个语料库的似然函数，即 W 的生成概率为所有观测变量 (v,d) 二元组的生成概率的乘积：

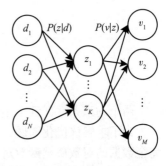

图 7-12　PLSA 中文本、主题、单词之间的关系

$$P(W)=\prod_{v,d} P(v,d)^{n(v,d)}=\prod_{j=1}^{N}\prod_{i=1}^{M} P(v_i,d_j)^{x_{ij}} \quad (7\text{-}34)$$

其中，$n(v,d)$ 表示 (v,d) 出现次数。若采用每个文本等长的假设，则 $\sum_{i=1}^{M} x_{ij}=n(d_j)=L$。

单词-文本二元组的生成概率为

$$\begin{aligned} P(v_i,d_j) &= P(d_j)P(v_i|d_j) \\ &= P(d_j)\sum_{z_k} P(v_i,z_k|d_j) \\ &= P(d_j)\sum_{k=1}^{K} P(v_i|z_k)P(z_k|d_j) \end{aligned} \quad (7\text{-}35)$$

其中，$P(d_j)$ 可直接由语料库决定；$P(z_k|d_j)$ 和 $P(v_i|z_k)$ 未知，是需要估计的参数，分别设为 θ_{jk} 和 φ_{ki}，参数个数共有 $N\times K+K\times M$ 个，这些参数形成两个矩阵 $\Theta\in\mathbf{R}^{N\times K}$ 和 $\Phi\in\mathbf{R}^{K\times M}$。为了估计这些参数，可以考虑用 EM 算法，具体将在 7.2.3 节阐述。

7.2.3　学习算法

7.2.2 节叙述了 PLSA 的生成过程，该过程假设模型是已知的，可用来生成文本。如

果模型参数是未知的,如何根据已有的语料库对模型参数进行估计?由于 PLSA 含有隐变量,可以采取 EM 算法进行参数学习。具体学习过程如下。

首先得到基于全体观测数据的对数似然函数:

$$L(\boldsymbol{\Theta},\boldsymbol{\Phi}) = \log P(W) = \sum_{j=1}^{N}\sum_{i=1}^{M} x_{ij} \log P(v_i, d_j)$$

$$= \sum_{j=1}^{N}\sum_{i=1}^{M} x_{ij} \{\log P(d_j) + \log[\sum_{k=1}^{K} P(v_i|z_k)P(z_k|d_j)]\}$$

$$\propto \sum_{j=1}^{N}\sum_{i=1}^{M} x_{ij} \log(\sum_{k=1}^{K} \theta_{jk}\varphi_{ki}) \tag{7-36}$$

最大似然估计的优化目标如下:

$$\max_{\boldsymbol{\Theta},\boldsymbol{\Phi}} \sum_{j=1}^{N}\sum_{i=1}^{M} x_{ij} \log(\sum_{k=1}^{K} \theta_{jk}\varphi_{ki})$$

$$\text{s.t.} \begin{cases} \sum_{k=1}^{K} \theta_{jk} = 1 \\ \sum_{i=1}^{M} \varphi_{ki} = 1 \end{cases} \tag{7-37}$$

两个约束条件保证了参数矩阵每行为一个有效的概率分布。

为了求解该优化问题,可以采用 EM 算法,交替执行 E 步和 M 步,计算 Q 函数,即完全数据的对数似然函数对不完全数据的条件期望,然后对求出的 Q 函数极大化,更新模型参数。重复执行,直到参数收敛为止。由此导出算法 7-3。

算法 7-3　PLSA 的学习算法:EM 算法

输入:单词集合 $V=\{v_1, v_2, \cdots, v_M\}$,文本集合 $D=\{d_1, d_2, \cdots, d_N\}$,主题集合 $Z=\{z_1, z_2, \cdots, z_K\}$,单词-文本矩阵 $\boldsymbol{X} \in \mathbf{R}^{M \times N}$

输出:参数 $\boldsymbol{\Theta}$ 和 $\boldsymbol{\Phi}$

1. 初始化参数 $\boldsymbol{\Theta}^{(1)}$ 和 $\boldsymbol{\Phi}^{(1)}$
2. 重复步骤 3~5 直到收敛:

3. E 步:
$$P^{(t)}(z_k|v_i, d_j) = \frac{\theta_{jk}^{(t)}\varphi_{ki}^{(t)}}{\sum_{k=1}^{K}\theta_{jk}^{(t)}\varphi_{ki}^{(t)}} \tag{7-38}$$

4. M 步:
$$\varphi_{ki}^{(t+1)} = \frac{\sum_{j=1}^{N} x_{ij} P^{(t)}(z_k|v_i, d_j)}{\sum_{i=1}^{M}\sum_{j=1}^{N} x_{ij} P^{(t)}(z_k|v_i, d_j)} \tag{7-39}$$

5.
$$\theta_{jk}^{(t+1)} = \frac{1}{n(d_j)}\sum_{i=1}^{M} x_{ij} P^{(t)}(z_k|v_i, d_j) \tag{7-40}$$

注:$n(d_j)$ 为文本 d_j 中单词总个数

7.3 潜在狄利克雷分配

潜在狄利克雷分配（Latent Dirichlet Allocation，LDA）作为基于贝叶斯学习的主题模型，是 LSA、PLSA 的扩展，于 2002 年由布莱等人[7]提出。LDA 在文本数据挖掘、图像处理、生物信息处理等领域被广泛应用。

LDA 是文本集合的生成概率模型。假设每个文本由主题的一个多项分布表示，每个主题由单词的一个多项分布表示，特别假设文本的主题先验分布为狄利克雷分布，主题的单词先验分布也是狄利克雷分布，先验分布的导入使得 LDA 能够更好地应对主题模型学习中的过拟合现象。

LDA 与 PLSA 同属于概率生成模型，两者生成过程接近，LDA 是在 PLSA 的基础上引入贝叶斯框架。不同点在于 PLSA 参数虽未知但固定，样本由参数随机生成，属于"频率派"思想；LDA 样本固定，参数未知且不固定，假设参数也是随机变量，服从一个先验分布，属于"贝叶斯派"思想。LDA 是含有隐变量的概率图模型，模型中每个主题的单词分布、每个文本的主题分布、文本中每个位置的主题都是隐变量；文本中每个位置的单词是观测变量。LDA 模型的学习与推断无法直接求解，通常使用吉布斯采样（Gibbs Sampling）[11-13]，一种马尔可夫链蒙特卡罗（Markov Chain Monte Carlo，MCMC）采样算法[14-16]。

在介绍 LDA 之前，需要了解一些重要的数学知识，包括 Gamma 函数、狄利克雷分布、共轭先验、贝叶斯文本建模、吉布斯采样以及 PLSA 模型。本节首先从 Gamma 函数出发，介绍二项分布和 Beta 分布，引出贝叶斯框架和共轭先验的概念，再到多项分布和狄利克雷分布；然后引出贝叶斯化的 Unigram 模型，阐述贝叶斯文本建模的思想；接着阐述 LDA 模型的主体部分；最后叙述 LDA 的吉布斯采样算法，进行 LDA 的参数学习。

7.3.1 狄利克雷分布

1. Gamma 函数与 Gamma 分布

Gamma 函数定义如下：

$$\Gamma(x)=\int_{0}^{+\infty} t^{x-1} \mathrm{e}^{-t} \mathrm{d}t \tag{7-41}$$

通过分部积分法，可以导出该函数如下的递归性质：$\Gamma(x+1)=x\Gamma(x)$。很容易证明 $\Gamma(x)$ 是阶乘在实数集上的延拓，具有如下性质：$\Gamma(n)=(n-1)!$。

Gamma 函数在概率统计中频繁出现。众多统计分布，包括统计学三大分布（卡方分布、t 分布、F 分布）、Beta 分布、狄利克雷分布、泊松分布的概率密度函数（Probablistic Density Function，PDF）都和 Gamma 函数相关。当然最直接的概率分布是由 Gamma 函数变换得到的 Gamma 分布。对 Gamma 分布的定义做一个变形，得到如下等式：

$$\int_0^{+\infty} \frac{x^{\alpha-1} e^{-x}}{\Gamma(\alpha)} dx = 1 \tag{7-42}$$

取积分中的函数作为 PDF，则得到一个形式最简单的 Gamma 分布：

$$\mathrm{Gamma}(x|\alpha) = \frac{x^{\alpha-1} e^{-x}}{\Gamma(\alpha)} \tag{7-43}$$

如果做变换，令 $x=\beta t$，得到 Gamma 分布更一般的形式：

$$\mathrm{Gamma}(t|\alpha,\beta) = \frac{\beta^{\alpha} t^{\alpha-1} e^{-\beta t}}{\Gamma(\alpha)} \tag{7-44}$$

其中，参数 α 决定了分布曲线的形状，β 决定了分布曲线的陡峭程度。

2. 二项分布与 Beta 分布

二项分布是指如下概率分布。X 为离散随机变量，取值为 k，其概率分布函数如下：

$$P(X=k) = \binom{n}{k} p^k (1-p)^{n-k}, k=0,1,2,\cdots,n \tag{7-45}$$

其中，n 和 p 为参数，记为 $X \sim \mathrm{Binomial}(n,p)$。如果 $n=1$，二项分布退化为伯努利分布。

如果需要通过估计参数 p 来学习此二项分布模型，"频率派"的思路是假设参数是未知的常数，通过最大似然估计以频率估计概率。而"贝叶斯派"的思路则是假设参数 p 和 X 一样也是一个随机变量，它具有一个先验分布 $\pi(p)$，与似然（试验数据）叠加，形成后验分布 $h(p|X)$。根据贝叶斯定理：

$$h(p|X) \propto \pi(p) P(X|p) \tag{7-46}$$

参数估计不再采用最大似然估计，而是采用最大后验估计（Maximum A Posteriori，MAP）：

$$\hat{p} = \arg\max_p h(p|X) \tag{7-47}$$

贝叶斯框架符合人们的思维方式。比如对一个篮球运动员投篮命中率的认知，如果该运动员先前投中 100 个，未投中 100 个，则可认为他的先验命中率为 50%。假设该运动员只进行一次投篮并且命中，按照最大似然估计的思想，估计其命中率为 100%，这显然不合理。如果按照贝叶斯框架，新的后验分布为"投中 101 个，未投中 100 个"，这个后验分布又可作为新的先验分布。当又投中 1 个并未投中 3 个后，新的后验分布为"投中 102 个，未投中 103 个"，依次继续更新下去。因此，基于贝叶斯框架的最大后验估计增强了参数估计的鲁棒性。

再给出一个例子。假如给定一枚不均匀的硬币，计算抛出后出现正面的概率。在实验之前认为硬币出现正面的概率 p 服从均匀分布 $\mathrm{Uniform}(0,1)$，即 $\pi(p)=1, p \in (0,1)$。

抛硬币是 n 重伯努利试验 Binomial(n,p)，正面出现 k 次的似然概率见公式（7-45）。

根据贝叶斯定理和 Gamma 函数，推导 p 的后验分布如下：

$$h(p|X=k) = \frac{p^k(1-p)^{n-k}}{\int_0^1 p^k(1-p)^{n-k}\mathrm{d}p}$$

$$= \frac{\Gamma(n+2)}{\Gamma(k+1)\Gamma(n-k+1)}p^{(k+1)-1}(1-p)^{(n-k+1)-1} \quad (7\text{-}48)$$

这个分布为 Beta 分布，首先定义 Beta 函数：

$$B(\alpha,\beta) = \int_0^1 x^{\alpha-1}(1-x)^{\beta-1}\mathrm{d}x = \frac{\Gamma(\alpha)\Gamma(\beta)}{\Gamma(\alpha+\beta)} \quad (7\text{-}49)$$

一般形式的 Beta 分布的 PDF 如下：

$$p(x;\alpha,\beta) = \begin{cases} \dfrac{1}{B(\alpha,\beta)}x^{\alpha-1}(1-x)^{\beta-1} & 0 \leqslant x \leqslant 1 \\ 0 & \text{其他} \end{cases} \quad (7\text{-}50)$$

Beta 分布是针对连续型随机变量的分布，其取值范围为 $[0,1]$。X 服从 Beta 分布一般记为 $X \sim \text{Beta}(\alpha,\beta)$。事实上，令 $\alpha=1$，$\beta=1$，Beta 分布退化为均匀分布 Uniform$(0,1)$，即 0-1 均匀分布也是特殊的 Beta 分布 Beta$(1,1)$；在抛硬币的例子中，二项分布参数 p 的后验分布为 Beta$(k+1,n-k+1)$。

仔细观察 Beta 分布和二项分布，可以发现两者的概率分布（密度）函数很相似，区别仅仅在前面的归一化的阶乘项。那么它如何做到先验分布和后验分布的形式一样呢？回到抛硬币的例子中，假设 p 的先验分布服从参数为 α 和 β 的 Beta 分布，进行 n 重伯努利试验，后验分布推导如下：

$$\begin{aligned} h(p|X=k,n;\alpha,\beta) &\propto \pi(p;\alpha,\beta)P(X=k|n,p) \\ &= \text{Beta}(p|\alpha,\beta)\text{Binomial}(k|n,p) \\ &= \frac{\Gamma(\alpha+\beta)}{\Gamma(\alpha)\Gamma(\beta)}p^{\alpha-1}(1-p)^{\beta-1}\binom{n}{k}p^k(1-p)^{n-k} \\ &\propto p^{k+\alpha-1}(1-p)^{n-k+\beta-1} \end{aligned} \quad (7\text{-}51)$$

将式（7-51）归一化后，得到后验分布依旧是 Beta 分布 Beta$(\alpha+k,\beta+n-k)$。同时以上贝叶斯估计过程可以简单直观表示如下：

$$\text{Beta}(p|\alpha,\beta) + \text{Count}(k,n-k) = \text{Beta}(p|\alpha+k,\beta+n-k) \quad (7\text{-}52)$$

该表达式符合人们的认知。具体在投篮的例子中，人们会把投中和未投中的数据分别累加到先验分布，形成后验分布。这样先验分布与后验分布保持一致的形式。一般地，如果后验分布 $h(\theta|x)$ 和先验分布 $\pi(\theta)$ 满足同样形式的分布律，那么先验分布和后验分

布被称作**共轭分布**,同时先验分布叫作似然函数的**共轭先验分布**。如果设定二项分布的先验分布为 Beta 分布,则其后验分布也为 Beta 分布,两者构成共轭分布。作为先验分布的 Beta 分布的参数被称为超参数。

如果随机变量 $p \sim \text{Beta}(\alpha, \beta)$,则 p 的期望计算如下:

$$E[p] = \int_0^1 p\text{Beta}(p|\alpha,\beta)\,\mathrm{d}p = \int_0^1 \frac{\Gamma(\alpha+\beta)}{\Gamma(\alpha)\Gamma(\beta)} p^\alpha (1-p)^{\beta-1}\,\mathrm{d}p \tag{7-53}$$

由于

$$B(\alpha+1,\beta) = \int_0^1 p^\alpha (1-p)^{\beta-1}\,\mathrm{d}p = \frac{\Gamma(\alpha+1)\Gamma(\beta)}{\Gamma(\alpha+1+\beta)} \tag{7-54}$$

则

$$E[p] = \frac{\Gamma(\alpha+\beta)}{\Gamma(\alpha)\Gamma(\beta)} \frac{\Gamma(\alpha+1)\Gamma(\beta)}{\Gamma(\alpha+\beta+1)} = \frac{\alpha}{\alpha+\beta} \tag{7-55}$$

结果也符合人们的思维方式。例如在投篮的例子中,先验分布的期望对应人们对该运动员的投篮命中率的先验认知。

3. 多项分布与狄利克雷分布

二项分布是进行 n 重伯努利试验,其中一个结果出现次数的分布。1 次伯努利试验只有两个结果。如果扩展伯努利试验,使之出现不止一个结果,则需要进行 n 次独立重复试验,每个结果的发生次数为一个随机向量(多元随机变量),该随机向量服从多项分布。例如,三维的情形,可以扩展二维的 Beta 分布到"三维版 Beta 分布"作为先验分布,三项分布表示似然函数。

假设每次试验有三种可能的结果,每种结果的概率为参数向量 $\boldsymbol{p} = (p_1, p_2, p_3)$,其中 $p_1+p_2+p_3=1$。n 次独立重复试验中,出现次数为随机向量 $\boldsymbol{m} = (m_1, m_2, m_3)$,其中 $m_1+m_2+m_3=n$。则对应的三项分布如下:

$$\text{Mult}(\boldsymbol{m}|\boldsymbol{p}) = \frac{n!}{m_1! \, m_2! \, m_3!} p_1^{m_1} p_2^{m_2} p_3^{m_3} \tag{7-56}$$

"三维版 Beta 分布"可作为三项分布的共轭先验分布。二维的 Beta 分布扩展到多维情形一般被称为狄利克雷分布(Dirichlet Distribution),即 Beta 分布是狄利克雷分布在二维的特殊形式,三维狄利克雷分布如下:

$$\text{Dirichlet}(\boldsymbol{p}|\boldsymbol{\alpha}) = \frac{\Gamma(\alpha_1+\alpha_2+\alpha_3)}{\Gamma(\alpha_1)\Gamma(\alpha_2)\Gamma(\alpha_3)} p_1^{\alpha_1} p_2^{\alpha_2} p_3^{\alpha_3} \tag{7-57}$$

一般地,假设进行 n 次独立重复试验,每次出现可能的结果有 K 种,每种结果出现的概率为参数向量 $\boldsymbol{p} = (p_1, p_2, \cdots, p_K)$,用随机向量 $\boldsymbol{X} = (X_1, X_2, \cdots, X_K)$ 表示这 K 种结果中

每种出现的次数，X 的值为 $\boldsymbol{m}=(m_1, m_2, \cdots, m_K)$，则 X 服从多项分布，记为 $X \sim \text{Mult}(n, \boldsymbol{p})$，对应的概率分布函数如下：

$$P(\boldsymbol{X}=\boldsymbol{m}) = \frac{n!}{\prod_{k=1}^{K} m_k!} \prod_{k=1}^{K} p_k^{m_k} \tag{7-58}$$

其中

$$\sum_{k=1}^{K} p_k = 1, \quad \sum_{k=1}^{K} m_k = n \tag{7-59}$$

当 $n=1$ 时，多项分布退化为类别分布（Categorical Distribution），类别分布表示试验可能出现的 k 种结果的概率，是多项分布的特殊情形。

狄利克雷分布是一种连续随机向量的概率分布，是 Beta 分布的多维扩展。假设多元连续随机变量（连续随机向量）$\boldsymbol{p}=(p_1, p_2, \cdots, p_K)$，其中 $p_1+p_2+\cdots+p_K=1$，参数向量 $\boldsymbol{\alpha}=(\alpha_1, \alpha_2, \cdots, \alpha_K)$，$\boldsymbol{p}$ 服从以 $\boldsymbol{\alpha}$ 为参数的狄利克雷分布，可记为 $\boldsymbol{p} \sim \text{Dir}(\boldsymbol{\alpha})$，其 PDF 如下：

$$p(\boldsymbol{p}; \boldsymbol{\alpha}) = \frac{1}{\Delta(\boldsymbol{\alpha})} \prod_{k=1}^{K} p_k^{\alpha_k - 1} \tag{7-60}$$

其中，$\Delta(\boldsymbol{\alpha})$ 为归一化因子，即

$$\Delta(\boldsymbol{\alpha}) = \int \prod_{k=1}^{K} p_k^{\alpha_k - 1} \mathrm{d}\boldsymbol{p} = \frac{\prod_{k=1}^{K} \Gamma(\alpha_k)}{\Gamma\left(\sum_{k=1}^{K} \alpha_k\right)} \tag{7-61}$$

设 $X \sim \text{Mult}(n, \boldsymbol{p})$，即 $P(\boldsymbol{X}=\boldsymbol{m} \mid n, \boldsymbol{p}) = \text{Mult}(\boldsymbol{m} \mid n, \boldsymbol{p})$，$\boldsymbol{p}$ 视为随机向量，先验分布为以 $\boldsymbol{\alpha}$ 为参数的狄利克雷分布，即 $\pi(\boldsymbol{p}; \boldsymbol{\alpha}) = \text{Dir}(\boldsymbol{p} \mid \boldsymbol{\alpha})$，则 $\boldsymbol{p}$ 的后验分布推导如下：

$$\begin{aligned}
h(\boldsymbol{p} \mid \boldsymbol{X}=\boldsymbol{m}) &\propto \pi(\boldsymbol{p}; \boldsymbol{\alpha}) P(\boldsymbol{X}=\boldsymbol{m} \mid n, \boldsymbol{p}) \\
&= \text{Dir}(\boldsymbol{p} \mid \boldsymbol{\alpha}) \text{Mult}(\boldsymbol{m} \mid n, \boldsymbol{p}) \\
&= \frac{1}{\Delta(\boldsymbol{\alpha})} \prod_{k=1}^{K} p_k^{\alpha_k - 1} \binom{n}{\boldsymbol{m}} \prod_{k=1}^{K} p_k^{m_k} \\
&\propto \prod_{k=1}^{K} p_k^{\alpha_k + m_k - 1}
\end{aligned} \tag{7-62}$$

将式（7-62）归一化后，得到后验分布依旧是狄利克雷分布 $\text{Dir}(\boldsymbol{\alpha}+\boldsymbol{m})$。同时以上贝叶斯估计过程可以简单直观表示如下：

$$\text{Dir}(\boldsymbol{p} \mid \boldsymbol{\alpha}) + \text{MultiCount}(\boldsymbol{m}) = \text{Dir}(\boldsymbol{p} \mid \boldsymbol{\alpha}+\boldsymbol{m}) \tag{7-63}$$

因此，狄利克雷分布为多项分布的共轭先验分布。与 Beta 分布类似，如果随机向量

$p \sim \text{Dir}(\boldsymbol{\alpha})$,则 p 的期望计算如下:

$$E[\boldsymbol{p}] = \left(\frac{\alpha_1}{\sum_{k=1}^{K} \alpha_k}, \frac{\alpha_2}{\sum_{k=1}^{K} \alpha_k}, \cdots, \frac{\alpha_K}{\sum_{k=1}^{K} \alpha_k} \right) \tag{7-64}$$

本小节几种概率分布的关系如图 7-13 所示。其中伯努利分布是一次伯努利试验结果的分布,类别分布是伯努利分布向多个试验结果的扩展,伯努利分布是类别分布在两个试验结果的特例。二项分布是 n 重伯努利分布中,各种试验结果统计次数的分布,多项分布是二项分布的多维扩展,二项分布是多项分布在两个试验结果的特例。类别分布是多项分布在试验次数为 1 时的一个特例,伯努利分布是二项分布在试验次数为 1 时的一个特例。Beta 分布是二项分布的共轭先验分布,狄利克雷分布是多项分布的共轭先验分布,Beta 分布也是狄利克雷分布在两个试验结果的特例。

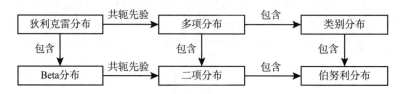

图 7-13 概率分布之间的关系

7.3.2 贝叶斯文本建模

回顾 7.2.1 节的 Unigram 模型,使用了概率化的思想进行文本建模,其概率图如图 7-14 所示。

图 7-14 中的小圆点表示参数(常量),模型假设存在一个固定的全局通用的参数向量 $\boldsymbol{p}$,由此参数以多项分布生成单词 w,并被重复 $L \times N$ 次。设 $\boldsymbol{n} = (n(v_1), n(v_2), \cdots, n(v_M))$ 表示字典 V 中每个单词出现次数组成的向量,则 $\boldsymbol{n} \sim \text{Mult}(LN, \boldsymbol{p})$。

Unigram 模型参数 p 虽未知但固定,样本 w 随机由参数生成,属于"频率派"思想。而贝叶斯学派认为:一切参数都应是随机变量。将 Unigram 模型套用贝叶斯框架,则有贝叶斯 Unigram 模型:对于参数向量 $\boldsymbol{p}$,存在一个先验分布 $\pi(\boldsymbol{p})$,此先验分布生成了参数向量 $\boldsymbol{p}$,随后由 $\boldsymbol{p}$ 生成语料库 W,如果要对 $\boldsymbol{p}$ 进行估计,则需要先计算其后验分布。

考虑到数据的分布为多项分布,对先验分布的一个比较好的选择就是其共轭分布——狄利克雷分布,即 $\pi(\boldsymbol{p}) = \text{Dir}(\boldsymbol{p}|\boldsymbol{\alpha})$,其中 $\boldsymbol{\alpha} = (\alpha_1, \alpha_2, \cdots, \alpha_M)$,则贝叶斯框架下的 Unigram 模型的概率图如图 7-15 所示。

不需要计算,直接套用公式(7-63),得到 $\boldsymbol{p}$ 的后验分布为

$$h(\boldsymbol{p}|\boldsymbol{n}) = \text{Dir}(\boldsymbol{p}|\boldsymbol{\alpha}+\boldsymbol{n}) \tag{7-65}$$

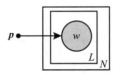
图 7-14　Unigram 概率图模型

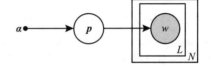
图 7-15　贝叶斯 Unigram 概率图模型

接下来将对参数进行估计。可以采用参数的后验期望，或者后验分布的极大值点。若考虑后验期望，则根据公式（7-64），得到：

$$E[\boldsymbol{p}|\boldsymbol{n}] = \left(\frac{\alpha_1 + n(v_1)}{\sum_{i=1}^{M} \alpha_i + n(v_i)}, \frac{\alpha_2 + n(v_2)}{\sum_{i=1}^{M} \alpha_i + n(v_i)}, \cdots, \frac{\alpha_K + n(v_M)}{\sum_{i=1}^{M} \alpha_i + n(v_i)} \right) \tag{7-66}$$

对每一个 p_i，其量化计算如下：

$$\hat{p}_i = \frac{\alpha_i + n(v_i)}{\sum_{i=1}^{M} \alpha_i + n(v_i)} \tag{7-67}$$

进一步，整个语料的生成概率计算如下：

$$\begin{aligned}
P(W; \boldsymbol{\alpha}) &= \int P(W|\boldsymbol{p}) \pi(\boldsymbol{p}; \boldsymbol{\alpha}) \mathrm{d}\boldsymbol{p} \\
&= \int \prod_{i=1}^{M} p_i^{n(v_i)} \mathrm{Dir}(\boldsymbol{p}|\boldsymbol{\alpha}) \mathrm{d}\boldsymbol{p} \\
&= \int \prod_{i=1}^{M} p_i^{n(v_i)} \frac{1}{\Delta(\boldsymbol{\alpha})} \prod_{i=1}^{M} p_i^{\alpha_i - 1} \mathrm{d}\boldsymbol{p} \\
&= \frac{1}{\Delta(\boldsymbol{\alpha})} \int \prod_{i=1}^{M} p_i^{\alpha_i + n(v_i) - 1} \mathrm{d}\boldsymbol{p} \\
&= \frac{\Delta(\boldsymbol{\alpha} + \boldsymbol{n})}{\Delta(\boldsymbol{\alpha})}
\end{aligned} \tag{7-68}$$

7.3.3　潜在狄利克雷分配模型

LDA 模型是文本集合的概率生成模型，其优点在于：使用先验分布，可以避免学习过程中的过拟合，增强模型的鲁棒性。本节将介绍 LDA 模型，首先展示 LDA 的生成算法，随后进行模型的物理过程分解，导出似然函数，为后续的学习算法做准备。

1. 模型概述

回顾 7.2 节的 PLSA 模型，使用了概率化的思想进行主题模型建模。图 7-16 以另一种形式展示了 PLSA 的概率图，在其中引入参数，用实心圆点表示，并且由于 $P(d)$ 直接决定于语料库，则可以直接略去随机变量 d。

选中一个文本 d_j 后，该文本中由 L 个单词构成的序列生成过程如下：
- 选中该文本专属的参数向量 $\boldsymbol{\theta}_j = (\theta_{j1}, \theta_{j2}, \cdots, \theta_{jK})$，生成每个位置的主题 $z_{jl} \sim \text{Mult}(1, \boldsymbol{\theta}_j)$，重复 L 次。
- 根据每个位置生成的主题 z_{jl} 的编号（不妨设为 k），选中第 k 个主题-单词参数向量 $\boldsymbol{\varphi}_k = (\varphi_{k1}, \varphi_{k2}, \cdots, \varphi_{kM})$，生成每个位置的单词 $w_{jl} \sim \text{Mult}(1, \boldsymbol{\varphi}_k)$，重复 L 次，直到生成该文本。

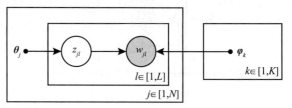

图 7-16　PLSA 的概率图模型

对每一个文本，独立重复执行以上全部过程共 N 次，直到生成整个语料库。对于上述的 PLSA 模型，贝叶斯学派也有不同的意见，认为 $\boldsymbol{\theta}_j$ 和 $\boldsymbol{\varphi}_k$ 都是模型参数，参数都是随机变量，应该有先验分布。于是，类似于对 Unigram 模型的贝叶斯改造，PLSA 模型参数也可以加上先验分布。由于 $\boldsymbol{\theta}_j$ 和 $\boldsymbol{\varphi}_k$ 都是用于生成多项分布的数据，所以对于先验分布，一个好的选择就是狄利克雷分布，于是就得到了 LDA 模型，概率图如图 7-17 所示。

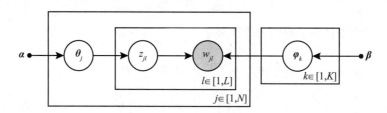

图 7-17　LDA 的概率图模型

给定字典里的单词集合 $V = \{v_1, v_2, \cdots, v_M\}$，整个语料库的文本集合 $D = \{d_1, d_2, \cdots, d_N\}$，每个文本 $d_j = \boldsymbol{w}_j = (w_{j1}, w_{j2}, \cdots, w_{jL})$ 表示为单词序列，$w_{jl} \in V$，语料库中全体单词表示为 $\boldsymbol{W} = \{\boldsymbol{w}_1, \boldsymbol{w}_2, \cdots, \boldsymbol{w}_N\}$；主题个数 K，分别编号为 1，2，$\cdots$，K；超参数 $\boldsymbol{\alpha} = (\alpha_1, \alpha_2, \cdots, \alpha_K)$，$\boldsymbol{\beta} = (\beta_1, \beta_2, \cdots, \beta_M)$。LDA 文本生成过程如算法 7-4 所示。

算法 7-4　LDA 的生成算法

输入：LDA 模型超参数 $\boldsymbol{\alpha} = (\alpha_1, \alpha_2, \cdots, \alpha_K)$，$\boldsymbol{\beta} = (\beta_1, \beta_2, \cdots \beta_M)$

输出：语料库 $D = \{d_1, d_2, \cdots, d_N\}$ 的全部内容

1. 事先以 $\boldsymbol{\beta}$ 为超参数的狄利克雷分布，为每一个主题生成主题-单词参数 $\boldsymbol{\varphi}_k$，即 $\boldsymbol{\varphi}_k \sim \text{Dir}(\boldsymbol{\beta})$，$k = 1, 2, \cdots, K$
2. 事先以 $\boldsymbol{\alpha}$ 为超参数的狄利克雷分布，为每一个文本生成文本-主题参数 $\boldsymbol{\theta}_j$，即 $\boldsymbol{\theta}_j \sim \text{Dir}(\boldsymbol{\alpha})$，$j = 1, 2, \cdots, N$
3. 对每一个文本 d_j，利用第 j 个参数向量 $\boldsymbol{\theta}_j = (\theta_{j1}, \theta_{j2}, \cdots, \theta_{jK})$，生成每个位置的主题 $z_{jl} \sim \text{Mult}(1, \boldsymbol{\theta}_j)$，独立重复执行 $N \times L$ 次，生成整个语料库所有位置的主题
4. 从头到尾，根据每个位置生成的主题 z_{jl} 的编号（不妨设为 k），选中第 k 个主题-单词参数向量 $\boldsymbol{\varphi}_k = (\varphi_{k1}, \varphi_{k2}, \cdots, \varphi_{kM})$，生成每个位置的单词 $w_{jl} \sim \text{Mult}(1, \boldsymbol{\varphi}_k)$，独立重复执行 $N \times L$ 次（$l = 1, 2, \cdots, L$），直到生成整个语料库所有单词序列

这样，文本 d_j 作为单词序列 w_j，对应的潜在主题序列为 $z_j = (z_{j1}, z_{j2}, \cdots, z_{jl}, \cdots, z_{jL})$，$z_{jl} \in \{1, 2, \cdots, K\}$；整个语料库的全体主题序列表示为 $\mathbf{Z} = \{z_1, z_2, \cdots, z_N\}$。

2. 模型物理过程分解

LDA 文本生成可以分解为两个主要的物理过程：

- $\boldsymbol{\alpha} \to \boldsymbol{\theta}_j \to z_{jl}$，该过程指生成第 j 个文本的第 l 个位置的主题的过程。
- $\boldsymbol{\beta} \to \boldsymbol{\varphi}_k | k = z_{jl} \to w_{jl}$，该过程表示生成第 j 个文本的第 l 个位置的单词的过程，基于已生成的主题 $k = z_{jl}$，选中第 k 个文本主题参数 $\boldsymbol{\varphi}_k$，生成单词 w_{jl}。

掌握 LDA 最重要的是理解上述两个过程。由于是词袋模型，若要统计一个文本的所有主题的频率分布，以及每个主题所产生的单词频次，则每个位置生成主题和单词的过程是独立可交换的。因此第一个物理过程对应 N 个文本，共有 N 个狄利克雷-多项共轭结构；第 2 个物理过程对应 K 个主题，共有 K 个狄利克雷-多项共轭结构。两个物理过程总共对应 $N+K$ 个共轭结构。

对于第一个物理过程，整体上 $(\boldsymbol{\alpha} \to \boldsymbol{\theta}_j \to z_j)$ 表示生成第 j 个文本中所有单词对应主题的过程。由前后两段组成，前者是 $\boldsymbol{\theta}_j$ 的先验，是狄利克雷分布；后者是多项分布，整体是一个狄利克雷-多项共轭结构。对于每一个文本，如果汇总统计该文本生成的各个主题数目，用 $n_j(k)$ 表示第 j 个文本生成主题 k 的个数（即由主题 k 生成的所有单词个数），即

$$n_j(k) = \sum_{l=1}^{L} I(z_{jl} = k) \tag{7-69}$$

其中，$I(\cdot)$ 为示性函数（Indicator Function）。若输入逻辑表达式为真，返回 1，否则为 0。则随机向量 $\mathbf{n}_j = (n_j(1), \cdots n_j(K))$ 服从以 $\boldsymbol{\theta}_j$ 为参数的多项分布 $\mathrm{Mult}(L, \boldsymbol{\theta}_j)$。直接套用公式 (7-63)，参数 $\boldsymbol{\theta}_j$ 的后验分布为 $\mathrm{Dir}(\boldsymbol{\alpha} + \mathbf{n}_j)$。

根据公式 (7-68)，文本 d_j 的主题序列 z_j 被生成的似然函数为

$$P(z_j; \boldsymbol{\alpha}) = \frac{\Delta(\boldsymbol{\alpha} + \mathbf{n}_j)}{\Delta(\boldsymbol{\alpha})} \tag{7-70}$$

由于 N 个文本相互独立，则共有 N 个独立的狄利克雷-多项共轭结构，全体主题序列 $\mathbf{Z}$ 被生成的似然函数如下：

$$P(\mathbf{Z}; \boldsymbol{\alpha}) = \prod_{j=1}^{N} \frac{\Delta(\boldsymbol{\alpha} + \mathbf{n}_j)}{\Delta(\boldsymbol{\alpha})} \tag{7-71}$$

对于第二个物理过程，根据词袋模型的性质，如果要汇总统计每个主题的单词个数，在语料库的所有单词对应主题都被生成的条件下，任意两个单词的生成都是独立可交换的，即使它们不在同一个文本中。则在 $k = z_{jl}$ 的限制下，任意两个由主题 k 生成的单词都是独立可交换的，所以此物理过程不再考虑文本的概念，只考虑同一个主题所生成的单词。

设 $\mathbf{W}_{(k)} = (w_{jl} | z_{jl} = k, l = 1, \cdots, L; j = 1, \cdots, N)$ 表示整个语料库中，由主题 k 生成的所有

单词组成的序列，$Z_{(k)} = (z_{jl} = k \mid l = 1, \cdots, L; j = 1, \cdots, N)$ 为 $W_{(k)}$ 对应的主题序列。整体上考虑如下过程：$(\boldsymbol{\beta} \to \boldsymbol{\varphi}_k \to W_{(k)})$ 表示主题 k 生成所有单词的过程，由前后两段组成；前者是 $\boldsymbol{\varphi}_k$ 的先验，是狄利克雷分布；后者是多项分布，整体依旧是一个狄利克雷-多项共轭结构。对于每一个主题 k，如果将所有文本汇总统计，用 $m_k(i)$ 表示主题 k 生成单词 v_i 的总个数，即

$$m_k(i) = \sum_{j=1}^{N} \sum_{l=1}^{L} I(z_{jl} = k \wedge w_{jl} = v_i) \tag{7-72}$$

则随机向量 $\boldsymbol{m}_k = (m_k(1), m_k(2), \cdots, m_k(M))$ 服从以 $\boldsymbol{\varphi}_k$ 为参数的多项分布 $\text{Mult}(\mid W_{(k)} \mid, \boldsymbol{\varphi}_k)$。直接套用公式（7-63），参数 $\boldsymbol{\varphi}_k$ 的后验分布为 $\text{Dir}(\boldsymbol{\beta} + \boldsymbol{m}_k)$。同样根据公式（7-68），单词序列 $W_{(k)}$ 被生成的似然函数为

$$P(W_{(k)} \mid Z_{(k)}; \boldsymbol{\beta}) = \frac{\Delta(\boldsymbol{\beta} + \boldsymbol{m}_k)}{\Delta(\boldsymbol{\beta})} \tag{7-73}$$

而 K 个主题生成的单词彼此之间相互独立，所以得到 K 个独立的狄利克雷-多项共轭结构，则基于所有位置的主题被生成的条件下，整个语料库的所有单词被生成的似然函数如下：

$$P(W \mid Z; \boldsymbol{\beta}) = \prod_{k=1}^{K} \frac{\Delta(\boldsymbol{\beta} + \boldsymbol{m}_k)}{\Delta(\boldsymbol{\beta})} \tag{7-74}$$

因此，主题和单词的联合分布如下：

$$\begin{aligned} P(W, Z; \boldsymbol{\alpha}, \boldsymbol{\beta}) &= P(Z; \boldsymbol{\alpha}) P(W \mid Z; \boldsymbol{\beta}) \\ &= \prod_{j=1}^{N} \frac{\Delta(\boldsymbol{\alpha} + \boldsymbol{n}_j)}{\Delta(\boldsymbol{\alpha})} \prod_{k=1}^{K} \frac{\Delta(\boldsymbol{\beta} + \boldsymbol{m}_k)}{\Delta(\boldsymbol{\beta})} \end{aligned} \tag{7-75}$$

7.3.4 LDA 的吉布斯采样算法

LDA 的参数学习是一个复杂的最优化问题，只能通过近似的手段进行求解。本节将阐述 LDA 的吉布斯采样算法，首先对采样公式进行推导，随后基于公式推导的结果，分别介绍 LDA 的训练算法与推断算法。

1. 采样公式推导

将语料库中全部文本的所有位置的单词线性排列，共得到 LN 个单词组成的序列。考察该线性链的第 b 个单词 w_b，$b = (j, l)$ 为二维下标，对应第 j 个文本的第 l 个位置的单词，该位置对应的主题为 z_b。用 $\neg b$ 表示线性链中下标不为 b 的值，例如 $W_{\neg b} = W \setminus \{w_b\}$，$Z_{\neg b} = Z \setminus \{z_b\}$。根据吉布斯采样算法的要求，首先需要固定除 b 以外的其他分量，计算 z_b 的条件分布 $P(z_b = k \mid Z_{\neg b}, W)$。假设已观测的单词 $w_b = t$，则有：

$$P(z_b = k \mid Z_{\neg b}, W) \propto P(z_b = k, w_b = t \mid Z_{\neg b}, W_{\neg b}) \tag{7-76}$$

上式只涉及文本 j 和主题 k，所以涉及的两个独立的狄利克雷-多项共轭结构如下：$(\boldsymbol{\alpha} \to \boldsymbol{\theta}_j \to z_j)$ 和 $(\boldsymbol{\beta} \to \boldsymbol{\varphi}_k \to W_{(k)})$，其余 $(N+K-2)$ 个狄利克雷-多项共轭结构和上述两个相互独立。

如果在语料库中去除第 b 个单词和主题 (w_b, z_b)，并不会改变之前的 $N+K$ 个共轭结构，仅有某些地方的计数会变化，因此所有的参数 $\boldsymbol{\theta}_j$ 和 $\boldsymbol{\varphi}_k$ 后验分布依旧是狄利克雷分布：

$$P(\boldsymbol{\theta}_j | \mathbf{Z}_{\neg b}, \mathbf{W}_{\neg b}) = \text{Dir}(\boldsymbol{\theta}_j | \boldsymbol{\alpha} + \boldsymbol{n}_{j, \neg b}) \tag{7-77}$$

$$P(\boldsymbol{\varphi}_k | \mathbf{Z}_{\neg b}, \mathbf{W}_{\neg b}) = \text{Dir}(\boldsymbol{\varphi}_k | \boldsymbol{\beta} + \boldsymbol{m}_{k, \neg b}) \tag{7-78}$$

其中

$$n_{j, \neg b}(k) = \sum_{l=1}^{L} I(z_{jl} = k \wedge (j,l) \neq b) \tag{7-79}$$

$$m_{k, \neg b}(i) = \sum_{j=1}^{N} \sum_{l=1}^{L} I(z_{jl} = k \wedge w_{jl} = v_i \wedge (j,l) \neq b) \tag{7-80}$$

现在开始计算吉布斯采样需要的条件概率：

$$\begin{aligned}
P(z_b = k | \mathbf{Z}_{\neg b}, \mathbf{W}) &\propto P(z_b = k, w_b = t | \mathbf{Z}_{\neg b}, \mathbf{W}_{\neg b}) \\
&= \int P(z_b = k, w_b = t, \boldsymbol{\theta}_j, \boldsymbol{\varphi}_k | \mathbf{Z}_{\neg b}, \mathbf{W}_{\neg b}) \, d\boldsymbol{\theta}_j d\boldsymbol{\varphi}_k \\
&= \int P(z_b = k, \boldsymbol{\theta}_j | \mathbf{Z}_{\neg b}, \mathbf{W}_{\neg b}) P(w_b = t, \boldsymbol{\varphi}_k | \mathbf{Z}_{\neg b}, \mathbf{W}_{\neg b}) \, d\boldsymbol{\theta}_j d\boldsymbol{\varphi}_k \\
&= \left[\int P(z_b = k, \boldsymbol{\theta}_j | \mathbf{Z}_{\neg b}, \mathbf{W}_{\neg b}) \, d\boldsymbol{\theta}_j \right] \left[\int P(w_b = t, \boldsymbol{\varphi}_k | \mathbf{Z}_{\neg b}, \mathbf{W}_{\neg b}) \, d\boldsymbol{\varphi}_k \right] \\
&= \left[\int P(z_b = k | \boldsymbol{\theta}_j) P(\boldsymbol{\theta}_j | \mathbf{Z}_{\neg b}, \mathbf{W}_{\neg b}) \, d\boldsymbol{\theta}_j \right] \left[\int P(w_b = t | \boldsymbol{\varphi}_k) P(\boldsymbol{\varphi}_k | \mathbf{Z}_{\neg b}, \mathbf{W}_{\neg b}) \, d\boldsymbol{\varphi}_k \right] \\
&= \left[\int \theta_{jk} \text{Dir}(\boldsymbol{\theta}_j | \boldsymbol{\alpha} + \boldsymbol{n}_{j, \neg b}) \, d\boldsymbol{\theta}_j \right] \left[\int \varphi_{kt} \text{Dir}(\boldsymbol{\varphi}_k | \boldsymbol{\beta} + \boldsymbol{m}_{k, \neg b}) \, d\boldsymbol{\varphi}_k \right] \\
&= E[\theta_{jk} | \mathbf{Z}_{\neg b}, \mathbf{W}_{\neg b}] E[\varphi_{kt} | \mathbf{Z}_{\neg b}, \mathbf{W}_{\neg b}]
\end{aligned} \tag{7-81}$$

根据狄利克雷分布的后验期望公式（7-66），直接得出：

$$E[\theta_{jk} | \mathbf{Z}_{\neg b}, \mathbf{W}_{\neg b}] = \frac{\alpha_k + n_{j, \neg b}(k)}{\sum_{k=1}^{K} \alpha_k + n_{j, \neg b}(k)} \tag{7-82}$$

$$E[\varphi_{kt} | \mathbf{Z}_{\neg b}, \mathbf{W}_{\neg b}] = \frac{\beta_t + m_{k, \neg b}(t)}{\sum_{t=1}^{M} \beta_t + m_{k, \neg b}(t)} \tag{7-83}$$

最终语料库中每个单词对应主题的吉布斯采样的条件概率公式如下：

$$P(z_b = k | \mathbf{Z}_{\neg b}, \mathbf{W}) \propto \frac{\alpha_k + n_{j, \neg b}(k)}{\sum_{k=1}^{K} \alpha_k + n_{j, \neg b}(k)} \frac{\beta_t + m_{k, \neg b}(t)}{\sum_{t=1}^{M} \beta_t + m_{k, \neg b}(t)} \tag{7-84}$$

2. 训练与推断算法

结合 LDA 模型的吉布斯采样公式，接下来主要目标如下所述。

- **训练**：估计模型参数 $\boldsymbol{\Theta}=\{\boldsymbol{\theta}_1,\boldsymbol{\theta}_2,\cdots,\boldsymbol{\theta}_N\}\in \mathrm{R}^{N\times K}$ 和 $\boldsymbol{\Phi}=\{\boldsymbol{\varphi}_1,\boldsymbol{\varphi}_2,\cdots,\boldsymbol{\varphi}_M\}\in \mathrm{R}^{K\times M}$。
- **推断**：对于一个新的文本 d_{novel}，计算其主题分布 $\boldsymbol{\theta}_{\text{novel}}$。

首先对整个语料库 W 中每个单词的位置上随机指派一个主题，构成全体主题序列 Z；扫描语料库的每个位置，按照吉布斯采样公式重新采样该位置的主题，在语料库中进行更新，因此需要准备两个计数矩阵：文本-主题计数矩阵 $N_{M\times K}=[n_j(k)]$ 与文本-主题参数矩阵 $\boldsymbol{\Theta}$ 有相同的规模、主题-单词计数矩阵 $M_{K\times M}=[m_k(i)]$ 与主题-单词参数矩阵 $\boldsymbol{\Phi}$ 有相同的规模。重复执行上述过程直到吉布斯采样收敛，最后统计这两个矩阵，利用参数的后验期望，计算出估计值。具体细节如算法 7-5 所示。

算法 7-5　LDA 的学习算法：吉布斯采样算法

输入：语料库的全体单词序列 $W=\{w_1,w_2,\cdots,w_N\}$，其中 $w_j=(w_{j1},w_{j2},\cdots,w_{jL})$

输出：模型参数 $\boldsymbol{\Theta}$ 和 $\boldsymbol{\Phi}$ 估计值

超参数：主题个数 K；$\boldsymbol{\alpha}=(\alpha_1,\alpha_2,\cdots,\alpha_K)$，$\boldsymbol{\beta}=(\beta_1,\beta_2,\cdots,\beta_M)$

1. 定义文本-主题计数矩阵 $N_{M\times K}=[n_j(k)]$，主题-单词计数矩阵 $M_{K\times M}=[m_k(i)]$，两个矩阵内全体元素赋初值为 0
2. 遍历全体文本中的每个位置：

    不妨设当前位置单词 w_{jl} 为字典中第 i 个单词 v_i

    随机为该位置指派一个主题（不妨设为 k）：$z_{jl}=k$

    增加计数：$n_j(k)=n_j(k)+1$；$m_k(i)=m_k(i)+1$
3. 重复执行该步骤直到收敛：

    遍历全体文本中的每个位置：

    　不妨设当前位置的单词 w_{jl} 是字典中第 t 个单词 v_t，主题指派 z_{jl} 为 k

    　减少计数：$n_j(k)=n_j(k)-1$；$m_k(t)=m_k(t)-1$

    　根据公式（7-84）对主题进行采样，得到新的主题 k'

    　增加计数：$n_j(k')=n_j(k')-1$；$m_{k'}(t)=m_{k'}(t)-1$
4. 利用最终的计数矩阵，计算模型参数估计值：

$$\hat{\theta}_{jk}=\frac{\alpha_k+n_j(k)}{\sum_{k=1}^{K}\alpha_k+n_j(k)}\quad \hat{\varphi}_{kt}=\frac{\beta_t+m_k(t)}{\sum_{t=1}^{M}\beta_t+m_k(t)}$$

有了 LDA 模型后，对于新来的文本 $d_{\text{novel}}=w_{\text{novel}}=(w_{\text{novel},1},w_{\text{novel},2},\cdots,w_{\text{novel},L})$，假设其长度依旧是 L，每个位置的取值空间依旧是 V，即 $w_{\text{novel},l}\in V$；对应主题序列为 $z_{\text{novel}}=(z_{\text{novel},1},z_{\text{novel},2},\cdots,z_{\text{novel},L})$。推断其主题分布基本上和训练算法流程类似，但是主题-单词分布 $\boldsymbol{\Phi}$ 已经由原语料库训练完毕并固定，因此原采样公式（7-84）中后半部分 φ_{kt} 保持不变，只需对前半部分进行采样。用 $n_{\text{novel}}(k)$ 表示该文本生成主题 k 的个数（由主题 k 生成的所有单词个数），即

$$n_{\text{novel}}(k)=\sum_{l=1}^{L}I(z_{\text{novel},l}=k) \quad (7\text{-}85)$$

随机向量 $\boldsymbol{n}_{\text{novel}} = (n_{\text{novel}}(1), \cdots, n_{\text{novel}}(K))$ 服从以 $\boldsymbol{\theta}_{\text{novel}}$ 为参数的多项分布 $\text{Mult}(L, \boldsymbol{\theta}_j)$。设 $\boldsymbol{\theta}_{\text{novel}}$ 先验分布依旧是 $\text{Dir}(\boldsymbol{\alpha})$，则后验分布为 $\text{Dir}(\boldsymbol{\alpha} + \boldsymbol{n}_{\text{novel}})$。

考察该文本第 b 个位置，需要采样的分布为 $P(z_{\text{novel},b} = k \mid \boldsymbol{z}_{\text{novel},\neg b}, \boldsymbol{w})$，设：

$$n_{\text{novel},\neg b}(k) = \sum_{l=1}^{L} I(z_{\text{novel},l} = k \wedge l \neq b) \tag{7-86}$$

式（7-86）为该文本中剔除第 b 个位置后，主题为 k 的总数目。类似之前的推导，得到采样公式如下：

$$P(z_{\text{novel},b} = k \mid \boldsymbol{z}_{\text{novel},\neg b}, \boldsymbol{w}_{\text{novel}}) \propto \frac{\alpha_k + n_{\text{novel},\neg b}(k)}{\sum_{k=1}^{K} \alpha_k + n_{\text{novel},\neg b}(k)} \varphi_{kt} \tag{7-87}$$

具体细节如算法 7-6 所示。

算法 7-6　LDA 的推断算法：吉布斯采样算法

输入：LDA 模型参数 $\boldsymbol{\Phi}$，新的文本 $\boldsymbol{w}_{\text{novel}} = (w_{\text{novel},1}, w_{\text{novel},2}, \cdots, w_{\text{novel},L})$

输出：该文本的主题分布 $\boldsymbol{\theta}_{\text{novel}}$

超参数：主题个数 K；$\boldsymbol{\alpha} = (\alpha_1, \alpha_2, \cdots, \alpha_K)$，$\boldsymbol{\beta} = (\beta_1, \beta_2, \cdots, \beta_M)$

1. 定义主题计数向量 $\boldsymbol{n} = (n_{\text{novel}}(k))_K$，向量全体元素赋初值为 0
2. 遍历文本中每个位置：
   不妨设当前位置单词 $w_{\text{novel},l}$ 为字典中第 i 个单词 v_i
   随机指派一个主题（设为 k）：$z_{\text{novel},l} = k$
   增加计数：$n_{\text{novel}}(k) = n_{\text{novel}}(k) + 1$
3. 重复该步骤直到收敛：
   遍历文本中每个位置：
   不妨设当前位置单词 $w_{\text{novel},l}$ 是字典中第 t 个单词 v_t，主题指派 $z_{\text{novel},l}$ 为 k
   减少计数：$n_{\text{novel}}(k) = n_{\text{novel}}(k) - 1$
   根据公式（7-87）对主题进行采样，得到新的主题 k'
   增加计数：$n_{\text{novel}}(k) = n_{\text{novel}}(k) + 1$
4. 利用最终的计数向量，计算模型参数估计值：

$$\hat{\theta}_{\text{novel},k} = \frac{\alpha_k + n_{\text{novel}}(k)}{\sum_{k=1}^{K} \alpha_k + n_{\text{novel}}(k)}$$

7.4　文本主题模型的扩展

文本主题模型是文本挖掘中最强大的技术之一，用于数据挖掘、潜在数据发现以及发现数据和文本文档之间的关系。作为应用最为广泛的文本主体模型之一，LDA 自提出以后一直被不断地进行扩展和演化。本节将介绍 LDA 的变体模型，包括作者主题模型

(Author-Topic Model, ATM)[17]、动态主题模型（Dynamic Topic Model, DTM）[18]、标签潜在狄利克雷分配（Labeled LDA, LLDA）模型[19]等。

7.4.1 作者主题模型

在 LDA 的基础上，存在一个基本问题：对作者兴趣进行建模。如此我们可以回答一系列关于文本集合内容的重要查询。使用恰当的作者模型，我们可以将之应用于一些问题，例如某个作者写了哪些主题；给定一个文本，哪些作者可能写了类似的文本，哪些作者创造了类似的作品。然而，传统的对作者建模的研究，倾向于关注作者的归属问题（谁写了哪个文本），对于此问题，基于浅层次特征的判别模型通常就足以胜任，不需要大费周章地构建生成模型。而针对文本集合的组织、分类以及检索等复杂问题，需要对文本内容进行刻画与表征，传统研究则很少涉及这些问题。

作者主题模型[17]是一个简单的概率主题模型，用于发现作者、主题、单词和文本之间的关系。该模型为每个作者提供了不同主题的分布（多项分布），也为每个主题提供了单词的分布（多项分布）。具有多个作者的文本被建模为主题分布，主题是与作者相关的分布的混合。例如，将模型应用在两个数据集上，其中一个包含了 NeurIPS 国际会议中的 1700 篇论文，另一个包含了 16 万篇 CiteSeer 摘要，并利用吉布斯采样来估计作者和主题的分布。

继续沿用 7.3.3 节定义的符号，给定字典单词集合 $V=\{v_1, v_2, \cdots, v_M\}$；整个语料库的文本集合 $D=\{d_1, d_2, \cdots, d_N\}$，每个文本 $d_j = w_j = (w_{j1}, w_{j2}, \cdots, w_{jL})$ 表示为单词序列，$w_{jl} \in V$；语料库中全体单词表示为 $W=\{w_1, w_2, \cdots, w_N\}$；主题个数 K，分别编号为 $1, 2, \cdots, K$；每个文本 d_j 存在多个作者，用随机向量 a_j 表示，$\cup_j \{a_j\}$ 则为整个语料库的全体作者集合，设个数为 A，分别编号为 $1, 2, \cdots, A$。假设文本每个位置的单词/主题由该文本其中之一的作者生成，且每个作者对文本具有均等的贡献度，则可利用离散均匀分布随机生成每个位置的一个候选作者（例如文本 d_j 有 3 个作者，则考察位置 w_{jl} 时，每个作者被选中为候选作者的概率为 1/3）。设该位置的候选作者为 c_{jl}，此时需要引入一个作者-主题参数 $\psi_a = (\psi_{a1}, \psi_{a2}, \cdots, \psi_{aK})$（先验分布为狄利克雷分布），以多项分布生成该位置的主题，进一步通过 LDA 中的主题-单词分布生成该位置的单词。其作者主题模型如图 7-18 所示。

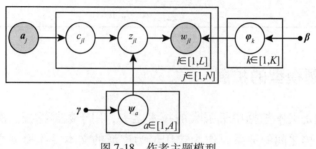

图 7-18 作者主题模型

详细的生成过程如算法 7-7 所示。

算法 7-7 作者主题模型的生成算法

输入：模型超参数 $\boldsymbol{\alpha}=(\alpha_1,\alpha_2,\cdots,\alpha_K)$，$\boldsymbol{\beta}=(\beta_1,\beta_2,\cdots,\beta_M)$，每个文本的作者 $\boldsymbol{a}_j, j=1,\cdots,N$

输出：语料库 $D=\{d_1,d_2,\cdots,d_N\}$ 的全部内容

1. 事先以 $\boldsymbol{\beta}=(\beta_1,\beta_2,\cdots,\beta_M)$ 为超参数的狄利克雷分布为每一个主题生成主题-单词参数 $\boldsymbol{\varphi}_k$，即 $\boldsymbol{\varphi}_k \sim \mathrm{Dir}(\boldsymbol{\beta})$，$k=1,2,\cdots,K$
2. 事先以 $\boldsymbol{\gamma}=(\gamma_1,\gamma_2,\cdots,\gamma_K)$ 为超参数的狄利克雷分布为每一个作者生成作者-主题参数 $\boldsymbol{\psi}_a$，即 $\boldsymbol{\psi}_a \sim \mathrm{Dir}(\boldsymbol{\gamma})$，$a=1,2,\cdots,A$
3. 对每一个文本 d_j，已知其作者 $\boldsymbol{a}_j$，利用离散均匀分布生成每个位置的候选作者 c_{jl}，即 $c_{jl} \sim \mathrm{Uniform}(\boldsymbol{a}_j)$，独立重复执行 L 次，生成该文本所有位置的候选作者
4. 从头到尾，根据每个位置生成的候选作者 c_{jl} 的编号（不妨设为 a）选中第 a 个作者-主题参数向量 $\boldsymbol{\psi}_a = (\psi_{a1},\psi_{a2},\cdots,\psi_{aK})$，生成每个位置的主题 $z_{jl} \sim \mathrm{Mult}(1,\boldsymbol{\psi}_a)$，独立重复执行 L 次（$l=1,2,\cdots,L$），生成该文本所有位置的主题
5. 从头到尾，根据每个位置生成的主题 z_{jl} 的编号（不妨设为 k），选中第 k 个主题-单词参数向量 $\boldsymbol{\varphi}_k = (\varphi_{k1},\varphi_{k2},\cdots,\varphi_{kM})$，生成每个位置的单词 $w_{jl} \sim \mathrm{Mult}(1,\boldsymbol{\varphi}_k)$，独立重复执行 L 次（$l=1,2,\cdots,L$），生成该文本所有位置的单词
6. 独立重复 3~5 共 N 次，直到生成整个语料库

7.4.2 动态主题模型

在传统的主题模型中，每个文本中的单词都是独立可交换的，这是一种简化的处理方式。然而，在一些文本集合中这样的假设并不合适，学术期刊、电子邮件、新闻文章和搜索查询日志等文本集合都反映了不断变化的内容。例如，《科学》杂志上的一篇文章《拉博德教授的大脑》（the Brain of Professor Laborde）可能与《通过揭示潜在的皮质内连接重塑皮质运动图谱》（Reshaping the cortex Motor Map by Unmasking Latent Intracortical Connections）的科学路线相同，但 1903 年神经科学研究与 1991 年的研究有很大不同。文本集合中的主题会随着时间的推移而动态演化，因此需要对底层主题的动态进行显式建模。

动态主题模型于 2006 年由布莱等人[18]提出，该模型可以在有序排列的语料库中刻画主题随时间的演变，对代表主题的多项分布参数使用状态空间模型进行估计，并展示单词-主题分布的演变。该模型假设数据依时间片进行划分（例如以年为单位），每个时间片内是一个主题模型，相邻两个时间片的主题分布在不断演化。给定字典单词集合 $V=\{v_1,v_2,\cdots,v_M\}$；语料库按照时间被划分为 T 个时间片，其中第 t 个时间片具有 N^t 个文本，则全体文本集合为 $D^t=\{d_1^t,d_2^t,\cdots,d_{N_t}^t\}$；在 t 时刻每个文本 $d_j^t = \boldsymbol{w}_j^t = (w_{j1}^t,w_{j2}^t,\cdots,w_{jL}^t)$ 表示为单词序列，$w_{jl}^t \in V$；主题个数 K，分别编号为 $1,2,\cdots,K$；已知超参数 $\boldsymbol{\alpha}^0 = (\alpha_1^0,\alpha_2^0,\cdots,\alpha_K^0)$，$\boldsymbol{\beta}=(\beta_1,\beta_2,\cdots,\beta_M)$，其概率图模型如图 7-19 所示。

动态主题模型的生成过程如算法 7-8 所示。

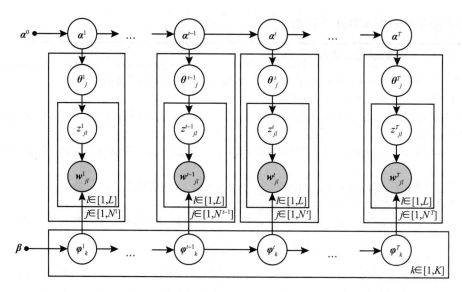

图 7-19 动态主题模型

算法 7-8 动态主题模型的生成算法

输入：模型超参数 $\boldsymbol{\alpha}^0=(\alpha_1^0,\alpha_2^0,\cdots,\alpha_K^0)$，$\boldsymbol{\beta}=(\beta_1,\beta_2,\cdots,\beta_M)$

输出：语料库 $D=\{d_1,d_2,\cdots,d_N\}$ 的全部内容

1. 事先以 $\boldsymbol{\beta}=(\beta_1,\beta_2,\cdots,\beta_M)$ 为超参数的狄利克雷分布，为 $t=1$ 时刻的每一个主题生成主题-单词参数 $\boldsymbol{\varphi}_k^1$，即 $\boldsymbol{\varphi}_k^1 \sim \mathrm{Dir}(\boldsymbol{\beta})$，$k=1,2,\cdots,K$
2. 以 $\boldsymbol{\alpha}^0$ 为均值向量，以各向同性的高斯白噪声为协方差矩阵，生成参数 $\boldsymbol{\alpha}^1$ 的高斯分布，即 $\boldsymbol{\alpha}^1|\boldsymbol{\alpha}^0 \sim \mathrm{N}(\boldsymbol{\alpha}^0,\delta^2 I)$
3. 针对每个时刻 t，已知上一个时刻的参数 $\boldsymbol{\varphi}_k^{t-1}$ 和 $\boldsymbol{\alpha}^{t-1}$，递归执行以下步骤：
4. 基于 $\boldsymbol{\varphi}_k^{t-1}$，用线性高斯模型建模相邻两个时间片的演化 $\boldsymbol{\varphi}_k^t|\boldsymbol{\varphi}_k^{t-1} \sim \mathrm{N}(\boldsymbol{\varphi}_k^{t-1},\sigma^2 I)$
5. 基于 $\boldsymbol{\alpha}^{t-1}$，用线性高斯模型建模相邻两个时间片的演化 $\boldsymbol{\alpha}^t|\boldsymbol{\alpha}^{t-1} \sim \mathrm{N}(\boldsymbol{\alpha}^{t-1},\delta^2 I)$
6. 类似 LDA 的生成过程，生成每个文本的文本-主题参数 $\boldsymbol{\theta}_j^t$，每个位置的主题 z_{jl}^t 和单词 w_{jl}^t

7.4.3 标签潜在狄利克雷分配模型

世界上文本数据的很大一部分都被人类提供的多个标签所标记，如一篇关于公路运输法案的新闻报道可以被同时归入运输类和政治类。在这些语料库中，信用归属是一个固有的问题，因为不是所有标签在整个文本中都具有同等地位。为解决此问题，可以通过将文档中单个单词与其最合适的标签联系起来。我们寻求一种方法，基于多标签的文本，可以自动学习文本中每个单词的后验分布。虽然传统的 LDA 可以为一个文本建模多个主题，但它不适合多标签语料库，因为它是一个无监督模型，无法显式地将监督标签纳入其学习过程。

为应对该问题，标签 LDA[19] 于 2009 年被提出，它假设每个文本都有一组已知的标签（例如论文的关键词）。这个模型可以用带有标签的文档进行训练，甚至可以支持带有多个标签的文档。主题是从同一类别中共现的单词中学习，用来近似捕捉不同类别的表示。针对每个类别，训练一个单独的 LLDA 模型，并可用于推断新来的类别。这是一种有监督的算法，使得主题可以应用手动分配的标签。因此，LLDA 可以获得一些有意义的主题，这些主题的单词可以很好地映射到应用的标签。

具体而言，给定字典单词集合 $V=\{v_1,v_2,\cdots,v_M\}$；整个语料库的文本集合 $D=\{d_1,d_2,\cdots,d_N\}$，每个文本 $d_j=\boldsymbol{w}_j=(w_{j1},w_{j2},\cdots,w_{jL})$ 表示为单词序列，$w_{jl}\in V$，语料库中全体单词表示为 $W=\{\boldsymbol{w}_1,\boldsymbol{w}_2,\cdots,\boldsymbol{w}_N\}$；每个文本 d_j 存在多个标签，语料库中全体标签有 K 个，分别编号为 $1,2,\cdots,K$；文本 d_j 中，关于 K 个标签是否存在用二值指示向量 $\boldsymbol{\Lambda}^j=\{l_1^j,l_2^j,\cdots,l_K^j\}$ 表示，$l_k^j\in\{0,1\}$；超参数 $\boldsymbol{\alpha}=(\alpha_1,\alpha_2,\cdots,\alpha_K)$，$\boldsymbol{\beta}=(\beta_1,\beta_2,\cdots,\beta_M)$，含义与 LDA 模型相同。LLDA 模型设置主题个数也为 K 个，每个标签代表一个主题。模型假设指示向量的每个元素分别由一个伯努利试验生成；考察文本 d_j，包含若干个标签，由此限制后的文本-主题超参数设为 $\boldsymbol{\alpha}^j=(\alpha_{\lambda j}|l_k^j=1)$。例如，语料库中共 4 个标签，某个文本出现第 2、3 个标签，则指示向量 $\boldsymbol{\Lambda}^j=(0,1,1,0)$，$\boldsymbol{\alpha}^j=(\alpha_2,\alpha_3)$。可以看出，利用此参数可以限制文本 d_j 来自哪些主题。标签 LDA 如图 7-20 所示。

标签 LDA 的生成过程如算法 7-9 所示。

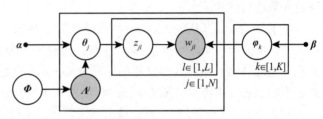

图 7-20　标签 LDA

算法 7-9　标签 LDA 的生成算法

输入：模型超参数 $\boldsymbol{\alpha}^0=(\alpha_1^0,\alpha_2^0,\cdots,\alpha_K^0)$，$\boldsymbol{\beta}=(\beta_1,\beta_2,\cdots,\beta_M)$

输出：语料库 $D=\{d_1,d_2,\cdots,d_N\}$ 的全部内容

1. 事先以 $\boldsymbol{\beta}$ 为超参数的狄利克雷分布，为每一个主题生成主题-单词参数 $\boldsymbol{\varphi}_k^1$，即 $\boldsymbol{\varphi}_k^1\sim\mathrm{Dir}(\boldsymbol{\beta})$，$k=1,2,\cdots,K$
2. 针对每个文本 d_j，执行以下操作：
3. 独立重复执行 K 次伯努利试验，生成指示向量，即 $\Lambda_k^j\sim\mathrm{Bernoulli}(\boldsymbol{\Phi}_k)$
4. 筛选文本主题超参数 $\boldsymbol{\alpha}^j=(\alpha_{\lambda j}|l_k^j=1)$
5. 基于 $\boldsymbol{\alpha}^j$，生成文本-主题参数 $\boldsymbol{\theta}_j$，即 $\boldsymbol{\theta}_j\sim\mathrm{Dir}(\boldsymbol{\alpha}^j)$
6. 生成每个位置的主题 $z_{jl}\sim\mathrm{Mult}(1,\boldsymbol{\theta}_j)$，独立重复执行 L 次
7. 从头到尾，根据每个位置生成的主题 z_{jl} 的编号（不妨设为 k），选中第 k 个主题-单词参数向量 $\boldsymbol{\varphi}_k=(\varphi_{k1},\varphi_{k2},\cdots,\varphi_{kM})$，生成每个位置的单词 $w_{jl}\sim\mathrm{Mult}(1,\boldsymbol{\varphi}_k)$，独立重复执行 L 次

此外，变体模型还有关系主题模型（Relational Topic Model，RTM）[20]、在线 LDA（Online LDA，OLDA）[21] 以及层次狄利克雷过程（Hierarchical Dirichlet Process，HDP）[8] 等。

小结

1. 本章首先介绍了文本主题模型的定义,梳理了 6 种基本模型的发展脉络,从最早的 VSM 出发,一直到现阶段的 LDA,呈现一种"日"字形发展脉络,包括主题化、概率化、贝叶斯化三种演变趋势。

2. 介绍了 VSM 的基本思想,引入单词-文本矩阵、单词和文本的建模与表示方法,论证了 VSM 中存在的一词多义和一义多词的问题;为了解决这些问题,引入主题向量空间,将单词-文本矩阵进行分解,利用一种低维的、更紧凑的方式对单词和文本进行表示,实现潜在语义分析;再介绍了两种不一样的实现思路:奇异值分解和非负矩阵分解。

3. 指出了 VSM 和 LSA 作为非概率模型的弊端,将 VSM 进行概率化改进,展现一种概率化文本建模的思想,引入 Unigram 模型;随后正如 VSM 主题化改进后得到 LSA 那样,对 Unigram 也引入主题,就有了 PLSA,利用概率图模型对 PLSA 进行表示,并通过 EM 算法对参数进行估计。

4. 首先介绍了 LDA 涉及的一些铺垫性数学知识:从 Gamma 函数开始,到 Gamma 分布,对二项分布、Beta 分布、多项分布、狄利克雷分布进行介绍,展现了贝叶斯定理和共轭先验的理念;随后利用贝叶斯定理对 Unigram 模型进行贝叶斯化改进,展现贝叶斯文本建模的思想;再将贝叶斯 Unigram 模型引入主题概念,则有了 LDA,用概率图模型表示了 LDA,并进行物理过程分析;最后利用吉布斯采样方法进行参数估计与推理。

5. 叙述了 LDA 的后续发展,简要介绍了几个典型的基于 LDA 的变体模型。

习题

1. 表 7-3 共有 9 个文本,请根据 TF-IDF 构造其单词-文本矩阵。

表 7-3

The Neatest Little Guide to Stock Market Investing
Investing For Dummies, 4th Edition
The Little Book of Common Sense Investing: The Only Way to Guarantee Your Fair Share of Stock Market Returns
The Little Book of Value Investing
Value Investing: From Graham to Buffett and Beyond
Rich Dad's Guide to Investing: What the Rich Invest in, That the Poor and the Middle Class Do Not!
Investing in Real Estate, 5th Edition
Stock Investing For Dummies
Rich Dad's Advisors: The ABC's of Real Estate Investing: The Secrets of Finding Hidden Profits Most Investors Miss

2. 选择合适的主题个数,对习题 1 构造的单词-文本矩阵进行截断奇异值分解。

3. 选择合适的主题个数，对习题 1 构造的单词-文本矩阵进行非负矩阵分解。
4. 给出潜在语义分析的两种算法的计算复杂度。
5. 请推导概率潜在语义分析的算法 7-2 中的 EM 迭代公式。
6. 编码实现概率潜在语义分析算法，并运行表 7-3 的案例得出结果。
7. 编码实现潜在狄利克雷分配模型，并运行表 7-3 的案例得出结果。
8. 找出 LDA 中吉布斯采样算法中利用到的狄利克雷分布的那部分，思考 LDA 中使用狄利克雷分布的重要性。
9. 给出 LDA 的吉布斯采样算法的计算复杂度。

参考文献

[1] SALTON G, WONG A, YANG C S. A vector space model for automatic indexing [J]. Communications of the ACM, 1975, 18(11): 613-620.

[2] DEERWESTER S, DUMAIS S T, FURNAS G W, et al. Indexing by latent semantic analysis [J]. Journal of the American society for information science, 1990, 41(6): 391-407.

[3] DUMAIS S T. Latent semantic analysis [J]. Annual review of information science and technology, 2004, 38(1): 188-230.

[4] HOFMANN T. Probabilistic latent semantic analysis [J]. arXiv preprint arXiv: 1301. 6705, 2013.

[5] HOFMANN T. Probabilistic latent semantic indexing [C] // Proceedings of the 22nd annual international ACM SIGIR conference on Research and development in information retrieval. 1999: 50-57.

[6] HOFMANN T. Unsupervised learning by probabilistic latent semantic analysis [J]. Machine learning, 2001, 42(1): 177-196.

[7] BLEI D M, NG A Y, JORDAN M I. Latent dirichlet allocation [J]. The Journal of machine Learning research, 2003, 3: 993-1022.

[8] TEH Y W, JORDAN M I, BEAL M J, et al. Hierarchical dirichlet processes [J]. Journal of the american statistical association, 2006, 101(476): 1566-1581.

[9] LEE D D, SEUNG H S. Learning the parts of objects by non-negative matrix factorization [J]. Nature, 1999, 401(6755): 788-791.

[10] XU W, LIU X, GONG Y. Document clustering based on non-negative matrix factorization [C] // Proceedings of the 26th annual international ACM SIGIR conference on Research and development in informaion retrieval. 2003: 267-273.

[11] GRIFFITHS T L, STEYVERS M. Finding scientific topics [J]. Proceedings of the National academy of Sciences, 2004, 101(1): 5228-5235.

[12] STEYVERS M, GRIFFITHS T. Probabilistic topic models [J]. Handbook of latent semantic analysis, 2007, 427(7): 424-440.

[13] HEINRICH G. Parameter estimation for text analysis [R]. Technical report, 2005.

[14] SERFOZO R. Basics of applied stochastic processes [M]. New York: Springer Science & Business Media, 2009.

[15] METROPOLIS N, ROSENBLUTH A W, ROSENBLUTH M N, et al. Equation of state calculations by fast computing machines [J]. The journal of chemical physics, 1953, 21(6): 1087-1092.

[16] GEMAN S, GEMAN D. Stochastic relaxation, Gibbs distributions, and the Bayesian restoration of images [J]. IEEE Transactions on pattern analysis and machine intelligence, 1984(6): 721-741.

[17] ROSEN-ZVI M, GRIFFITHS T, STEYVERS M, et al. The author-topic model for authors and documents [J]. arXiv preprint arXiv: 1207. 4169, 2012.

[18] BLEI D M, LAFFERTY J D. Dynamic topic models [C] //Proceedings of the 23rd international conference on Machine learning. 2006: 113-120.

[19] RAMAGE D, HALL D, NALLAPATI R, et al. Labeled LDA: A supervised topic model for credit attribution in multi-labeled corpora [C] //Proceedings of the 2009 conference on empirical methods in natural language processing. 2009: 248-256.

[20] CHANG J, BLEI D. Relational topic models for document networks [C] //Artificial intelligence and statistics. PMLR, 2009: 81-88.

[21] HOFFMAN M, BACH F R, BLEI D M. Online learning for latent dirichlet allocation [C] //Advances in neural information processing systems. 2010: 856-864.

CHAPTER 8

第 8 章

情感分析

在互联网时代，尤其是社交媒体和电子商务的兴起，用户在信息空间中积累了海量的数据信息，比如电商网站中对商品的评价、社交媒体中对产品/政策的评价等。这些用户评价中蕴含着巨大的价值。情感分析也称为意见挖掘，是对带有情感色彩的主观性文本进行分析、处理、归纳和推理的过程，是自然语言处理的一个重要问题之一。情感分析任务应用广泛，比如从用户评论中挖掘出对产品属性和功能的反馈来指导商家进行产品改进和功能完善[1]。另外，情感分析还在舆情监控[2]、股市风险监测[3]、政策决策[4]中发挥着巨大的作用。

本章首先介绍情感分析的具体概念，包括观点、情感的形式化定义，情感分类任务定义等。然后按照研究对象的粒度详细介绍三类情感分析任务（包括词语级的情感分析、句子/文档级的情感分析和方面级情感分析），最后概述情感分析领域最新的研究动态。

8.1 情感分析的基本概念

情感分析在社交媒体分析和挖掘中具有广泛的应用价值，本节将首先介绍情感分析的基本要素及定义，进而对其任务进行刻画。

8.1.1 情感分析定义

情感分析是对文本进行主客观判断的过程，主要研究那些表达褒义或贬义情感的观点信息。这里的观点是一个广义的概念，包括情感、评估、态度以及评价等。一般而言，观点由两部分构成：一是观点评价的对象或目标 g；另一个是对该目标所表达的情感 s。在 (g,s) 中，g 可以是一个实体，也可以是实体的某个属性；s 是一个正面或负面的情感倾向或打分。因此，通用的观点可以定义为一个五元组 (e,a,s,h,t)，其中 e 是观点评价的实体，a 是实体 e 中的一个属性，s 是对实体 e 的 a 属性的情感，h 是观点持有者，t 表示观点发布的时间。

情感分析的目标是从给定的包含观点信息的文本中抽取五元组信息。比如，输入的文本为："2020 年 5 月，我觉得 KN95 口罩防霾效果非常好"。在这句话中，"KN95 口罩"为实体，"防霾"为属性，"好"表示用户正面的观点，"我"表示观点持有者，"2020 年 5 月"则表示用户提出此观点的时间。此外，实体"KN95 口罩"和属性"防霾"合起来可以作为评价对象。评价对象可以细分为评价对象词抽取和评价对象类别识别，比如实体可以是实体词和实体类别，实体词可以是"KN95 口罩、KN90 口罩、一次性口罩"，而实体类别为"口罩"；属性也可以是属性词和属性类别，如属性词"防霾、透气"，属性类别为"质量"。实体类别和属性类别相当于对实体词和属性词的一层抽象和归类，是一对多的关系。词和类别属于不同的任务。

8.1.2 情感分析任务

情感分析主要是从文本中挖掘目标的情感信息，因此可以根据**情感目标**和**情感类别**将情感分析任务进行划分。根据情感目标的粒度，可以将情感分析任务划分为**词语级情感分析任务、句子/文档级情感分析任务**和**方面级情感分析任务**；根据情感类别的粒度可以将情感分析任务分为**主观性判断任务、倾向性分析任务**以及**情感分类任务**，总体划分框架如图 8-1 所示。

其中词语级情感分析任务主要是构建情感词典，针对单个词语进行情感分析；句子/文档级情感分析任务主要是整个句子或文档表达的整体情感；方面级情感分析任务则是细粒度地分析句子或文档中的实体或者属性所表达的情感。根据情感类型，主观性判断任务主要是判断一段文本中是否含有主观情感（即主观描述和客观描述）；倾向性分析任务则是判断文本中所包含情感的正、负性，或者情感的正、中、负性；情感分类任务则是检测文本是否蕴含情感信息，比如人类的六种基本情感——生气、快乐、惊讶、厌恶、伤心和害怕，或者更细粒度的情感信息，比如普拉切克[5]的情感模型中的八种情感：喜悦、信任、恐惧、惊喜、伤心、厌恶、生气和期望。

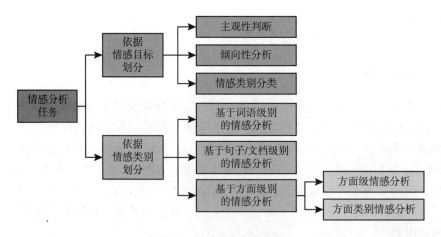

图 8-1 情感分析任务分类

本节主要从**情感类别的角度**来详细介绍情感分析。基于词语级情感分析的目标对象是一个词语,它旨在分析该词语的情感正负性、情感倾向性。比如"新冠病毒"对应的情感标签是"负面"。句子/文档级情感分析主要研究整个句子或文档的情感标签,比如"今天全国新增患者0例!"对应的情感标签为"正面"。或者也可以转化为回归问题,为句子或文档打分。而基于方面级情感分析可以视为细粒度的情感分析,主要研究对于目标对象特定属性的细粒度情感。它可以按照目标更细粒度地划分为:基于方面实体的情感分析(Aspect-Term Sentiment Analysis,ATSA)和基于方面类别的情感分析(Aspect-Category Sentiment Analysis,ACSA)。基于方面实体的情感分析旨在预测与文本中出现的目标实体相关的内容情感极性,基于方面类别的情感分析旨在预测与文本中出现的目标实体相关主题的情感极性。

本章首先依次介绍词语级情感分析任务、句子/文档级情感分析任务和方面级情感分析任务。然后详细介绍每个任务中典型的解决方法。最后总结情感分析任务的未来趋势。

8.2 词语级情感分析

词语级情感分析首先构建情感词典,然后为词语赋予情感信息。情感分析常用的表示方法有离散表示法和多维度表示法。离散表示法使用形容词标签将情感表示为相对独立的情感类别,如情感分析领域最常用的 {正面、负面、中性} 表示方法,比如"高兴"对应正面,"车祸"对应负面等。此外离散的情感类型也可以表示为 {生气、快乐、惊讶、厌恶、伤心和害怕} 和 {喜悦、信任、恐惧、惊喜、伤心、厌恶、生气和期望} 等。离散表示法简单直观,但是表达的情感范围有限,且难以度量不同类别之间存在的相关性。区别于离散表示法,多维度表示法认为情感是连续的,将情感状态描述为多维空间中的某一坐标,该坐标的每一维度都是对情感某一方面的度量。其中认同度最高的是 Valence-Arousal-Dominance(VAD)模型[6]。VAD模型实质上是从三个维度量化情感,且每个维度的取值范围是 [1,9] 的实数。例如,车祸可表示为 (2.05,6.26,3.76)。构建情感词典的常用方法如图8-2所示。

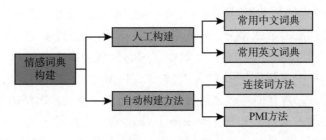

图 8-2 情感词典的构建方式

8.2.1 人工构建情感词典

人工构建情感词典主要是通过阅读大量的相关语料知识或者借助现有词典，人工总结出具有情感倾向的词语，为其标注情感极性或强度，然后将其构成新的词典。表 8-1 总结了中英文常见的情感词典。

表 8-1 经典的中英文情感词典

语言	词典名	说明
英文	General Inquirer[7]	1966 年，最早的一个情感词典库，早期包含 1915 个褒义词、2291 个贬义词；同时为每个词按情感极性、强度、词性等属性打上不同的标签
	Opinion Lexicon[8]	2004 年，伊利诺伊大学刘兵等人发布的一款英文词典，不仅包含了情感词，还包含了拼写错误、语法变形、俚语以及社交媒体标记等信息，其中褒义词 2006 个、贬义词 4783 个
	LIWC[9]	2007 年，词典定义了词语归属的类别名称以及字词列表，总计 80 个字词类别 4500 个字词：4 个一般描述性类别、22 个语言特性类别、32 个心理特性类别、7 个个人关注点类别、3 个副语言学类别、12 个标点符号类别
	SentiWordNet[10]	2010 年，英文最著名的情感词典由意大利信息科学研究所研制。它基于普林斯顿大学构建的 WordNet，为不同词性下的每个同义词条赋予不同的情感值，其 3.0.0 版本包含 117 659 条记录，每条记录由词性、词条编号、正向情感值、负向情感值、同义词条名和注释等 6 项组成
中/英文	HowNet[11]	1999 年由知网发布，包含了中英文褒贬的评价词和情感词。英文正面评价词 3594 个、负面评价词 3563 个、正面情感词 769 个、负面情感词 1011 个、中文正面评价词 3730 个、负面评价词 3116 个、正面情感词 836 个、负面情感词 1254 个
中文	DUTIR[12]	2013 年，大连理工大学信息检索实验室整理和标注的一个中文本体资源，包含了词语情感极性、强度、词性等信息，其中褒义词 11 229 个，贬义词 10 738 个
	NTUSD[13]	2013 年，台湾大学自然语言处理实验室的中文情感极性词典，包含了 2810 个褒义词、8276 个贬义词
	TSING[14]	清华大学李军标注的中文褒贬义词典，包含褒义词 5568 个和贬义词 4470 个

其中英文情感词典中最著名的是 SentiWordNet。它根据 WordNet（经典知识库，也是认同度较高的词典），把含义相同的词合并在一起，然后给出相应的正、负面得分。用户不仅可以精确定位词汇的情感得分，也可以利用一个词的正负平均得分来表示该词的情感得分。HowNet 是最早也是应用最广泛的中文情感分析词库，它包含了中英文褒贬的评价词、情感词，其中中文褒贬词分别为 4569 个、4370 个。除情感词之外，HowNet 还有类似 WordNet 的特点，含有词与词之间的大型关系网络。该关系网络由概念和关系两部分组成，其中概念之间的关系由义原（Sememe）来过渡。比如对于"苹果"这一概念，它被存储为两种语义——水果和品牌，同时每种语义下分别由相对应的义原组成，如图 8-3 所示。因此，可以借用概念之间的关系扩展得到丰富的词语语义表示。

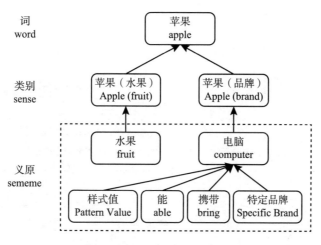

图 8-3 苹果概念层次化表示

人工构建的情感词典可以扩充词条的信息,具有良好的操控便利性,但是人工开销较大,词典规模较小,并且扩充的范围有限,不适合跨领域的研究。

8.2.2 自动化构建情感词典

目前,自动化的情感字典构建成为主流,面向海量文本数据基于高效的智能化算法实现字典信息的自动抽取和量化。自动构建情感词典可以大量降低人工成本,并可以增强领域的适用性。目前自动构建情感词典的方法通常采用半监督的 Bootstrap 方法,其核心思想是从一个词条开始,寻找其他具有相似情感极性的词语,具体包括使用连接词和使用临近词两种方式。本节将分别介绍这两种典型的情感词典自动构建方法。

1. 连接词方法

连接词方法[15]的核心思想为:连接词"and"关联的两个词具有相同的词性,"but"关联的两个词具有相反的词性。主要步骤如算法 8-1 所示。

算法 8-1　连接词算法流程

输入:种子集合
输出:情感词典
1. 人工为种子集合打情感极性标签(比如 pos 或 neg)
2. For 每个种子词语:
3. 　　利用词条搜索方式收集与该词共现的情感词
4. 　　For 每个共现的情感词:
5. 　　　　依据连接词 and 和 but,计算两个词语的相似性
6. 　　End For
7. End For
8. 基于相似度将所有词语分为两类(pos 和 neg),即完成词典构建

整体的过程示例如图 8-4 所示。

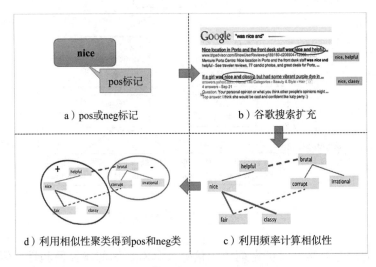

图 8-4 连接词方法过程示例图

2. 基于互信息的方法

连接词方法适用于单个词的情感极性分析,而互信息(Point Mutual Information,PMI)方法可以学习短语的情感极性。其主要步骤如算法 8-2 所示。

算法 8-2 基于互信息方法的算法流程

输入:基准词、短语
输出:短语的情感极性
1. 短语分词
2. For 每个分词词语:
3.   计算词语同基准词的共现程度,即互信息值大小

$$\text{PMI}(词语,基准词) = \log_2 \frac{P(词语,基准词)}{P(词语)P(基准词)}$$

$$其中,P(w) = w \text{ 出现次数/词语总个数}$$

4. End For
5. 计算所有词语同基准词的 PMI 均值,即得短语的情感极性

8.3 句子/文档级的情感分析

句子/文档级的情感分析旨在分析整个句子或者文档的情感倾向性。句子/文档级的情感分析在商业智能、推荐服务、精准社会治理等领域都有重大的应用前景。本节主要

从以下四个方面进行介绍：**基于词典的情感分类**、**基于传统机器学习的情感分类**、**基于深度学习的情感分类**和**基于迁移学习的情感分类**。

8.3.1 基于词典的情感分类

前一节中介绍的情感词典提供了每个词语的情感倾向或者情感程度。因此在句子/文档级的情感分析任务中，首先可以对句子/文档进行切分，得到对应的词语集合；然后每一个词语与情感词典进行精准匹配，同时处理否定逻辑和转折逻辑；最后根据词语不同、情感值不同及其程度不同来进行加权量化，最终实现对句子/文档的情感信息度量。由此可见，基于情感词典的方法不包含任何学习过程，主要依赖情感词典的构建，具有实现简单、执行效率高等特点。然而，基于词典的方法准确率较低，主要原因如下所述。

- **否定词、程度副词难以量化**：自然语言博大精深，具有复杂多样的语法结构，尤其是双重否定、反问句等特殊句法的出现，导致难以建立精准的规则正确匹配语句的真实含义。同时，程度副词的大量使用使得量化情感具有一定的模糊性和不确定性。
- **情感词典的领域相关性**：语言文字所表达的真实含义与其所处的上下文信息紧密相关。然而，情感词典的建立往往面向特定的领域，从而使得所构建的词典缺乏广泛适用性。例如，金融领域的一些情感词在政治领域构建的词典中不存在。

8.3.2 基于传统机器学习的情感分类

传统机器学习算法将情感分析任务转化为一个文本分类问题（比如正面、负面、中性）。主要采用有监督的学习方式，基于已标注的语料库训练一个情感分类器，然后对未标注的语料进行情感预测。

总体框架如图 8-5 所示，其核心在于**特征提取**和**分类模型**部分。对于有监督的机器学习算法而言，如何构建有效的特征集合是关键。目前常用的特征包括以下几种。

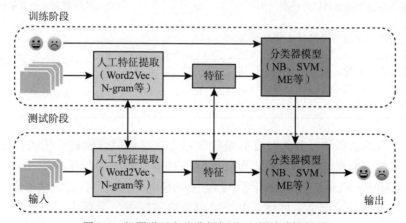

图 8-5 机器学习方法分析句子/文档情感框架图

- **词频特征**：这些 terms 可以是单个的词（unigram），也可以是相关频率的 n-gram 特征。这也是传统的基于主题的文本分类中最普通的特征。同时，信息检索领域中的 TF-IDF 也可以被应用。
- **词性特征**（Part of Speech，POS）：不同词性的词应该被不同地处理。例如，形容词是观点的重要指标。因此，一些研究人员将形容词视为特殊特征。
- **情感词**：情感词用于表达积极或消极的情感。比如，good、wonderful 和 amazing 都是正面情感词，而 bad、poor 和 terrible 是负面情感词。情感词中最常见的是形容词和副词，但是名词（例 junk、crap 等）和动词（例 hate、love 等）也可以传达情感信息。
- **情感转换词**：有一些表达用于改变情感的方向。比如否定词 not 可以将正面态度转为负面态度。但是，这样的词语需要小心处理，因为不是所有的这样的词都表达否定含义，比如 not 和 not only 表达不同的意思。

就分类模型而言，经典的分类算法均可以使用，例如朴素贝叶斯（Naive Bayes，NB）、支持向量机（Support Vector Machine，SVM）、最大熵模型（Maximum Entropy，ME）等。按照分类算法将目前的工作总结为表 8-2。

表 8-2 情感分析领域常见的分类算法

分类算法	基本思想	数据集	优缺点
NB	通过使用单词和类别的联合概率找出给定文本文档类别的概率	Twitter[16] 电影和酒店评论[17]	优点：简单、高效、速度快、扩展性好 缺点：准确率不高
ME	学习概率模型时，所有可能的模型中熵最大的模型是最好的模型；若概率模型需要满足一些约束，则最大熵原理就是在满足已经约束的条件集合中选择熵最大模型	电子产品评论[18] Twitter[19]	优点：只需要训练数据不断迭代，就可以得到模型，进行自收敛，方法简单、准确率较高 缺点：训练时间较久、往往得到局部最佳解而非全局最优解
SVM	通过寻求结构风险最小化以提高学习泛化能力，实现经验风险和置信范围最小化，从而达到在统计样本量较少的情况下，亦可以获得良好统计规律的目的	Twitter[20] 电影评论[21]	优点：准确率高、泛化错误率低、对于训练样本较小的样本可以得到很好的效果 缺点：训练耗时

然而，传统的机器学习方法是有监督的学习方式，模型性能过于依赖标注数据的质量；此外它依赖专家构建特征工程，而且构建的特征工程往往与任务相关，不具有通用性。同时，在 BOW 和 n-gram 语言模型中，每个词彼此相互独立，且忽略了文本上下文关系，难以准确表征语义信息。另外，由于采用独热编码进行量化表示，数据表现为高维稀疏性，不仅特征表达能力弱，而且导致模型训练复杂度高。

8.3.3 基于深度学习的情感分类

传统机器学习方法利用人工提取特征，比如 n-gram 特征，存在高维稀疏的问题。目前的深度学习方式则可以避免人工提取特征，它通过 Embedding、Word2Vec、RNN 等深度学习技术模拟词语的表征、词语间的联系，从而实现高阶、低阶特征的自动抽取，建模细粒度的情感分类表征。基于深度学习的情感分类整体框架如图 8-6 所示。

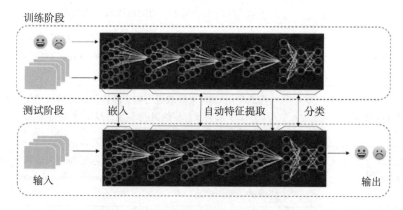

图 8-6 基于深度学习的情感分类整体框架图

当前情感分析任务并不单单使用一种模型，而大多采用多种模型融合的方法。其中融合注意力机制是最常用、最广泛、最有效的一种方式。注意力机制可以自动区分文本中重要、关键的信息，并对关键信息分类，突出关键词语对于情感极性的作用。比如 RNN、GRU、LSTM、Memory 和 Attention 相结合，可以深度挖掘文本中蕴含的隐藏信息，达到更好地识别文本情感极性的效果。基于深度学习的情感分类方法总结如表 8-3 所示。

其中，最为典型的是利用 CNN 或 RNN 结构来建模词语、句子之间的语义关系从而实现文档级情感分类。图 8-7 呈现了一个融合 CNN 和 LSTM 的典型框架，自底向上依次实现了词、句和文档的抽象表示[23]。具体而言，该框架由句子表示层、文档表示层和情感分类层三个部分构成。其中，**句子表示层**中利用 CNN 和 LSTM 编码句子，这样可以将非固定长度的句子表示成定长的向量，且不需要依赖依存句法分析或者成分句法分析等实现词序信息的直接嵌入表示。考虑到模型的并发效率问题，采用 CNN 实现句子编码，通过多个卷积核来实现句子的向量化表示。**文档表示层**中，考虑到 CNN 仅是通过线性层存储句间关系，简单的 RNN 存在梯度消失和梯度爆炸的问题（尤其是在长句子中）。因此将基本 RNN 改造成一种带有门控结构的 RNN，来聚合文档中不同长度的句子。**情感分类层**中，利用多层感知机的方式来进行文档的情感分类。其具体细节如图 8-7 所示。

表 8-3 基于深度学习的情感分类方法汇总表

深度学习方法	具体方法	基本思想
CNN	BoW-CNN+Seq-CNN[22]	用独热模型表示每一个词,然后用 CNN 来捕获词语之间的关联性,从而更准确地捕获文本的语义,从而应用于情感分析的分类
	CNN/LSTM+GNN[23]	作者引入自底向上的基于向量的篇章表示方法,首先用 CNN/LSTM 实现单句表示,再用门控网络编码句子间的内在关系和语义联系,以实现篇章级情感分析中句间的内在语义关系编码
	CNN+RNN[24]	作者使用一个联合的 CNN 和 RNN 结构,利用 CNN 生成的粗粒度局部特征和 RNN 学习的长距离相关性来实现短文本的情感分析,缓解短文本语境信息的有限性
	CNN+LSTM[25]	作者利用 CNN 来提取每个句子的特征,然后按照句子的上下结构输入 LSTM 中来捕获前后的时间关系,从而实现情感的分类以及情感程度的预测
	UPNN[26]	作者利用 CNN 来建模句子的特征,同时将用户的喜好和产品的质量加入其中,提出 UPNN 模型(User Product Neural Network)以实现文档级的情感分类
RNN、LSTM、GRU 等	CLSTM[27]	作者利用 LSTM 来建模文档的语义,并提出缓存的 LSTM(Cached LSTM,CLSTM)来捕获长文本中的整体语义信息,以此缓解递归结构下的记忆单元的不足,从而实现文档级长文本的情感分类
	SR-LSTM[28]	作者提出一种新的具有两个隐藏层的神经网络模型(SR-LSTM)来分别编码句子向量和句子之间的关系向量,从而实现文档级长文本的情感分类
	Attention[29]	作者提出层次化的注意力机制模型(HAN)来建模"词-句子-文章"的层次化结构,从而可以识别出对文本情感分类重要的句子和词语,以便于进行情感分类
	LSTM+Attention[30]	作者利用 LSTM 来捕获词语、句子的语义,同时引入了用户偏好和产品特点信息,利用注意力机制来实现不同语义级别下的融合,从而实现文档级的情感分析
Memory Work	Memory+Attention[31]	作者利用注意力机制自动捕获轴心点(情感分类中重要的情感词),同时利用记忆网络来存储这些重要的词汇,使得其在情感分类和领域分类两个任务间共享,联合训练,从而实现文档级的分类
AutoEncoder	RAE[32]	作者提出了一个使用半监督学习的递归自编码,以词嵌入为输入,使用层次的结构从非监督文本中学习词汇和句子表示,并使用层次结构中的节点来预测情感标签的分布
	AE[33]	作者提出一种新的自动编码器扩展,着重构建情感词汇来引导生成器的模型生成情感倾向较好的文本,从而实现文本的情感分类

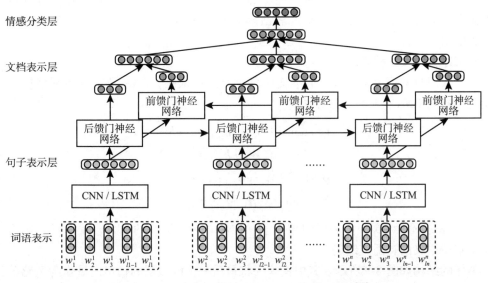

图 8-7 文档级情感分类的神经网络模型框架图[23]

1. CNN 编码句子表示

词向量表示:利用随机初始化词汇矩阵 $L_w \in \mathbf{R}^{d \times |V|}$ 的方式来获得词语的向量表示。然后使用 CNN 进行句子表达的学习。在卷积过程中,依次使用宽度为 1,2,3 三种卷积核来挖掘句子中一元、二元和三元的特征。如图 8-8 所示,假设 $e_i \in \mathbf{R}^d$ 是每一个单词的 d 维嵌入表示,$I_c = [e_i; e_{i+1}; \cdots; e_{i+l_c-1}] \in \mathbf{R}^{d \cdot l_c}$ 是窗口大小为 l_c 的卷积层的输入,则线性层的输出可以表示为 $O_c = W_c \cdot I_c + b_c$。

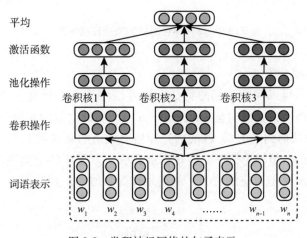

图 8-8 卷积神经网络的句子表示

为了学习句子的全局语义,对线性层的输出结果进行平均值池化操作,将其转化为长度固定的向量。最后增加一个 tanh 激活函数来引入非线性,并整合三个卷积的结果平均作为输出。

2. 门控 RNN 文档表示

为了学习自然语言中蕴含的上下文信息以及语法依赖,RNN 及其变体网络被广泛地使用。经典的 RNN 模型可以表示为

$$\boldsymbol{i}_t = \text{sigmoid}(\boldsymbol{W}_i \cdot [\boldsymbol{h}_{t-1}; \boldsymbol{s}_t] + b_i) \tag{8-1}$$

$$\boldsymbol{f}_t = \text{sigmoid}(\boldsymbol{W}_f \cdot [\boldsymbol{h}_{t-1}; \boldsymbol{s}_t] + b_f) \tag{8-2}$$

$$\boldsymbol{g}_t = \tanh(\boldsymbol{W}_r \cdot [\boldsymbol{h}_{t-1}; \boldsymbol{s}_t] + b_r) \tag{8-3}$$

$$\boldsymbol{h}_t = \tanh(\boldsymbol{i}_i \odot \boldsymbol{g}_t + \boldsymbol{f}_i \odot \boldsymbol{h}_{t-1}) \tag{8-4}$$

其中,$\odot$ 表示元素相乘;$\boldsymbol{g}_t$ 表示门控因子,控制着句子语义的输入,从而可以实现文档表示中句子语义的自适应编码。

整体的结构如图 8-9 所示。其中模式一将最后一个隐藏层的输出向量作为情感分类的特征表达,模式二则利用所有隐藏性的均值来整合句子语义信息。

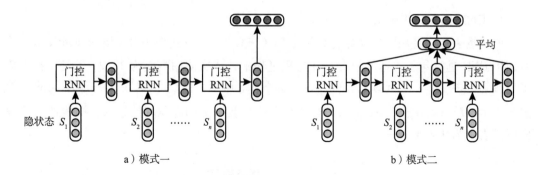

图 8-9 门控神经网络的文档建模模式

3. Softmax 情感分类

聚合的文档表示可以视为文档的特征,可直接用于情感分类。具体地,需要利用一个线性层来将文档转换为实值向量 $[x_1, x_2, \cdots, x_C]$,实值向量的长度是类别 C,然后利用 Softmax 层来将实值映射到 (0,1) 区间内,而所有数值的累加和为 1。经过 Softmax 层后,可以将每个归一化的数值视为概率,量化表示目标文本属于特定类别的概率大小。最后,选取概率最大(也就是值对应最大的)的类别作为最终的识别结果。

$$P_i = \frac{\exp(x_i)}{\sum_{i'=1}^{C} \exp(x_{i'})} \tag{8-5}$$

8.3.4 基于迁移学习的情感分类

上述所提到的情感分类工作往往依赖于大量标注数据,然而在现实生活中获取大规模标注数据需要耗费大量的人力、财力,而且数据标注的时间周期比较长。此外,人工标注往往存在标注数据质量参差不齐的问题。迁移学习为标注数据不足的问题提供了全新的解决思路。

迁移学习的目标是将从源领域学习到的内容应用到目标领域上。迁移学习大致可以分为四种:基于特征的迁移学习、基于模型的迁移学习、基于样本的迁移学习和基于相关性的迁移学习。其中,基于特征迁移和模型的迁移可以结合深度学习模型进行迁移应用。

基于特征的迁移是指对特征空间进行迁移,即在源领域上学习一个表现良好的特征表示,然后将此表示通过编码、映射的方式传递到目标领域,从而提高目标领域的性能。而基于模型的迁移,也称为参数迁移,它是将源域的模型迁移到目标域中。这两种方式的总体思路如图 8-10 所示。

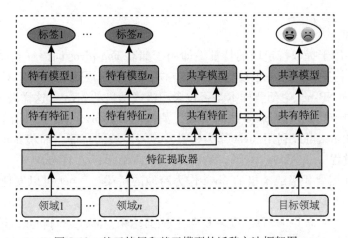

图 8-10　基于特征和基于模型的迁移方法框架图

代表性工作是杨强教授团队提出的 HATN(Hierarchical Attention Transfer Network)网络[34]。HATN 提出了一种分层注意力转移机制,通过同时捕获域间共享的特征和特定域的特征来实现跨领域的情感分类。其模型框架如图 8-11 所示。

HATN 框架主要包括三部分:P-net、NP-net 和训练过程。

(1) P-net

P-net 主要用于提取域间共享的特征,即用于捕获 pivot 词语(情感不随领域变化的单词,同时该词语对于情感分类很重要)。具体来说,将源域和目标域的文本输入 P-net 网络中,基于对抗训练进行域分类,使得域分类器无法判断生成的表示来自哪个领域。因此,P-net 生成的表示是域间共享的。

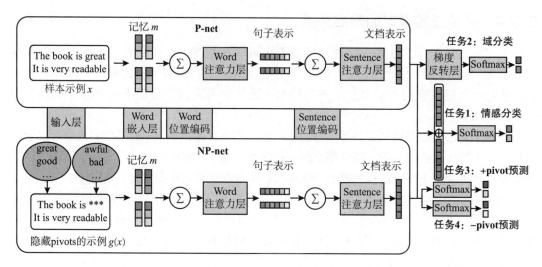

图 8-11　HATN 框架图[34]

(2) NP-net

NP-net 主要用于提取特定域的特征，即用于捕获 non-pivot 词语（情感随领域变化的单词，同时对于情感分类任务很重要）。将样本中的 pivot 词语替换为 PAD（padding，即用 0 占位），输入 NP-net 中预测样本是否包含积极或消极的 pivot。这样做的假设是：积极的 non-pivot 趋向于同积极的 pivot 共同出现，消极的 non-pivot 趋向于同消极的 pivot 共同出现。因此，NP-net 可以利用 pivot 作为桥梁发现特定域的特征、捕获 non-pivot 词语。

(3) 训练过程

由于 NP-net 需要积极或消极的 pivot 作为跨域的桥梁，P-net 可以发现 pivot 词语，因此训练过程分为两步。

- **单独训练**：训练 P-net 直到在验证集上提前结束（early stopping，过拟合的一种解决方法，在达到规定的最大训练次数之前结束训练），然后将源域每个积极评论中注意力权重较大的词语作为积极的 pivot，消极的 pivot 利用同样的方式得到。然后将这些 pivot 进行 PAD，输入 NP-net 中训练。
- **联合训练**：基于预训练的 P-net 和 NP-net 结果，进行 P-net 和 NP-net 的联合训练，两任务共同优化，从而实现跨越的情感分类任务。

具体细节如下所述。

1) 词注意力机制。假设 w_{or} 是文档中第 o 个句子中的第 r 个词。通过词嵌入矩阵，得到相应的词向量表示 e_{or}。句子中所有词向量被堆叠为句子向量表示 m_o，其通过一层神经网络得到该词的隐藏层表示：

$$h_{or} = \tanh(W_w m_{or} + b_w) \tag{8-6}$$

然后与查询向量计算注意力权重：

$$\alpha_{or} = \frac{M_w(o,r)\exp(\boldsymbol{h}_{or}^T \boldsymbol{q}_w)}{\sum_k M_w(o,k)\exp(\boldsymbol{h}_{ok}^T \boldsymbol{q}_w)} \tag{8-7}$$

其中，$M_w(o,r)$ 是词级的掩码函数来影响 PAD 向量的效果，$\boldsymbol{q}_w$ 是网络中可学习的参数，旨在捕捉那些对分类重要的单词。当词记忆 m_{or} 被占用的时候，$M_w(o,r)$ 为 1，否则为 0。

通过权重大小，计算句子的加权表示：

$$v_c^o = \sum_r \alpha_{or} h_{or} \tag{8-8}$$

2) **句子注意力机制**。句子级的注意力则是衡量句子对分类的重要程度。与 $\boldsymbol{q}_w$ 相似，$\boldsymbol{q}_c$ 被用来衡量句子的重要程度。其计算过程同词注意力机制相似：

$$\boldsymbol{h}_o = \tanh(\boldsymbol{W}_c \boldsymbol{v}_c^o + b_c) \tag{8-9}$$

$$\beta_o = \frac{M_c(o)\exp(\boldsymbol{h}_o^T \boldsymbol{q}_c)}{\sum_a M_c(a)\exp(\boldsymbol{h}_a^T \boldsymbol{q}_c)} \tag{8-10}$$

$$v_d = \sum_o \beta_o h_o \tag{8-11}$$

其中，$M_c(o)$ 是句子级的掩码函数来影响 PAD 句子向量的效果。当句子记忆 m_o 被占用的时候，$M_c(o)$ 为 1；否则为 0。

3) **层次位置注意力**。为了利用每个句子中词语或者句子本身的顺序优势，增加了位置编码。

对于词语位置编码，通过添加一个向量来更新每个词语 memory，比如 $\boldsymbol{m}_{or} = \boldsymbol{e}_{or} + \boldsymbol{p}_w^r$；对于句子位置编码，添加一个向量到每个句子的向量上，比如 $v_c^o = \sum_r \alpha_{or} \boldsymbol{h}_{or} + \boldsymbol{p}_c^o$。$\boldsymbol{p}_w$ 和 $\boldsymbol{p}_c$ 是随机初始化的。

4) **单独训练**。P-net 包含两部分损失——情感分类损失和领域分类损失，即

$$L_{\text{P-net}} = L_{\text{sen}} + L_{\text{dom}} \tag{8-12}$$

其中，L_{sen} 在源域的标注数据上计算，而领域分类则使用梯度反转层机制进行计算。

NP-net 的损失包含三部分——情感分类损失、积极 pivot 损失和消极 pivot 损失，即

$$L_{\text{NP-net}} = L_{\text{sen}} + L_{\text{pos}} + L_{\text{neg}} \tag{8-13}$$

5) **联合训练**。将所有的损失函数加在一起，即

$$L = L_{\text{sen}} + L_{\text{dom}} + L_{\text{pos}} + L_{\text{neg}} + \rho L_{\text{reg}} \tag{8-14}$$

其中，L_{reg} 是参数的 L2 正则损失，ρ 是一个超参数。

然而，无论是句子级，还是文档级的分析均是粗粒度的，即它只能判别用户的整体情感，不能说明观点的对象。比如"我喜欢使用 KN95 口罩"，其说明的对象为 KN95 口罩产品，但如果"我喜欢使用 KN95 口罩，其防霾效果好"，则说明的对象为 KN95 口罩产品的属性——质量。同时，粗粒度的情感分类模型无法处理多个情感目标对象同时存在的情况。比如"虽然 KN95 口罩质量很好，但是它价格挺贵的"，它包含了两个观点——KN95 口罩质量好、价格贵。从句子级别来看，它既有正面的又有负面的情感。显而易见，从整体上难以判断句子的情感色彩。为此，需要进一步分析句子/文档中多个观点所属的对象，即方面级情感分析。

8.4 方面级情感分析

在商业智能应用中，商家仅仅知道用户对产品的整体评价是不够的。为了对产品进行更新或者完善，往往需要了解用户对产品不同属性的细粒度评估。例如，了解用户对某口罩的质量、颜色、服务等方面类别的情感，或者更进一步了解对该口罩的质量这一个类别中的透气性、防霾性等方面级的情感。为了实现这一目标，需要研究方面级（Aspect-Level）情感分析技术。

8.4.1 方面实体情感分析

基于方面实体的情感分析（Aspect-Term Sentiment Analysis，ATSA）旨在预测与目标实体相关的内容情感极性。比如，给定"该商家 KN95 口罩透气性很好，但是运输极慢"，则需要对目标实体"该商家 KN95 口罩"相关的"透气性"和"运输"分别进行情感分析，并返回结果 {透气性：好，运输：慢}。目前基于方面实体的情感分析任务可归纳如表 8-4 所示。

表 8-4 基于方面实体的情感分析任务

设置	输入	输出
ABSA	句子，方面实体	方面实体情感极性（比如，积极、消极、中立）
AOWE	句子，方面实体	方面实体观点（比如好、极好）
E2E-ABSA	句子	方面实体 方面实体情感极性

对于第一类 ABSA（Aspect-Based Sentiment Analysis）和第二类任务 AOWE（Aspect-oriented Opinion Word Extraction），它们均是先提取句子的方面实体，然后再进行方面实体的情感分类，整体框架如图 8-12 所示。目前有很多机器学习和深度学习方法，总结如表 8-5 所示。

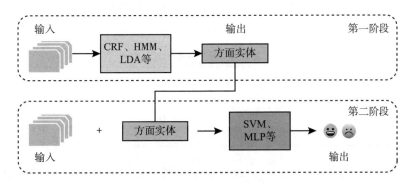

图 8-12 ABSA 和 AOWE 通用框架图

表 8-5 ABSA 和 AOWE 的方法总结

方法	研究工作	内容	优缺点
SVM、基于规则的方法	文献[35-37]	构建情感词典或者特征，然后输入 SVM 等分类器模型中进行训练，得到情感的极性。其中，SVM 分类器效果最佳	人工构建较优的特征或者构造额外的语料库、情感词典，花费巨大人力
RNN、LSTM 等	文献[38-39]	利用 LSTM 等获取句子中词语的顺序关系，然后根据方面实体同上下文的联系判断实体的情感极性	可以自动提取特征，获取丰富的语义表示，更准确地进行分类任务
Attention	文献[40-41]	利用注意力机制将方面实体和上下文联系起来，用于判别每个实体的情感极性	
Memory Work	文献[42-43]	用于解决 LSTM 步长有限，存储不完全的问题，将句子存储在记忆单元中，当方面实体出现时，便可以调出其上下文来判断该实体的情感极性	

然而，这两类任务是分两阶段进行的：提取和分类。因此存在着误差的传播问题，即第一阶段出现错误，那么该错误将影响第二阶段的结果。因此，第三类端到端的方面级情感分析则希望将两阶段融合在一起，构造端到端的分类器。为此，李等人[44]提出了一种全新的序列标注策略，它将方面实体提取和情感极性建模在同一个模型中，同时将方面实体的位置信息和情感信息同时集成在单个标签中。如表 8-6 所示的"unified"行，除了 O 之外的每个标签都包含位置（B/I/E/S，分别表示方面实体的开始/内部/结束/单个词）和情感标签（POS/NEG/NEU，分别表示积极/消极/中立的情感极性）。在这种标注模式下，输入为单词序列，输出为每个单词对应的 unified 标签。

对于端到端的方面级情感分析任务，传统的"joint"模式将序列标注问题建模为多个子问题逐步解决，存在误差传播的问题[45-47]。目前新提出的"unified"模式[48-49]学习多个任务间共享的信息，强调表征的质量。李等人[44]提出了一个更有效的 unified 方案。

它将 E2E-ABSA 问题建模为一个序列标注问题，同时从下游模型的建模能力和词义表示的质量两个角度来探索如何提升 unified 方案的性能。

表 8-6 E2E-ABSA 任务的两种模式

输入	The	AMD	Turin	Processor	performs	much	better	than	Intel	
joint	O	B	I	E	O	O	O	O	S	O
	O	POS	POS	POS	O	O	O	O	NEG	O
unified	O	B-POS	I-POS	E-POS	O	O	O	O	S-NEG	O

1）更强大的下游模型：提出一个新的堆叠式循环神经网络来解决 E2E-ABSA 问题。此模型包含两层堆叠的循环神经网络，上层的 RNN 用于解决 E2E-ABSA 问题（即预测 unified 方案设计中的标签序列），下层的 RNN 负责检测评论目标的边界。

2）利用预训练的 BERT 来产生上下文相关的词向量，然后将 BERT 与标准的神经序列模型，比如 LSTM、CRF 等结合起来解决 E2E-ABSA 这个序列标注问题。

该模型整体的框架如图 8-13 所示。

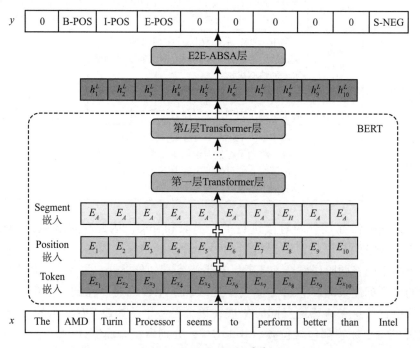

图 8-13 模型框架图[44]

该框架图主要包含四部分。
- 输入层：输入要标记的序列 $x = \{x_1, x_2, \cdots, x_T\}$。
- BERT 预训练层：利用 L 个 Transformer 的 BERT 分量来计算相应的上下文表示 $H^L =$

$\{h_1^L, h_2^L, \cdots, h_T^L\}$。
- **E2E-ASBA 层**：将得到的上下文表示 H^L 输入到该层以预测标记序列 $y = \{y_1, y_2, \cdots, y_T\}$。
- **输出层**：输出标记序列 $y = \{y_1, y_2, \cdots, y_T\}$。

具体细节如下所述。

1) **BERT 预训练层**：该层与传统的基于 Word2Vec、Glove 的嵌入层相比，可以将整个句子输入，使用来自整个句子的信息来计算词语的表示。其输入 x 包含三方面的表示——Token 嵌入、Position 嵌入和 Segment 嵌入，然后将三方面信息融合，输入 L 层的 Transformer 逐层地提取词语的特征，最终得到包含上下文信息的词语嵌入表示。

2) **E2E-ABSA 层**：该层主要是用来求解 E2E-ABSA 的任务。可以考虑四种不同的设计模式——线性层、神经递归层、自注意力层和条件随机场层。

- **线性层**：将词语的 Embedding 表示直接输入带有 Softmax 激活函数的线性层，计算预测值为

$$P(y_t | x_t) = \text{softmax}(W_o h_t^L + b_o) \tag{8-15}$$

- **神经递归层**：考虑到序列标记，递归神经网络是最容易想到的解决方案。采用 GRU 来进行提取预测，同时为了预防 BERT 利用 h_t^L 出现不稳定的训练，添加了额外的层归一化 LN 操作，形式化为

$$\begin{bmatrix} r_t \\ z_t \end{bmatrix} = \sigma(\text{LN}(W_x h_t^L) + \text{LN}(W_h h_{t-1}^T)) \tag{8-16}$$

$$n_t = \tanh(\text{LN}(W_{xn} h_t^L) + r_t \text{LN}(W_{hn} h_{t-1}^T)) \tag{8-17}$$

$$h_t^T = (1 - z_t) n_t + z_t h_{t-1}^T \tag{8-18}$$

最终，通过一层 Softmax，得到最终预测的结果为

$$P(y_t | x_t) = \text{softmax}(W_o h_t^T + b_o) \tag{8-19}$$

- **自注意力层**：自注意力网络是 CNN、RNN 之后另外一个有效的特征提取器。考虑引入了两个变体。一种变体是简单的自注意力层和残差连接，称为"SAN"，形式化为

$$H^T = \text{LN}(H^L + \text{SLF} - \text{ATT}(Q, K, V)) \tag{8-20}$$

$$Q, K, V = H^L W^Q, H^L W^K, H^L W^V \tag{8-21}$$

另外一个变体是 Transformer 层（称为 TFM），它和 BERT 内的 Transformer Encoder 有相同的结构，形式化为

$$\widehat{H^T} = \text{LN}(H^L + \text{SLF} - \text{ATT}(Q, K, V)) \tag{8-22}$$

$$H^T = \text{LN}(\widehat{H^T} + \text{FFN}(\widehat{H^T})) \qquad (8\text{-}23)$$

其中，FFN 表示的是前馈神经网络。最终，通过一层 Softmax，得到预测的结果为

$$P(y_t|x_t) = \text{softmax}(W_o H^T + b_o) \qquad (8\text{-}24)$$

- **条件随机场层**：条件随机场被广泛应用在序列建模问题中，与神经网络模型结合可以解决序列标记任务。在 BERT 嵌入层的基础上增加一个线性链 CRF 层。不同于上述的最大化似然 $P(y_t|x_t)$ 的神经网络模型，基于 CRF 的模型旨在寻找全局最可能的标签序列。序列得分和对应的概率计算为

$$s(x,y) = \sum_{t=0}^{T} M^A_{y_t, y_{t+1}} + \sum_{t=1}^{T} M^P_{t, y_t} \qquad (8\text{-}25)$$

$$p(y|x) = \text{softmax}(s(x,y)) \qquad (8\text{-}26)$$

其中，M^A 是随机初始化矩阵，用于建模相邻预测之间的依赖关系；M^P 表示由 BERT 表示线性变换后的矩阵。这里的 Softmax 是在所有可能的标记序列上执行的。解码时将得分最高的标签序列作为输出。

$$y^* = \arg\max_y s(x,y) \qquad (8\text{-}27)$$

8.4.2　方面类别情感分析

基于方面类别的情感分析（Aspect-Category Sentiment Analysis，ACSA）旨在预测与目标实体相关的主题的情感极性，比如，给定"该商家 KN95 口罩透气性很好，但是运输极慢"，需要对"质量"和"服务"等预先定义好的大类进行情感分析，并返回结果 ｛质量：positive，服务：negative｝。

同方面实体情感分析相似，方面类别情感分析[50-53]可划分为两个子任务——方面类别检测和情感分类，这样的两阶段的方法同样存在着误差传播问题。因此考虑使用联合模型将这两个任务融合在一起[54-56]，其联合框架如图 8-14 所示。

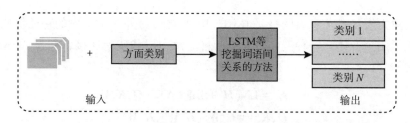

图 8-14　方面类别检测和情感分类任务联合框架

或者使用多任务学习的方式，同时学习方面实体和方面类别的情感极性[55]，其基本框架如图 8-15 所示。

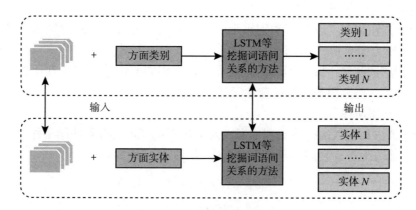

图 8-15　方面实体、方面类别检测和情感分类多任务联合框架

其中，典型的方法是李等人[47]提出的研究方法，主要解决联合方法中存在的方面类别稀疏、方面类别与情感词不匹配的问题。其模型框架如图 8-16 所示。

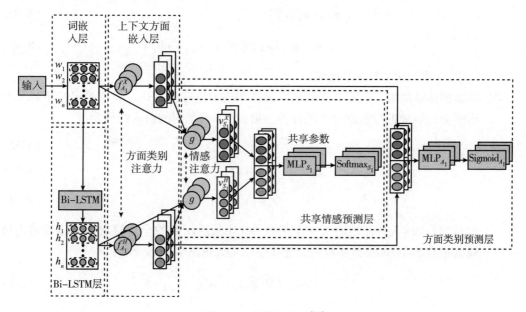

图 8-16　整体框架图[47]

该框架图主要包含五部分。
- 词嵌入层：将原本输入的文本序列 $\{w_1, w_2, \cdots, w_n\}$ 转化为文本向量 $X = \{x_1, x_2, \cdots, x_n\}$。
- Bi-LSTM 层：将文本向量 X 输入 Bi-LSTM 中，获得词语隐含的表示 $H = \{h_1, h_2, \cdots, h_n\}$。
- 上下文方面嵌入层：提取方面实体相关的信息和情感词信息，然后将其用于生成特定的方面表示进行情感分类。
- **方面类别预测层**：以方面类别表示和句子表示作为输入，以判别该句子中是否含有第 i 个方面类别。
- **共享情感预测层**：由于不同的方面类别共享相同的情感，因此利用共享情感预测层来缓解一些方面类别的稀疏性问题。

具体细节如下所述。

1) **上下文方面嵌入层**：该层利用词嵌入层和 Bi-LSTM 层得到的结果作为输入，对于每一个方面类别利用注意力机制生成不同语义层面的向量：

$$v_{A_j}^X = f_{A_j}^X(X), j=1,2,\cdots,N \tag{8-28}$$

$$v_{A_j}^H = f_{A_j}^H(H), j=1,2,\cdots,N \tag{8-29}$$

其中，$f(\cdot)$ 表示注意力机制。

2) **方面类别预测层**：该层利用方面类别的表示和 Bi-LSTM 层的隐状态表示来判断方面类别是否在文本句子中，形式化为

$$v_{A_j} = [v_{A_j}^X, v_{A_j}^H] \tag{8-30}$$

$$\widehat{y_{A_j}} = \sigma(\widehat{W_{A_j}} \mathrm{ReLU}(W_{A_j} v_{A_j} + b_{A_j}) + \widehat{b_{A_j}}) \tag{8-31}$$

其中，j 表示第 j 个方面类别。

3) **共享情感预测层**：观察到不同的方面被相同的情感词表达，我们提出使用共享的情感分类器来进行情感分类的任务。第 j 个方面类别的输入特征为

$$v_{s_j}^X = g(X, v_{A_j}^X) \tag{8-32}$$

$$v_{s_j}^H = g(H, v_{A_j}^H) \tag{8-33}$$

$$v_{s_j} = [v_{s_j}^X, v_{s_j}^H] \tag{8-34}$$

然后第 j 个输入特征被输入一个带有 ReLU 激活函数的全连接层，同时该输出被输入带有 Softmax 激活函数的全连接层以生成情感概率的分布：

$$\widehat{y_{s_j}} = \mathrm{softmax}(\widehat{W_s} \mathrm{ReLU}(W_s v_{s_j} + b_s) + \widehat{b_s}) \tag{8-35}$$

8.5 情感分析发展趋势

情感分析技术实现文本中所蕴含情感色彩的理解，被广泛应用于商业智能、舆情监控、政治决策等各个领域。前面已介绍了情感分析的定义、分类以及经典的情感分析方法。随着深度学习技术的不断发展，情感分析技术的发展主要呈现以下五个趋势。

- **构建高质量的情感文本语料库**：传统的基于词典和规则的方法依赖于高质量的情

感词典库，同时在中文应用场景中，中文的情感权威词典资源更为稀少，使得基于词典的情感分析效果较差；而对于统计学习、机器学习和深度学习的方法来说，没有高质量的情感文本语料库，模型也不能较好的训练。因此，构建大规模的高质量情感文本语料库非常有必要。

- **多模态情感分析**：随着社交媒体的普及，出现大量的多模态数据，比如图片、文字和音频信息。同时，在文本信息中还会存在表情符号、标点符号等。在文本情感分析中，这些符号信息扮演着越来越重要的角色，尤其是在短文本情感分析中。同时，在网络交流或商品评论中，人们会利用图片、表情等其他模态的信息来表达情绪。因此，如何将这些信息融入自然语言模型中增强自然语言的表达，从而更准确地分析句子的情感是未来的研究方向[57]。

- **融入知识的情感分析**：人类的语言丰富多样，细微的差别则可能代表截然不同的情感色彩。比如否定词、讽刺意味的句子、比较含义的句子等，都会对情感分析造成较大的影响。例如"今天又新增一例确诊病例……fun times！"。"fun times"虽然通常都是表达高兴的词语，但是这里只是来表达负面情感的。同时，还有一些领域相关的问题，比如"我的电脑散热声音很大"可能是差评，而"我家音响声音很大"则很可能表示好评。此外，一些网络流行词也会影响情感分析，比如"给力""奥利给"等。因此，如何构建融入其他知识的情感分析模型，正确辨识句子所蕴含的情感是未来的一大挑战。

- **跨域情感分析**：跨领域情感分析主要是指利用源域的标注数据对目标域的无标注数据进行情感分类，例如从电子领域（源域）迁移知识到餐饮领域（目标域）。目前跨域情感分析方法主要分为两类：基于特征表达的跨域情感分类[58-59]和基于实例加权的跨域情感分类[60]。前者通常使用人工设计的规则或 N 元文法提取句子特征，忽略了上下文关系及重要单词和句子的情感分类，而后者可能会迁移噪声数据，产生负迁移。因此，如何自动迁移领域的相关知识来提高目标域的情感分析性能是未来的一大挑战。

- **细粒度情感分析**：细粒度情感分析能够帮助人们提高获取信息的效率，了解公众对某事或某物各个方面的观点。同时可以辅助消费者做购买决策，帮助生产商改善商品。目前对于细粒度情感分析主要是分析产品的属性、类别等信息，大多是采用两阶段的方式，即先提取方面实体或方面类别，然后再针对特定的方面进行情感分析任务，但是这样的方式存在着误差传播问题。尽管目前研究人员开始转向多任务联合分析的方式[54-56]，但是它仍然处于探索阶段。如何构建端到端的细粒度情感分析模型是未来的一大挑战。

小结

1. 词语级情感分析是指利用构建好的情感词典，为词语赋予情感信息。但是情感词典的构建较为复杂，人工构建词典费时费力，自动构建则难于判别词语在不同语境中的情感。

2. 句子/文档级情感分析是指分析整个句子或者整个文档的情感倾向性，得到用户对于整句话/文档的宏观评价信息。因此它只能判别用户的整体的情感，不能说明观点的对象。同时这种粗粒度分类无法处理一个句子中存在多个情感目标对象的情况。

3. 方面级情感分析是指通过分析对于某一实体的某一属性的描述，得到用户对于该属性的情感倾向信息。它更加细粒度地分析了产品的某些属性的情感信息，但是需要海量的标注数据。

习题

1. 给定句子"2020年1月，武汉收到了很多耐用的防护服"，判断其情感分析的各个元素。

2. 给定形容词{good，bad}，试根据连接词方法扩充该种子集合，使得整个种子集不少于50个词语。

3. 下表显示了维基百科（2015年10月）的一些词语对，试计算每对词语的 PMI。

Word 1	Word 2	Count word 1	Count word 2	Count-of co-occurrences	PMI
Puerto	Rico	1938	1311	1159	
Hong	Kong	2438	2694	2205	
Los	Angeles	3501	2808	2791	
Carbon	Dioxide	4265	1353	1032	
Prize	Laureate	5131	1676	1210	

4. 假设正向情感词的情感值为+1，负向情感词的情感值为-1，如果情感词前有强调词（比如"非常"），那么该情感词的情感值加倍。请试基于词典的算法分析"该商家 KN95 口罩透气性很好，但是运输极慢"整个文本的情感值。

5. "该商家防护服材料耐用，但是透气性非常差"，试利用基于方面实体和方面类别的情感分析方式来分析各个元素的情感极性。

6. 思考句子/文档级的情感分类任务中各个方法的差异。

7. 思考句子、文档级情感分析任务的异同之处。

*8. 试根据某中文语料库利用 Python 中集成的 SnowNLP 工具和 Sklearn 库里的朴素贝叶斯的分类方式分别来分析句子的情感（数据链接：https://pan.baidu.com/s/1nx0SIDkiii0zTdxLaTfb-A　提取码：7t03）。

9. 阅读论文 *Multi-grained Attention Network for Aspect-Level Sentiment Classification* 及其代码实现，同时下载安装 PyTorch 并配置，按照研究背景、研究目标、研究意义、研究过程、研究结果以及讨论等过程写一篇阅读、实现报告。

参考文献

[1] ZHAO C, LI C, XIAO R, et al. CATN: Cross-domain recommendation for cold-start users via aspect transfer network [C] //Proceedings of the 43rd International ACM SIGIR Conference on Research and Development in Information Retrieval. 2020: 229-238.

[2] ZHANG Y, CHEN J, LIU B, et al. Covid-19 public opinion and emotion monitoring system based on time series thermal new word mining [J]. arXiv preprint arXiv: 2005. 11458, 2020.

[3] JIN Z, YANG Y, LIU Y. Stock closing price prediction based on sentiment analysis and LSTM [J]. Neural computing and applications, 2020, 32: 9713-9729.

[4] MELVILLE P, GRYC W, LAWRENCE R D. Sentiment analysis of blogs by combining lexical knowledge with text classification [C] //Proceedings of the 15th ACM SIGKDD international conference on knowledge discovery and data mining. 2009: 1275-1284.

[5] DEWEY J. The theory of emotion [J]. Psychological review, 1895, 2(1): 13.

[6] ARIFIN S, CHEUNG P Y K. Affective level video segmentation by utilizing the pleasure-arousal-dominance information [J]. IEEE Transactions on Multimedia, 2008, 10(7): 1325-1341.

[7] STONE P J, DUNPHY D C, SMITH M S. The general inquirer: A computer approach to content analysis [J]. 1966.

[8] DING X, LIU B, YU P S. A holistic lexicon-based approach to opinion mining [C] //Proceedings of the 2008 international conference on web search and data mining. 2008: 231-240.

[9] PENNEBAKER J W, FRANCIS M E, BOOTH R J. Linguistic inquiry and word count: LIWC 2001 [J]. Mahway: Lawrence Erlbaum Associates, 2001, 71(2001): 2001.

[10] BACCIANELLA S, ESULI A, SEBASTIANI F. Sentiwordnet 3.0: an enhanced lexical resource for sentiment analysis and opinion mining [C] //Lrec. 2010, 10(2010): 2200-2204.

[11] DONG Z, DONG Q. HowNet-a hybrid language and knowledge resource [C] //International conference on natural language processing and knowledge engineering, 2003. Proceedings. 2003. IEEE, 2003: 820-824.

[12] XU L, LIN H, PAN Y, et al. Constructing the affective lexicon ontology [J]. Journal of the China society for scientific and technical information, 2008, 27(2): 180-185.

[13] KU L W, LIANG Y T, CHEN H H. Opinion Extraction, Summarization and Tracking in News and Blog Corpora [J]. AAAI-CAAW, 2006.

[14] https://blog.csdn.net/qq_41297719/article/details/94561264

[15] HATZIVASSILOGLOU V, MCKEOWN K. Predicting the semantic orientation of adjectives [C] //35th annual meeting of the association for computational linguistics and 8th conference of the european chapter of the association for computational linguistics. 1997: 174-181.

[16] WIKARSA L, THAHIR S N. A text mining application of emotion classifications of Twitter's users using Naive Bayes method [C] //2015 1st International Conference on Wireless and Telematics (ICWT). IEEE, 2015: 1-6.

[17] DEY L, CHAKRABORTY S, BISWAS A, et al. Sentiment analysis of review datasets using naive bayes and k-nn classifier [J]. arXiv preprint arXiv: 1610.09982, 2016.

［18］LEE H Y, RENGANATHAN H. Chinese sentiment analysis using maximum entropy ［C］//Proceedings of the Workshop on Sentiment Analysis where AI meets Psychology (SAAIP 2011). 2011: 89-93.

［19］GAUTAM G, YADAV D. Sentiment analysis of twitter data using machine learning approaches and semantic analysis ［C］//2014 Seventh international conference on contemporary computing (IC3). IEEE, 2014: 437-442.

［20］HUQ M R, AHMAD A, RAHMAN A. Sentiment analysis on Twitter data using KNN and SVM ［J］. International Journal of Advanced Computer Science and Applications, 2017, 8(6).

［21］MORAES R, VALIATI J F, NETO W P G O. Document-level sentiment classification: An empirical comparison between SVM and ANN ［J］. Expert Systems with Applications, 2013, 40(2): 621-633.

［22］JOHNSON R, ZHANG T. Effective use of word order for text categorization with convolutional neural networks ［J］. arXiv preprint arXiv: 1412. 1058, 2014.

［23］TANG D, QIN B, LIU T. Document modeling with gated recurrent neural network for sentiment classification ［C］//Proceedings of the 2015 conference on empirical methods in natural language processing. 2015: 1422-1432.

［24］WANG X, JIANG W, LUO Z. Combination of convolutional and recurrent neural network for sentiment analysis of short texts ［C］//Proceedings of COLING 2016, the 26th international conference on computational linguistics: Technical papers. 2016: 2428-2437.

［25］WANG J, YU L C, LAI K R, et al. Dimensional sentiment analysis using a regional CNN-LSTM model ［C］//Proceedings of the 54th annual meeting of the association for computational linguistics. 2016: 225-230.

［26］TANG D, QIN B, LIU T. Learning semantic representations of users and products for document level sentiment classification ［C］//Proceedings of the 53rd annual meeting of the Association for Computational Linguistics and the 7th international joint conference on natural language processing. 2015: 1014-1023.

［27］XU J, CHEN D, QIU X, et al. Cached long short-term memory neural networks for document-level sentiment classification ［J］. arXiv preprint arXiv: 1610. 04989, 2016.

［28］RAO G, HUANG W, FENG Z, et al. LSTM with sentence representations for document-level sentiment classification ［J］. Neurocomputing, 2018, 308: 49-57.

［29］YANG Z, YANG D, DYER C, et al. Hierarchical attention networks for document classification ［C］//Proceedings of the 2016 conference of the North American chapter of the association for computational linguistics: human language technologies. 2016: 1480-1489.

［30］CHEN H, SUN M, TU C, et al. Neural sentiment classification with user and product attention ［C］//Proceedings of the 2016 conference on empirical methods in natural language processing. 2016: 1650-1659.

［31］LI Z, ZHANG Y, WEI Y, et al. End-to-end adversarial memory network for cross-domain sentiment classification ［C］//IJCAI. 2017: 2237-2243.

［32］SOCHER R, PENNINGTON J, HUANG E H, et al. Semi-supervised recursive autoencoders for predicting sentiment distributions ［C］//Proceedings of the 2011 conference on empirical methods in natural language processing. 2011: 151-161.

［33］ZHANG Z, ZHAI S. Semisupervised autoencoder for sentiment analysis: US Patent 11, 205, 103 ［P］. 2021.

[34] LI Z, WEI Y, ZHANG Y, et al. Hierarchical attention transfer network for cross-domain sentiment classification [C] //Proceedings of the AAAI Conference on Artificial Intelligence. 2018, 32(1).

[35] MOHAMMAD S M, KIRITCHENKO S, ZHU X. NRC-Canada: Building the state-of-the-art in sentiment analysis of tweets [J]. arXiv preprint arXiv: 1308.6242, 2013.

[36] KIRITCHENKO S, ZHU X, CHERRY C, et al. NRC-Canada-2014: Detecting aspects and sentiment in customer reviews [C] //Proceedings of the 8th international workshop on semantic evaluation. 2014: 437-442.

[37] WAGNER J, ARORA P, CORTES S, et al. Dcu: Aspect-based polarity classification for semeval task 4 [J]. 2014.

[38] TANG D, QIN B, FENG X, et al. Effective LSTMs for target-dependent sentiment classification [J]. arXiv preprint arXiv: 1512.01100, 2015.

[39] MA D, LI S, ZHANG X, et al. Interactive attention networks for aspect-level sentiment classification [J]. arXiv preprint arXiv: 1709.00893, 2017.

[40] WANG Y, HUANG M, ZHU X, et al. Attention-based LSTM for aspect-level sentiment classification [C] //Proceedings of the 2016 conference on empirical methods in natural language processing. 2016: 606-615.

[41] LIU Q, ZHANG H, ZENG Y, et al. Content attention model for aspect based sentiment analysis [C] //Proceedings of the 2018 world wide web conference. 2018: 1023-1032.

[42] TANG D, QIN B, LIU T. Aspect level sentiment classification with deep memory network [J]. arXiv preprint arXiv: 1605.08900, 2016.

[43] CHEN P, SUN Z, BING L, et al. Recurrent attention network on memory for aspect sentiment analysis [C] //Proceedings of the 2017 conference on empirical methods in natural language processing. 2017: 452-461.

[44] LI X, BING L, ZHANG W, et al. Exploiting BERT for end-to-end aspect-based sentiment analysis [J]. arXiv preprint arXiv: 1910.00883, 2019.

[45] JING H, FLORIAN R, LUO X, et al. HowtogetaChineseName (Entity): Segmentation and combination issues [R]. IBM THOMAS J WATSON RESEARCH CENTER YORKTOWN HEIGHTS NY, 2003.

[46] NG H T, LOW J K. Chinese part-of-speech tagging: One-at-a-time or all-at-once? word-based or character-based? [C] //Proceedings of the 2004 Conference on Empirical Methods in Natural Language Processing. 2004: 277-284.

[47] MIWA M, SASAKI Y. Modeling joint entity and relation extraction with table representation [C] //Proceedings of the 2014 conference on Empirical Methods in Natural Language Processing (EMNLP). 2014: 1858-1869.

[48] MITCHELL M, AGUILAR J, WILSON T, et al. Open domain targeted sentiment [C] //Proceedings of the 2013 conference on empirical methods in natural language processing. 2013: 1643-1654.

[49] ZHANG M, ZHANG Y, VO D T. Neural networks for open domain targeted sentiment [C] //Proceedings of the 2015 Conference on Empirical Methods in Natural Language Processing. 2015: 612-621.

[50] ZHOU X, WAN X, XIAO J. Representation learning for aspect category detection in online reviews [C] //Proceedings of the AAAI conference on artificial intelligence. 2015, 29(1).

[51] RUDER S, GHAFFARI P, BRESLIN J G. A hierarchical model of reviews for aspect-based sentiment analysis [J]. arXiv preprint arXiv: 1609.02745, 2016.
[52] CHENG J, ZHAO S, ZHANG J, et al. Aspect-level sentiment classification with heat (hierarchical attention) network [C] //Proceedings of the 2017 ACM on Conference on Information and Knowledge Management. 2017: 97-106.
[53] TAY Y, TUAN L A, HUI S C. Learning to attend via word-aspect associative fusion for aspect-based sentiment analysis [C] //Proceedings of the AAAI conference on artificial intelligence. 2018, 32(1).
[54] SCHMITT M, STEINHEBER S, SCHREIBER K, et al. Joint aspect and polarity classification for aspect-based sentiment analysis with end-to-end neural networks [J]. arXiv preprint arXiv: 1808.09238, 2018.
[55] HU M, ZHAO S, ZHANG L, et al. CAN: constrained attention networks for multi-aspect sentiment analysis [J]. arXiv preprint arXiv: 1812.10735, 2018.
[56] LI Y, YIN C, WEI T, et al. A joint model for aspect-category sentiment analysis with contextualized aspect embedding [J]. 2019.
[57] SOLEYMANI M, GARCIA D, JOU B, et al. A survey of multimodal sentiment analysis [J]. Image and vision computing, 2017, 65: 3-14.
[58] LI L, YE W, LONG M, et al. Simultaneous learning of pivots and representations for cross-domain sentiment classification [C] //Proceedings of the AAAI Conference on Artificial Intelligence. 2020, 34(05): 8220-8227.
[59] MENG J, DONG Y, LONG Y, et al. An attention network based on feature sequences for cross-domain sentiment classification [J]. Intelligent data analysis, 2021, 25(3): 627-640.
[60] ZHENG Y, ZHANG R, WANG S, et al. Anchored model transfer and soft instance transfer for cross-task cross-domain learning: a study through aspect-level sentiment classification [C] //Proceedings of The Web Conference 2020. 2020: 2754-2760.

CHAPTER 9

第 9 章

用户画像

用户画像是根据用户社交关系和行为模式等信息进行抽象和挖掘，并生成用户个性化标签的技术。标签通常是人为规定的高度精练的特征标识，如年龄、性别、职业、大五人格等。用户画像技术对于智能商业具有重要的意义，能够全面细致地描述用户的个性化特征，是精准营销、个性化搜索、个性化推荐、广告定向等的基础。

本章首先根据用户画像的目标介绍针对人口统计信息、个性、兴趣、行为等四类属性的挖掘技术方法，然后从单模态数据和多模态数据两个角度解读用户画像技术细节，最后总结用户画像技术的发展趋势。

9.1 用户画像方法

随着各种社交媒体平台的兴起和不断发展，社交媒体逐渐成了人们进行社交活动的必备工具。社交媒体平台上类型丰富、量级巨大、覆盖范围广的用户数据，成为用户画像的重要数据基础。而深度学习方法的出现，也为利用社交媒体海量数据足迹进行用户画像提供了新途径[1-2]。用户画像方法通过利用用户的社交互动、内容分享等行为提取用户特征，进行用户主要标签（包括人口统计学标签、个性标签、行为标签和兴趣标签）的推断，从而实现用户心理的洞察和偏好的了解，如图9-1所示。

9.1.1 人口统计信息挖掘

人口统计学信息包括性别、年龄、职业、教育程度、民族、地域、收入、婚姻情况等个人属性信息，对于构建个性化智能服务具有重要意义。

施瓦茨等人[3]通过收集75 000名志愿者的7亿条Facebook信息，提取信息中与人口统计信息属性相关的单词、短语和话题，发现用户使用的语言因其个性、性别和年龄等存在显著差异。科佩尔等人[4]发现用户的博客写作风格能够预测其性别和年龄。胡等人[5]发现网页点击记录能够反映用户的年龄和性别信息。例如，有74%的女性在网上寻求健康或医疗信息，而男性中只有58%会这样做。因此，基于社交媒体数据对个体的人口统计学信息进行分析和挖掘，对于面向特定用户群开展针对性的高质量服务推荐具有重要的意义。

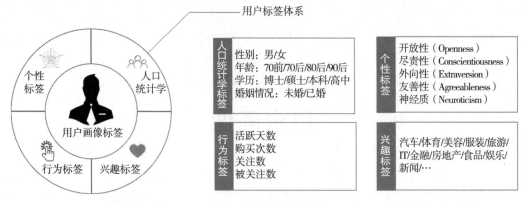

图 9-1　用户画像标签体系

人口统计学属性可以从不同的在线行为数据中预测，比如用户在 Facebook 上的点赞、友谊关系和推特的语言特征。文献［2］利用新浪微博用户的 POI 位置签到数据来预测他们的性别、年龄、教育背景、婚姻状态、血型等人口统计学属性。王等人[6]基于零售商品数据集，通过分析用户购买的商品，进行性别、婚姻状况、收入、年龄和教育水平的预测。法尔纳蒂等人[7]利用 Facebook 的 Mypersonality 数据集预测用户的年龄、性别、个性等信息。

9.1.2　用户个性挖掘

个性是独特的个体所具有的行为、气质、情感和心理特征的综合。识别个性可以帮助预测人类生活的许多方面，包括学业表现、工作表现、社会地位、健康状态、情感状态、政治态度、主观幸福感等。

大五人格[8]是一种被广泛研究、重视和接受的人格理论框架，包括了**开放性**（Openness，Opn）、**尽责性**（Conscientiousness，Con）、**外向性**（Extraversion，Ext）、**友善性**（Agreeableness，Agr）、**神经质**（Neuroticism，Neu）这五种人类性格特征。目前已有大量研究利用用户在社交媒体上的行为挖掘用户的大五人格。阿苏卡等人[9]总结了现有的多种大五人格的研究结果，并进一步探究了利用用户社交媒体平台历史行为足迹推断大五人格的能力。具体来说，他们针对不同社交媒体平台的数据是否会导致不同的推断结果和不同类型的数字足迹对预测精度的影响进行了探索。结果表明，用户在不同社交媒体平台上会有不同的表现，当同时考虑多种数字足迹时，将会得到更准确的大五人格推断结果。除此之外，研究发现通过用户的社交媒体行为足迹可以推断其性格中的一些负面特征，如自我推销、虚荣、反社会行为、歪曲事实或利己主义。例如，加西亚等人[10]针对 304 名 Facebook 用户的状态语义内容进行了潜在语义分析量化，挖掘出神经质和外向性、精神病、自恋和马基雅维利主义等负面个体特质。

9.1.3 用户兴趣挖掘

用户兴趣是互联网领域使用最广泛的画像，已经成为个性化信息流、服务、用户界面和推荐的关键。兴趣画像主要从用户的海量行为记录中进行核心信息的抽取、标签化和统计，因此在构建用户兴趣画像之前需先对用户行为进行内容建模。微信、微博等社交网络为用户提供了一个强大的兴趣表达平台，因此可以作为自动用户兴趣建模的丰富内容来源。

用户兴趣画像可建模为一个矩阵，其中"行"表示用户，"列"表示交互对象，矩阵中每一元素表示用户对物品的兴趣级别。利用用户间、物品间相似性，预测新用户对新物品的喜好。基于内容的用户偏好建模是用户兴趣画像的另一种常用方法，具体指利用用户或其感兴趣物品的领域知识，提取其属性和特征进而表示用户兴趣。例如，通过用户与各种网站的交互行为（如页面浏览时间或点击历史记录），分析网页内容以获得用户兴趣和偏好[11]。巴尔加瓦等人[12]提供了一种无监督的算法，在没有任何用户输入的情况下，从社交网络个人资料和社交互动中自动提取和推断用户的显式或隐式兴趣。何等人[13]根据用户是否喜欢露营等四种常见兴趣的Facebook页面来评估用户是否具有共同的兴趣。

9.1.4 用户行为挖掘

不同用户群体的行为往往存在群体内相似、群体间不同的趋势。例如在观看电影的选择上，男性往往偏向于动作、刺激、科幻等元素，而女性则偏向于浪漫、音乐、爱情等元素。在电商网购平台上，年轻人往往在潮流单品、科技产品页面流连忘返，而中年人可能会更多购买家居日用品。

用户的行为挖掘指的是根据用户的行为习惯对其进行分类。例如，赵等人[14-15]发现用户的APP使用行为受到人口统计属性和收入的影响。不同性别、年龄、职业的人存在不一样的行为模式。他们利用106 762名智能手机用户的手机使用数据进行聚类实验，将用户划分为382个不同类型的群体。每个群体内的用户有着相似的APP使用习惯。这一实验有助于更好地理解智能手机用户，分析得到的用户群体APP使用偏好能够为智能手机制造商、移动运营商和应用程序开发商提供借鉴和参考，有助于面向不同用户构建个性化服务，最终提升用户的产品体验。

法尔塞夫等人[16]通过收集用户在Twitter、Instagram、Foursquare、Endomondo等社交媒体平台上的数据，并结合用户所佩戴的运动传感器数据，对用户的健康状态进行预测。他们根据身体质量指数（Body Mass Index，BMI）（即身体质量除以身高的平方），将个体划分为8类（重度瘦、中度瘦、轻度瘦、正常、肥胖前型、肥胖、肥胖Ⅱ型和肥胖Ⅲ型），同时对用户数据进行分析，用于推断用户的BMI指数趋势（即BMI指数的波动趋势，有增加、减少两个趋势）。

9.1.5 用户画像流程

结合上述用户画像案例，发现用户画像的基本流程可以分为**基础数据收集、特征提取、画像构建**三个阶段，如图9-2所示。首先，基于社交媒体等数据源收集用户的异构行为数据。然后，根据数据类型进行特征提取和行为建模。例如，针对用户历史文本使用文本挖掘算法从中挖掘用户画像相关信号；针对用户头像等图片利用CNN、ResNet等模型提取图像特征；针对用户社交网络关系利用图神经网络方法提取特征。最后，对各模态特征进行拼接、融合，实现画像标签的推断。

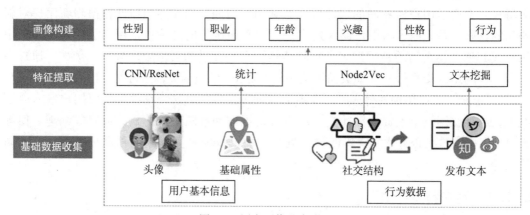

图9-2 用户画像基本流程

以电影观看记录进行性别画像为例。假设拥有形式为"林小落-女-1分钟前观看了[神奇女侠1984]"这样的数据，以及电影的介绍文字、电影海报、用户的个人简介数据。那么，首先需要对上述的异构数据使用自然语言处理技术、深度神经网络、聚类等方法进行文本、图像、关系等数据的特征提取，构建分类网络，最终用于未知性别用户的性别推断。模型利用数据集中的有标签用户数据作为输入，提取用户特征并训练一个分类器，在未知性别的用户测试集上进行用户性别推断，如图9-3所示。

9.2 基于文本数据的用户画像

随着社交媒体平台的成熟，大量用户通过社交媒体进行自我展示和社会性交互，从而产生了海量的社交媒体数据。其中，用户在社交媒体上发布的文字信息能够从多角度映射用户的属性信息。语言心理学认为，人们使用的语言文字反映了他们的身份和特性。多种语言变量包括所使用词汇类别[17-18]、文本情感[19]、文本主题[20]等都与用户的某些属性特征存在较强的关联性。

在社交媒体中，用户发表的评论、动态、日志、个人签名、昵称等内容都可能被视为对用户画像有益的数据元素。然而，社交媒体中的数据有其自身的特点，包括噪声大、不规则甚至不完整等。这类原始数据被叫作"非结构化"数据,是无法被计算机所理解的。想让计算机理解这些非结构化数据,并基于它们构建用户画像预测模型,必须将非结构化数据进行"结构化"操作,让计算机使用结构化的数据索引、检索,然后向量化后再计算。基于文本进行用户画像分析,从根本上讲,就是非结构化的数据结构化分析的过程。

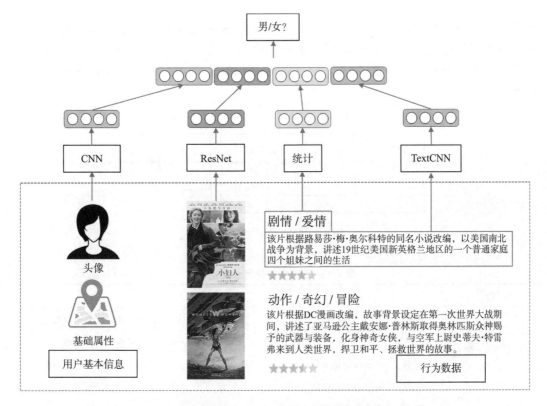

图9-3 根据用户观看电影行为推断用户性别

用户画像任务中文本结构化方法主要可以分为四类:基于主题模型的用户画像、基于情感分析的用户画像、基于神经网络的用户画像、基于知识图谱的用户画像。本节将对上述用户画像方法进行概述,并针对每一种画像方法给出经典实例。

9.2.1 基于主题模型的用户画像

为了实现对于海量信息的高效理解、存储和检索,主题模型具有从海量文本数据中发现抽象主题、挖掘语言文字与抽象主题相关性的能力。直观来讲,如果一篇文章有一个中心思想,那么一些特定词语会更频繁地出现。例如,在一篇有关篮球的文章中,"篮板""投篮"等词出现的频率会比较高。主题模型常用的技术包括潜在语义分析（LSA）、概率潜在语义分析（pLSA）、潜在狄利克雷分布（LDA）[21]，以及最新的、基于深度学习的LDA2Vec[22]。所有主题模型都基于相同的基本假设——每个文档包含多个主题，且每个主题包含多个单词。LDA无疑是最受欢迎的（且通常来说是最有效的）主题建模技术，它使用狄利克雷先验来处理文档-主题和单词-主题分布，具有更好的泛化性。

主题模型的相关理论和方法已在前述章节中进行介绍，本节简单回顾一下LDA模型，并讲述其在用户画像中的应用。LDA是一种无监督模型，常被用于识别隐藏在文本中的主题信息。该模型可将一系列文档表示为K个主题的概率分布，且每个主题表示为一系列词的概率分布，模型结构如图9-4所示，图9-4中的符号含义如表9-1所示。

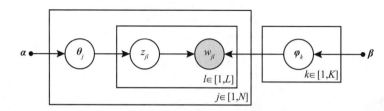

图9-4　LDA的概率图模型

表9-1　LDA中的符号含义说明

符号	含义	符号	含义
N	语料库中的文本数	φ_k	第k个主题的单词分布
K	主题数	L	每个文本中的单词数
α	文本-主题分布的超参数	w_{jl}	第j个文本的第l个单词
β	主题-单词分布的超参数	z_{jl}	单词w_{jl}所对应的主题
θ_j	第j个文本的主题分布		

下面将通过实例介绍LDA主题模型用户画像的基本过程。

1）数据准备阶段。首先收集从知乎采集用户发布的动态信息，在数据过滤、数据清洗后，按照表9-2的格式进行数据存储。每个用户对应一个文档，存储该用户的全部历史动态数据。以表9-2为例，每行代表一条动态，第一列代表该动态的类型，第二列为文本内容。

2）数据预处理。对原始文本进行预处理，去除文本中的噪声（例如特殊符号、无实际意义的单词等），并利用分词工具Jieba进行分词处理，分词结果见表9-2第三列。基于文本预处理结果，可以从全部语料中筛选TF-IDF值高的词语。结合实际语料，可以计算得到如表9-3所示的词语信息。

表 9-2 某用户在社交媒体上的动态信息示例

动态类型	内容	分词
关注了问题	产品经理需要懂技术吗？懂到什么程度？	产品；经理；需要；懂；技术；懂；程度
关注了话题	个人形象	个人；形象
关注了问题	国外有哪些新奇好玩的运动？	国外；新奇；好玩；运动
关注了问题	你见过哪些父母惊艳到你的教育方式？	父母；惊艳；教育；方式
关注了问题	如何快速增加自己的知识储备？	快速；增加；知识；储备
关注了问题	有哪些格调很高的个性签名？	格调；高；个性；签名
关注了问题	互联网产品经理的必读书目有哪些？	互联网；产品；经理；必读；书目
关注了问题	多路视频导播切换，除了硬件导播台（切换台），还有什么软件解决方案？	多路；视频；导播；切换；硬件；导播台；软件；解决方案
关注了问题	有哪部电影让你受益良多？	电影；受益良多
关注了问题	iOS 设计的神细节有哪些？	iOS；设计；神；细节
回答了问题	最让程序员自豪的事情是什么？	程序员；自豪；事情
关注了问题	最让程序员自豪的事情是什么？	程序员；自豪；事情
关注了话题	张艺谋（导演）	张艺谋；导演
关注了专栏	移民生活随笔	移民；生活；随笔
关注了问题	雅思要如何准备？	雅思；准备
关注了话题	移民	移民

表 9-3 高 TF-IDF 的分词

传销；创业；微信；合肥；行业；生活；写作；装修；工作；时间；事情；公司；互联网；更新；评论；旅客；上班；东西；产品；火车；点赞；软件；洗脑；地方；文章；公众；情商；新人；讲课人；售货员；聋哑人；收入；发现；投资；使用；程序员；空调；城市；反馈；家里；谢谢；相信；听课；知识；刘易斯；看书；厨房；项目；继续；希望；感谢；简单；方式；这件；师弟；余额；劳动力；回答；思维；列车；经济；记得；国家；坚持；资本运作；一年；大学；路上；毕业；话题；遇到

3）然后考虑将完整分词结果或者 TF-IDF 值高的词语输入 LDA 模型进行聚类。在该阶段需要初始化 LDA 模型，该过程实质上是对每一个词先赋予一个随机主题。当吉布斯采样达到 LDA 分布的马尔科夫链平稳分布时，得到 LDA 最优解。设定选取 TF-IDF 值最高的前 50 个词作为 LDA 模型输入，且预设主题数 10 个，则每个主题下 Top-10 的关键词见表 9-4。

4）根据聚类结果设定主题，输出聚类标签。根据表 9-4，主题 0 对应的关键词包括数据、投资、交易、市场等，可知主题 0 是与"金融、经济"相关的；主题 2 的核心关键词包括历史、故事、老师等，可以推断主题 2 很可能是与"教育"相关的；主题 5 包括百度、网站、技术、微博等关键词，则认为主题 5 是和"互联网、社交媒体"相关。

表 9-4　LDA 每个主题内的 Top-10 关键词

主题编号	关键词
0	**数据**；**投资**；**交易**；**市场**；国内；企业；价格；历史；进行；人类
1	方式；年月日；推荐；技术；存在；看待；能够；进行；影响；每个
2	数据；特别；推荐；**历史**；方法；**故事**；交易；**老师**；看待；市场
3	每天；小时；人生；软件；推荐；以后；父母；更新；图片；老师
4	关系；企业；视频；无法；市场；历史；老师；投资；国家；发展
5	体验；是否；**百度**；每个；国内；**网站**；技术；**微博**；软件；数据
6	**技术**；视频；体验；故事；是否；国家；老师；**投资**；更新；容易
7	容易；**金融**；大学；特别；设计；城市；**对方**；故事；**银行**；人生
8	进行；**信息**；**分析**；技术；推荐；网站；系统；文章；**风险**；百度
9	企业；每个；体验；推荐；设计；市场；信息；**平台**；**数据**；**更新**

5）最后根据主题的分布对用户进行画像。给定某一用户，根据该用户的 TF-IDF 文本内容，利用已训练好的 LDA 模型确定该用户的文本主题分布。如图 9-5 所示，用户 1 的文本主题组成中主题 0 和主题 1 分别占据 0.2680 和 0.7225，说明该用户主要关注金融、经济之类的话题，可以这两个主题的标签作为用户的基于主题模型的画像结果。

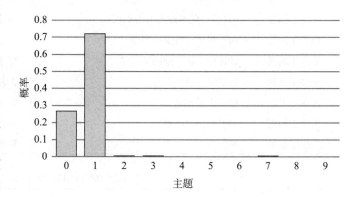

图 9-5　用户 1 的文本主题概率分布图

9.2.2　基于情感分析的用户画像

情感分析技术致力于从社交媒体数据中挖掘用户的主观信息，识别用户的情感、观点与态度。情感分析技术有助于了解人们对某一事项的认知、态度，在商业智能、社会舆情、智能决策等领域都有重要的应用。情感分析的典型任务和一般性方法在第 8 章中进行了详细介绍，本节介绍常见的情感分析工具及其在用户画像中的应用案例。

LIWC 词典⊖：为了提供一种有效的方法来研究个人口头和书面语样本中存在的各种情感、认知、结构和过程，佩尼贝克和弗兰西斯等人[23] 开发了一个基于单词的文本分析应用程序，称为 LIWC（Linguistic Inquiry and Word Count）。LIWC 针对五个维度的 81 种

⊖ https://www.liwc.app/

不同文字特征生成统计信息，包括标准计数（单词计数、长度超过六个字母的单词、介词数量等）、心理过程（情感、认知、感觉和社交过程）、相对性（关于时间、过去、未来的单词）、个人关注点（例如职业、财务问题、健康状况等）和其他方面（各种标点符号的数量等）。

LIWC 字典在用户情感画像任务中有广泛的应用。丹尼尔等人[24]探索了个人心理学特征中的"黑暗面"，包括自恋癖、权力主义、精神障碍等。该工作提取了每个用户的 LIWC 情感分布，并用其作为用户的特征表示，最后使用分类方法将用户进行黑暗特征分类。

MRC 特征⊖：MRC 特征使用英国医学研究委员会的心理语言数据库[25]进行计算，该数据库包含 150 837 个单词，每个单词包含 26 个语言学和心理语言学特征。

戈尔贝克等人[26]通过 Twitter 中公开的个人信息来预测人格特质。具体来讲，他们选择了 279 名 Twitter 用户作为受试者，进行了大五人格量表测试，作为待推测的目标。在这个过程中，收集、汇总了每个用户最近 2 000 条公开的历史推文，将每个用户的历史推文聚合为一个大文档，并采用文本分析工具提取特征。文本分析工具包括：1) LIWC，提取了 79 维文本特征；2) MRC，针对每个用户所发布的文本中的每个单词，提取这些单词 MRC 特征共 14 维，计算用户对应的全体单词每一维 MRC 特征的平均值；3) General Inquirer 数据集⊖，该数据集提供了一个手动注释的字典，在 −1 到 1 的范围内分配每个单词的情感极性。戈尔贝克等人提取了每个 Twitter 用户所发布的文本中每个单词的平均情感得分，根据这些统计数据，分别利用高斯过程和 ZeroR 两种回归算法，训练机器学习模型，可以预测大五人格，误差在 11%～18% 之间。

9.2.3 基于神经网络的用户画像

在传统的互联网时代，门户网站的内容分类相对来说更容易，因为文本内容以长文本为主，蕴含丰富的语义信息。针对长文本的内容分类，可以使用经典的统计学特征（例如 TF-IDF），也可以借助 RNN、LSTM 等经典深度网络模型。然而在社交媒体时代，处理对象是短文本，由于短文本中存在简写、缩写、语法不规范等问题，对其进行内容分类更困难。针对短文本分类问题，Facebook 提供了开源工具 FastText⊖。FastText 是一个快速文本分类算法，利用层次 Softmax 和 n-gram 提取每个单词向量，使用浅层神经网络在保持高精度的情况下进行快速文本分类。另外，扎佐等人[27]融合转推消息、用户评论以及来自他人的评论，从不同来源的文本中使用 LSTM 提取特征，最后使用分类器得到用户的人口学统计画像，其模型如图 9-6 所示。

⊖ http://www.psych.rl.ac.uk/MRC_Psych_Db_files/mrc2.html
⊖ http://www.wjh.harvard.edu/inquirer/
⊖ https://fasttext.cc/

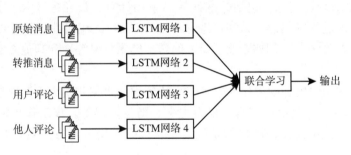

图 9-6 基于 LSTM 网络的用户画像模型图

9.2.4 基于知识图谱的用户画像

传统的用户画像存在以下两方面问题。

第一个方面是用户画像某种程度上不完整。导致此问题可能有两个原因：1）任何画像的来源数据都是有一定偏差的，一般描述的都是用户特征的某一方面，很难有一个非常完整的画像；2）隐私保护问题，例如宗教信仰、政治观念等。基于这两个原因，我们对用户的理解是碎片式的，很难召回完整的目标用户。

第二个方面是不正确性，即对用户画像的理解很多时候是错误的。导致此问题可能有三个原因：1）机器无法理解这些标签，无法做出精准推荐；2）跨领域场景下，由于缺失用户的商品，也就是缺失推荐对象之间的历史交互信息，使得冷启动变成一个非常突出的问题，没有历史信息，一切历史记录的推荐就会失效；3）缺乏推荐结果的可解释性。

为解决以上问题，可基于知识图谱来进行用户画像。知识图谱是一种海量知识表征形式，表达了各类实体及其之间的语义关系。相比于传统的用户画像标签体系，知识图谱拥有更高的实体/概念覆盖率，嵌入了更为丰富的语义关系，能够为用户画像的语义匹配提供丰富的背景知识。针对用户画像数据稀疏、噪声大、粒度粗的缺陷，知识图谱可通过标签传播、标签拓展、标签泛化等功能对其进行改善[28]。例如，王等人[29]持续地采集了大量用户的移动终端使用历史数据，包括用户的手机 APP 行为数据、浏览器搜索词数据、游戏直播等。首先对所有原始数据进行字段筛选，并进行预处理，获得直接反映用户行为的字段，例如游戏消费金额数据、用户的连续搜索行为数据。然后，基于用户的行为数据构建知识图谱。再将生成知识图谱的所有语料（或来源于新闻报道，或论坛的问答，同时包含所有 APP 的描述信息），利用深度语义模型表示成词向量。

基于知识图谱的用户画像是也是当前被企业广泛采用的一种技术手段。针对企业级用户画像需求，首先对特定的需求信息进行解析，并进行语义泛化，得到与该需求信息的语义接近的 Top$N$ 词语表示。比如，对于"具有理财倾向的"用户需求信息，可以泛化出"投资""资产配置""基金"等与之相近的词语表示。然后,利用知识图谱提供的实体与实体之间的语义相似性和逻辑相关性,在向量空间中计算相关词语之间的欧氏距离;对所有通过需求词泛化得到的词语表示,在知识图谱中寻找语义相近的实体,通过欧氏距离的表示得到词语与实体之间的相关性。得到语义有关的知识实体之后,同样利用向量的相似性计算得到相关实体与已知用户行为标签语义相近的标签表。依据相似值的大小,可以直观地了解与需求词语相关的用户行为标签,通过组合计算便可得到与标签对应用户的相关性的强弱,从而生成表示用户特性的用户行为标签关联组合,如图9-7所示。

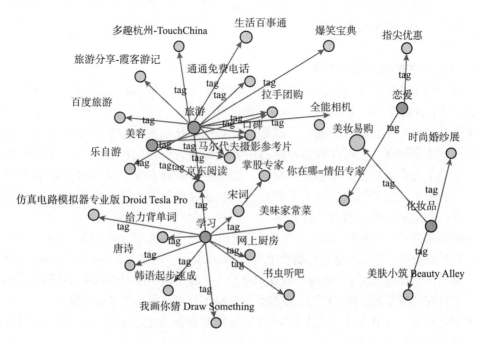

图9-7 基于知识图谱的用户行为标签组合示例

9.3 多模态数据融合画像

多模态融合(Multi-Modal Fusion)[30]指联合多个模态的信息进行目标预测(分类或者回归),重点研究如何整合不同模态间的模型与特征。在观察同一个现象时引入多个模态,可能带来更健壮的预测结果。融合多个模态的信息,可以捕捉到互补的信息,尤其是当这些信息在单模态下不"可见"时。社交媒体中蕴含不同模态的数据信息,例如文本信息、图片信息、行为交互等,能够从不同的角度、时空粒度等刻画用户特征。本节首先介绍**多模态数据融合方法**,随后结合实际案例分别介绍**单任务多模态数据融合画像**和**多任务多模态数据融合画像**。

9.3.1 多模态数据融合方法

多模态融合是多模态机器学习中的原始主题之一，多模态融合指从多个模态信息中整合信息来完成分类或回归任务。最近，对于诸如深度神经网络之类的模型，多模态表示与融合之间的界线已变得模糊，其中表示学习与分类或回归目标相互作用，均可以作为多模态融合的方法。

多模态融合可以分为两大类：模型无关的特征融合方法[31-33]和基于模型的特征融合方法[34-36]。模型无关的特征融合方法指不直接依赖于特定机器学习的方法，而基于模型的特征融合方法在模型构造过程中明确解决了融合问题，例如基于内核的方法[34]、图模型[35]和神经网络[36]等。

1. 模型无关的特征融合方法

模型无关的特征融合方法进一步分为**早期融合**[31]（Early Fusion）、**晚期融合**[32]（Late Fusion）和**混合融合**[33]（Hybrid Fusion），如图9-8所示。

- **早期融合**：又名特征层融合，通常是在各模态特征被抽取后就进行融合，只是简单的串联特征。它可以从每种模态中学习低级特征之间的相关性和相互作用，然后基于融合的特征构建模型。显然，早期融合的核心在于从多模态数据中学习低级特征的交互作用，借助各个模态在数据表征的优势，通过构建共享或补充性特征，形成更为全面的特征表示。

- **晚期融合**：又名决策层融合，该方法基于单个模态的决策结果依据特定的融合策略进行最终决策。常见的融合机制有平均（Averaging）、投票（Voting Schemes）、基于信道噪声的加权和信号方差等。在晚期融合中，每个模态使用相同或者不同的模型，具有良好的模型灵活性。然而，晚期融合忽略了模态之间的低级交互信息。

- **混合融合**：一种尝试结合早期融合和晚期融合的方法。输出类型是分类问题，不适用于时序数据建模。

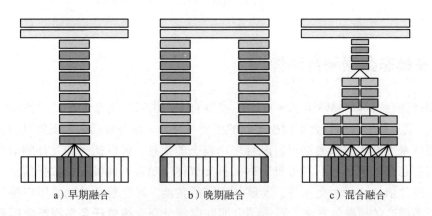

a）早期融合　　b）晚期融合　　c）混合融合

图9-8　模型无关的特征融合方法

2. 基于模型的特征融合方法

基于模型的特征融合分为三类：**多核学习**，**图模型**和**神经网络**。

- **多核学习**：多核学习（Multiple Kernel Learning，MKL）是支持向量机（SVM）的扩展，它允许将不同的内核用于不同的数据模态。由于内核可以看作是数据点之间的相似性函数，因此多核学习中特定模态的内核可以更好地融合异构数据。在深度学习出现之前，MKL 方法一直是一种特别流行的多模态融合方法，可以根据单一模态数据特点选择适配的核函数，具有高度的灵活性。同时，MKL 中使用的损失函数是凸函数，可以方便地使用标准优化包和全局最优解进行模型训练。MKL 的缺点是依赖于训练数据（支持向量），导致推理速度慢和内存开销较大。
- **图模型**：概率图模型可以分为生成模型（Generative Model）和判别模型（Discriminative Model）。其中，生成模型估计是联合概率分布（Joint Probability Distribution），而判别模型估计的目标是条件概率分布（Conditional Probability Distribution）。常用的概率图模型包括耦合模型、因子隐马尔可夫模型和动态贝叶斯网络。图模型能够直观高效地反映数据的时空结构，使其适用于时序数据建模任务。同时，图模型具有良好的扩展性，可以直接引入专家知识，不仅提升了模型的性能，而且增强了模型的可解释性。
- **神经网络**：神经网络已经被广泛运用到多模态融合中。基于神经网络的多模态融合具有以下三个优点。首先，能够从大量数据中学习；其次，能够进行端到端训练；最后，它们表现出良好的性能，并且能够学习其他方法难以解决的复杂决策边界。但它也存在自己的缺点，神经网络模型缺乏可解释性，很难确定预测所依赖的内容，以及哪些模式或功能起着重要的作用。此外，神经网络需要大量的训练数据集，往往训练困难。

9.3.2 单任务多模态数据融合画像

魏等人[37]用多模态数据预测用户的大五人格特质，分别提取各个模态的特征，各自接入独立的分类器，并将结果通过集成学习的方式集成起来，完成大五人格预测。因此，该工作的多模态融合方式属于晚期融合，即决策层融合。

具体来讲，首先在异构信息层采集用户的发布内容、点赞转发记录、头像、表情、地理位置、社交关系；其次在特征提取层综合运用多种技术手段从异构数据中提取数据特征，分别接入若干个分类器；最后基于集成堆栈泛化将特征提取层中每个分类器进行组合，分别计算每个标签维度中不同模态数据分类器的得分后输出五个维度的用户标签，如图 9-9 所示。

1. 特征提取层

（1）发布文本

用户发布的文本是对其进行画像的最重要依据，模型中采取两种策略来提取文本特征，分别是 Text-CNN 和 LIWC Mapping。CNN 网络不仅可以对图片进行处理，其卷积核

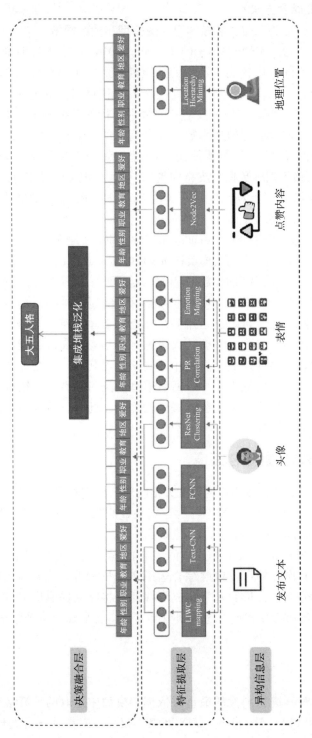

图 9-9 面向大五人格特质的异构信息融合框架[37]

可充分考虑句子中相邻词之间的关联性，使词义、词序及其上下文信息均在网络中被提取，因而可以用来学习文本的语义表征。首先通过词嵌入将文本投射到低维空间中，经过向量表示后的文本直接输入 Text-CNN 模型。Text-CNN 模型中包含多个不同尺寸的卷积核，通过对每个窗口进行卷积操作，可以得到一个特征图，表示为 $c_j = (c_{1,j}, c_{2,j}, \cdots, c_{n,j})$。接下来将特征图接入最大池化层，提取其最大值作为下一层输入。在激活层之前，将 LIWC 映射提取的向量与池化层输出的隐藏属性进行融合，由此可更好地挖掘语言中的情感信息。

(2) 头像图片

用户头像是个人对外展示的名牌，蕴含了其性别、年龄等基本属性及相关性格特点。将所有用户头像进行预处理后，将图片通过 ResNet 嵌入特定维数的向量，输出具有参数 W, b 的非线性形式表示，记为 $h_{W,b} = f(W^T x) = f(\sum_{i=1}^{256} W_i x_i + b)$。在聚类方法中，首先使用 ResNet 将用户的头像嵌入特定维度向量中，使用 K-Means 聚类算法将用户的头像进行聚类，根据用户的语义表示，选择距离用户头像最近的群组作为用户头像特征。

(3) 表情符号

表情符号是用户情绪的重要外化表现，表情的使用方式也可以反映出用户的属性。首先，使用 Pearson Correlation 计算每个表情与目标个性之间的相关性，选择与用户属性密切相关的 50 个表情符号。其次，根据表情符号与用户最终画像的相关性将其映射为一个 8 维向量，分别代表八种不同的情绪[38]。

(4) 点赞交互

用户点赞的交互关系直观地反映了用户的兴趣爱好，同时高阶点赞数据可以隐式反映用户之间的相似性。为了量化表示用户交互关系，基于 Skip-gram 架构使用无监督的 Node2Vec 无监督神经网络进行交互关系建模表示。设 $G = (V, E)$ 为点赞关系图，图的节点集合 V 为用户和文章，边集合 E 为用户和点赞文章的链接，设 f 为节点到其特征的映射。Node2Vec 模型最大化观察网络邻居节点 NS(u) 的对数概率：$\max_f \sum_{u \in V} \log \Pr(\text{NS}(u) | f)$。为解决此问题，通过随机游走算法找到相似的用户来生成 NS(u)，可以在广度优先搜索（BFS）和深度优先搜索（DFS）方式中搜索邻居节点。迭代地在图上执行随机游走，对每个节点的最近邻居进行采样，然后训练 Skip-gram 找到每个用户节点的表征。

(5) 地理位置

用户历史地理定位中出现的模式反映了个人的生活习惯和行为规律，充分对其进行挖掘可获得用户特定的属性和喜好，例如通过社交媒体中的定位数据可获取用户的历史轨迹位置信息。通过基于密度的聚类算法对所有用户的 POI 集合进行层次化聚类，将相近的停留点划分到同一簇中。由此可得到 POI 层次树，树中节点代表不同的地理坐标类，而不同层次表示不同的地理空间尺度。层次越深，粒度越细，代表的地理空间也越小。随后，将不同用户的 POI 轨迹映射到这棵树的各个层次，就可得到不同的图模型，将用户图模型中各个节点的信息提取出来作为特征，输入分类器。

2. 决策融合层

决策融合分为两个步骤。首先，对于每一类模态数据而言（发布文本/头像/表情/点赞内容/地理位置），将学习到的特征表示连接起来以形成一个集成向量，然后应用基本分类器来给出该域的分类分数。接下来，使用基于叠加泛化的集合方法，以前一步中的分类标签作为输入，给出用户画像的最终结果。这种集成方法可以充分利用来自不同模态的数据信息，从而更好地发挥异构信息的性能。

实验数据来自中国安徽省某医学院的 3162 名志愿者，这些志愿者都填写一个标准的大五人格量表[39]，并提供其微博账号。其中，女性用户占 64.78%，年龄从 17 岁到 25 岁不等，平均年龄 20.84 岁，大多数年龄在 20 至 22 岁之间。大多数用户的专业是护理学（524人）、临床医学（365人）、药剂学（342人），占比最多的民族是汉族和回族。大部分人来自安徽、浙江和江苏。对于每一个微博账号，抓取其如下信息：微博上最近 100 条帖子、头像、表情包、个人主页资料、社交上下文（包括关注和粉丝列表，以及交互情况）。

实验的对比方法有如下两个。

1) 人格洞察（Personality Insight）[40]：该方法由 IBM 沃森开发者云（IBM Waston Developer Cloud）研发，利用 LIWC 工具提取特征，并用逻辑回归模型对大五人格进行预测。

2) 我的人格（MyPersonality）[⊖]：部署在 Facebook 中，该项目允许用户通过他们的数字足迹来测试其人格特质，后台算法采用 Facebook 中的点赞（Likes）机制，用一个稀疏的"用户-点赞"矩阵来挖掘用户的兴趣，采用奇异值分解（SVD）进行降维，用逻辑回归进行大五人格预测。

实验结果如图 9-10 所示。

实验结果中，评价指标包括极端准确率（Extreme Accuracy Rate，EAR）、正类极端精确率（Extreme Precision Rate @ Positive，EPR@P）、负类极端精确率（Extreme Precision Rate @ Negative，EPR@N）[37]。本方法的性能胜过基准方法，特别地，在预测神经质性方面，HIE 的 EPR@P 指标胜过基准方法超过 61.49%，显示了本方法的优越性。

9.3.3 多任务多模态数据融合画像

上一节的案例目标在于对目标主体的大五人格特质进行预测，模型具有单一的学习任务。然而，用户画像任务往往需要从多个维度对用户的多个属性特征进行预测。例如法尔纳蒂等人[7]基于 Facebook 中 5 000 多名用户数据，通过文本特征（用户帖子）、视觉特征（头像）、关系特征（点赞关系）共三个模态特征融合了模态之间、任务之间的相互关联关系，并以深度学习模型提取并融合这些特征，同时预测年龄、性别、大五人格特质，完成多任务多模态数据融合的用户深度画像。在该问题中，除了预测大五人格特

⊖ http://mypersonality.org/

质外,也需要预测用户的年龄和性别。此时需要考虑如何将若干个任务统一整合到一个模型中实现多个任务的共同学习,即多任务学习。

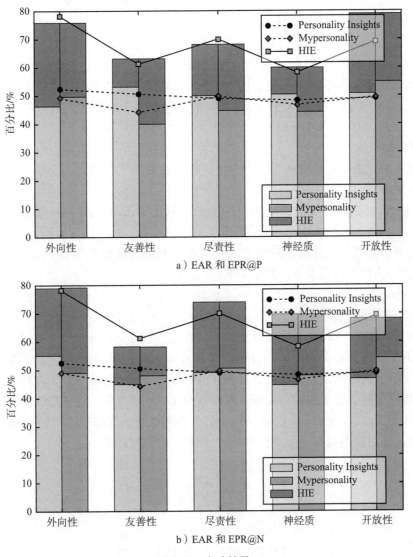

图 9-10 实验结果

1. 数据准备

首先基于 Facebook MyPersonality 项目[⊖]中的数据集,筛选研究目标。为了确保用户数

⊖ http://mypersonality.org/

据的完整性，选择那些提供了性别、年龄、大五人格、发帖历史记录、点赞关系、个人头像信息的用户。同时，利用 Oxford Face 项目提供的人脸检测器挑选头像中仅有一张人脸的用户；并删除点赞数少于 3 个的用户。最终获得了 5670 个有效用户，其中每个用户都填写一个标准的大五人格的调查问卷[39]。大五人格包括外向性、友善性、尽责性、神经质、开放性，其中每一维度的数值介于 1 到 5 之间。利用所有有效样本中大五人格每个维度以及年龄各自的中位数（age = 23，Opn = 4，Con = 3.5，Ext = 3.5，Agr = 3.65，Neu = 2.75）划分为两类。为了进行用户画像，分别基于文本信息（发帖历史记录）、图片信息（头像）、关系信息（点赞关系）、年龄、性别 5 个维度的人格特质构建 7 个二分类任务。

2. 数据表示

1）文本数据表示：针对每个用户，将其所有发帖历史记录拼接起来，利用 LIWC 工具提取 88 维特征。

2）图片数据表示：针对每个用户的头像，利用 Oxford Face API 提取面部的 64 维特征。

3）关系数据表示：针对用户间的点赞关系，利用无监督的 Node2Vec 工具提取每个用户节点的网络嵌入向量表示，共 127 维。

3. 数据建模

（1）多任务的堆叠机制

在用户画像中，不同任务之间具有相互关联性。例如，如果知道了一个用户的性别，则该用户的年龄就更容易预测。而普通的多任务学习却假设不同任务之间相互独立，这样的假设不符合实际情况。因此将引入堆叠机制解决任务之间的相互关联问题。

为了方便描述，首先假设存在单一数据源 D（单一模态），则基于堆叠机制的多任务学习如图 9-11 所示，其中一个数据源输入两个子网络中。忽略神经网络中的偏置，当层数 $h \neq 1$ 时，任意中间层对特征向量的映射（即 $h-1$ 层到 h 层）为

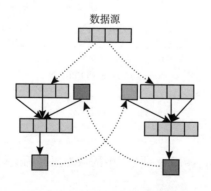

图 9-11　多任务单模态的堆叠机制[7]

$$x^{[h]} = f(W^{[h-1]}x^{[h-1]}) \tag{9-1}$$

其中，$x^{[h]}$ 为特征向量，$W^{[h]}$ 为权重，$f(\cdot)$ 为激活函数，输入层 $x^{[0]} = D$，输出层目标向量为 $x^{[h]} = t$。

当 $h=1$ 时，输入向量不仅包括数据源 D，也包括其他任务的目标向量。一般地，假设共有 z 个任务，神经网络共训练多个 epoch。当前 epoch 编号为 q，第一层的输出是 $x^{[h](q)}$；上一个 epoch 为 $q-1$，目标向量为 $t^{(q-1)} \in \mathbf{R}^z$，则第一层的映射如下：

$$x^{[1](q)} = f(W^{[0]}D + W_{\text{target}}(\alpha \otimes t^{(q-1)})) \tag{9-2}$$

其中，$\alpha \in \mathbf{R}^z$ 为 0-1 门控向量。如图 9-12 所示的多目标多模态的幂集组合机制[6] 中左边子网络的 $\alpha = (0,1)^{\mathrm{T}}$，右边子网络 $\alpha = (1,0)^{\mathrm{T}}$。则网络在上一个训练 epoch 的输出目标向量成了当前 epoch 的输入的一部分。当 $q=0$ 时，则有：

$$x^{[1](0)} = f(W^{[0]}D) \tag{9-3}$$

在每个 epoch 中，目标变量的预测值基于之前其他目标变量的预测值进行更新，每个目标变量的预测值被堆叠为另一个网络的输入。

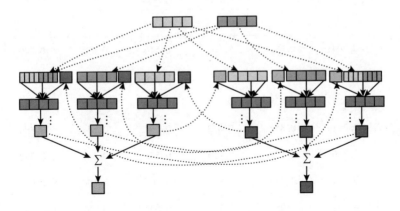

图 9-12 多目标多模态的幂集组合机制[6]

（2）多模态的幂集组合机制

针对多模态数据，假设共有 K 个数据源（数据模态），表示为 $\mathrm{DS} = \{D_1, D_2, \cdots, D_K\}$。首先通过早期融合 DS 的全体子集（即 DS 的幂集）组合的方式来处理模态间的关联，其次将每种幂集组合的预测结果以晚期融合的方式进行融合，因此这是一种混合融合模型。具体来讲，输入层由 K 个数据源组成，DS 的非空子集共有 $2^K - 1$ 个。针对每个子集构建一个子网络，则输入层的映射为

$$x_c^{[1](q)} = f\left(\sum_{D \in D_c} W^{[0]}D + W_{\text{target}}(\alpha \otimes t^{(q-1)})\right) \tag{9-4}$$

其中，$D_c \in P(DS)$ 为 DS 幂集中的其中一个元素，即 DS 的某一个非空子集。如图 9-12 所示的多目标多模态的幂集组合机制[6] 展示了 2 个模态以及 2 个任务的例子。对于每个任务，2 个模态共有三种组合方式，则有三个子网络，两个任务即存在 6 个子网络，每个子网络的输出都堆叠到其兄弟网络（相同的幂集组合，不同的任务）的下一次 epoch 的输入中。

如果存在 3 个模态（文本、图片、关系）、7 个目标任务，则幂集组合总共 7 种，子网络共有 49 个。事实上，共有 7 个 DNN 模型，每个模型以不同的方式组合数据源，每个模型包括 7 个子网络相互连接。

分别对单模态、双模态的两两组合，三模态融合结合进行实验，结果如表 9-5 所示。单/双模态的对比方法包括科辛斯基等人[41] 提出的 Page Like 方法，以及逻辑回归（Logistic Regression，LR）算法；针对三模态的对比方法，选用了逻辑回归实现早期融合，选用了随机森林（Random Forest，RF）、加权软投票（Weighted Soft Voting）方法实现晚期融合。

表 9-5　实验结果：AUC 值；模态简称：文本（T），图像（I），关系（R）

模型	年龄	性别	开放性	尽责性	外向性	宜人性	神经性
单/双模态							
Page likes	0.743	0.699	0.605	0.516	0.555	0.540	0.527
LR(T)	0.711	0.654	0.654	0.568	0.551	0.548	0.530
LR(I)	0.584	0.858	0.858	0.520	0.528	0.528	0.525
LR(T,I)	0.711	0.852	0.852	0.564	0.551	0.550	0.542
UDMF(T,I)	0.756	0.886	0.886	0.575	0.552	0.552	0.539
UDMF(T,R)	0.879	0.943	0.943	0.607	0.580	0.564	0.575
UDMF(I,R)	0.892	0.955	0.955	0.607	0.587	0.551	0.571
三模态							
加权软投票	0.656	0.861	0.861	0.523	0.508	0.507	0.518
RF(T,I,R)	0.786	0.900	0.900	0.564	0.544	0.549	0.538
LR(T,I,R)	0.808	0.888	0.888	0.585	0.550	0.550	0.572
UDMF(T,I,R)	0.903	0.956	0.956	0.615	0.592	0.592	0.580

实验结果表明，本方法在预测年龄、性别和大五人格方面优于基准方法。针对单/双模态，表 9-5 的第 1 行对应 Page likes 模型，第 2 行对应逻辑回归模型的结果，它采用 LIWC 文本特征。类似地，第 3 行采用 Oxford 图像特征，第 4 行为以上两个模态特征的早

期融合。其他的三模态基准方法中，包括集成学习与早期融合的方法 LR(T,I,R)、随机森林以及针对决策树、支持向量机、逻辑回归结果的加权软投票方法。从实验结果可以看出本方法显著优于以上这些方法。

9.4 发展趋势

用户画像技术的发展趋势主要包括以下四个方面。

1. 跨域用户画像

大多数用户画像系统都是依赖于单一社交媒体平台。然而，用户通常活跃在不同的社交媒体平台中。将用户在不同平台的数据进行融合，从而获得更完善的用户标签体系，有助于获得更好的业务智能。然而，关联用户在不同平台的社交账号[42]，对多个平台的异构稀疏数据进行融合是极具挑战的。此外，研究发现用户在不同社交媒体平台上存在不同的兴趣和表现。因此，如何高效、可操作地进行跨域用户画像是未来一个重要方向。

2. 小样本用户画像

由于社交媒体平台上用户的自我隐私保护和平台限制，提供真实、完整标签信息的用户较少。此外，也存在大量的个人信息不完整且极为不活跃的透明用户，这使得用户画像的研究面临数据量不足的问题。针对现实场景中用户数据稀缺的问题，有必要考虑让机器学会在小样本场景下对用户进行画像，比如结合元学习方法。目前经典的方法包括基于度量的方法[43-44]、基于梯度下降的方法[45]和基于外部记忆的方法[46]。

3. 动态用户画像

使用用户的静态信息进行用户画像在预测一些相关固定的用户属性时，往往具有良好的表现，例如基于用户数据可对用户的年龄、性别、居住地等进行精准预测。然而部分用户属性可能具有动态性，能够随时间发生变化，例如用户的精神状况、政治立场、婚姻状况、购物偏好等。如何融合时序特征数据，对用户的动态属性进行预测是当前的一个研究热点。

4. 用户画像安全性

用户在社交媒体上展现自我的同时，也会或多或少暴露隐私。他们的个人属性、发布的动态都能被攻击者利用来创建用户的画像信息。因此，需要额外的安全机制来增强用户画像的安全性，在为用户提供个性化服务的同时确保用户隐私安全。

小结

1. 本章介绍了用户画像的工作内容和多种形式的用户画像工作。用户画像阶段得到的用户属性信息可以用于个性化推荐、广告营销等领域，有助于商家、企业更好地把握目标用户群体。

2. 用户画像涉及用户的人口统计学信息、个性、兴趣和行为等方面，本章介绍了常用的用户画像方法。

3. 从数据模态方面来讲，用户画像分为基于文本的用户画像和多模态数据融合的用户画像，本章分别介绍了其主要的方法及实践案例。

4. 用户画像的未来发展趋势包括跨域用户画像、小样本用户画像、动态用户画像、用户画像安全性等方面。

习题

1. 什么是用户画像，请阐述用户画像的意义和价值。
2. 用户画像包括哪些方面，有哪些常用的方法。
3. 试讲述多模态数据的融合方法及适用场景。
4. 社交媒体平台中的新用户数据较少，请思考对此类用户进行有效画像的方法。

参考文献

[1] MALMI E, WEBER I. You are what apps you use: Demographic prediction based on user's apps [C]// Proceedings of the international AAAI conference on web and social media: volume 10. 2016.

[2] ZHONG Y, YUAN N J, ZHONG W, et al. You are where you go: Inferring demographic attributes from location check-ins [C]//Proceedings of the eighth ACM international conference on web search and data mining. 2015: 295-304.

[3] SCHWARTZ H A, EICHSTAEDT J C, KERN M L, et al. Personality, gender, and age in the language of social media: The open-vocabulary approach [J]. PLOS ONE, 2013, 8.

[4] SCHLER J, KOPPEL M, ARGAMON S, et al. Effects of age and gender on blogging [C]//AAAI spring symposium: Computational approaches to analyzing weblogs. 2006, 6: 199-205.

[5] HU J, ZENG H J, LI H, et al. Demographic prediction based on user's browsing behavior [C]// Proceedings of the 16th International Conference on World Wide Web, 2007.

[6] WANG P, GUO J, LAN Y, et al. Your cart tells you: Inferring demographic attributes from purchase data [C]//Proceedings of the ninth ACM international conference on web search and data mining. 2016: 173-182.

[7] FARNADI G, TANG J, De Cock M, et al. User profiling through deep multimodal fusion [C]// Proceedings of the eleventh ACM international conference on web search and data mining. 2018: 171-179.

[8] JOHN O P, DONAHUE E M, KENTLE R L. The big-five inventory [J]. University of California Berkeley, 1991, 18(5): 367-385.

[9] AZUCAR D, MARENGO D, SETTANNI M. Predicting the Big 5 personality traits from digital footprints on social media: A meta-analysis [J]. Personality and individual differences, 2018, 124: 150-159.

[10] GARCIA D, SIKSTRÖM S. The dark side of Facebook: Semantic representations of status updates predict

the Dark Triad of personality [J]. Personality and individual differences, 2014, 67: 92-96.

[11] AMICHAI-HAMBURGER Y, VINITZKY G. Social network use and personality [J]. Computers in human behavior, 2010, 26(6): 1289-1295.

[12] BHARGAVA P, BRDICZKA O, ROBERTS M. Unsupervised modeling of users' interests from their facebook profiles and activities [C]//Proceedings of the 20th international conference on intelligent user interfaces. ACM, 2015: 191-201.

[13] HO Q, YAN R, RAINA R, et al. Understanding the interaction between interests, conversations and friendships in facebook [J]. Computer Science, 2012.

[14] ZHAO S, RAMOS J, TAO J, et al. Discovering different kinds of smartphone users through their application usage behaviors [C]//Proceedings of the 2016 ACM international joint conference on pervasive and ubiquitous computing. 2016: 498-509.

[15] ZHAO S, PAN G, ZHAO Y, et al. Mining user attributes using large-scale app lists of smartphones [J]. IEEE systems journal, 2016, 11(1): 315-323.

[16] FARSEEV A, CHUA T S. Tweetfit: Fusing multiple social media and sensor data for wellness profile learning [C]//Thirty-First AAAI conference on artificial intelligence. 2017.

[17] ARGAMON S, DHAWLE S, KOPPEL M, et al. Lexical predictors of personality type [C] //Proceedings of the 2005 joint annual meeting of the interface and the classification society of North America. 2005: 1-16.

[18] MEHL M R, GOSLING S D, PENNEBAKER J W. Personality in its natural habitat: manifestations and implicit folk theories of personality in daily life [J]. Journal of personality and social psychology, 2006, 90(5): 862.

[19] GU H, WANG J, WANG Z, et al. Modeling of user portrait through social media [C]//2018 IEEE International Conference on Multimedia and Expo (ICME). IEEE, 2018: 1-6.

[20] MCAULEY J, LESKOVEC J. Hidden factors and hidden topics: understanding rating dimensions with review text [C]//Proceedings of the 7th ACM conference on recommender systems. 2013: 165-172.

[21] BLEI D M, NG A Y, JORDAN M I. Latent dirichlet allocation [J]. the Journal of machine Learning research, 2003, 3: 993-1022.

[22] MOODY C E. Mixing dirichlet topic models and word embeddings to make lda2vec [J]. arXiv preprint arXiv: 1605.02019, 2016.

[23] PENNEBAKER J W, FRANCIS M E, BOOTH R J. Linguistic inquiry and word count: LIWC 2001 [J]. Mahway: lawrence erlbaum associates, 2001, 71(2001): 2001.

[24] PREOTIUC-PIETRO D, CARPENTER J, GIORGI S, et al. Studying the dark triad of personality through Twitter behavior [C]//Proceedings of the 25th ACM international on conference on information and knowledge management. 2016: 761-770.

[25] COLTHEART M. The MRC psycholinguistic database [J]. The quarterly journal of experimental psychology section A, 1981, 33(4): 497-505.

[26] GOLBECK J, ROBLES C, EDMONDSON M, et al. Predicting personality from twitter [C] //2011 IEEE third international conference on privacy, security, risk and trust and 2011 IEEE third international conference on social computing. IEEE, 2011: 149-156.

[27] ZAZO R, NIDADAVOLU P S, CHEN N, et al. Age estimation in short speech utterances based on LSTM

recurrent neural networks [J]. IEEE Access, 2018, 6: 22524-22530.

[28] SUN X, XIAO Y, WANG H, et al. On conceptual labeling of a bag of words [C]//Twenty-Fourth international joint conference on artificial intelligence. 2015.

[29] WANG P, LIU K, JIANG L, et al. Incremental mobile user profiling: Reinforcement learning with spatial knowledge graph for modeling event streams [C]//Proceedings of the 26th ACM SIGKDD international conference on knowledge discovery & data mining. 2020: 853-861.

[30] BALTRUŠAITIS T, AHUJA C, MORENCY L P. Multimodal machine learning: A survey and taxonomy [J]. IEEE transactions on pattern analysis and machine intelligence, 2018, 41(2): 423-443.

[31] CASTELLANO G, KESSOUS L, CARIDAKIS G. Emotion recognition through multiple modalities: face, body gesture, speech [M]//Affect and emotion in human-computer interaction. Berlin: Springer, 2008: 92-103.

[32] RAMIREZ G A, BALTRUŠAITIS T, MORENCY L P. Modeling latent discriminative dynamic of multi-dimensional affective signals [C]//International conference on affective computing and intelligent interaction. Springer, 2011: 396-406.

[33] LAN Z, BAO L, YU S I, et al. Multimedia classification and event detection using double fusion [J]. Multimedia tools and applications, 2014, 71(1): 333-347.

[34] SIKKA K, DYKSTRA K, SATHYANARAYANA S, et al. Multiple kernel learning for emotion recognition in the wild [C]//Proceedings of the 15th ACM on international conference on multimodal interaction. 2013: 517-524.

[35] GURBAN M, THIRAN J P, DRUGMAN T, et al. Dynamic modality weighting for multi-stream hmms inaudio-visual speech recognition [C]//Proceedings of the 10th international conference on Multimodal interfaces. 2008: 237-240.

[36] CHEN S, JIN Q. Multi-modal dimensional emotion recognition using recurrent neural networks [C]//Proceedings of the 5th international workshop on audio/visual emotion challenge. 2015: 49-56.

[37] WEI H, ZHANG F, YUAN N J, et al. Beyond the words: Predicting user personality from heterogeneous information [C]//Proceedings of the tenth ACM international conference on web search and data mining. 2017: 305-314.

[38] EKMAN P. An argument for basic emotions [J]. Cognition & emotion, 1992, 6(3-4): 169-200.

[39] GOLDBERG L R, JOHNSON J A, EBER H W, et al. The international personality item pool and the future of public-domain personality measures [J]. Journal of research in personality, 2006, 40(1): 84-96.

[40] GOU L, ZHOU M X, YANG H. KnowMe and ShareMe: understanding automatically discovered personality traits from social media and user sharing preferences [C]//Proceedings of the SIGCHI conference on human factors in computing systems. 2014: 955-964.

[41] KOSINSKI M, STILLWELL D, GRAEPEL T. Private traits and attributes are predictable from digital records of human behavior [J]. Proceedings of the national academy of sciences, 2013, 110(15): 5802-5805.

[42] FENG J, ZHANG M, WANG H, et al. Dplink: User identity linkage via deep neural network from heterogeneous mobility data [C]//The World Wide Web Conference. 2019: 459-469.

[43] SNELL J, SWERSKY K, ZEMEL R. Prototypical networks for few-shot learning [C]//Advances in

neural information processing systems. 2017: 4077-4087.

[44] SUNG F, YANG Y, ZHANG L, et al. Learning to compare: Relation network for few-shot learning [C]// Proceedings of the IEEE conference on computer vision and pattern recognition. 2018: 1199-1208.

[45] FINN C, ABBEEL P, LEVINE S. Model-agnostic meta-learning for fast adaptation of deep networks [C]//ICML. 2017.

[46] MILLER A H, FISCH A, DODGE J, et al. Key-Value memory networks for directly reading documents [J]. EMNLP16, 2016.

CHAPTER 10

第 10 章

智能推荐

随着物联网、云计算的不断发展，互联网空间中信息呈爆炸式增长。大数据中蕴含着丰富的知识，给人带来变革的同时，也造成了严重的"信息过载"困扰。**推荐系统**作为解决"信息过载"的有效方法，已经成为学术界和工业界的关注热点，并被广泛应用在各个领域，包括电子商务[1]、社交网络[2]、位置服务[3] 等。

智能推荐技术也称**个性化推荐技术**[4]，它通过收集用户的行为日志等数据，挖掘用户潜在的兴趣和偏好并向其推荐感兴趣的对象。本章首先介绍两种经典的推荐技术——**协同过滤**[5] 和**基于内容的推荐**[6]；然后介绍推荐技术中最基本的两种方法——Wide&Deep[7] 和 DeepFM[8]；接着考虑到情境上下文的影响，概述了**基于情境感知的推荐方法**[9]；随后考虑了用户兴趣的不断变化以及用户-项目之间的动态关联，介绍了**基于图神经网络的推荐技术**；最后总结了推荐系统中现有的评估策略和方法。

10.1 推荐系统概述

推荐系统是根据用户的兴趣偏好和行为特点向用户推荐其感兴趣的产品或服务的一种个性化工具。对于用户而言，推荐系统可以帮助用户找到喜欢的商品或服务；对于商家而言，推荐系统通过提供个性化的商品或服务，提高用户对商家的信任度和黏性，从而达到增加营收的目的。

广义上而言，推荐系统是利用电子商务网站向客户提供商品信息和建议，帮助用户决定应该购买什么产品，模拟销售人员帮助客户完成购买过程[10]。推荐系统的形式化定义为[11]：令 U 表示所有用户集合，I 表示所有待推荐项目集合，那么推荐系统中用户 u 对项目 i 的关注程度可以表示为

$$R: U \times I \to \text{Rating} \tag{10-1}$$

推荐系统的任务就是要寻找对用户 u 而言，关注程度最大的项目集合，即 $\forall u, i_u = \arg\max_{i \subseteq I} R(u,i)$。推荐系统中相关的信息可以分为两大类：**User-Item**（用户-项目）的**交互信息**和**情境信息**。

(1) User-Item 交互信息

主要包括隐式交互信息和显式交互信息。
- 显式交互信息是指用户对项目的显式评估,比如评分、喜欢/不喜欢、满意/不满意等。
- 隐式交互信息则是指用户的行为中产生的交互信息,比如浏览、点击、购买、删除等。

(2) 情境信息

通常是指影响用户决策的额外的信息。
- 文本信息:比如项目的类别、项目的描述、用户的评论等。
- 链接信息:比如用户的社交关系等。
- 视觉信息:比如项目的图片等。
- 人口统计信息:比如性别、年龄、职业等。
- 环境信息:比如天气、位置、时间等。

根据推荐的目标的不同,推荐系统任务可以分为三类:**评分预测**、**点击预估**和 **Top-K 推荐**。

- **评分预测任务**:根据已知的用户历史评分记录来预测未知的用户评分记录。该预测是利用用户的显式反馈数据,比如用户过去对项目的真实评分,实现未知用户的评分预测。
- **点击预估任务**:即某用户在给定环境下购买给定商品的概率有多高,比如要给特定用户推荐某一部或者某些电影,那么该用户最终会观看此电影的概率有多高。该预测是利用用户的隐式反馈数据,比如用户过去点击/浏览的电影的历史记录。
- **Top-K 推荐任务**:旨在为特定用户推荐其感兴趣的 K 个项目。例如,亚马逊、天猫等购物网站常常列出的一个有序的推荐列表,该列表便是根据用户的历史记录得到的排名最靠前的 K 个推荐项目,即 Top-K 推荐。

本章从协同过滤、基于内容的推荐、基于深度学习的推荐、基于情境感知的推荐和基于图神经网络的推荐技术来介绍推荐系统。

10.2 协同过滤

当用户在淘宝选购商品时,系统为其推荐一些心仪的项目,这些项目有的是因为与用户之前所购买的项目相似而被推荐,有的是因为具有相似购物偏好的人群购买了该物品而被推荐,这些的核心思想就是协同过滤(Collective Filtering, CF)。协同过滤简单来说就是相似的用户具有相似的偏好,可以通过用户对于项目的评分得到用户的偏好,发现与目标用户相似的用户,从而使用相似用户的历史交互为目标用户推荐商品。

协同过滤包括**在线协同**和**离线过滤**两个阶段。在线协同是指通过在线数据找到与用户历史购买记录相似的项目;离线过滤是指过滤掉不值得推荐的项目,比如评分低的项目,或者虽然评分值高但用户已经购买的项目。

在协同过滤模型中，数据集包含 n 个项目，m 个用户，其中只有部分用户和部分项目有评分数据，而其余部分是缺失值，构成用户-项目交互矩阵 $r \in R^{m*n}$，其中 r_{ij} 表示用户 i 对项目 j 的交互情况（比如用户对项目的评分，或者是用户点击项目的行为）。推荐系统利用已有稀疏数据来预测用户对于所有项目的交互情况，并将最高评分的项目集合推荐给用户。一般来说，协同过滤推荐方法分为三种：第一种是**基于用户（User-based）的协同过滤**[12]，第二种是**基于项目（Item-based）的协同过滤**[13]，第三种是**基于模型（Model-based）的协同过滤**[14-17]。

10.2.1 基于用户的协同过滤

俗话说"物以类聚、人以群分"，大部分的用户都会对和自己有相似偏好的用户感兴趣，例如你购买了《Python 编程：从入门到实践》《Python 编程快速入手》等书籍，另外和你比较相似的用户除了购买这些书籍外，还购买了《编程之美》，系统就会为用户推荐该书籍。这便是基于用户的协同过滤的核心思想，具体如图 10-1 所示，为了向目标用户 A 推荐其感兴趣的项目，可以先找到与其兴趣相似的用户 B，然后把用户 B 喜欢并且用户 A 没有交互过的项目 e 推荐给用户 A。

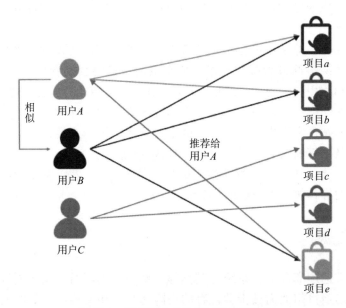

图 10-1 基于用户的协同过滤推荐算法

根据上述基本原理，可以将基于用户的协同过滤推荐算法拆分为两个步骤。
- 第一步：根据用户的历史交互记录发现兴趣相似的用户集合。
- 第二步：围绕相似用户集合，将这个集合中其他用户喜欢且目标用户没有交互过的项目推荐给目标用户。

1. 用户相似性度量

用户兴趣的相似性度量方法多种多样，主要包括 Jaccard 公式、皮尔逊相关性、余弦相似度等。设 $N(u)$ 为用户 u 喜欢的项目集合，$N(v)$ 为用户 v 喜欢的项目集合，那么 u 和 v 的相似度计算公式如下所述。

Jaccard 公式：

$$w_{uv} = \frac{|N(u) \cap N(v)|}{|N(u) \cup N(v)|} \tag{10-2}$$

皮尔逊相关性：

$$w_{uv} = \frac{\sum_{i \in I_{uv}}(r_{ui} - \overline{r_u})(r_{vi} - \overline{r_v})}{\sqrt{\sum_{i \in I_{uv}}(r_{ui} - \overline{r_u})^2} \sqrt{\sum_{i \in I_{uv}}(r_{vi} - \overline{r_v})^2}} \tag{10-3}$$

余弦相似度：

$$w_{uv} = \frac{|N(u) \cap N(v)|}{\sqrt{N(u) \times N(v)}} = \frac{\sum_{i \in I_{uv}} r_{ui} * r_{vi}}{\sqrt{\sum_{i \in I_{uv}} r_{ui}^2} \sqrt{\sum_{i \in I_{uv}} r_{vi}^2}} \tag{10-4}$$

其中，I_{uv} 表示用户 u 以及 v 共同交互过的商品；r_{vi} 表示用户 v 对于项目 i 的偏好程度，本章使用隐式反馈的 0/1 来表示；$\overline{r_u}$ 表示用户的平均偏好分数；$\overline{r_v}$ 表示商品的平均偏好分数。

图 10-2 表示 4 个用户（A，B，C，D）和 5 个项目之间的历史交互关系。根据每个用户喜欢的项目集合统计得出用户与用户之间的共同购买项目的矩阵，如图 10-3 所示。

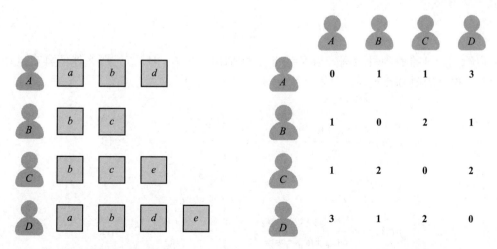

图 10-2 用户与项目的关系　　　　图 10-3 用户共同购买关系

根据用户与用户共同购买项目矩阵计算用户两两之间的相似度，对图 10-3 进一步计算，得到用户之间相似性如图 10-4 所示。

	A	B	C	D			A	B	C	D			A	B	C	D
A	0	$\frac{1}{4}$	$\frac{1}{5}$	$\frac{3}{4}$		A	0	$\frac{-0.2}{\sqrt{1.2*1.2}}$	$\frac{-0.8}{\sqrt{1.2*1.2}}$	$\frac{0.6}{\sqrt{1.2*0.8}}$		A	0	$\frac{1}{\sqrt{3*2}}$	$\frac{1}{\sqrt{3*3}}$	$\frac{3}{\sqrt{3*4}}$
B	$\frac{1}{4}$	0	$\frac{2}{3}$	$\frac{1}{5}$		B	$\frac{-0.2}{\sqrt{1.2*1.2}}$	0	$\frac{0.8}{\sqrt{1.2*1.2}}$	$\frac{-0.6}{\sqrt{1.2*0.8}}$		B	$\frac{1}{\sqrt{3*2}}$	0	$\frac{2}{\sqrt{3*2}}$	$\frac{1}{\sqrt{2*4}}$
C	$\frac{1}{5}$	$\frac{2}{3}$	0	$\frac{2}{5}$		C	$\frac{-0.8}{\sqrt{1.2*1.2}}$	$\frac{0.8}{\sqrt{1.2*1.2}}$	0	$\frac{-0.4}{\sqrt{1.2*0.8}}$		C	$\frac{1}{\sqrt{3*3}}$	$\frac{2}{\sqrt{3*2}}$	0	$\frac{2}{\sqrt{3*4}}$
D	$\frac{3}{4}$	$\frac{1}{5}$	$\frac{2}{5}$	0		D	$\frac{0.6}{\sqrt{1.2*0.8}}$	$\frac{-0.6}{\sqrt{1.2*0.8}}$	$\frac{-0.4}{\sqrt{1.2*0.8}}$	0		D	$\frac{3}{\sqrt{3*4}}$	$\frac{1}{\sqrt{2*4}}$	$\frac{2}{\sqrt{3*4}}$	0

a）Jaccard计算相似性　　　　b）皮尔逊相关性计算相似性　　　　c）余弦相似度计算相似性

图 10-4　不同方式计算用户之间相似性

用户相似度计算完成后，通过相似度排序找到与目标用户兴趣相似的 K 个用户，用 $S(u, K)$ 表示。

2. 物品推荐

将 $S(u, K)$ 中每个用户感兴趣的项目全部提取出来，并去除 u 已经交互过的项目。对于每个候选项目 i，用户 u 对它的偏好程度的计算公式为

$$p(u,i) = \frac{\sum_{v \in S(u,K)} w_{uv} * r_{vi}}{\sum_{v \in S(u,K)} w_{uv}} \tag{10-5}$$

以给用户 A 推荐项目为例。当 $K=3$ 时，相似用户是 B、D、C。那么他们喜欢过并且 A 没有喜欢过的项目有 c、e，分别计算 $p(A,c)$ 和 $p(A,e)$：

$$p(A,c) = \frac{w_{AB} + w_{AC} + 0 * w_{AD}}{w_{AB} + w_{AD} + w_{AC}} = \frac{\left(\frac{1}{\sqrt{6}} + \frac{1}{3}\right)}{\left(\frac{1}{\sqrt{6}} + \frac{1}{3} + \frac{\sqrt{3}}{2}\right)} = 0.4613$$

$$p(A,e) = \frac{0 * w_{AB} + w_{AC} + w_{AD}}{w_{AB} + w_{AC} + w_{AD}} = \frac{\left(\frac{1}{3} + \frac{\sqrt{3}}{2}\right)}{\left(\frac{1}{\sqrt{6}} + \frac{1}{3} + \frac{\sqrt{3}}{2}\right)} = 0.7461$$

因为 $p(A,c)<p(A,e)$，所以最终应该向用户 A 推荐 e。若是在 Top-K 推荐任务中则是选择评分前 K 个项目推荐给用户。

基于用户的协同过滤算法主要存在两个挑战：

1) **数据稀疏性**。大型的电子商务推荐系统一般有非常多的项目，用户可能仅仅与 1% 的项目有交互，不同用户之间的项目交集较少，导致算法无法找到与其偏好相似的用户。

2) **算法可扩展性**。最近邻算法的计算量随着用户和项目数量的增加而增加，数据量大的情况下可能会产生较高的复杂度。

10.2.2 基于项目的协同过滤

基于项目（Item-based）的协同过滤和基于用户的协同过滤类似，不同点在于基于项目的协同过滤方法是通过项目和项目之间的相似度来进行推荐。只要找到了目标用户对某些项目的评分，就可以对相似度高的类似项目进行预测，将评分最高的若干个项目推荐给用户。因为项目之间的相似性相对比较固定，可以预先计算不同项目之间的相似度，将其存储在数据库中，线上推荐时直接查询数据表计算用户可能的打分值，因此可以解决之前提出的基于用户的协同过滤算法带来的两个问题。同样以购买书籍为例，如果大多数喜欢《Python 编程：从入门到实践》《Python 编程快速入手》书籍的用户都同时喜欢《编程之美》这本书，表示这些书籍比较相似；如果有用户购买了前面的几本书籍而没有购买《编程之美》，则表示该用户也可能会喜欢《编程之美》，如图 10-5 所示。

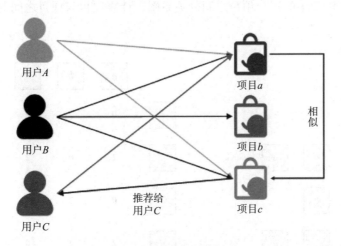

图 10-5 基于项目的协同过滤

根据上述基本原理，基于项目的协同过滤推荐算法可拆分为两个步骤。
- 第一步：项目相似性计算，根据项目的属性特征计算项目与项目之间的相似度。
- 第二步：物品推荐，根据项目之间的相似性对目标用户进行推荐。

1. 项目相似性计算

计算项目之间的相似性有很多方法，例如余弦相似度、考虑用户偏置的余弦相似度、基于关系的相似度。设喜欢项目 i 的用户集合为 $N(i)$，喜欢项目 j 的用户集合为 $N(j)$，那么 i 和 j 的相似度计算公式如下所述。

余弦相似度：

$$w_{ij} = \frac{|N(i) \cap N(j)|}{\sqrt{N(i)N(j)}} = \frac{\sum_{u \in U_{ij}} r_{ui} * r_{uj}}{\sqrt{\sum_{u \in U_{ij}} r_{ui}^2} \sqrt{\sum_{u \in U_{ij}} r_{uj}^2}} \quad (10\text{-}6)$$

考虑用户偏置的余弦相似度：

$$w_{ij} = \frac{\sum_{u \in U_{ij}} (r_{ui} - \overline{r_u}) * (r_{uj} - \overline{r_u})}{\sqrt{\sum_{u \in U_{ij}} (r_{ui} - \overline{r_u})^2} \sqrt{\sum_{u \in U_{ij}} (r_{uj} - \overline{r_u})^2}} \quad (10\text{-}7)$$

基于关系的相似度：

$$w_{ij} = \frac{\sum_{u \in U_{ij}} (r_{ui} - \overline{r_u}) * (r_{uj} - \overline{r_j})}{\sqrt{\sum_{u \in U_{ij}} (r_{ui} - \overline{r_u})^2} \sqrt{\sum_{u \in U_{ij}} (r_{uj} - \overline{r_j})^2}} \quad (10\text{-}8)$$

其中，U_{ij} 表示共同交互过商品 i 以及 j 的用户；r_{ui} 表示用户 u 对于项目 i 的偏好程度，仍然使用隐式反馈的 0/1 来表示；$\overline{r_u}$ 表示用户的平均偏好分数；$\overline{r_v}$ 表示商品的平均偏好分数。

同样使用图 10-2 中的用户项目之间的关系图，计算项目与项目之间的共同购买关系，如图 10-6 所示。

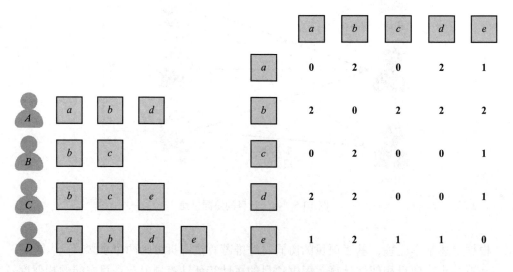

图 10-6 项目共同购买关系矩阵

根据项目与项目共同购买关系矩阵计算项目两两之间的相似度，对图 10-6 进一步计算得到项目之间的相似性如图 10-7 所示。

	a	b	c	d	e
a	0	$\dfrac{2}{\sqrt{4*2}}$	$\dfrac{0}{\sqrt{2*2}}$	$\dfrac{2}{\sqrt{2*2}}$	$\dfrac{1}{\sqrt{2*2}}$
b	$\dfrac{2}{\sqrt{4*2}}$	0	$\dfrac{2}{\sqrt{4*2}}$	$\dfrac{2}{\sqrt{4*2}}$	$\dfrac{2}{\sqrt{4*2}}$
c	$\dfrac{0}{\sqrt{2*2}}$	$\dfrac{2}{\sqrt{4*2}}$	0	$\dfrac{0}{\sqrt{2*2}}$	$\dfrac{1}{\sqrt{2*2}}$
d	$\dfrac{2}{\sqrt{2*2}}$	$\dfrac{2}{\sqrt{4*2}}$	$\dfrac{0}{\sqrt{2*2}}$	0	$\dfrac{1}{\sqrt{2*2}}$
e	$\dfrac{1}{\sqrt{2*2}}$	$\dfrac{2}{\sqrt{4*2}}$	$\dfrac{1}{\sqrt{2*2}}$	$\dfrac{1}{\sqrt{2*2}}$	0

a）基于余弦相似度计算相似性

	a	b	c	d	e
a	0	0	$\dfrac{-1}{\sqrt{1*1}}$	$\dfrac{1}{\sqrt{1*1}}$	$\dfrac{0}{\sqrt{1*1}}$
b	0	0	0	0	0
c	$\dfrac{-1}{\sqrt{1*1}}$	0	0	$\dfrac{-1}{\sqrt{1*1}}$	$\dfrac{0}{\sqrt{1*1}}$
d	$\dfrac{1}{\sqrt{1*1}}$	0	$\dfrac{-1}{\sqrt{1*1}}$	0	$\dfrac{0}{\sqrt{1*1}}$
e	$\dfrac{0}{\sqrt{1*1}}$	0	$\dfrac{0}{\sqrt{1*1}}$	$\dfrac{0}{\sqrt{1*1}}$	0

b）基于关系计算的项目相似性

	a	b	c	d	e
a	0	$\dfrac{-0.28}{\sqrt{0.72*0.72}}$	$\dfrac{-0.88}{\sqrt{0.72*1.52}}$	$\dfrac{0.72}{\sqrt{0.72*0.72}}$	$\dfrac{-0.28}{\sqrt{0.72*0.72}}$
b	$\dfrac{-0.28}{\sqrt{0.72*0.72}}$	0	$\dfrac{0.12}{\sqrt{0.72*1.52}}$	$\dfrac{-0.28}{\sqrt{0.72*0.72}}$	$\dfrac{-0.28}{\sqrt{0.72*0.72}}$
c	$\dfrac{-0.88}{\sqrt{0.72*1.52}}$	$\dfrac{0.12}{\sqrt{0.72*1.52}}$	0	$\dfrac{-0.88}{\sqrt{1.52*0.72}}$	$\dfrac{0.12}{\sqrt{1.52*0.72}}$
d	$\dfrac{0.72}{\sqrt{0.72*0.72}}$	$\dfrac{-0.28}{\sqrt{0.72*0.72}}$	$\dfrac{-0.88}{\sqrt{1.52*0.72}}$	0	$\dfrac{-0.28}{\sqrt{0.72*0.72}}$
e	$\dfrac{-0.28}{\sqrt{0.72*0.72}}$	$\dfrac{-0.28}{\sqrt{0.72*0.72}}$	$\dfrac{0.12}{\sqrt{1.52*0.72}}$	$\dfrac{-0.28}{\sqrt{0.72*0.72}}$	0

c）消除用户偏置的余弦相似度

图 10-7 项目相似性矩阵

项目之间相似度计算完成后，通过相似度排序找到和目标用户历史交互的项目最相似的 K 个项目集合，用 $S(j,K)$ 表示。

2. 推荐物品

计算目标用户 u 对项目 j 的偏好程度 $p(u,j)$：

$$p(u,j)=\dfrac{\sum_{i\in N(u)\cap S(j,K)} w_{ji}*r_{ui}}{\sum_{i\in N(u)\cap S(j,K)} w_{ij}} \tag{10-9}$$

其中，$S(j,K)$ 是和项目 j 最相似的 K 个项目的集合，$N(u)$ 是用户 u 喜欢的项目集合，w_{ij} 是项目 j 和项目 i 的相似度，r_{ui} 表示用户 u 对项目 i 的偏好。

公式（10-9）表示与用户历史上感兴趣的项目越相似的项目，越有可能在用户的推荐列表中获得比较高的排名，然后根据此排名确定排名较高的 N 个项目推荐给用户。

例如，假设给 A 推荐项目，针对 A 没有交互过的项目 c、e，分别计算 $p(A,c)$ 和 $p(A,e)$。

对于物体 c 来说，K 个最相似的项目为 b、e、a、$d (K=4)$：

$$p(A,c) = \frac{w_{cb}+0*w_{ce}+w_{ca}+w_{cd}}{w_{cb}+w_{ce}+w_{ca}+w_{cd}} = \frac{\left(\frac{1}{\sqrt{2}}\right)}{\left(\frac{1}{\sqrt{2}}+\frac{1}{2}\right)} = 0.5858$$

对于物体 e 来说，K 个最相似的项目为 b、a、c、$d\ (K=4)$：

$$p(A,e) = \frac{w_{eb}+w_{ea}+0*w_{ec}+w_{ed}}{w_{eb}+w_{ea}+w_{ec}+w_{ed}} = \frac{\left(\frac{1}{\sqrt{2}}+\frac{1}{2}+\frac{1}{2}\right)}{\left(\frac{1}{\sqrt{2}}+\frac{1}{2}+\frac{1}{2}+\frac{1}{2}\right)} = 0.7734$$

因此推荐 e 给用户 A，在 Top-K 推荐中选择评分前 K 个的项目推荐给用户。

10.2.3 基于模型的协同过滤

基于用户的协同过滤和基于项目的协同过滤均属于基于邻域的方法，均是根据用户的点击行为或者用户的评分来计算用户间或者项目间的相似度，从而根据最相似的用户或者项目来进行推荐。还有一类方法是隐语义模型，它是从点击的行为矩阵中得到用户和项目间的隐含语义表示，其基本思路是：对于某一个用户，首先得到他的兴趣分类，然后从分类中挑选他可能喜欢的项目。隐语义分析技术主要包含概率潜在语义分析[16]、隐狄利克雷分配模型[18]、神经网络[17]、矩阵分解[15] 等。本节主要介绍矩阵分解算法。

表 10-1 为一个基于显式反馈的用户-项目交互矩阵 R，其中行表示用户信息，列表示项目信息。每个元素表示用户对于项目的偏好程度。矩阵分解的目的是通过已有的 R 矩阵分解得到 U 和 V，然后通过 U 和 V 补全矩阵 R，从而为用户推荐项目。矩阵分解最常用的方法是奇异值分解（Singular Value Decomposition，SVD），将用户项目对应的交互矩阵 R 进行 SVD 分解，并通过选择部分较大的奇异值来进行降维，也就是说矩阵 R 此时分解为

$$R_{m \times n} = U_{m \times k} \Sigma_{k \times k} V^{T}_{k \times n} \tag{10-10}$$

其中，k 是矩阵 R 中较大的部分奇异值的个数，一般会远远小于用户数和项目数。如果预测第 i 个用户对第 j 个项目的评分 r_{ij}，则只需要计算 $u_i^T \Sigma v_j$ 即可。

表 10-1 用户–项目矩阵 R

	a	b	c	d	e
A	5	3		1	
B		4	5		
C		3	1		5
D	2	5		4	3

假设项目 a、b、c、d、e 为书籍名称，且每本书籍的类型特征包括文艺、科幻，那么分解得到的 U 和 V 矩阵可能如表 10-2 和表 10-3 所示。

表 10-2 用户特征矩阵

	文艺	科幻
A	5	-1
B	1	4
C	2	3
D	5	1

表 10-3 项目特征矩阵

	文艺	科幻
a	5	-1
b	3	4
c	3	5
d	1	-1
e	5	0

从用户–项目交互的评分矩阵中可以得到用户对哪种类型的书籍感兴趣、该书籍的类型分布等隐含的语义信息。同时，对于该交互评分矩阵中评分为空的位置还可以通过 U 和 V 中对应的行和列的点积得到预测评分，通过排序找到最高的 N 个评分对应的项目推荐给用户。同样选择用户 A 没有交互过的项目 c 和 e：

$$P(A,c)=\boldsymbol{u}_A\boldsymbol{v}_c^{\mathrm{T}}=5\times3-1\times5=10$$

$$P(A,e)=\boldsymbol{u}_A\boldsymbol{v}_e^{\mathrm{T}}=5\times5-1\times0=25$$

根据预测评分的排序会推荐 c 给用户 A。

但 SVD 要求矩阵是稠密的，即矩阵的所有位置不能有空缺值。若存在空缺值，R 无法直接进行 SVD 分解，因此通过用户特征矩阵以及项目特征矩阵点积得到的预测评分与真实评分之间的误差来构建损失函数，对损失函数进行逆向求导来学习得到用户和项目特征矩阵：

$$\boldsymbol{R}_{m\times n}=\boldsymbol{U}_{m\times k}\boldsymbol{V}_{k\times n}^{\mathrm{T}} \tag{10-11}$$

采用线性回归的思想将矩阵 R 分解成 U 和 V，分解的目标是让用户–项目之间交互矩阵的评分与 UV 乘积得到的评分矩阵的残差尽可能小，用户 i 对项目 j 的预测评分为 $\boldsymbol{u}_i\boldsymbol{v}_j^{\mathrm{T}}$，使用均方差损失函数来寻找矩阵 U 和 V，公式如下：

$$\min \sum_{i,j}(r_{ij}-\boldsymbol{u}_i\boldsymbol{v}_j^{\mathrm{T}})^2 \tag{10-12}$$

在实际应用中，为了防止过拟合会加入一个 L2 的正则化项，因此 SVD 的优化目标函数 $J(\boldsymbol{u},\boldsymbol{v})$ 可表示为

$$J(\boldsymbol{u},\boldsymbol{v}) = \operatorname{argmin} \Sigma_{i,j}(r_{ij}-\boldsymbol{u}_i\boldsymbol{v}_j^{\mathrm{T}})^2 + \lambda(\|\boldsymbol{u}_i\|^2 + \|\boldsymbol{v}_j\|^2) \qquad (10\text{-}13)$$

对上式通过梯度下降法来进行优化得到结果。

具体的，上式分别对 $\boldsymbol{u}_i$，$\boldsymbol{v}_j$ 求导，得到：

$$\frac{\partial J}{\partial \boldsymbol{u}_i} = -2(r_{ij}-\boldsymbol{u}_i\boldsymbol{v}_j^{\mathrm{T}})\boldsymbol{v}_j + 2\lambda\boldsymbol{u}_i \qquad (10\text{-}14)$$

$$\frac{\partial J}{\partial \boldsymbol{v}_j} = -2(r_{ij}-\boldsymbol{u}_i\boldsymbol{v}_j^{\mathrm{T}})\boldsymbol{u}_i + 2\lambda\boldsymbol{v}_j \qquad (10\text{-}15)$$

通过迭代最终可以得到 U 和 V，从而得到最终的用户-项目评分矩阵 R，根据用户对项目的评分进行推荐。

最后，简单总结三种协同过滤方法，如表 10-4 所示。

表 10-4 三种协同过滤方法对比

协同过滤方法	基本特点	主要优点	主要缺点
基于用户的协同过滤	一种基于邻域的方法，没有学习的过程	对新的物品友好，可以为用户提供有惊喜的物品	难以提供令人信服的解释 在线计算复杂度较高，需要计算用户之间的相似度关系
基于项目的协同过滤		对新用户友好，可以解决用户冷启动问题 物品相似性一段时间不会改变，容易离线存储 可以根据用户历史行为解释推荐结果	推荐结果不具有多样性 不适合大型的推荐系统
基于模型的协同过滤	一种机器学习的方法，具有较好的理论基础	离线计算的空间复杂度较低 小数据集时效果好、速度快	离线计算的时间复杂度较高，需要多次迭代 只能得到隐语义向量，无法提供解释

10.3 基于内容的推荐

基于内容的推荐[19]：根据用户历史交互中的项目为用户推荐与其偏好相似的项目。例如，一个新闻推荐系统会根据用户之前浏览过的新闻主题内容向用户推荐特定主题的新闻信息。这些只是考虑了用户历史交互特征，而忽略了用户主体的差异性，例如年龄、性别、社交关系等，即用户的内容。

10.3.1 基于内容相似性的推荐算法

基于内容相似性的推荐算法一般包括以下三步。

①**项目表示**：从每个项目的内容中抽取部分特征以此构建项目的表示。

$$i_{embedding} = (feature_1, feature_2, \cdots, feature_m) \quad (10\text{-}16)$$

②**用户偏好学习**：利用用户历史交互中项目的特征数据刻画用户偏好。

$$u_{embedding} = \frac{1}{|N(u)|} \sum_{i \in N(u)} i_{embedding} \quad (10\text{-}17)$$

其中，$N(u)$表示用户 u 历史交互过的所有项目集合。

③**推荐生成**：将用户偏好与候选集中的项目进行相似性计算，为用户推荐相关性最强的项目。

$$s(u,i) = \cos(i_{embedding}, u_{embedding}) = \frac{i_{embedding} * u_{embedding}}{|i_{embedding}|_2 * |u_{embedding}|_2} \quad (10\text{-}18)$$

10.3.2 基于 FM 的内容推荐

传统的线性模型一般通过对用户和项目特征进行线性组合从而得到用户对物品的偏好，但在基于内容的推荐中，特征间的组合常常很有效，比如在用户点击数据中发现在吃饭的时间常常下载外卖类软件，说明时间特征和 APP 类别特征有很大的关系，这是指二阶特征；也可能在数据中发现男孩子常常玩射击类的游戏，说明用户性别和年龄与游戏类别存在很大的联系，这属于三阶特征。若要从数据中提取类似的高阶特征，模型需要组合不同的特征。对于一个推荐系统，首先提取用户和项目的特征，用户特征包括用户编号、年龄、性别、职业、爱好等，项目特征包括项目编号、项目描述、项目评分、项目价格、项目评论（针对购物网站）。这些特征可以分为离散特征（例如性别、职业）和连续特征（例如年龄），对于不同特征采取不同表示方法。针对离散特征一般采取独热将其编码为向量，对连续特征多采用将其离散化后独热编码为向量。

对于用户项目的每一条交互记录基于内容进行特征提取，特征如图 10-8 所示。

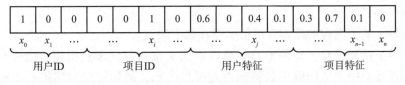

图 10-8 用户以及项目特征

对于提取出的用户及项目特征 $\boldsymbol{x} = (x_1, x_2, \cdots, x_n)^T$，使用线性方程来建模用户对项

目的偏好为

$$\hat{y}(x) = w_0 + \sum_{i=1}^{n} w_i x_i \tag{10-19}$$

其中，w_0 以及 $\boldsymbol{w} = (w_1, w_2, \cdots, w_n)^T$ 为模型参数。可以看出，一阶线性回归方程中的 x_i 是相互独立的，没有考虑两个或多个特征分量同时对结果的影响。因此通过二阶线性回归方程来引入两个特征分量对结果的影响因子：

$$\hat{y}(x) = w_0 + \sum_{i=1}^{n} w_i x_i + \sum_{i=1}^{n-1} \sum_{j=i+1}^{n} w_{ij} x_i x_j \tag{10-20}$$

但是由于数据样本的稀疏性问题，大量的 $x_i x_j$ 交互项并不存在于样本中，会导致无法对相应的参数 w_{ij} 进行参数估计。因此出现了因子分解（Factorization Machine，FM）技术[54]，它不仅向线性模型中加入了 $x_i x_j$ 这样组合的交叉特征，还通过将 w_{ij} 分解 $\boldsymbol{v}_i \boldsymbol{v}_j^T$ 进行参数估计来解决稀疏数据下的特征组合权重无法计算的问题，其中 $\boldsymbol{v}_i = (v_{i1}, v_{i2}, \cdots, v_{ik}) \in R^k$，$(k \ll n)$ 是对于每个特征向量的辅助向量。这样做会带来两点好处：

1）对于没有出现过的二阶交叉特征项，可以通过其他出现过的特征交叉项来估计出 v_i 以及 v_j，从而进行推荐。

2）大大减少参数估计量，由 nn 减少到 nk。

最终 $s(u,i)$ 计算公式为

$$s(u,i) = \tilde{y}(x) = w_0 + \sum_{i=1}^{n} w_i x_i + \sum_{i=1}^{n} \sum_{j=1}^{n} (\boldsymbol{v}_i \boldsymbol{v}_j^T) x_i x_j \tag{10-21}$$

因此，基于 FM 进行内容推荐就是通过 FM 对用户以及项目进行二阶（或高阶）交叉特征项的计算与处理，然后根据预测值与样本标签的差值对模型训练。

基于内容推荐的优点如下所述。

- **用户之间互相独立**：不同于协同过滤，用户偏好仅与自己的历史交互相关，其他用户历史行为对目标用户偏好无影响。
- **解释性较强**：推荐项目给目标用户时，只需要说明该产品具有某属性与该用户历史交互的物品比较相似。
- **项目冷启动问题可以解决**：不同于协同过滤，新的项目加入推荐系统后，由于没有与用户的历史交互记录，因此无法计算新项目与用户之间的相似性，因而产生冷启动问题；但基于内容的推荐根据新项目的属性就可以将其与之前的项目以同等概率推荐。

除优点外，基于内容的推荐系统仍然存在如下缺点。

- **项目特征抽取困难**：新闻推荐中可以根据文章的单词来获得项目的表示，但是很多推荐场景中无法抽取项目特征得到项目表示，例如社交网络推荐中被推荐的项目为用户，电影推荐中被推荐的项目为电影；对于演员与导演相同的电影，抽取特征得到的向量表示也会相似，但是两部电影可能相似度很低，因此无法根据特征抽取得到有效的项目表示。

- **用户潜在兴趣无法挖掘**：基于内容的推荐只考虑了用户的历史偏好，因此使用该方法推荐只能推荐和历史偏好相似的物品，无法产生多样性，也没有考虑用户偏好演化。
- **用户冷启动问题**：对于新用户，没有历史交互记录，因此无法学习用户的偏好。

10.4 基于深度学习的推荐

近年来基于深度学习的推荐系统受到了工业界和学术界的共同关注。本节主要讲解基于深度学习的推荐方法中最典型的两个方法：Wide&Deep[7] 和 DeepFM[8]。

10.4.1 Wide&Deep

Wide&Deep[7] 是 Google 于 2016 年提出的用于 APP 推荐的模型，它旨在使模型能够同时获得记忆（Memorization）和泛化（Generalization）能力。比如，一个推荐系统记录了用户的偏好，然后根据此偏好不断向用户推荐此类相似的物品（记忆能力），这会导致用户产生审美疲劳，不想再看到类似的物品。但是如果推荐系统会在此时推送用户一些其他新颖的但属性（比如材质）类似的物品（泛化能力），用户会更有可能点击。Wide&Deep 便是基于此思想平衡推荐结果的准确性和扩展性。

1. 诱因

推荐系统的主要挑战之一，是同时解决**记忆**和**泛化**问题。

（1）记忆模块

面对大规模离散的稀疏特征的 CTR（Click Through Rate，CTR）预估问题（推荐系统的一个重要环节，根据用户历史点击的广告来预测用户下一时刻的点击情况）时，将特征进行非线性转换，然后使用线性模型进行预测。由于非常容易实现大规模实时并行处理，因此"线性回归+特征叉乘"是工业界最广泛应用的技术。记忆模块通过一系列人工的特征叉乘来构造这些非线性特征，捕捉稀疏特征之间的高阶相关性，即"记忆"历史数据中曾共同出现过的特征对。

例如，特征1——症状：{发烧、呕吐、头晕}，特征2——性别：{男、女}，这两个特征编码后的特征维度分别为三维与二维，对应的叉乘结果是特征3——症状 X 性别：{发烧∧男，呕吐∧女，头晕∧男，发烧∧女，呕吐∧男，头晕∧女}。

有时很多原始稠密的特征通常也会被分段离散化构造为稀疏特征。比如年龄特征是稠密特征，可以将年龄分段为{0~6，7~17，18~40，41~65，66~}，从而构成稀疏特征，这样做的优势是对异常数据有很强的鲁棒性，离散后可以进行特征交叉，同时模型会更加稳定、可解释、快速高效。

虽然记忆模块高效、可解释，但是它的特征需要人工设计；同时人工设计后的交叉特征一般是细粒度的，比如篮球∧男，这样可能导致过拟合，所以需要构造更粗粒度的交叉特征来增强泛化性，同时希望可以捕捉训练数据中未曾出现的特征对。

(2) 泛化模块

泛化模块为稀疏特征学习低维的稠密特征来捕获特征的相关性，学习到的表示本身带有一定的语义信息。比如深度学习方法，当用户-项目矩阵非常稀疏时，训练数据较少，很难为用户和项目学习到有效的表示，因此导致模型过度泛化而推荐出不太相关的物品。

(3) 记忆模块和泛化模块

利用记忆模块根据用户历史行为数据，推荐和过去购买的物品直接相关的物品；利用泛化模块学习新的组合特征，提高推荐结果的多样性。论文结合这两者的优点，提出一种新的方法——Wide&Deep 模型。

2. 模型

Wide&Deep 模型如图 10-9b 所示，主要包含两部分：Wide 模型和 Deep 模型。

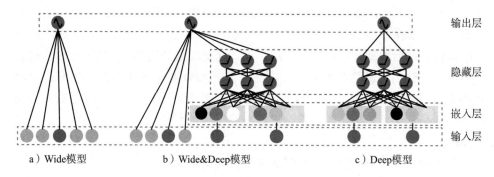

图 10-9 Wide 模型、Wide&Deep 模型和 Deep 模型[7]

(1) Wide 模型

Wide 模型如图 10-9a 所示，本质上是一个线性模型，可以表示为 $y = \mathbf{w}^T \mathbf{x} + b$，其中 $\mathbf{w} = [w_1, w_2, \cdots, w_d]$ 是模型参数；b 是偏置；特征 $\mathbf{x} = [x_1, x_2, \cdots, x_d]$ 包括基础特征和交叉特征。基础特征是离线的特征集合，例如性别、年龄、职业等，而对于挖掘出的"篮球 ∧ 男"这样的特征属于交叉特征，它可以捕获特征间的交互，起到添加非线性的作用，可以表示为 $\emptyset_k(\mathbf{x}) = \prod_{i=1}^{d} x_i^{c_{ki}}$，其中 $c_{ki} \in \{0, 1\}$ 表示如果第 i 个特征 x_i 是构成第 k 个交叉转换 $\emptyset_k$ 的一部分时 $c_{ki} = 1$，否则 $c_{ki} = 0$。

(2) Deep 模型

如图 10-9c 所示，Deep 模型是一个典型的前馈神经网络。对于原始的高维稀疏特征 $\mathbf{x}$，首先将其映射到低维空间中，得到稠密的实值向量 $\mathbf{e} = \mathbf{W}\mathbf{x}$，称为嵌入向量。然后将其作为前馈神经网络输入来学习这些特征的高阶交互特征，即 $\mathbf{a}^{(l)} = \mathbf{e}$。在前馈神经网络中，每一层可以表示为

$$\mathbf{a}^{(l+1)} = f(\mathbf{W}^{(l)} \mathbf{a}^{(l)} + \mathbf{b}^{(l)}) \tag{10-22}$$

其中，l 是层的个数；f 是激活函数，通常是 ReLU；$a^{(l)}$、$b^{(l)}$ 和 $W^{(l)}$ 分别是 l 层的输出、偏置和权重矩阵。

（3）Wide&Deep 模型的联合训练

Wide 模型和 Deep 模型通过联合的方式训练，其中 Wide 部分使用 FTRL（Follow-The-Regularized-Leader，一种针对 LR 而设计的兼顾精度和稀疏性的在线学习器）[21] 及 L1 正则化来学习的，而 Deep 部分使用 AdaGrad[22] 来学习。在这个联合模型中，Wide 和 Deep 两部分的输出通过加权的方式合并，并通过 logistic 损失函数进行最终的输出。

$$P(Y=1|x)=\sigma(w_{\text{wide}}^{\text{T}}[x,\emptyset(x)]+w_{\text{deep}}^{\text{T}}a^{l_f}+b) \tag{10-23}$$

其中，Y 是二分类标签，$\sigma(\cdot)$ 表示 Sigmoid 激活函数，$\emptyset(x)$ 表示原始特征 x 的交叉特征转换，b 表示偏置项，w_{wide} 是 Wide 模型的权重，w_{deep} 是应用在 Deep 模型最后一层输出 a^{l_f} 的权重。

注：联合训练（Joint Learning）和集成模型（Ensemble）的区别。

- **训练方式**：集成模型的子模型是独立训练，只需要在每个模型的结果端进行融合、预测；而联合训练是同时训练同时产生结果的。
- **模型规模**：集成模型要独立训练，模型规模大一些（比如更多的特征、更多的转换）才能达到可接受的效果。而联合训练过程中，Wide 模型只需要利用小规模的交叉特征来补充 Deep 模型的缺点，即记忆能力。因此联合训练模型的 Wide 部分模型的特征可以较少。

10.4.2 DeepFM

Wide&Deep 模型虽然兼具泛化能力和记忆能力，但没有避免一定的特征提取过程。为解决该问题，华为于 2017 年提出了 DeepFM 模型（基于 Wide&Deep 的改进），它将因式分解作为 Wide 部分，前馈神经网络作为 Deep 部分，旨在学习特征之间的低阶和高阶交互以提高推荐的性能。同时 DeepFM 是端到端的，只需要将原始特征输入模型训练便可以得到点击概率值的大小。其总体结构同 Wide&Deep 相似，如图 10-10 所示。

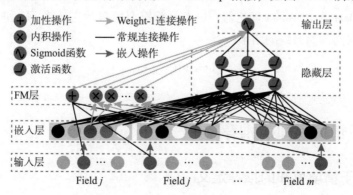

图 10-10 DeepFM 模型图[8]

1. 因式分解 FM 部分

因式分解 FM 部分同 10.3.2 节中的 FM 一致，主要用以提取一阶、二阶等低阶特征，如图 10-11a 所示，其输入是不同属性的独热向量拼接而成的高维稀疏向量。图 10-11 中的 Field i 表示一个属性对应的独热向量。该稀疏向量经过嵌入得到一个低维稠密的向量 e_i，此向量等同于 FM 中特征学习到的低维稠密向量 $v_i x_i$，如图 10-11 所示。

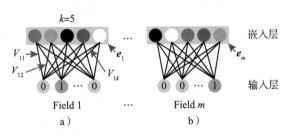

图 10-11　Field Embedding 图

最终，利用一阶、二阶交互特征进行预测的结果为

$$y_{\text{FM}} = <w, x> + \sum_{j_1=1}^{d} \sum_{j_2=j_1+1}^{d} <v_i, v_j> x_{j_1} x_{j_2} \tag{10-24}$$

2. 深度学习 Deep 部分

深度学习 Deep 部分同 Wide&Deep 中 Deep 模型相类似，用于提取高阶交互特征。如图 10-10b 所示，其输入是不同 Field 经过 Embedding 之后的低维稠密的向量之和，可以表达为 $a^{(0)} = [e_1, e_2, \cdots, e_m]$。随后将其输入前馈神经网络中学习特征之间的高阶交互，前馈神经网络中每一层可以表示为

$$a^{(l+1)} = f(W^{(l)} a^{(l)} + b^{(l)}) \tag{10-25}$$

其中，l 是层的个数；f 是激活函数，通常是 ReLU；$a^{(l)}$、$b^{(l)}$ 和 $W^{(l)}$ 分别是 l 层的输出、偏置和权重矩阵。假设共有 $|H|$ 个隐藏层，则利用高阶交互特征进行预测的结果为

$$y_{\text{DNN}} = \text{sigmoid}(W^{(|H|+1)} a^{(|H|)} + b^{(|H|+1)}) \tag{10-26}$$

3. FM&Deep 模型的联合训练

FM 模型和 Deep 模型联合训练，其中 FM 模型的线性回归部分使用 FTRL 优化器来学习，而 FM 和 Deep 使用 Adam 优化器[23]来更新模型的参数。最终 FM 和 DNN 两个模型的输出相加来共同预测最终的结果：

$$\hat{y} = \text{sigmoid}(y_{\text{FM}} + y_{\text{DNN}}) \tag{10-27}$$

10.5　基于情境感知的推荐

10.5.1　基于情境感知的推荐定义

情境感知最早由施利特于 1994 年提出[24]，是普适计算领域一个重要的研究方向。普

适计算技术降低了用户对设备的依赖性,用户可以在任何时间、任何地点、以任何方式使用信息与服务。情境感知推荐系统(Context-Aware Recommender System,CARS)[9] 是将获取的情境信息引入推荐系统中,进而根据用户属性特征、所处情境(时间、地点、设备、周围环境等)和待推荐信息的关联进一步挖掘出用户的偏好,为用户提供更符合其情境的服务。形式化定义如下:

令 U 表示所有用户集合,I 表示所有待推荐项目集合,C 表示所有情境信息,那么情境感知推荐系统中用户 u 对项目 i 的关注程度可以表示为

$$R: U \times I \times C \rightarrow \text{Rating} \tag{10-28}$$

情境感知推荐系统的任务就是要寻找特定情境 c 下对用户 u 而言,关注程度最大的那些项目,即 $\forall u, \forall c, i_u = \underset{i \subseteq I}{\arg\max} R(u, i, c)$。

基于情境感知的推荐与传统的信息推荐不同。传统的信息推荐是基于"用户-项目"的二维关系进行推荐,而基于情境感知的推荐则是基于"用户-项目-情境"三者之间的关联关系进行推荐。用户需求在不同的情境下是有差异的,比如在选择口罩时,雾霾和非雾霾这两种情境下用户的需求是不同的。情境信息的引入有助于更深入地理解和挖掘用户的需求,从而更合理地为用户提供产品或服务。

10.5.2 基于情境感知的推荐方法

基于情境感知的推荐技术主要研究如何将情境信息引入推荐系统中生成当前情境下满足用户需求的推荐。目前有两种划分方式:

1) 基于传统推荐系统的方法进行划分,可以分为基于协同过滤的情境感知推荐技术、基于内容的情境感知推荐技术和混合式情境感知推荐技术。

2) 基于情境信息在推荐中所起到的作用进行划分,即阿多马维修斯等人[10]提出的三种模式——**情境预过滤**(Contextual Pre-Filtering)、**情境后过滤**(Contextual Post-Filtering)和**情境化建模**(Contextual Modeling)。为区别传统推荐系统,本节主要按照后者划分方式进行划分,具体划分的原理如图 10-12 所示。

1. 情境预过滤

如图 10-12 所示,情境预过滤侧重考虑情境信息在数据输入时的作用。当数据输入系统中时,首先根据当前情境将无关的信息过滤掉,选择和当前情境相匹配的数据作为推荐数据集,然后利用各种推荐算法进行偏好预测。例如,某用户期望买 KN95 口罩,情境预过滤系统在处理输入数据时,会过滤掉其他类型的口罩,而只推荐 KN95 的口罩,然后可以采用任意推荐算法。

对于情境预过滤,有几种不同的类型,比如精确预过滤(Exact Pre-Filtering,EPT)方法、广泛预过滤(Generalized Pre-Filtering)方法等。精确预过滤方法由情境 C 唯一定义,选择所有与指定情境相关的交互,而广泛预过滤方法则是基于情境信息选择与具体情境相关的交互。比如,对于买 KN95 口罩的用户来说,精确预过滤方法使用 KN95 这个

上下文信息直接过滤，而广泛预过滤方法或许会选择防霾这个情境过滤。当面对多个情境信息时，比如功能＝KN95、款式＝一次性，则精确预过滤方法直接使用这些信息过滤，而广泛预过滤方法或许使用<功能＝防霾、款式＝任意>来过滤。

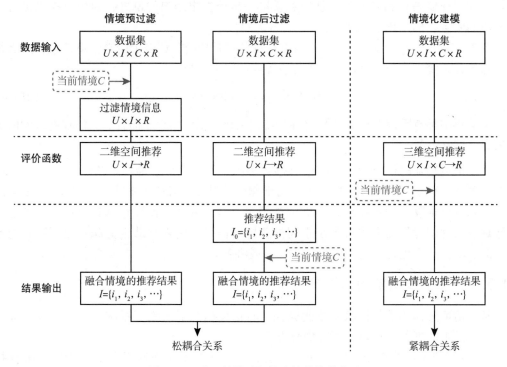

图 10-12　基于情境感知的个性化推荐方法

总之，情境预过滤方法需要注意情境的粒度，它能够很大程度影响情境预过滤推荐效果。当情境实例分类过于稀疏时，则很多与当前情境相关度低的数据也会输入系统中，从而影响系统的准确度；而当情境实例分类过于精细，比如精确预过滤，那么在过滤时会将很多信息过滤掉，导致相关数据集变小，导致更为严重的数据稀疏性问题，影响系统的准确度。

2. 情境后过滤

情境后过滤方法是首先利用传统的推荐算法得到推荐结果，然后利用情境信息过滤掉与上下文不相关的信息，从而得到最终的推荐结果，如图 10-12 所示。在情境后过滤方法中，调整推荐结果的方法有两种：直接过滤方法和调整推荐结果的方法。直接过滤方法是根据当前获得的情境信息，把不相关的推荐结果直接过滤；而调整推荐结果的方法则是根据当前的情境信息，调整推荐结果列表的顺序。比如，某用户想买 KN95 口罩，而且用户的偏好是一次性款式的，那么推荐系统首先依据传统推荐方法为用户生成一个推荐列表，再从中过滤掉不是 KN95 的口罩。

情境后过滤方法分为**启发式**和**基于模型**两类。

1) 基于启发式的方法：根据用户在某个情境下的一些共同特征来进行过滤和排序调整。
- 过滤：过滤掉那些含有较少共同特性的物品。
- 排序调整：根据物品与当前情境信息共同特性的个数来排序。

2) 基于模型的方法：构建模型来估计用户在某个情境下选择某个物品的概率。
- 过滤：过滤掉那些概率比较低的物品。
- 排序调整：将预测评分与概率相乘，用相乘后的值来重新排序。

比如，潘涅洛等人[25]将情境后过滤方法分为线性加权和直接过滤，前者是将物品与当前情境关联的概率作为权重，和已预测的评分进行加权来对推荐的项目列表重新排序；而后者则把那些与当前情境关联概率较小的项目直接过滤。同时在真实的电子商务数据集上对提出的两种情境后过滤方法和基于情境预过滤的方法进行对比，结果发现：基于线性加权的情境后过滤方法表现最佳，而情境预过滤方法次之，而基于直接过滤的情境后过滤方法则表现最差。

情境后过滤方法同情境预过滤方法类似，均是将多维推荐算法转化为二维推荐算法，因此一个最大的优势是可以在推荐系统中利用已经成熟的各类推荐算法。但是这两种方式也都有相同的缺点，即它们均是筛选数据，忽略了情境与评分之间的关联关系以及情境之间的关联关系，从而影响了推荐效率。因此这两种情境感知推荐方法适合情境信息与评分信息之间为松耦合关系的情形。

3. 情境化建模

情境化建模方法的基本思想是将情境信息融入整个推荐生成过程中，然后使用合适的启发式算法预测模型来处理多维度的数据，进而为用户生成有效的推荐，如图10-12所示。同情境后过滤方法相同，情境建模方法也分为两类：基于启发式的方法和基于模型的方法。基于启发式的方法是扩展传统的二维启发式推荐方法（比如基于邻域的算法、聚类等），方便处理融入了情境信息的多维度数据。而基于模型的方法是利用机器学习或数学统计模型来处理融入了情境信息的多维度数据，其中相关的机器学习或数学统计模型有基于层次回归的贝叶斯偏好模型、贝叶斯网络、支持向量机、张量分解模型以及因式分解模型等。与基于启发式的方法相比，基于模型的方法需要花费较长的时间来训练或更新一个预测模型，而且需要花费大量时间来调整模型的大量参数进行优化，同时当用户数据非常少时不足以构建可靠的分类；但是后者往往只需要存储远小于原始数据的模型，能充分利用相关模型的优点获得更好的推荐效果，代表着基于情境感知推荐技术的研究方向。

前两种情境推荐模式是将多维数据集转换成二维数据集处理，情境信息起到筛选信息或者筛选推荐结果的作用，而情境化建模则是利用处理多维数据集的推荐技术，在挖掘用户、项目以及情境之间的关联方面表现突出，尤其适用于情境与用户间耦合度高的情况。

坎波斯等人[26]比较了情境预过滤、情境后过滤和情境化建模的准确性和多样性，结果表明任何基于情境感知的推荐方法都不能在所有领域均取得绝对优势。但是情境后过滤和情境化建模方法在多样性和准确性两方面普遍优于其他方法。同时，基于情境感知的推荐方法采用不同的情境信息时效果也是不同的[26]。比如，情境后过滤方法在使用时间情境时效果更好，情境化建模在探索社会情境时使用朴素贝叶斯和随机森林方法可以获得更好的效果。但是，不是加入所有的情境均能使得推荐效果提高，有可能因为情境信息过多而增加噪声或过度拟合而使得推荐的效果降低。因此，未来研究可能更关注利用哪些情境以及情境如何结合传统推荐算法来提高推荐的效果。

10.6 基于图神经网络的推荐

现有的推荐系统主要分为两种：第一种是传统的推荐方法，主要是通过对用户和物品的交互矩阵建模得到用户的静态偏好，也就是前面几节的方法，但是这类模型会始终推荐相似的物品引起用户审美疲劳；第二种是考虑用户的动态偏好，根据用户的历史交互序列建模得到用户偏好演化的方式，也就是序列推荐模型。而物品之间的转移模式在序列推荐中是十分重要的特征，现有工作中常用的方法包括 RNN 和马尔可夫过程，只对相邻的两个物品的单向或双向转移关系进行建模，但忽略了序列中其他物品对目标物品的影响，而图不仅可以得到序列之间前后方向上的关系，还可以得到序列之间在不同方向上的关系，因此通过图神经网络对用户和商品的交互关系构建成的图进行建模，可以学习得到用户和商品更加有效的向量表示。

图神经网络应用于推荐系统中的方法主要包括：1) 对用户和商品的历史交互关系进行预训练得到用户和商品的向量表示，再将其应用于下游的推荐任务，如 DeepWalk[27]、Line[28]、Node2Vec[29]、SDNE[30] 等；2) 对于用户和商品的历史交互关系使用端到端的模型，训练用户和商品的向量表示并预测下一时刻用户可能购买的物品，如 GCN[31]、GAT[32] 等。

10.6.1 预训练模型

预训练模型得到每个节点的向量表示的方法包括 DeepWalk、Line、Node2Vec、SDNE 等，主要是通过拟合图中节点的一阶相似性与二阶相似性。节点之间的一阶相似性和二阶相似性[33] 定义如下所述。

- **一阶相似性**：如果两个节点之间有一条强连接的边（权重很大的边），那么这两个节点就是相似的，如图 10-13 中的节点 6 与节点 7。
- **二阶相似性**：如果两个节点共享了很多相同

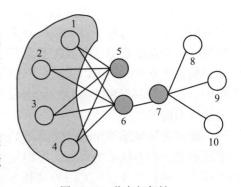

图 10-13 节点相似性

的邻居节点，那么即使这两个节点没有直接相连也是相似的。如图 10-13 中的节点 5 和节点 6 虽然没有直接相连，但是他们同时连接到了节点 1、节点 2、节点 3、节点 4，因此节点 5 和节点 6 在结构上也是相似的。

本节主要对 DeepWalk 进行介绍，并在节末将 DeepWalk 与 Line、Node2Vec、SDNE 进行比较。

DeepWalk 训练得到节点的向量表示，主要包括以下几个步骤。

①**构建关系图**：首先推荐系统需要根据用户和商品的属性，以及用户和商品的历史交互关系构建用户与商品之间的关系图，主要包括用户关系图（例如用户社交关系图，节点为用户，边表示两个用户在社交网络中的连接）、商品关系图（例如商品被购买的序列关系，节点为商品，边表示两个商品被依次购买、依次点击等）、用户商品二部图（节点为用户和商品，边表示用户购买过该商品，也可以表示用户对该商品的偏好，不同含义的边可以用不同属性来表示）。

②**采样**：通过 Random Walk[34] 得到模型训练所需的样本，例如商品关系图中使用随机游走得到商品的购买序列作为模型训练的样本。

③**模型训练**：通过 Word2Vec[35] 模型来构建每个节点的嵌入向量。

1. 商品关系图建模

根据用户对商品的历史交互行为构建商品之间的关系图，用户行为可以包含很多类型，例如点击、购买、收藏等。本节主要对商品之间的关系进行图的构建以便于后续采样、训练得到每个商品的向量表示来进行下层任务的学习。如图 10-14 a 所示，已知推荐系统中用户 u_1 的购买序列 $\{D, A, B\}$，用户 u_2 的购买序列 $\{B, E, D, E, F\}$，用户 u_3 的购买序列 $\{E, C, B, B, A\}$，那么可以根据这些用户的购买序列构建整个系统中物品的关系（见图 10-14 b）。其中，图中的每一个节点均是系统中的物品，图中的每一条边均是根据所有用户序列的先后顺序构建而成的。

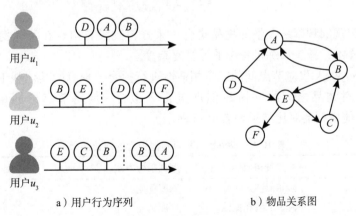

a）用户行为序列　　　　b）物品关系图

图 10-14　用户行为序列构建图

2. 采样及模型训练

得到商品与商品的关系图后，需要采样得到模型训练的样本，因此遍历所有节点，通过随机游走获取以每个节点为起点的一条图路径，如图 10-15 所示。每条路径类比于 Word2Vec 中的一个句子，每个节点类比于句子中的单词。通过训练 Word2Vec 模型来得到每个节点的向量化表示。

根据上述基本思想，算法的基本过程分为两步。

① 通过 Random Walk 获取序列样本：遍历每个节点，通过深度优先遍历的方式获取指定长度的一条路径，即为一个序列，将所有的序列放在一起，构成 Word2Vec 所用到的序列样本。

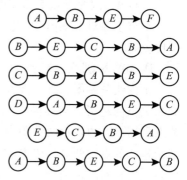

图 10-15 随机游走构建图

② 利用序列样本构建 Word2Vec 模型，学习得到嵌入向量：采用 Skip-gram/CBOW 算法得到每个节点的向量表示，其中 Skip-gram 通过中心节点来预测周围节点，CBOW 通过上下文节点预测中间节点。通过最大化整个序列的似然函数得到每个节点的向量表示。以 Skip-gram 为例，模型最终的损失函数为

$$L = \prod_{i,j \in I} p(j|i) = \prod_{i_t \in I} \prod_{j \in I} p(j|i_t) \tag{10-29}$$

从式（10-29）可以看出，针对每个目标物品 i_t，j 需要遍历整个物品集合才能得到最终的损失函数，计算的复杂度高，因此需要继续改进。目前使用较多的方法是负采样[36]（Negative Sampling）方法和层次 Softmax[37]（Hierarchical Softmax）方法。以负采样方法为例：

$$L = \prod_{i,j \in I} p(j|i) = \prod_{i_t \in I} \prod_{j \in \text{Context}(i_t) \cup \text{Neg}(i_t)} p(j|i_t) \tag{10-30}$$

依据物品出现的频率从大量的物品集合中采样得到没有出现在目标物品 i_t 上下文中的物品作为负样本，减少训练过程中的计算复杂度。

不同于 DeepWalk 仅对节点间的二阶相似性进行拟合，现有的其他基于图神经网络的预训练模型还对物品之间的一阶相似性进行了拟合，使得节点的向量表示更合理。DeepWalk 与其他模型的对比结果如表 10-5 所示。

表 10-5 DeepWalk 同其他模型的对比结果

	一\二阶相似性	序列采样方式	是否带权图
DeepWalk	二阶相似性	深度优先	无权图
LINE	一阶、二阶相似性	广度优先	有权图
Node2Vec	一阶、二阶相似性	深度、广度优先	有权图
SDNE	一阶、二阶相似性	无	有权图

10.6.2 端到端模型

预训练的图神经网络模型可以直接使用,直接用于推理;也可以将其作为特征提取器来实现迁移学习。这样可以提高模型的初始性能,加速模型的优化过程。然而这样的预训练图神经网络模型学习的特征比较泛化,没有直接的监督指导,可能产生误差累积使得分类/预测性能降低。因此,需要构建端到端的图神经网络模型来监督指导图中每个节点(特征)的嵌入表示,包括图卷积神经(Graph Convolutional Neural,GCN)网络、图注意力(Graph Attention,GAT)网络。本节主要介绍图卷积神经网络。

图卷积神经网络的主要流程如下:

①首先将用户、商品和广告等都看作节点(Node),而将用户对于商品的购买、广告的点击等操作视为边(Edge,节点间连接)。

②将节点与边构成的图作为输入,进行邻居信息汇聚等操作,学习图中节点、边或子图的向量表示(Embedding),从而实现分类、推荐和预测等任务。

图中每个节点第 $k+1$ 层的向量表示如下:

$$e_u^{k+1} = \text{AGG}(e_u^k, \{e_i^k : i \in N_u\}) \tag{10-31}$$

$$e_i^{k+1} = \text{AGG}(e_i^k, \{e_u^k : u \in N_i\}) \tag{10-32}$$

其中,e_u 表示用户节点的向量表示;e_i 表示物品的向量表示;N_u 表示与用户 u 相连的物品的节点;N_i 表示与物品 i 相连的用户的节点;AGG 表示聚合函数,在不同的图神经网络中可以选择不同的聚合函数。

- **平均聚合**:目标节点的相邻节点进行加权求和对目标节点的向量表示进行更新。

$$e_i^k = \sigma(W \text{ MEAN}(\{e_u^k\} \cup \{e_i^k : i \in N_u\})) \tag{10-33}$$

- **LSTM 聚合**:LSTM 相比简单的平均加权操作具有更强的表达能力,但由于 LSTM 函数不是关于输入对称的,所以在使用时需要对节点的邻居进行一次乱序操作。
- **池化聚合**:在目标节点的相邻节点集合上进行池化,式(10-34)是最大池化的例子,表示找出相邻节点中对目标节点影响最大的节点作为当前节点的向量表示。

$$e_i^k = \max(\{\sigma(W_{\text{pool}} e_u^k + b), u \in N_i\}) \tag{10-34}$$

经过 k 层网络后,每个节点最终的向量表示为

$$e_u = \sum_{k=0}^{K} a_k e_u^k \tag{10-35}$$

$$e_i = \sum_{k=0}^{K} a_k e_i^k \tag{10-36}$$

其中,a_k 表示每一层向量的权重,可以使用注意力机制进行权重分配,也可以使用平均分配来计算。

最终通过每个用户以及物品的向量表示计算用户购买物品的概率:

$$\hat{y}_{ui} = \boldsymbol{e}_u^{\mathrm{T}} \boldsymbol{e}_i \tag{10-37}$$

通过预测得分与真实得分的误差构建损失函数，使用梯度下降算法就可以训练得到用户和商品的初始权重以及 GCN 网络中的参数，得到一个端到端的基于图神经网络的推荐系统模型。

10.7 评估

为了评估推荐算法的优劣，需要明确的评价指标体系来客观衡量推荐算法的性能[38-39]。评估指标一方面可以客观分析和评估各种推荐算法的优劣，另一方面可以用于推荐系统的测试和性能调优。本节首先引入推荐评估的三种评测方法，分析其优劣；然后分析推荐系统的评估指标；最后结合评测方法对评估指标进行总结。

10.7.1 评测方法

推荐系统评测方法主要分为**离线分析**、**用户调查**和**在线评估**。离线分析首先划分训练集和测试集，然后再评估模型在测试集上的性能。用户调查则是在离线分析通过后，让受试者在推荐系统上完成一些任务。在这个过程中，观察和记录用户的行为，并让他们回答一些问题，最后分析他们的行为和答案，从而评估系统的性能。在完成离线分析和用户调查后，将系统进行在线评估。在线实验最常用的评测算法是 **A/B 测试**，它是指通过一定的规则将用户随机分组，对不同的组采用不同的算法（上线之前的算法和上线之后的算法），然后通过设计的评测指标来比较上线前后推荐算法的性能提高程度。在线评估测试有一定的风险。比如当一个处于在线测试的推荐系统向用户推荐了许多无关的物品，那么很可能用户对推荐系统的信任度降低，以至于在真实系统上线时不再关心推荐的物品了。因此，在线评估往往会放在三类测评实验的最后阶段。通常先采用离线分析来评估各种推荐算法，并得到合适的几种算法，调整性能使得达到最好的推荐结果。然后在用户调查阶段记录测试人员与推荐系统的交互任务，评估测试人员对候选推荐系统的认可程度，进一步筛选候选的推荐算法。最后通过在线评估确定最合适的推荐系统。表 10-6 分别列出了三种评测方法的优缺点。

10.7.2 评估指标

理想的推荐系统应该是准确、高效、多样、新颖、透明、覆盖广、获得用户满意和信任。为了评估推荐系统的性能，大量的评估指标从不同的角度刻画推荐算法的能力。这些指标有的基于推荐算法，有的独立于推荐算法；有的是定性评估，而有的是定量评估。本小节主要介绍几种常用的评估指标。

1. 用户满意度

用户作为推荐系统中的目标对象，其满意度是评测推荐系统的重要指标。用户满意度只能通过用户调查或者在线实验获得。当采用用户调查方式时，需要考虑用户各个方面的感受，用户才能针对性地给出准确回复；当使用在线实验时，可以利用用户的点击率、停留的时间等指标度量用户的满意度。

表 10-6 推荐算法的三种性能评测方法对比

评测方法	基本特点	主要优点	主要缺点
离线分析	从日志中抽取数据集进行训练和测试	不需要真实的用户和实际的系统，成本低，速度快，方便快捷	没有用户客观评价，难以取得真实的反馈和商业指标
用户调查	真实用户参与，分析其行为和回答数据	可获得用户真实感受，风险低	招募用户代价大，无法组织大规模测试用户，真实环境无法重现
在线评估	真实系统中用户的行为分析	即时响应和交互性强，用户满意度高，可以获得在线的性能指标，包括商业上关注的指标	周期较长，风险高

2. 推荐准确度

推荐准确度指标度量的是推荐系统预测用户行为的能力，是推荐系统最主要的离线评测指标。推荐任务不同，则准确度指标不同。因此，将根据评分预测、点击预估和 Top-K 推荐这三个推荐任务，分别介绍准确度指标。

（1）评分预测任务

对于评分预测问题，经常使用平均绝对误差（Mean Absolute Error，MAE）和均方根误差（Root Mean Square Error，RMSE）来衡量预测的差异。

1）平均绝对误差。

MAE 是预测值与真实值的偏差的绝对值的平均值。它通过预测评分与实际评分的偏差大小衡量推荐的效果。MAE 的值越低，说明预测偏差越小，推荐效果越好。

$$\mathrm{MAE} = \frac{1}{|E^P|} \sum_{(u,i) \in E^P} |r_{ui} - \widehat{r_{ui}}| \tag{10-38}$$

其中，r_{ui} 表示用户 u 对项目 i 的真实评分，$\widehat{r_{ui}}$ 表示用户 u 对项目 i 的预测评分，E^P 表示测试集。

2）均方根误差。

RMSE 是预测值与真实值偏差的平方和与观测次数比值的平方根。RMSE 越小，则预测偏差越小，推荐效果越好。

$$\mathrm{RMSE} = \sqrt{\frac{1}{|E^P|} \sum_{(u,i) \in E^P} (r_{ui} - \widehat{r_{ui}})^2} \tag{10-39}$$

MAE、RMSE 实现简单，但是对异常值比较敏感，当用户对某个物品的预测值很不理想时，误差则较大，从而对 MAE、RMSE 的值有较大的影响。

（2）点击预估任务

对于点击预估任务，常常使用交叉熵（Logloss）和 ROC 曲线下面积（Area Under Curve，AUC）等指标。Logloss 更关注和观察数据的吻合程度，AUC 更关注为用户推荐满意物品的顺序。

1）交叉熵。

交叉熵经常作为优化的目标，衡量预测结果和观察数据之间的吻合程度。

$$L = -\sum_{(u,i) \in Y \cup Y^-} (y_{ui} \log \widehat{y_{ui}} + (1-y_{ui}) \log(1-\widehat{y_{ui}})) \quad (10\text{-}40)$$

其中，y_{ui} 表示真实的标签；$\widehat{y_{ui}}$ 是指预测的点击概率。

2）ROC 曲线下面积。

AUC 更关注推荐列表的排序质量，其物理意义是任取一对正例和负例，分类算法将这个正样本排在负样本前面的概率。具体来说：统计所有的 $|M| \times |N|$（$|M|$ 为正样本数，$|N|$ 为负样本数）个正负样本对中有多少组正样本的得分大于负样本的得分。当二元组中正负样本的得分相等的时候，按照概率 0.5 计算，然后除以 $|M| \times |N|$。公式如下表示：

$$AUC = \frac{\sum_i^n (\text{pos\_score} > \text{neg\_score}) + 0.5 \sum_i^n (\text{pos\_score} = \text{neg\_score})}{|M| \times |N|} \quad (10\text{-}41)$$

这个方法的复杂度为 $O(n^2)$，n 为样本数（即 $n=|M|+|N|$）。为了降低计算复杂度，可以首先对推荐列表的物品得分从大到小排序，然后令最大得分对应的物品排序值为 n，第二大得分对应的物品排序值为 $n-1$，以此类推从 n 到 1。然后把所有正类样本的排序值相加，再减去正类样本的得分最小的 $|M|$ 个值的情况。得到的结果便是有多少正类样本的得分值大于负类样本的得分值，最后再除以 $|M| \times |N|$ 即可。值得注意的是，当得分相等的时候，对于得分相等的样本需要赋予相同的排序值。具体操作是把所有这些得分相等的样本的排序取均值，然后使用公式：

$$AUC = \frac{\sum_{i \in M} \text{rank}_i - \frac{|M| \times (|M|+1)}{2}}{|M| \times |N|} \quad (10\text{-}42)$$

其中，rank 为样本排序值，位置从 1 开始。

AUC 指标的不足之处有两点。一是只反映了模型的整体性能，看不出在不同点击率区间上的误差情况；二是只反映了排序能力，没有反映预测精度（如果对一个模型的点击率统一乘以 2，AUC 不会变化，但显然模型预测的值和真实值之间的偏差扩大了）。

（3）Top-K 推荐任务

对于 Top-K 推荐，经常使用的指标包括：精确率（Precision）、召回率（Recall）、命中率（Hit Ratio，HR）和归一化折扣累积增益（Normalized Distributed Cumulative Gain，NDCG）。

1) 精准率，又称查准率。

即推荐出来的命中项目占所有推荐出来项目的比例，也即评价推荐预测有多少是正确的推荐项目。

$$\text{Precision@}K = \frac{\sum_{u \in U} |R(u) \cap T(u)|}{\sum_{u \in U} |R(u)|} \tag{10-43}$$

其中，$R(u)$ 表示用户 u 通过推荐算法得到的 Top-K 推荐列表，$T(u)$ 表示用户 u 在测试集上的关联的项目列表。

2) 召回率，又称查全率。

即推荐出来的命中项目占所有推荐项目的比例，也即评价推荐预测覆盖了多少准确的推荐项目。

$$\text{Recall@}K = \frac{\sum_{u \in U} |R(u) \cap T(u)|}{\sum_{u \in U} |T(u)|} \tag{10-44}$$

准确率和召回率是相互影响的，一般情况下是准确率高召回率就低，召回率高准确率就低。在推荐系统中，用户一般更关注 Top-K 的准确率，而不是特别关注召回率。

3) 命中率。

表示推荐出来的命中项目占所有推荐项目的比例，该指标越大越好。举个简单的例子，三个用户在测试集中的商品个数分别是 10、12、8，模型得到的 Top-10 推荐列表中，分别有 6 个、5 个、4 个在测试集中，那么此时 HR 的值是：(6+5+4)/(10+12+8)= 0.5。

4) 归一化折扣累积增益。

NDCG 不同于前三个指标，它加入了位置的因素，考虑了不同位置带来的影响。它主要用来评估推荐列表的排序质量，比如目标项目的编号为 1，两个不同的算法分别给出两个 Top-5 推荐列表 [1，2，3，4，5] 和 [5，4，3，2，1]。可以看到，虽然两个推荐算法的命中率是相同的，但通常会认为第一个算法更好，因为它推荐的第一个商品就与目标项目完全匹配。由此可见，在衡量推荐算法时需要考虑推荐结果的位置信息。一般计算形式为

$$\text{NDCG@}K = Z_k \sum_{i=1}^{K} \frac{2^{\text{rel}_i} - 1}{\log_2(i+1)} \tag{10-45}$$

其中，Z_k 是归一化系数，表示后面的累加求和公式的最好情况下的和的倒数，目的是使 NDCG 值处于 0~1 范围内。

具体地可依次计算如下。

CG（Cumulative Gain，累积增益），假如推荐 Top-K 个物品，则：

$$\text{CG@}K = \sum_{i=1}^{K} \text{rel}_i \tag{10-46}$$

其中，rel_i 表示第 i 个物品的相关性或评分。

CG 没有考虑推荐的次序，DCG（Discounted CG，折扣累积增益）在此基础上引入对物品顺序的考虑，公式如下：

$$\text{DCG@}K = \sum_{i=1}^{K} \frac{2^{\text{rel}_i} - 1}{\log_2(i+1)} \tag{10-47}$$

DCG 没有考虑推荐列表中真正有效的结果个数，所以最后引入 NDCG（Normalized DCG，归一化折扣累积增益），表示为

$$\text{NDCG@}K = \frac{\text{DCG@}K}{\text{IDCG@}K} \tag{10-48}$$

其中 IDCG@K 指 Ideal DCG，即完美结果下的 DCG。

比如豆瓣给用户推荐了五部电影 M_1，M_2，M_3，M_4，M_5，用户对这五部电影的评分分别是 5，3，2，1，2，那么这个推荐列表的 CG 等于：

$$\text{CG@}5 = 5 + 3 + 2 + 1 + 2 = 13$$

此推荐列表的 DCG 等于：

$$\begin{aligned}\text{DCG@}5 &= \frac{2^5-1}{\log_2 2} + \frac{2^3-1}{\log_2 3} + \frac{2^2-1}{\log_2 4} + \frac{2^1-1}{\log_2 5} + \frac{2^2-1}{\log_2 6} \\ &= 31.00 + 4.42 + 1.50 + 0.43 + 1.16 = 38.51\end{aligned}$$

此时，最理想的排序应该为 5，3，2，2，1，所以：

$$\begin{aligned}\text{IDCG@}5 &= \frac{2^5-1}{\log_2 2} + \frac{2^3-1}{\log_2 3} + \frac{2^2-1}{\log_2 4} + \frac{2^2-1}{\log_2 5} + \frac{2^1-1}{\log_2 6} \\ &= 31.00 + 4.42 + 1.50 + 1.29 + 0.38 = 38.59\end{aligned}$$

因此，$\text{NDCG@}5 = \frac{\text{DCG@}5}{\text{IDCG@}5} = \frac{38.51}{38.59} = 0.99$

NDCG 主要表示推荐列表排序的质量，其结果越大，说明推荐的越准确。推荐算法的评估指标可以简要概括为表 10-7。

3. 覆盖率

覆盖率（Coverage）[38] 指算法向用户推荐的商品可以覆盖全部商品的程度。它反映了推荐算法挖掘长尾商品的能力。如果一个推荐系统的覆盖率越高，则推荐算法越能将长尾中的物品推荐给用户，用户可选择的商品越多。反之，若推荐系统的覆盖率越低，则推荐算法

越向用户推荐比较集中的商品，用户可选择的商品越少，进而导致用户体验感差，满意度降低。因此，需要在提高预测准确度的同时，更多地关注覆盖率来增强用户的体验感，提高用户的满意度[40]。覆盖率可以分为**推荐覆盖率**（Recommendation Coverage）和**种类覆盖率**（Catalog Coverage）两种。

表 10-7 推荐系统准确度各个评估指标

推荐任务	评价指标	符号	定义	含义	说明
评分预测	平均绝对误差	MAE	$MAE = \frac{1}{|E^P|} \sum_{(u,i) \in E^P} |r_{ui} - \hat{r_{ui}}|$	衡量真实值与预测值的差异	r_{ui} 表示用户 u 对项目 i 的真实评分 $\hat{r_{ui}}$ 表示用户 u 对项目 i 的预测评分 E^P 表示测试集
	均方根误差	RMSE	$RMSE = \sqrt{\frac{1}{|E^P|} \sum_{(u,i) \in E^P} (r_{ui} - \hat{r_{ui}})^2}$	衡量真实值与预测值的偏差	
点击预估	交叉熵损失	Logloss	$L = -\sum_{(u,i) \in Y \cup Y^-} (y_{ui} \log \hat{y_{ui}} + (1-y_{ui}) \log(1-\hat{y_{ui}}))$	反映真实与预测值分布的差异	y_{ui} 表示标签 $\hat{y_{ui}}$ 是指预测的点击概率
	ROC曲线下面积	AUC	$AUC = \frac{\sum_{i \in P} rank_i - \frac{|P| * (|P|+1)}{2}}{|P| * |N|}$	反映样本的排序质量	rank 为样本排序，位置从1开始 $|P|$ 为正样本数 $|N|$ 为负样本数
Top-K 推荐	召回率	Recall@K	$Recall@K = \frac{\sum_{u \in U} |R(u) \cap T(u)|}{\sum_{u \in U} |T(u)|}$	表示推荐结果的好坏	$R(u)$ 表示用户 u 通过推荐算法得到的 Top-K 推荐列表 $T(u)$ 表示用户 u 在测试集上的关联的项目列表 r_i 表示第 i 个位置的"等级关联性"，一般可以用 0/1 处理，如果该位置的物品在测试集合中，则 $r_i=1$，否则为 0 Z_k 是归一化系数
	精准率	Precision@K	$Precision@K = \frac{\sum_{u \in U} |R(u) \cap T(u)|}{\sum_{u \in U} |R(u)|}$	表示推荐结果的覆盖程度	
	命中率	HR@K	$HR@K = \frac{\sum_{u \in U} |R(u) \cap T(u)|}{\sum_{u \in U} |T(u)|}$	表示推荐结果的好坏	
	归一化折扣累积增益	NDCG@K	$NDCG@K = Z_k \sum_{i=1}^{K} \frac{2^{r_i}-1}{\log_2(i+1)}$	表示推荐列表的质量	

（1）推荐覆盖率

推荐覆盖率，表示系统能够为用户推荐的商品占所有商品的比例。

$$\mathrm{COV}_p @ K = \frac{N_d(K)}{N} \tag{10-49}$$

其中，$N_d(K)$表示所有用户推荐的列表中出现过的不同商品的个数。推荐覆盖率越高，系统给用户推荐的商品的种类越多，推荐的多样性、新颖性就越强。

（2）种类覆盖率

种类覆盖率表示推荐系统为用户推荐的商品种类占全部种类的比例。相比推荐覆盖率，种类覆盖率应用的还很少。在计算种类覆盖率时，需要事先对商品进行分类。

4. 多样性和新颖性

（1）多样性

用户的兴趣是广泛的，比如疫情期间用户不仅会买口罩，还可能会购买消毒液、酒精、体温计等物品。因此为了满足用户多样化的兴趣，推荐列表需要能够覆盖用户不同的兴趣领域。

多样性描述了推荐列表中物品两两之间的不相似程度。假设$s(i,j)$在$[0,1]$区间定义了物品i和物品j之间的相似度，那么用户u的推荐列表$R(u)$的多样性定义为

$$\mathrm{Diversity}_u = 1 - \frac{\sum_{i,j \in R(u), i \neq j} s(i,j)}{\frac{1}{2}|R(u)|(|R(u)|-1)} \tag{10-50}$$

推荐系统整体多样性可以定义为所有用户推荐列表多样性的均值：

$$\mathrm{Diversity} = \frac{1}{|U|} \sum_{u \in U} \mathrm{Diversity}_u \tag{10-51}$$

（2）新颖性

除多样性之外，新颖性[41]也是影响用户体验的指标之一，指为用户推荐非热门、非流行物品的能力。新颖度最简单的度量方法是利用推荐结果的平均流行度，推荐列表中商品的平均流行度越小，新颖性越高。因此新颖性指标可以表示为

$$N(K) = \frac{1}{|U|K} \sum_u \sum_{i \in R(u)} p_i \tag{10-52}$$

其中，p_i是商品i的流行度，这里商品i的流行度可以自己定义，比如可以视为系统中商品i被用户点击的总数量、平均数量等；$|U|$表示测试集中用户个数；K表示推荐列表的个数。

5. 其他指标

（1）惊喜度

惊喜度[42]指推荐结果与用户之前喜欢的物品不相似但是用户非常满意的推荐。因此，提高推荐系统的惊喜度意味着降低与用户历史兴趣的相似的推荐结果。惊喜度不同于新颖度，新颖的推荐是指给用户推荐用户以前没有听过的物品（但是其本质属性是比

较像的），而惊喜的推荐是指推荐和历史上喜欢的物品不相似的物品。比如用户喜欢张杰演唱的歌曲，为他推荐《曙光》。该用户之前不知道此歌曲，那么对于用户来说此推荐很有新颖性。但是并没有惊喜度，因为一旦查找得到该歌曲是张杰演唱的，就不会感觉到很奇怪。但如果为他推荐《东西》，用户之前没听过，但是听完后很感兴趣，那么对用户来说此推荐很有惊喜性。

（2）信任度

信任度[43]是指用户对推荐结果的信任程度。假设推荐系统为用户推荐若干用户都有所了解且都喜欢的物品，则用户会信任该系统。反之，若推荐系统为用户推荐用户不感兴趣的物品，那么该用户会对该推荐系统失去信任。推荐的信任度一般只能通过用户调查的方式来统计得到。现在的推荐系统获取用户信任的主要方法是对推荐结果进行解释[44]，即告诉用户为什么给他推荐这些物品。因此可以提供推荐解释，使得系统产生推荐的原因来增加用户对推荐系统的信任度。

（3）实时性

随着互联网技术的发展，推荐系统的实时性越来越受关注。比如新闻类网站，一条新闻需在第一时间推送给目标用户。推荐系统的实时性主要包括两方面：实时更新推荐列表满足用户新的行为变化，将新加入系统的物品推荐给用户。前者是站在用户的角度，希望系统可以根据用户实时的反馈来推荐用户感兴趣的物品，以不断地吸引用户的注意力；而后者是站在物品的角度，希望物品可以及时推送给用户，以达到为商家吸引更多顾客的目的。

10.8 未来的发展方向

推荐系统可以有效解决当今信息化社会"信息过载"的现象，已经成了一种高效获取信息的工具。本章对于推荐系统的定义、算法、评估等方面进行了概括。未来随着机器学习、深度学习技术的不断提高，应用场景、产品形态的不断出现，推荐算法将会进行更深层次、多场景的研究。本节总结了以下五个方面的趋势。

1. 动态推荐

在某些情况下，比如网上购物、新闻推荐、论坛等，用户的兴趣会很快受到社会事件或者朋友的影响，此时根据用户所有行为或者属性信息仅获取用户的静态兴趣不足以表达用户动态的兴趣。为了获取用户动态的偏好，利用动态图网络或者序列推荐是一个解决的方法。比如，宋等人[2]设计了一个动态图注意力网络通过合并用户好友的长短期兴趣来捕捉该用户的动态兴趣。

2. 可解释推荐

现有的推荐系统大多关注如何提高推荐系统的准确性，缺乏推荐该结果的原因。推荐的可解释性不仅可以提升推荐系统的透明度，以便于研究人员进一步优化，而且有助于提高用户对系统的信任和满意程度。尤其是金融、医学、风控等领域，如果缺乏推荐的可解释性，那么用户很难接受该推荐的结果。目前可解释推荐主要从三个方向来研究：1) 利用知识图谱增强算法的解释能力。知识图谱中包含各种各样的知识，可以为推荐算法提供解释，比如王等人[45]为推荐结果提供了基于路径的解释。2) 模型无关的可解释推荐框架。针对目前众多推荐算法，需要设计一个与模型无关的可解释推荐框架来表示方法的可拓展性。王等人[46]提出利用强化学习框架来对任意模型进行解释，同时确保可拓展性、解释能力和解释质量。3) 结合生成模型进行对话式推荐。目前的推荐解释形式往往是预定义的，缺乏灵活性、多变性。

3. 多目标/任务推荐

推荐场景中往往需要优化多个目标。比如视频推荐任务中，不仅需要预测用户是否会观看，还需要预测用户对于视频的评分，用户是否会关注该视频的上传者，是否会分享到社交平台等。如果用不同的模型分别预测每个目标，则需要花费很多人力、计算资源等，同时丢失了多个任务的关联关系，所以需要多目标/任务学习来共享不同目标/任务之间的相同部分，独自训练每个目标/任务独特的部分，以便更快、更好地学习用户和项目间的通用向量表示。比如，倪等人[47]提出多任务模型 DUPN 学习用户和项目的通用向量表示，然后将其用到 CTR 预估、L2R（Learning to Rank）、用户达人偏好 FIFP 预测、用户购买力度量 PPP 等任务中。

4. 多模态/多样化数据融合推荐

电商购物平台中，用户群庞大且物品纷繁复杂。用户行为数据可以来自多个领域，如社交媒体、搜索引擎等；用户的行为反馈也是多种多样，如点击、收藏、购买等；同时物品的呈现方式也是多模态的，包括文本、图像、视频等。因此，单一、同构的模型不能有效地处理这些多模态/多样化的数据。如何表示这些复杂数据、建模它们之间的关联并实现多模态信息的有效融合是未来的一个发展趋势。比如张等人[37]将文本、图片以及知识库的知识相融合，得到更精确的项目表示，从而提高推荐的准确度。

5. 跨域/平台推荐

冷启动和数据稀疏问题一直是个性化推荐存在的挑战，跨域/平台推荐是一种典型的解决方案，它考虑了多个领域/平台的数据。在辅助域/平台的帮助下，跨域/平台推荐方法可以获得更好的性能。比如用户在电影平台上没有足够的数据（即稀疏或者冷启动的用户），而他在书籍平台上有丰富的数据，因此可以将其在书籍平台上丰富的数据迁移到电影平台上，从而提高推荐的准确性和多样性。目前的跨域推荐方法主要分为两类：协同跨域推荐[48-49]和基于内容的跨域推荐[50-51]。协同跨域推荐主要是利用两个域之间的交互数据（比如评分记录），而基于内容的推荐则是共享来自辅助域的用户或项目的属性数据。但是这个前提条件是各个域/平台中用户的行为或者项目的内容是可知的，是可以利用的。考虑到一些企业由于用户安全隐私的问题而不直接共享用户行为的问题，这种情况下如何进行准确性跨域推荐是未来的发展趋势。比如高等人[52]为避免商业隐私而提出一种新的方法 NATR（Neural Attentive Transfer Recommendation），它不使用用户相关的数据，而仅仅利用项目的信息。

小结

1. 推荐系统是根据用户的兴趣偏好和行为特点向用户推荐其感兴趣的产品或服务的一种个性化工具。根据推荐的目标，推荐任务可以分为三类：评分预测、点击预估和 Top-K 推荐。

2. 协同过滤的推荐算法基于"相似的用户喜欢相似的内容"的假设，从用户-商品交互的大量数据中挖掘某些隐含的模式，从而为用户进行推荐。典型的方法为基于用户的协同过滤、基于项目的协同过滤和基于模型的协同过滤。但是存在数据稀疏问题、可扩展性差的问题，以及用户或者商品的冷启动问题。基于内容的推荐算法是指利用商品的属性信息来匹配建模，从而寻找相似的用户或商品，其推荐结果直观，易于理解，但是要求用户或商品的内容属性可以完美地表示该用户或商品。基于深度学习的推荐算法可以自动组合低层的特征，形成抽象的高层特征来实现数据的分布式特征表示，以便于更加精准地推荐。

3. 基于情境感知的推荐将"情境"这个第三维度的信息加入用户-项目的交互中，从而形成"用户-项目-情境"三维交互的矩阵。情境信息的引入有助于更深入地理解和挖掘用户的需求，从而更合理地为用户提供产品或服务。

4. 基于图神经网络的推荐则是在传统的推荐方法基础上，考虑了用户兴趣的不断的变化以及用户-项目之间的动态关联，更深层次、更全面地挖掘了用户动态的兴趣，从而实现更加精准的推荐。

习题

1. 简述推荐系统中三大任务的区别与联系（数据、损失函数等角度）。
2. 给定用户-项目评分矩阵：

	a	b	c	d	e
A	4.0	3.5			
B			3.5	4.0	
C	1	4	3	3.5	
D	4.5	4	1		3

基于皮尔逊相关系数计算用户之间的相似度。

3. 根据习题 2 中的用户-项目评分矩阵，基于关系计算项目之间的相似度。
4. 根据习题 2 中的用户-项目评分矩阵，分别基于用户的协同过滤算法以及项目的协同过滤算法对每个用户进行推荐。
5. 思考 Wide&Deep 中的交叉特征和 FM 中的交叉特征的同异之处。

6. 对于三个特征：性别（男、女）、年龄（0~6，7~17，18~40，41~65，66之后）和职业（教育、会计、工程师、设计师），用此三大特征表示某一个用户（女，18~40，会计）的特征，如何使用独热向量表示，同时利用Python语言来验证？

7. 简述基于内容的推荐和基于情境感知的推荐的差异点。

8. 豆瓣给用户推荐了八部电影 M_1，M_2，M_3，M_4，M_5，M_6，M_7，M_8，某用户对这八部电影的评分分别是 3，3，1，5，3，2，1，2，如何计算此用户的 NDCG 指标？

*9. 利用 Python 编码实现 HR、NDCG、Recall、Precision 等常用评估指标，若给出某用户的实际 item（5）与某算法推荐的 Top-10 列表（1，5，2，3，4，6，7，0，100，8），请利用这些指标分别得到该算法的评估结果。

*10. 利用 Python 编码实现 SVD，可以利用餐馆选址的一部分数据。

（数据 34data：链接：https://pan.baidu.com/s/1KzS1rNFquyddy2hyHkKqtg　提取码：xlha）

*11. 利用 Python 编码实现 Wide&Deep 框架。

参考文献

[1] PFADLER A, ZHAO H, WANG J, et al. Billion-scale recommendation with heterogeneous side information at taobao [C]//2020 IEEE 36th International Conference on Data Engineering (ICDE). IEEE, 2020: 1667-1676.

[2] SONG W, XIAO Z, WANG Y, et al. Session-based social recommendation via dynamic graph attention networks [C]//Proceedings of the twelfth ACM international conference on web search and data mining. 2019: 555-563.

[3] ZHAO P, LUO A, LIU Y, et al. Where to go next: A spatio-temporal gated network for next poi recommendation [J]. IEEE transactions on knowledge and data engineering, 2020, 34(5): 2512-2524.

[4] JANNACH D, ZANKER M, FELFERNIG A, et al. Recommender systems: an introduction [M]. Cambridge: Cambridge University Press, 2010.

[5] SU X, KHOSHGOFTAAR T M. A survey of collaborative filtering techniques [J]. Advances in artificial intelligence, 2009, 2009.

[6] PAZZANI M J, BILLSUS D. Content-based recommendation systems [J]. The adaptive web: methods and strategies of web personalization, 2007: 325-341.

[7] CHENG H T, KOC L, HARMSEN J, et al. Wide & deep learning for recommender systems [C]// Proceedings of the 1st workshop on deep learning for recommender systems. 2016: 7-10.

[8] GUO H, TANG R, YE Y, et al. DeepFM: a factorization-machine based neural network for CTR prediction [J]. arXiv preprint arXiv: 1703.04247, 2017.

[9] ADOMAVICIUS G, TUZHILIN A. Context-aware recommender systems [M]//Recommender systems handbook. Boston: Springer, 2010: 217-253.

[10] LÜ L, MEDO M, YEUNG C H, et al. Recommender systems [J]. Physics reports, 2012, 519(1): 1-49.

[11] ADOMAVICIUS G, TUZHILIN A. Toward the next generation of recommender systems: A survey of the state-of-the-art and possible extensions [J]. IEEE transactions on knowledge and data engineering, 2005, 17(6): 734-749.

[12] HERLOCKER J L, KONSTAN J A, BORCHERS A, et al. An algorithmic framework for performing collaborative filtering [C]//Proceedings of the 22nd annual international ACM SIGIR conference on Research and development in information retrieval. 1999: 230-237.

[13] SARWAR B, KARYPIS G, KONSTAN J, et al. Item-based collaborative filtering recommendation algorithms [C]//Proceedings of the 10th international conference on World Wide Web. 2001: 285-295.

[14] HU Y, KOREN Y, VOLINSKY C. Collaborative filtering for implicit feedback datasets [C]//2008 Eighth IEEE international conference on data mining. Ieee, 2008: 263-272.

[15] GOLDBERG D, NICHOLS D, OKI B M, et al. Using collaborative filtering to weave an information tapestry [J]. Communications of the ACM, 1992, 35(12): 61-70.

[16] HOFMANN T. Latent semantic models for collaborative filtering [J]. ACM Transactions On Information Systems (TOIS), 2004, 22(1): 89-115.

[17] SALAKHUTDINOV R, MNIH A, HINTON G. Restricted Boltzmann machines for collaborative filtering [C]//Proceedings of the 24th international conference on Machine learning. 2007: 791-798.

[18] BLEI D M, NG A Y, JORDAN M I. Latent dirichlet allocation [J]. Journal of machine learning research, 2003, 3(1): 993-1022.

[19] PAZZANI M J, BILLSUS D. Content-based recommendation systems [J]. The adaptive web: methods and strategies of web personalization, 2007: 325-341.

[20] RENDLE S. Factorization machines [C]//2010 IEEE International conference on data mining. IEEE, 2010: 995-1000.

[21] MCMAHAN H B, HOLT G, SCULLEY D, et al. Ad click prediction: a view from the trenches [C]//Proceedings of the 19th ACM SIGKDD international conference on knowledge discovery and data mining. 2013: 1222-1230.

[22] DUCHI J, HAZAN E, SINGER Y. Adaptive subgradient methods for online learning and stochastic optimization [J]. Journal of machine learning research, 2011, 12(7).

[23] KINGMA D P, BA J. Adam: A method for stochastic optimization [J]. arXiv preprint arXiv: 1412. 6980, 2014.

[24] SCHILIT B, ADAMS N, WANT R. Context-aware computing applications [C]//1994 first workshop on mobile computing systems and applications. IEEE, 1994: 85-90.

[25] PANNIELLO U, TUZHILIN A, GORGOGLIONE M, et al. Experimental comparison of pre-vs. post-filtering approaches in context-aware recommender systems [C]//Proceedings of the third ACM conference on Recommender systems. 2009: 265-268.

[26] CAMPOS P G, FERNÁNDEZ-TOBÍAS I, CANTADOR I, et al. Context-aware movie recommendations: an empirical comparison of pre-filtering, post-filtering and contextual modeling approaches [C]//E-Commerce and Web Technologies: 14th International Conference. Springer, 2013: 137-149.

[27] PEROZZI B, AL-RFOU R, SKIENA S. Deepwalk: Online learning of social representations [C]//Proceedings of the 20th ACM SIGKDD international conference on Knowledge discovery and data mining.

2014: 701-710.

[28] TANG J, QU M, WANG M, et al. Line: Large-scale information network embedding [C]//Proceedings of the 24th international conference on world wide web. 2015: 1067-1077.

[29] GROVER A, LESKOVEC J. Node2vec: Scalable feature learning for networks [C]//Proceedings of the 22nd ACM SIGKDD international conference on knowledge discovery and data mining. 2016: 855-864.

[30] WANG D, CUI P, ZHU W. Structural deep network embedding [C]//Proceedings of the 22nd ACM SIGKDD international conference on knowledge discovery and data mining. 2016: 1225-1234.

[31] HE X, DENG K, WANG X, et al. Lightgcn: Simplifying and powering graph convolution network for recommendation [C]//Proceedings of the 43rd international ACM SIGIR conference on research and development in Information Retrieval. 2020: 639-648.

[32] WANG X, HE X, CAO Y, et al. Kgat: Knowledge graph attention network for recommendation [C]//Proceedings of the 25th ACM SIGKDD international conference on knowledge discovery & data mining. 2019: 950-958.

[33] NIKOLENTZOS G, MELADIANOS P, VAZIRGIANNIS M. Matching node embeddings for graph similarity [C]//Proceedings of the AAAI conference on artificial intelligence. 2017, 31(1).

[34] SPITZER F. Principles of random walk [M]. BerLin: Springer Science & Business Media, 2013.

[35] MIKOLOV T, CHEN K, CORRADO G, et al. Efficient estimation of word representations in vector space [J]. arXiv preprint arXiv: 1301.3781, 2013.

[36] GOLDBERG Y, LEVY O. Word2Vec Explained: deriving Mikolov et al.'s negative-sampling word-embedding method [J]. arXiv preprint arXiv: 1402.3722, 2014.

[37] PENG H, LI J, SONG Y, et al. Incrementally learning the hierarchical softmax function for neural language models [C]//Proceedings of the AAAI conference on artificial intelligence. 2017, 31(1).

[38] HERLOCKER J L, KONSTAN J A, TERVEEN L G, et al. Evaluating collaborative filtering recommender systems [J]. ACM Transactions On Information Systems (TOIS), 2004, 22(1): 5-53.

[39] GUNAWARDANA A, SHANI G. A survey of accuracy evaluation metrics of recommendation tasks [J]. Journal of machine learning research, 2009, 10(12).

[40] CACHEDA F, CARNEIRO V, FERNÁNDEZ D, et al. Comparison of collaborative filtering algorithms: Limitations of current techniques and proposals for scalable, high-performance recommender systems [J]. ACM Transactions on the Web, 2011, 5(1): 1-33.

[41] CELMA Ò, HERRERA P. A new approach to evaluating novel recommendations [C]//Proceedings of the 2008 ACM conference on recommender systems. 2008: 179-186.

[42] ZHANG Y C, SÉAGHDHA D Ó, QUERCIA D, et al. Auralist: introducing serendipity into music recommendation [C]//Proceedings of the fifth ACM international conference on web search and data mining. 2012: 13-22.

[43] CRAMER H, EVERS V, RAMLAL S, et al. The effects of transparency on trust in and acceptance of a content-based art recommender [J]. User modeling and user-adapted interaction, 2008, 18: 455-496.

[44] PU P, CHEN L. Trust building with explanation interfaces [C]//Proceedings of the 11th international conference on intelligent user interfaces. 2006: 93-100.

[45] WANG X, WANG D, XU C, et al. Explainable reasoning over knowledge graphs for recommendation

[C]//Proceedings of the AAAI conference on artificial intelligence. 2019, 33(01): 5329-5336.

[46] WANG X, CHEN Y, YANG J, et al. A reinforcement learning framework for explainable recommendation [C]//2018 IEEE International Conference on Data Mining (ICDM). IEEE, 2018: 587-596.

[47] NI Y, OU D, LIU S, et al. Perceive your users in depth: Learning universal user representations from multiple e-commerce tasks [C]//Proceedings of the 24th ACM SIGKDD international conference on knowledge discovery & data mining. 2018: 596-605.

[48] SINGH A P, GORDON G J. Relational learning via collective matrix factorization [C]//Proceedings of the 14th ACM SIGKDD international conference on knowledge discovery and data mining. 2008: 650-658.

[49] MAN T, SHEN H, JIN X, et al. Cross-domain recommendation: An embedding and mapping approach [C]//IJCAI. 2017, 17: 2464-2470.

[50] ELKAHKY A M, SONG Y, HE X. A multi-view deep learning approach for cross domain user modeling in recommendation systems [C]//Proceedings of the 24th international conference on world wide web. 2015: 278-288.

[51] ZHANG F, YUAN N J, LIAN D, et al. Collaborative knowledge base embedding for recommender systems [C]//Proceedings of the 22nd ACM SIGKDD international conference on knowledge discovery and data mining. 2016: 353-362.

[52] GAO C, CHEN X, FENG F, et al. Cross-domain recommendation without sharing user-relevant data [C] //The world wide web conference. 2019: 491-502.

CHAPTER 11

第11章

假消息传播

社交媒体平台（例如新浪微博、Twitter、Facebook等）的迅速发展改变了人类社会信息的传播方式，极大地提高了信息交换的速度，增加了信息的体量。但同时，社交媒体也促进了假消息的快速传播。根据美国奈特基金会的一项调查⊖，多数美国人认为他们在社交网络上看到的消息有65%是假消息。同社交网络真实信息相比，假消息通常传播速度快、范围广，对社会安定、政府治理、经济稳定等方面造成了严重的影响。在疫情全球肆虐的情况下，世卫组织曾表示"虚假信息让卫生工作者的工作变得更加困难，转移了决策者的注意力，引起混乱，并向公众散布恐慌"⊖。因此，分析假消息的传播模式、探究假消息的自动检测方法、减弱假消息传播影响对于保护受众认知、维护社会安定至关重要。我国多次开展"清朗"专项行动，集中整治网络暴力、散播假消息等问题，为营造风清气正的网络环境奠定了坚实基础。

本章将主要从假消息的定义、假消息的认知机理、多模态假消息检测方法、群智融合假消息检测、可解释假消息检测五个方面展开介绍。**假消息的定义**通过对社交网络中存在的各类假消息进行分析对比阐述本章的研究范围；**假消息的认知机理**主要从社会学、认知科学的角度探究认知理论与假消息的统计特征；**多模态假消息检测**、**群智融合假消息检测**与**可解释假消息检测**则从具体检测算法的角度介绍防治假消息的相关研究工作。

11.1 假消息的定义

社交网络假消息（False Information）包含多种类型信息，例如假新闻（Fake News）、谣言（Rumor）、恶作剧（Hoax）等。本节主要对假消息相关概念进行阐述。

11.1.1 假消息的研究背景

社交媒体平台极大地促进了新闻信息的快速传播，依据中国互联网络信息中心

⊖ https://www.poynter.org/ethics-trust/2018/americans-believe-two-thirds-of-news-on-social-media-is-misinformation/
⊖ https://www.bbc.com/news/world-51429400

(China Internet Network Information Center，CNNIC）2020 年 4 月 28 日发布的第 45 次《中国互联网络发展状况统计报告》：截至 2020 年 3 月，我国网民规模为 9.04 亿，互联网普及率达 64.5%。其中手机网络新闻用户规模达 7.26 亿，微博使用率为 42.5%⊖。由此可见，社交网络逐渐改变了人们获取信息和交流沟通的方式。然而，社交媒体给假消息提供了一个强有力的生成和传播平台。

近年来，社交网络假消息对经济稳定、社会安定造成了严重影响。例如，2013 年 4 月 23 日 1 条来自美联社（The Associated Press）的官方 Twitter 账号发布推文称"Breaking：Two Explosions in the White House and Barack Obama is injured"（白宫发生两起爆炸，美国总统奥巴马受伤），导致美国股指暴跌。推文自下午 1 点 07 分发出至 1 点 11 分，道琼斯指数由 14 700 点跌至 14 550 点，4 分钟内市值蒸发了近 1300 亿美元，造成了巨大的经济损失⊜。之后，美联社发布声明称官方账号被黑客攻击，发布了假推文。2016 年美国总统大选期间，有多达 529 种关于总统候选人唐纳德·特朗普和希拉里·克林顿的不实消息在 Twitter 传播，并且有近 1 900 万机器人账号自动发布/转推了支持两位总统候选人的推文，对民主选举产生了一定的影响[1]。此外，新冠疫情期间，大量假消息在国外社交媒体平台传播，造成了民众恐慌。例如，2020 年 4 月间近 50 个 Twitter 账户和 400 个 Facebook 社区恶意发布消息称"5G 无线通信技术能够传播新冠病毒"，致使英国民众认为无线信号对人们的身体造成潜在影响，易感染新冠病毒。随后英国各地发生了 30 多起针对无线电塔和其他电信设备的纵火和故意破坏行为，如图 11-1 所示，造成了严重的经济损失⊜。

图 11-1　被大火烧毁的无线电信号塔

⊖　http://www.cac.gov.cn/2020-04/27/c_1589535470378587.htm
⊜　https://www.cnbc.com/id/100646197
⊜　https://www.nytimes.com/2020/04/10/technology/coronavirus-5g-uk.html

人工智能技术的迅猛发展使得生成虚假信息已非难事，社交网络假消息未来将不再限于文本，还将扩展到高质量、可操纵的图像、视频和音频等方面。随着 GAN、VAE 等生成模型的不断进化，修改图片人物的表情、眼神、动作，甚至替换原有图片中的元素变得更加自然、逼真。2017 年，AI 换脸技术"DeepFakes"开源，打开了 AI 造假的潘多拉魔盒。各类 AI 造假应用和作品的出现对于政治选举、公共安全、经济稳定带来了严重威胁：一段关于政客受伤、重病的假视频可能引起国内的金融动荡，一段假冒权威人士发布恐怖袭击、疾病灾害等假消息的视频会引起群众恐慌甚至暴力冲突。在数字媒体时代，虽然自动假消息的检测并不是一个新问题，但是已经越来越受到研究人员的关注。2017 年，柯林斯词典将"Fake News"（假新闻）评选为年度热词；2018 年，大卫·拉泽等人[2] 指出社交网络空间假消息盛行，引起人们的恐惧，严重影响大众认知。因此，了解假消息传播机制，探究假消息检测技术迫在眉睫。

11.1.2 假消息的分类及定义

假消息通常指错误的或不准确的信息，随着社交网络的发展，假消息也逐渐出现多种形式，例如谣言、假新闻等。

为理解和解释网络、社交媒体上的假消息，库玛尔等人[3] 根据假消息的意图（Intent）和知识（Knowledge）进行了分类，如图 11-2 所示。根据意图，假消息可以分为误传消息（Misinformation）和恶意消息（Disinformation）。误传消息通常是指在事件演化或者知识更新过程中产生的、不以误导受众为目的的假消息，有时是无法避免的[4]。关于某些正在发生的事情的声明或报道往往是单方面的，偶尔需要更正，即某些被认为是正确的信息以后可能会被证明是不正确的。例如，当大地震等自然灾害发生时，各个国家均会统计失踪人数与遇难人数，然而人数统计过程中可能会出现误报、漏报情况，通常会在后续的统计过程中及时更正。恶意消息通常指为了达到某种目的而故意误导他人的假消息，例如某些网民在疫情期间造谣"XX 高速路口全部封闭，市民只准出不准进""XX 市 29 日起出租车开始停运"等消息引起市民恐慌，赚取个人流量。根据知识，假消息可以分为基于观点的假消息（Opinion-Based False Information）和基于事实的假消息（Fact-Based False Information）。基于观点的消息主要表达了用户的主观意愿，描述了一些没有唯一事实真相的情况，比如购物网站中经常有大量用户在评论中表达自己对商品的看法，由于每个人的生活阅历、兴趣爱好不同，对待同一件商品可能表达了完全不同的观点。部分商家为提高销量，雇佣网络水军发布虚假评论，影响消费者购物决策。基于事实的消息通常是指捏造或者反驳绝对的基本事实的信息，比如疫情传播初期网络流传"吸烟者不易感染新冠肺炎"，但实际上长时间吸烟患者呼吸道防御功能会下降，且新冠病毒主要是通过呼吸道传染，所以吸烟者更容易患病。

除此之外，谣言和假新闻也属于假消息的一种。"谣言"通常指在传播时未经核实查证的信息，因此其最终可能被证实为真，也有可能为假；而且谣言的意图也难以区分是故意误导受众还是无心之错[5]。与谣言不同,"假新闻"被广泛用于形容故意欺骗他人的虚假新闻内容[6]。假消息分类关系如图11-2所示。

图 11-2　假消息分类关系图[3]

误传消息、恶意消息、谣言、假新闻定义总结如表11-1所示。

表 11-1　"假消息"相关术语对比

术语名称	定义
误传消息	事件演化或者知识更新过程中产生的、不以误导受众为目的的假消息
恶意消息	为了达到某种目的而故意误导他人的假消息
谣言	传播过程中未经核实查证的信息
假新闻	故意欺骗他人的虚假新闻内容

尽管上述术语存在一定的差别,但它们都涉及不准确信息的传播,并且有能力或意图影响社交网络中的用户[7],对社交网络的信息生态构成威胁。

11.1.3　假消息在线检测工具

为了对社交网络传播的假消息进行及时检测与过滤,研究人员开发了多个在线检测工具。

1. YouTubeDataViewer⊖

该工具通过解析某个 YouTube 视频的 URL 地址,返回用户该视频的原始上传时间,同时也可找到包含类似视频的网页,追踪该视频在网络上被使用的历史,以判断是否是历史发生事件的视频用于新发生事件中以混淆视听。

2. Wolfram Alpha⊖

Wolfram Alpha 为知识搜索引擎,其通过检索数据库中的信息来验证图片的真伪,同时也可以查询一些事件发生的概率。如果图像被修改过,则整个消息将被视为假消息。

⊖ https://citizenevidence.amnestyusa.org/
⊖ https://www.wolframalpha.com/

3. FotoForensics[①]

该网站可以通过查看图片的压缩信息判断图片是否被修改过，通过误差水平分析（Error Level Analysis）显示图像被编辑的部分，同时也可将图片分析报告直接分享至社交网络中阻止假消息的进一步传播。

4. Politifact[②]

多个公益组织和团体也开发了一些假消息检测网站，比如 Politifact、Snopes 等，其通过特定领域的专家、记者等权威人士对社交网络的不准确信息进行分析。用户可以在网站中核查 Facebook、Twitter、Instagram 等平台社交帖子，并且可查看专家的分析报告，促使用户不信谣不传谣。

5. FakeNewsTracker[③]

美国亚利桑那州立大学的舒等人[8]提出了一个假消息检测工具 FakeNewsTracker，主要包括收集、检测、可视化三部分。收集模块定期自动收集消息内容及社交上下文信息（用户属性、评论、点赞等信息），为检测和可视化模块提供数据；检测模块利用社交-新闻融合（Social Article Fusion，SAF）模型提取消息文本的语言特征和社交上下文特征，结合自编码机与循环神经网络识别假消息。可视化模块通过词云、推文地理位置分布、传播用户网络对消息传播过程进行可视化，增强检测的解释性。

6. TweetCred[④]

古普塔等人[9]搭建了一个评估推文可信度的在线工具 TweetCred。TweetCred 作为一个实时的自动假消息识别系统（也可作为浏览器的扩展程序），利用推文的词法、句法、语义特征以及其他元数据对每一条推文的可信度进行评估，同时根据浏览用户的反馈来实时更新该可信度评分。

11.2 假消息的认知机理

认知通常指人们获得知识、应用知识或者信息加工的过程，是人们了解信息、传播信息的基础。什么类型的用户倾向于传播假消息？什么类型的假消息更容易被转发？为什么假消息通常比真消息传播速度更快？这些问题都与假消息的认知机理相关。了解假消息的内在传播机制、分析其传播特征可为假消息防治提供理论基础。本节将从假消息的认知理论、假消息的统计特征两部分介绍相关知识。

---

① http://fotoforensics.com/
② https://www.politifact.com/
③ http://blogtrackers.fulton.asu.edu:3000/#/about
④ http://twitdigest.iiitd.edu.in/TweetCred

11.2.1 假消息的认知理论

目前多数研究人员对社交网络空间的假消息特征进行了深入分析。例如，鲁斯[10]将假消息的传播过程划分为5个组成部分：发布平台、作者、消息文章、受众和谣言。邱等人[11]发现人们每天在社交网络获取的信息数量巨大、种类繁多，在长期的"信息轰炸"下，人群对消息真假性的甄别能力在逐渐下降。此外，格林贝格等人[12]调查了2016年美国总统选举期间Twitter平台上浏览和分享假消息的情况，发现假消息的来源非常集中，80%的假消息是由1%的用户发布的，而且0.1%的用户一直在分享假消息。对这类人群的进一步分析表明，保守党人、年龄较大的选民（65岁左右）、关注政治新闻的用户更容易传播假消息。

由此可见，假消息正在对受众的认知进行潜移默化的影响。从社会学、心理学、认知科学的角度来看，假消息的认知理论主要有回声室（Echo Chamber）、证实性偏见（Confirmation Bias）等。

1. 回声室

社交网络中，每个用户无形中将社交对象作为自身获取信息的来源，在挑选社交对象的同时也在进行信息过滤。随着智能推荐算法的发展，人们更有可能看到自己想要看到的信息，例如当你使用新浪微博或者知乎，会对感兴趣的标签进行挑选，算法会根据标签进行内容推荐。实际上这些标签加剧了网络社区的形成，用户受所处社区、兴趣爱好的影响，容易固守在自身偏好的信息与观点群体中，而不同的群体可能会逐渐隔离形成

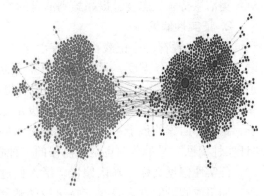

图 11-3 回声室示例[13]

"回声室"，如图11-3所示，即"同声相求，志同道合"。图11-3显示的是在"牛肉禁令"话题下（#beefban）Twitter用户形成的回声室[13]，其中左右两边的节点表示持相反观点的用户，连线表示转推关系。可以发现，除了个别用户外，两个群体已经逐渐隔离，走向了对立面。

美国心理学家凯斯·桑斯坦⊖提出了"回声室效应"：在一个相对封闭的环境中，一些意见相近的声音不断重复，并以夸张或其他扭曲形式重复，令处于相对封闭环境中的大多数人认为这些扭曲的故事就是事实的全部。

"回声室"通常具备以下特点。

1）社群隔离（Community Segregation）：正如图11-3所示的一样，回声室通常与整个

⊖ https://hls.harvard.edu/faculty/directory/10871/Sunstein

社交网络的其他部分没有过多的交流，形成明显的聚簇。例如，芭贝拉[14]发现在政治问题上，信息主要在具有相似意识形态偏好的用户之间交换。

2）观点极化（Opinion Polarization）：由于回声室缺乏与外部社区的交流，外部信息难以流入，则内部观点在不断转发重复中被强化，用户会逐渐忽略不同的观点意见，导致观点极端化。贝西等人[15]通过对Facebook用户的分析间接表明了回声室强化了信息的选择性曝光和群体观点极化，用户倾向于集中精力来确认符合自身偏好的观点而忽略明显的反对信息。

3）观点同质化（Opinion Homogeneity）：由观点极化易知回声室内部用户的观点会逐渐趋同。身处崇山峻岭之中大吼一声，声音经过一座座山的反射，能够听到很多"自己的声音"，有时会因一个人组成的"合唱团"而欣喜；然而山谷之中若听到一声狼嗥，却会显得异常恐怖，假消息的传播也是如此。扎荣茨等人[16]认为受众对假消息的感知准确度随同信息曝光频率的增加而线性增加，这意味着重复出现在回声室中的假消息可能会逐渐被接纳为真消息[17]。为了减弱假消息的影响，社交网络用户应努力避免身陷回声室，对各类信息持开放态度，提高甄别消息的能力。

2. 证实性偏见

《列子·说符》中记载："人有亡斧者，意其邻人之子。视其行步，窃斧也；听其言语，窃斧也；动作态度，无为而不窃斧者也。俄而掘其沟而得其斧，他日复见其邻人之子，其行动、颜色动作态度皆无似窃斧者也。"其大意为有人丢了一把斧子，怀疑是邻居孩子所偷，于是他觉得邻居孩子举手投足之间都像偷斧子的人；不久他找到了自己的斧子，觉得邻居家的孩子一点也不像偷斧子的人。现实生活中这样的事情并不少见，因为"证实性偏见"是最普遍也是最隐秘的一种心理现象。

证实性偏见又称为确认偏误，指人们过于关注支持自己决策的信息，以偏向自身信念、期望或假设的方式寻找支持决策的解释和证据，而忽略、贬低甚至反驳那些否定自身观点的信息[18]。

"证实性偏见"现象通常具备以下特点：

1）有选择地记忆/回忆信息。
2）倾向于寻找能够支持自己观点的证据或解释。
3）倾向于关注支持自己观点的信息，忽略反对自己观点的信息。
4）倾向于以支持自己观点的方式解读模棱两可的信息。

一旦陷入证实性偏见，往往很难以客观的态度面对浏览的信息，用户总是希望看到自身希望看到的，听到想要听到的，比如当顾客希望购买某件商品时会主动地去寻找正面的报道或评论来证明这件商品是值得购买的，对于负面的报道更愿意相信是恶意为之。但是事物都是多面的，如果只关注可以"证实"的一面而忽略可以"证伪"的部分，就如同盲人摸象，无法全面清晰地对事物进行了解，准确地评估消息的真伪。

社交网络中是否存在证实性偏见？科瓦德等人[19]对Twitter用户发推文时引用的话题标签（Hashtag，通常以"#"表示）进行了分析，并收集了大量与计算机科学相关的/随机主题的推文及其用户转发信息。发现 Twitter 中话题标签的重用会推动证实性偏见的形成，在两个收集的推文数据集上的分析结果表明分别有 66% 和 81% 的标签是由用户自身及粉丝重用的，如此高的比例证实 Twitter 话题标签的使用确实存在证实性偏见。

当假消息在用户脑海中"先入为主"时，证实性偏见与回声室逐渐发挥作用，在消息的不断强化中用户评判消息真伪的能力逐渐下降，成为假消息传播的间接推手。为了打破证实性偏见，应该学会从不同的角度全面看待事物与浏览到的信息，证"实"只是一方面，证"伪"有时更能让人们保持清醒。

除回声室、证实性偏见等群体认知效应外，多数学者也对社交网络用户关于假消息的认知偏好、认知问题进行了研究。例如，沃索吉等人[20]分析发现虚假消息比真实消息更加新颖，这表明人们更愿意分享新奇的信息。Twitter 用户通常会对含有虚假信息的推文发表恐惧、厌恶、惊讶情绪的评论，而对于真实消息通常会发表喜悦、悲伤或者表示信任的评论。阿切尔比分析了 260 篇虚假新闻的具体内容，发现包含消极情感的新闻占比高达 49.2%，而积极正向情感的新闻只占 9%；此外，人们对社会新闻和名人轶事的假消息关注度最高[21]，如图 11-4 所示。

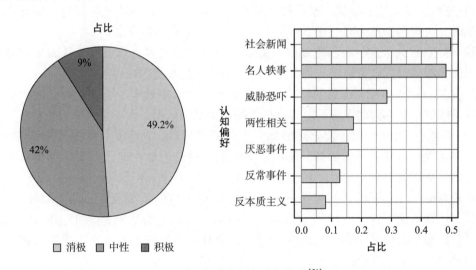

图 11-4 假消息认知偏好分布[21]

3. 认知安全

用户浏览假消息时会诱发一系列的心理活动，从而获得知识或者信息的理解。然而，这一心理活动和过程容易受到特定消息内容的干扰，进而对用户的认知产生特定的影响。为了应对这一问题，郭等人[22]提出了一个跨学科的假消息应对方案——"认知安全保护"（Cognition Security Protection）。

区别于以保护数据安全为主的"网络安全"（Network Security）[23]与以保护数字设

备安全为主的"认知安全"（Cognitive Security）[24]，社交网络环境下**认知安全**（Cognition Security）指假消息对受众认知的潜在影响，包括误解（Misperception）、不可信知识获取（Untrusted Knowledge Acquisition）、特定观点/态度塑造（Targeted Opinion/Attitude Formation）以及包含偏见的决策（Biased Decision Making）。

在此基础上，定义认知安全保护如下所述。

认知安全保护（Cognition Security Protection）：利用可信的干预措施保护受众的认知安全，包括认知机制研究（Cognition Mechanism Investigation）、信息传播模式挖掘（Diffusion Pattern Mining）、假消息早期检测（Early Fake News Detection）、社交机器人检测（Malicious Bot Detection）等技术。

除此之外，拉泽等人[2]分析了假消息传播过程中存在于用户潜意识内的认知机理：1）不违背自身已有认知就不会进行质疑；2）倾向于同群体保持观点一致；3）根据自身的偏好接受相应的信息；4）用户更容易接受自身已经熟悉的内容。莱万多夫斯基等人[25]将人脑对假消息的认知机制分为持续影响效应（Continued Influence Effect）、熟悉-回火效应（Familiarity Backfire Effect）、过度-回火效应（Overkill Backfire Effect）、世界观-回火效应（Worldview Backfire Effect）。

1）持续影响效应：错误信息在被接受后，受众仍会不由自主地传播它；因此在假消息辟谣时，只强调消息为假的并不能深入人心，需要提供解释依据。

2）熟悉-回火效应：不断重复假消息会使受众对其内容更加熟悉，从而更容易传播它；因此在辟谣时应该更强调的是事实，而不是假消息本身的内容。

3）过度-回火效应：信息要符合受众认知水平，如果过于专业，受众倾向于接受自己所能理解的信息；因此在辟谣时应该提供简洁关键的依据，而不是长篇大论。

4）世界观-回火效应：若辟谣信息与用户的世界观、人生观、价值观等直接相对，可能会强化受众对假消息的认知，使用户接受假消息；因此在辟谣时要考虑受众所处的环境，估计辟谣信息对受众世界观造成的影响。

假消息研究背景下的认知安全不仅仅是计算机学科的研究范畴，其需要社会科学、心理学、认知科学、神经科学等学科的交叉融合。深入探究普适性假消息的认知机理，对于遏制假消息的传播、维护网络意识形态安全具有重要的现实意义，能够为假消息的有效检测提供必要的理论指导。

11.2.2 假消息的统计特征

多数假消息以欺骗受众为目的，消息中不可避免地包含捏造、编辑的内容，因此在标题、语义、语法等方面存在显著特征。例如，沃索吉等人[20]分析了2006年至2017年这10年间在Twitter上发布的所有验证过的真假新闻的传播差异情况。经验证，假消息的传播速度、传播网络深度和传播范围均大于真实信息，而且政治类假消息通常比自然灾害、金融、犯罪相关的假消息影响更为突出。因此，了解假消息内容、社交上下文等统计特征对于假消息检测模型的构建至关重要。

假消息的统计特征可以分为内容特征和社交上下文特征，其中内容特征主要从消息包含的各部分内容提取，以语言学特征（Linguistic Feature）为主；社交上下文特征主要从消息传播过程中引起的交互内容中提取，两类特征如图 11-5 所示。

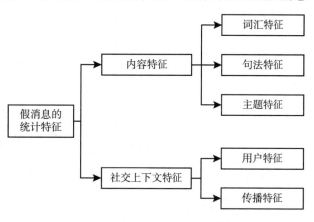

图 11-5 假消息统计特征分类[26]

1. 内容特征

对于任意一个新闻事件，社交网络中存在大量的帖子通过描述事实、表达观点对其进行传播。对于这类原始帖子，可以根据帖子的写作风格、特定用词等统计学特征判断消息真假，包括词汇特征（Lexical Feature）、句法特征（Syntactic Feature）和主题特征（Topic Feature）。

1) 词汇特征：从消息内容的单词层面提取的特征，包括特定词语的词频、词汇模式或特定语义、情感的词语等。

2) 句法特征：从消息内容的句子层面提取的特征，包括句子或短语的情感极性、TF-IDF 值、词嵌入向量等。

3) 主题特征：从消息集合的层面提取的主题特征，旨在了解帖子在整个事件中的潜在关联关系，包括 LDA 等主题分布、观点、立场等。

2. 社交上下文特征

与传统媒介相比，社交媒体的一个关键特征是对各种互动的开放性。内容特征通常单独分析每个社交帖子的可信度，忽略了不同新闻事件、不同帖子、不同用户之间的关联关系。因此，基于社交上下文的特征主要分析消息传播过程中累积信息的可用特征，包括用户特征（User Feature）和传播特征（Propagation Feature）。

1) 用户特征：从消息传播过程中涉及的用户社交网络中提取的离散特征，以用户画像信息为主，例如注册时间、年龄、性别、职业、原创帖子数、粉丝数、关注数等。

2) 传播特征：从消息传播结构、社交行为（例如用户的点赞、转发、评论）等信息中提取的特征，通常将整个事件的帖子作为一个整体来评估消息的可信度，例如可信度传播网络[27-28]、冲突观点网络[29]等。

本节以推特平台为例，将假消息检测常用统计特征总结如表 11-2 所示。

11.3 多模态假消息检测方法

传统的假消息检测方法更关注消息的文本内容和传播拓扑结构，然而随着新媒体时代的到来，新闻和博客都由纯文本消息向图片、文字和视频共生的多媒体转变。因此，分析多模态信息的内在关系，开展多模态融合的假消息检测方法研究是非常有前景的方向。

表 11-2 假消息检测常用统计特征汇总

特征类型		特征名称	描述
内容特征	词汇特征	字符长度	推文的长度，以字符为单位
		单词长度	推文的长度，以单词为单位
		标点符号	是否包含 "?" "!"
		情感表情符号	是否包含 "微笑" 表情：-）；-)
			"皱眉" 表情：-（；-(
		人称代词	第一、第二或第三人称代词的数量
		大写字母数	推文中大写字母数占字符数的比例
		URL 数	推文中包含 URL 链接的个数
		是否包含@	推文中是否包含 "艾特" 符号，如@ CNN
		是否包含 Hashtag	推文中是否包含话题标签，如#COVID-19
		是否为转推	推文内容中是否包含 "RT"
		积极/消极情感词	推文中包含积极、消极的词语的数量
	句法特征	TF-IDF	推文单词的 TF-IDF 得分
		情感值	每条推文的情感得分
		推文平均长度	事件相关推文的平均长度
	主题特征	主题分布	推文集合的主题分布
		推文数	推文的数量
社交上下文特征	用户特征	注册时间	自发布者注册账户以来的时间跨度
		动态数	用户已发布推文的数量
		粉丝/关注/好友数	关注该用户的人数
			该用户关注的其他用户数
			互相关注数
		是否认证	用 0/1 表示该用户是否是认证账户
		个人简介	用户个人主页的信息
	传播特征	传播初始推文数	传播拓扑结构中根节点的度
		最大传播子树	子树的最大推文数
		点赞数、转发数、评论数	推文被点赞、转发分享以及评论的数量
		发布时间	发布推文的时间戳

多模态假消息一般包含三种类型。

1）图像篡改（Image Tampering）：通过对既有图片进行恶意的篡改来达到混淆视听的目的，即人们通常所说的 "PS"。

2）图文不符（Image Mismatching）：图片本身是真实拍摄的，但是文字描述对图片进行了错误的解读。

3) 图像过时（Image Mixing）：使用以往消息的配图来充当新消息的配图。

虽然多模态假消息包含三种错误类型，但是受众面对假消息时并不清楚消息错误类型，检测模型并不包含这一先验知识，因此多模态假消息检测存在较大难度。现有的检测方法主要分为基于底层（Low-Level）特征和高层（High-Level）特征两种。其中基于底层特征的检测方法主要针对图像篡改，而基于高层特征的检测方法更关注文本和配图的语义特征，可以解决图文不符问题。

11.3.1 基于底层特征的检测方法

判断多模态信息是否为假，最直接的方法是判断配图或者视频的可信度。若图像明显经过了编辑或修改，那么该多模态帖子的可信度大概率较低。基于底层特征的检测方法主要依据输入图像的双重 JPEG 压缩痕迹、CFA（Color Filter Array）色彩矩阵特征、局部噪声特征等判断是否为假消息，如表 11-3 所示。

表 11-3　底层图像特征汇总

特征	检测原理
双重 JPEG 压缩痕迹	通过预测离散余弦变换（Discrete Cosine Transform，DCT）系数发现篡改和未篡改区域压缩程度差异
CFA 色彩矩阵特征	分析不同区域的相机滤波阵列的统计特性发现图像篡改区域
局部噪声特征	捕捉篡改区域和未篡改区域邻接像素的噪声特征的不连续性

实际上真消息与假消息在配图的统计特征上存在明显差异。受限于图片来源，假消息配图种类单一，图片高度类似；而真消息素材来源丰富，多样性较强。通过对配图的进一步分析，金等人[30]提出了如下五种统计特征。

1) 视觉清晰度（Visual Clarity Score）：衡量来自两个集合的图片差异，其中一个集合图片来自某一特定事件，而另一集合是训练集中所有事件的配图，利用 KL 散度衡量两个集合的分布差异，得出该事件的图片分布是否具有差异性。

2) 视觉一致度（Visual Coherence Score）：衡量同一事件中的图片是否具有一致性，计算的是任一事件内图片相似度的平均值。

3) 视觉相似度直方图（Visual Similarity Distribution Histogram）：与视觉一致度类似，精确度量同一事件中图像的一致程度，即将图像相似度矩阵（计算同一事件中两两图片之间的相似度，构成矩阵）转化为直方图。

4) 视觉多样度（Visual Diversity Score）：衡量整个事件中图像的多样性程度（该图片与排在其之前的图片的最小距离），为整个图片集不相似度的加权平均值。

5) 视觉聚类度（Visual Clustering Score）：从图像聚类的角度衡量消息配图的分布，统计一个事件中图像经过层次聚类后的簇数目。

11.3.2 基于高层特征的检测方法

多模态假消息不仅包含被恶意篡改的图片，还包括大量被错误用于报道无关事件的真实图片，仅仅利用图像的底层特征很难识别出这类假消息。研究人员利用端到端的深度学习模型挖掘图像和文本的语义信息进行多模态假消息检测。

为了吸引读者、激发读者的传播兴趣，假消息配图通常具有强烈的视觉冲击感和情感煽动性以获得读者的共鸣，而真消息配图以反映事件真实情况为主，通常不以强烈的色彩渲染突出情感倾向[31]。基于高层特征的检测方法利用特征提取器分别对文本、图像等不同模态信息进行表示，然后通过特征融合机制获得该多模态帖子的语义向量表示，最后利用分类器对假消息进行识别，例如 Att-RNN[32]、MVAE[33] 等。

1. Att-RNN

早期多模态假消息检测方法基本上是利用手工提取的视觉特征训练分类器，往往通过特征拼接的方式与其他特征进行融合，或者采用平均向量的方式对已有特征进行融合[34]。然而这些方法仅限于学习复杂的、可扩展的文本或图像特征，难以有效融合不同模态的关键信息。因此，金等人[32] 提出了一种基于 LSTM 和注意力机制的端到端多模态假消息检测模型 Att-RNN，根据消息文本、社交信息（Hashtag 标签、@、转发等）、消息配图三个模态的信息学习消息的潜在表示，模型框架如图 11-6 所示。

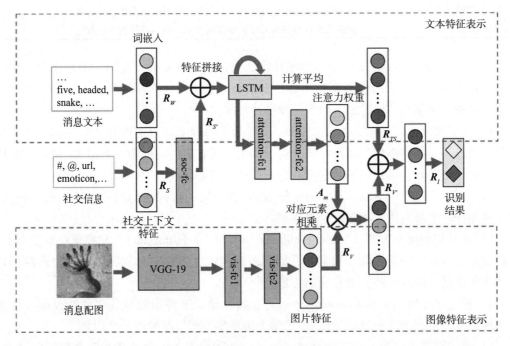

图 11-6　Att-RNN 系统框架图[32]

Att-RNN 利用循环神经网络学习消息文本和社交上下文信息的联合特征表示,利用预训练的 VGG-19 网络提取图像特征;然后利用注意力机制动态调整视觉特征和联合文本/社交特征之间的关系,对两类特征进行融合,获得消息表示向量;最后,利用二分类器或 Softmax 函数识别假消息。具体地,以 T 表示消息文本(R_T 为文本特征),S 表示该消息的转发等社交上下文(R_S 为社交上下文特征),V 表示消息配图(R_V 表示视觉特征),则一条消息定义为 $I=\{T,S,V\}$。假设每则消息由 n 个单词构成($T=\{T_1,T_2,\cdots,T_n\}$),每个单词由预训练模型得到固定维数的词向量 R_{T_i},社交上下文初始向量为 $R_S=[s_1,s_2,\cdots,s_k]^T$(每个维度表示该消息的某一属性)。对于社交上下文特征,以 R_S 为输入,经过一层全连接层(soc-fc)获得与 R_{T_i} 等长的向量表示:

$$R_{S'}=W_{sf}R_S \tag{11-1}$$

之后在每个时间步将 $R_{S'}$ 与 R_{T_i} 进行向量拼接,输入 LSTM 网络,对每个神经元输出向量计算均值作为文本-社交上下文联合特征向量 R_{TS}。对于图像特征,首先利用 VGG-19 网络提取特征向量表示 R_{V_p},然后在 VGG-19 的最后一层之上添加了两个含 512 个神经元的全连接层(vis-fc1、vis-fc2)对预训练网络进行微调,则有:

$$R_V=W_{vf_2}\psi(W_{vf_1}R_{V_p})=[v_1,v_2,\cdots,v_{512}]^T \tag{11-2}$$

其中,W_{vf_1} 为以 ReLU 为激活函数的全连接层权重;W_{vf_2} 为线性全连接转换层权重。

多模态信息的特征表示存在的一大挑战是:其中一种模态的特征表示可能会掩盖其他模态信息,从而导致对整个消息的语义表示产生"偏见"。为了充分对齐多模态特征信息,该方法采用注意力机制调整视觉特征信息的表达程度(假设文本内容中的单词、短语与图像中的一些语义信息相关联)。Att-RNN 将 LSTM 在每一个时间步的隐藏层输出 h_m 作为注意力机制的输入,通过两个权重分别为 W_{af_1}、W_{af_2} 的全连接层(非线性 ReLU 激活函数、Softmax 函数),计算注意力向量 A_m:

$$A_m=W_{af_2}\psi(W_{af_1}h_m) \tag{11-3}$$

文本消息中第 m 个单词与配图之间的相关性为 $a_m=\sum_{i=1}^{512}A_m(i)v_i$,视觉特征向量变为 $R_{V'}=[a_1,a_2,\cdots,a_n]$。事实上,假消息检测任务中很难用深度学习模型完全识别图像的高级视觉语义信息,但是通过注意力机制可以隐式地发现文本与图像的一些关联,以此改善多模态特征对齐效果。

综上,多模态消息语义特征表示为 $R_I=[R_{TS};R_{V'}]$,第 m 条消息的交叉熵损失函数定义如下:

$$L(R_I^m)=-[l^m\log p(R_I^m)+(1-l^m)\log(1-R_I^m)] \tag{11-4}$$

其中,$p(R_I^m)=\text{softmax}(W_s R_I)$;$l^m$ 表示该消息的标签,1 表示假消息,0 表示真消息。对于 N 条消息,Att-RNN 最终损失函数为

$$L = -\frac{1}{N}\sum_{m=1}^{N}\left[l^m \log p(R_I^m) + (1-l^m)\log p(1-R_I^m)\right] \tag{11-5}$$

2. MVAE

由 Att-RNN 易知多数方法通常以不同模态特征向量的简单拼接来对消息进行语义表示，它们没有用显式的目标函数来发现不同模态之间的相关性，指导模态统一特征表示学习。该类方法也存在一定的缺陷，因为在假消息中文字和图片可能都是假的，也有可能文字是真的而图片是假的。文本模态特征与视觉模态特征的简单拼接难以充分表达两个模态之间的交互与关联。

哈塔尔等人[33]受变分自编码机 VAE 的启发（通过优化采样数据的边缘概率似然分布边界学习潜在向量表示），提出了学习多模态共享特征表示的假消息检测方法 MVAE（Multimodal Variational Autoencoder），系统框架如图 11-7 所示。MVAE 由编码器、解码器和假消息分类器三部分组成，通过采样数据分布与高斯分布的差异优化共享特征表示。

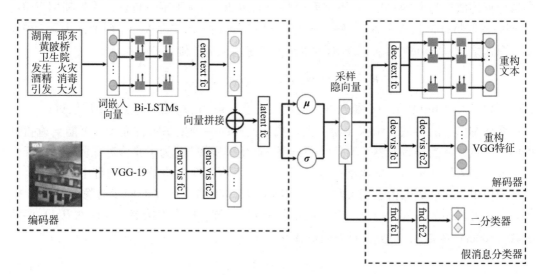

图 11-7　MVAE 系统框架图[33]

编码阶段分别由文本编码器（Textual Encoder）和视觉编码器（Visual Encoder）组成。消息文本内容利用双向 LSTM 编码获得文本特征向量 $R_T = \psi(W_{tf} R_{lstm})$，视觉信息同样利用预训练 VGG-19 进行编码，即 $R_V = \psi(W_{vf} R_{vgg})$；之后将 R_T 与 R_V 进行向量拼接，为了获得共享特征表示，将该拼接向量经过一层全连接层以进行信息融合；然后从全连接层的输出向量中分别采样得到向量 μ（采样向量分布均值）和 σ（采样向量分布方差），从标准高斯分布中采样随机变量 ε，则最终多模态共享特征向量表示为

$$R_m = \mu + \sigma \circ \varepsilon \tag{11-6}$$

解码阶段与编码阶段结构是对称的,为了获得重构向量,在文本解码器和视觉解码器后分别添加了 Softmax 层,计算 $\hat{t}_m$(每个单词在消息文本中特定位置的概率矩阵)与 $\hat{r}_{vgg_m}$(图像特征向量)。

编码器与解码器利用文本重构误差(分类交叉熵损失)、图像特征重构误差(均方损失)以及 KL 散度(采样向量分布与标准正态分布)进行训练,损失函数分别为

$$L_{rec_t} = -\mathbb{E}_{m \sim M} \left[\sum_{i=1}^{n_t} \sum_{c=1}^{C} \mathbb{I}_{c = t_m^{(i)}} \log \hat{t}_m^{(i)} \right]$$

$$L_{rec_{vgg}} = \mathbb{E}_{m \sim M} \left[\frac{1}{n_v} \sum_{i=1}^{n_v} (\hat{r}_{vgg_m}^{(i)} - r_{vgg_m}^{(i)})^2 \right] \tag{11-7}$$

$$L_{kl} = \frac{1}{2} \sum_{i=1}^{n_m} (\mu_i^2 + \sigma_i^2 - \log(\sigma_i) - 1)$$

若 VAE 训练收敛,则认为自编码机提取到了多模态消息的共享特征表示,之后将该采样向量输入假消息分类器对消息进行识别。分类损失函数为二分类交叉熵损失:

$$L_{fnd} = -\mathbb{E}_{(m,y) \sim (M,Y)} \left[y \log(\hat{y}_m) + (1-y) \log(1-\hat{y}_m) \right] \tag{11-8}$$

综上,MVAE 最终损失函数为(λ_v、λ_t、λ_k 和 λ_f 均为权重参数):

$$L_{final} = \lambda_v L_{rec_{vgg}} + \lambda_t L_{rec_t} + \lambda_k L_{kl} + \lambda_f L_{fnd} \tag{11-9}$$

11.4 群智融合假消息检测

现有研究表明,消息的内容特征是假消息检测模型的重要依据。由于社交网络帖子是网络用户生成、交互、传播的,在消息的编辑、评论、转发的过程中蕴含着各种群体的智慧,例如意见、立场、证据、质疑等。所谓的群体智慧[35-37]也是在社交媒体帖子传播过程中以群体的方式聚合的。

实际上对人类社会的群体智能已有广泛的研究,比如维基百科通过全球网络用户的参与和协作构建了全球最权威的百科知识库;reCAPTCHA 系统[38]将光学字符识别软件无法识别的文字扫描图发送给各大网站,替换验证码图片,利用全球各地网友的智慧识别出文字,最终实现了图书的数字化。然而,如何在假消息检测中充分利用群体智能仍然有待解决。正如卡斯蒂欧等人[39]所述,社交媒体环境中存在着"内在信号"以助于评估信息的可信度;马等人[40]发现在 Twitter 平台中根据大量用户发表的评论观点、推测和解释说明能够实现对假消息的"自我检测"。本节主要探讨基于社交网络群体智能的假消息检测方法,通过提取和展示不同类型的群体智能助力假消息检测。

11.4.1 群体智能

假消息检测研究背景下的群体智能(Crowd Wisdom)是指在**信息的生成和传播过程**

中，社交媒体用户所产生的线索或潜在社会信号的集合。具体而言，群体智能可划分为社交上下文（Social Contexts）、群体知识（Collective Knowledge）和群体行为（Collective Behaviors）三类：

1. 社交上下文

社交帖子发布者和传播者之间的社会关系和互动行为有助于评估消息的准确性。例如，Twitter 平台推出了用户标记（Flagging）功能，用户可以根据自己的认知情况标记推文是否可信，同时用户也能看到其他用户标记。金等人[41]发现这种标记功能可以间接反映推文的可信度，于是应用概率图模型推断网络用户与消息的交互过程，进而推断推文的可信度。赵等人[42]表明用户评论中的质疑与问题可帮助快速识别假消息。此外，吴等人[43]考虑到相似的话题可能会在类似的人群中传播，因此他们对消息传播者进行编码，衡量不同用户的社交相似性（Social Proximity），根据传播特征识别假消息。

2. 群体知识

群体用户提供的证据有助于推断消息的可信度，能够帮助不明真相的用户了解内容，防止假消息的进一步传播。林等人[44]利用海量用户对目标事件提供的在线证据（支持或反对）来检测不实信息；拉亚娜等人[45]综合利用用户对消息的评分和评论识别假消息；钱等人[46]提出了一种群体知识迁移假消息检测模型，该模型利用了来自历史真假消息事件的群体知识指导假消息的识别，例如上下文特征、用户行为特征等。

3. 群体行为

在多数情况下，虽然个体行为不能准确地刻画消息可信度，但是从一组用户或者群体用户的聚合行为中往往可以发现更丰富的指导信息。群体行为涉及群体互动模式、行为/观点偏移、观点冲突等，例如经常发布和传播低可信度消息的用户同正常用户相比往往存在行为偏移：短时间内发布大量帖子、往往在固定时间间隔后与相关帖子进行交互等。基于以上规律，库马尔等人[47]利用贝叶斯模型对每个用户的评论及用户的可信度进行建模，推断整个事件是否为假；此外，金等人[29]发现同一事件下的推文包含互相支持和反对的观点（LDA 主题建模），他们利用这些冲突观点构建了可信度传播网络实现假消息检测。

基于以上三种不同形式的群体智能，可以提炼出四种不同的群体智能利用方式[48]。

1) 群体学习模型：主要利用特征工程和表示学习将群体智能融入假消息检测模型中。

2) 群体行为建模：主要利用图或概率模型来模拟群体行为和交互模式，从而推断消息的可信度。

3) 群体知识迁移：传统假消息检测方法通常无法有效识别新出现事件，群体知识迁移解决如何将群体知识从现有事件转移到新事件的问题。

4) 混合人机模型：综合利用机器在大量数据上的可扩展性以及高阶的人类智能，使机器与人和谐地协同工作，彼此以专业技能和能力互补，提高数据驱动任务的效率[49]。在此主要探究假消息检测场景下混合人机智能模型。

前三种形式的共同点是：群体智能是以一种隐式的方式应用于假消息检测中的，没有显式的人类智能输入，即群体智能被表示为统计人类行为模式，并以特征或参数的形式用于检测模型中。然而混合人机模型需要显式的人类智能输入，例如应用众包进行数据标记。综上，群智融合假消息检测模型总体框架如图 11-8 所示。

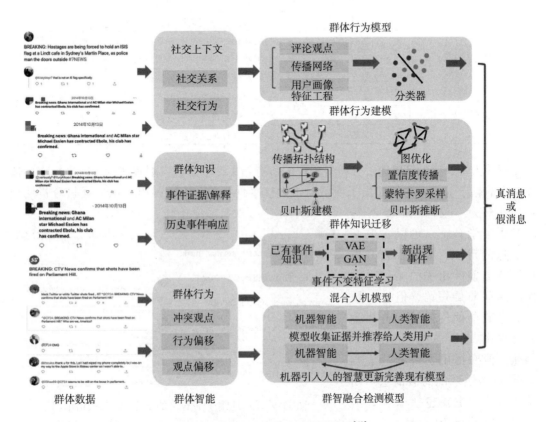

图 11-8　群智融合假消息检测模型[48]

11.4.2　隐式群智检测方法

隐式群智检测方法主要包括群体行为模型、群体行为建模和群体知识迁移三种（如表 11-4 所示），本节将分别对三种范式进行介绍。

1. 群体行为模型

在该类范式中，群体智能表示为训练假消息分类器模型的各种特征。大量研究工作表明该类方法对假消息识别大有裨益。例如，刘等人[50]利用 Twitter 数据中的群体用户线索进行实时虚假推文检测，主要包括网民的意见、提供证据用户数、事件聚合置信度、消息传播拓扑结构等。

表 11-4 隐式群智检测方法代表工作总结

群智融合检测范式	代表工作	群体智能表现形式
群体行为模型	文献［50］	用户观点、置信度等特征
	文献［51］	用户评论中的质疑、询问语句特征
	文献［52］	社交关系、消息传播网络特征
	文献［53］	通过群体意见线索进行特征分析
群体行为建模	文献［29］	利用互相冲突的社会观点构造可信度传播网络模型
	文献［40］	利用基于树的递归神经网络对用户评论进行建模
	文献［47，54］	贝叶斯建模，群体行为偏移
群体知识迁移	文献［46］	迁移用户群体交互知识的生成式条件变分自编码机
	文献［55］	利用事件对抗神经网络提取事件不变特征
	文献［56］	提出一种稀疏共享特征表示学习模型

赵等人[51]认为可以通过分析有争议的所有相关帖子集合识别假消息，即当社交媒体中有多数帖子对某一事件提出了质疑时，则该事件可信度可能较低。因此通过分析用户在表达怀疑、反对、质疑等态度时语言学特征，可以实现真假消息的辨识。相对而言，与任何特定事件相关的帖子很少使用这些质疑短语，但是大量假消息的早期传播过程中都会有这样的帖子，如图 11-9 所示。因此，他们提出了一种基于质疑/询问短语匹配的假消息早期检测方法，主要包括以下 5 个步骤，如图 11-10 所示。

图 11-9 假消息用户评论中的质疑、辟谣短语示例

（1）识别标志推文（Identify Signal Tweet）

利用正则表达式匹配包含怀疑性询问、辟谣短语的推文，将这些推文作为标志推文。并非所有的质疑、询问性表达都与假消息相关，能够标识假消息的推文具备以下任一特征：

- 请求回答一个事实知识，或者对其进行验证。事实是客观的并且是可检验的，例如："根据玛雅预言，世界末日是 2013 年 12 月 16 日吗？"。
- 请求他人表达自身的观点、想法、偏好、推荐的相关材料等，以及对原信息的确认消息。这类消息是主观的，难以进行事实核查。

根据以上两个标准，提取推文的词汇特征（unigrams、bigrams 以及 trigrams），然后计算每个特征在数据中的卡方值（Chi-Square Score）。卡方值高的特征更有可能只出现在特定的推文中，因此选择在"求证""辟谣"类型的推文中出现较多但是在其他推文中出现较少的短语表达作为标志推文，如表 11-5 所示。

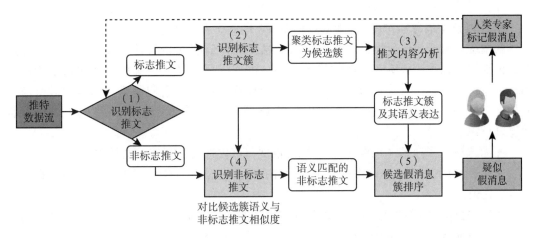

图 11-10 基于质疑/询问短语匹配的假消息早期检测方法[51]

表 11-5 正则表达式示例

正则表达式	表达类型	正则表达式	表达类型
is(that|this|it)true	求证	(rumor|debunk)	辟谣
wh[a]*t[?!][?1]*	求证	(that|this|it)is not true	辟谣
(real?|really?|unconfirmed)	求证		

(2) 识别标志推文簇（Identify Signal Cluster）

根据标志推文的内容相似度对标志推文进行聚类，得到不同主题标志推文簇。当一条低可信度推文发布时，其他用户或者直接转发，或者发布一条包含大部分原文的推文，因此传播假消息的推文大部分都是重复的。为了进一步识别标志推文簇，利用基于连通分量的分类变量聚类算法将高度相似的推文聚类成簇 $\mathcal{R}$，其中推文之间相似度可利用杰卡德系数（Jaccard Similarity Coefficient）进行衡量（d_a 与 d_b 分别为两条推文）:

$$J(d_a,d_b)=\frac{|N_{\text{gram}}(d_a) \cap N_{\text{gram}}(d_b)|}{|N_{\text{gram}}(d_a) \cup N_{\text{gram}}(d_b)|} \tag{11-10}$$

(3) 推文内容分析（Detect Statement）

分析每个标志推文簇的内容，以确定每个簇表示的具体含义。对每一个标志推文簇 $\mathcal{R}_i$ 提取语义信息 s_i，即挑选标志推文簇中质疑或者尝试进行辟谣的信息。主要提取 $\mathcal{R}_i$ 中的频繁连续子串（超过 80% 的推文中出现的 3-grams），并按顺序连接作为摘要语句 s_i。

(4) 识别非标志推文（Capture Non-signal Tweet）

根据标志推文簇的语义匹配所有非标志推文，将标志推文簇扩充成为候选假消息簇。利用提取的标志推文簇摘要信息 s_i 作为查询匹配推特数据流的相似的非标志推文，即与标志推文簇语义相关但是不包含质疑、辟谣相关信息的推文。为了与标志推文簇聚类保持一致，仍然利用 Jaccard 系数计算相似性，将高于阈值的非标志推文加入聚簇中。

（5）候选假消息簇排序（Rank Candidate Rumor Cluster）

利用统计特征构造分类器，为候选假消息簇的可信度（争议性、可验证性）进行排序，识别假消息。获得所有完整的候选集后，按流行程度（候选集中推文的数量衡量了消息的流行程度）对其进行排序。候选集的统计特征可能与它们是否真的包含低可信度的信息有更好的相关性，因此进一步提出了13维统计特征训练 SVM 和 RF 分类器以对假消息进行识别。

- 标志推文百分比（1维特征）：标志推文与该候选集中所有推文的比率。
- 比熵（1维特征）：标志推文中词频分布的熵与该候选集中所有推文词频分布熵的比值。
- 推文长度（3维特征）：j 为每条标志推文的平均单词数，k 为候选集每条推文的平均单词数，j 与 k 的比值。
- 转推（2维特征）：候选集中标志推文的被转推比率，候选集中所有推文被转推的比率。
- URL（2维特征）：每个标志推文的平均 URL 数量，候选集中每个推文的平均 URL 数量。
- Hashtag（2维特征）：每个标志推文的平均 Hashtag 数量，候选集中每个推文的平均 Hashtag 数量。
- @（2维特征）：每个标志推文的平均@数量，候选集中每个推文的平均@数量。

除此之外，社交关系和交互行为也蕴含了大量群体智能。例如吴等人[52]发现相似的消息通常会产生相似的信息传播轨迹，进而提出了一种网络用户嵌入方法，并在此基础上利用 LSTM 网络对真/假消息传播路径进行学习以识别假消息。

2. 群体行为建模

群体行为建模方法主要是将群体智能蕴含于图或概率模型中，以推断消息的可信度。社交网络中的群体行为主要有点赞、评论、转发、评分、标记等。

研究人员通过挖掘真/假消息群体用户行为模式对假消息进行有效识别。例如，霍伊等人[54]发现社交网络恶意账户通常在短时间内对大量帖子进行评分，其所打分数一般符合偏态分布。群体行为中蕴含的群体智慧可通过贝叶斯推理模型（Bayesian Inference Model）建模，该类模型可估计用户行为偏离相关用户社区的程度，于是霍伊等人结合评分用户的行为偏移程度来推断用户评分的可信度，进而推断消息的可信度。马等人[40]发现假消息下的评论以质疑、反对信息为主，对群体用户评论的有效建模将有助于识别假消息。由于用户评论与原始微博形成了一种树形结构（原始微博为根节点，评论分别为各级子节点，如图 11-11 所示），他们提出了一种基于句法分析树的假消息检测模型 RvNN（Tree-structured Recursive Neural Network），从叶子节点聚合消息的向量表示以训练分类器。

社交帖子的评论表达了用户对事件以及原帖的观点，正如图 11-11 所示的帖子与评论之间的关系。整体而言，帖子及其评论之间的关系主要分为两种：一种是相同的关系，即表达相同观点的帖子/评论，它们之间相互支持彼此的可信度；一种是相反的关系，往往表达互相冲突的观点或立场，例如表达用户的怀疑（Skeptical）甚至反对（Opposing）声音。这些相反的观点恰恰是评估消息可信度的重要信息，因此金等人[29]提出了观点冲突网络（Conflicting Viewpoints Network）。该网络利用社交帖子（含评论信息）中隐含的用户冲突观点判断消息的真假，主要包括如下三个步骤（如图 11-12 所示）。

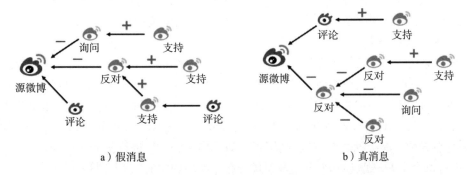

图 11-11　真假消息传播树示例[40]

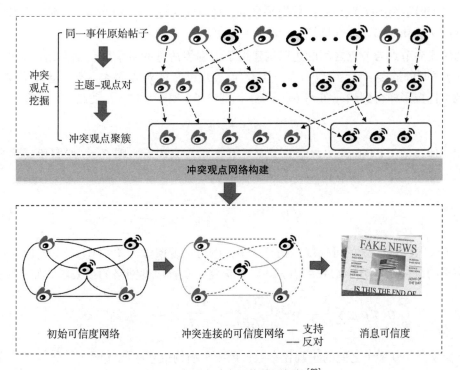

图 11-12　观点冲突网络检测框架[29]

（1）冲突观点挖掘

利用联合主题-观点模型[57]分析网络帖子中的用户观点，其将每个帖子表示为不同主题、不同观点的混合分布构建"主题-观点对"，然后根据一定的约束条件将语义相近的主题-观点对聚类成簇以形成最终的冲突观点。

（2）冲突观点网络构建

根据挖掘出来的冲突观点来计算任意两个帖子之间的网络链接以构建加权冲突观点网络，其权重定义为两个帖子同属一个主题的概率。链接的极性由观点聚类结果定义，同一观点簇内的帖子构成正向链接，不同簇内的帖子构成负向链接。

（3）观点传播优化

将假消息检测问题转化为图优化问题，得到事件最终的可信程度。为了进行图优化，假设具有支持关系的帖子具有类似的可信度值，具有反对关系的帖子可信度值互为相反数。

具体而言，对于一个新闻事件的所有相关帖子首先建模为主题的混合和每个主题的观点的混合，其中 $\mathrm{Dir}(\cdot)$ 表示狄利克雷分布，$\mathrm{Mult}(\cdot)$ 表示多项式分布，α、β、γ 为固定的狄利克雷参数，ϕ_{kl}、θ_t、ψ_{tk} 均可利用吉布斯采样算法[52]进行推断。

1）对每个主题-观点对 kl 采样多项式分布：$\phi_{kl} \sim \mathrm{Dir}(\beta)$。

2）对任意一条社交帖子 t，采样一个主题混合分布：$\theta_t \sim \mathrm{Dir}(\alpha)$。

3）对于每一个主题 k，采样一个观点分布：$\psi_k \sim \mathrm{Dir}(\gamma)$。

4）构建网络中的节点 ω_{tn}：首先采样 ω_{tn} 对应的主题 $z_{tn} \sim \mathrm{Mult}(\theta_t)$，接着采样 ω_{tn} 对应的观点 $v_{tn} \sim \mathrm{Mult}(\psi_k)$，则最终 ω_{tn} 为 $\omega_{tn} \sim \mathrm{Mult}(\phi_{z_{tn}v_{tn}})$。

随后建立节点与节点之间的边以构建用于识别假消息的可信度传播网络。假设帖子 i 与帖子 j 之间的链接函数为 $f(t_i, t_j)$，其正/负表示帖子的观点是否一致，数值代表权重。根据观点挖掘采样得到的分布 $t \sim \theta_t$，$t \sim \psi_{tk}$，则帖子 t 属于话题 k、观点 l 的概率为

$$p_{tkl} = \theta_{tl} \cdot \psi_{kl} \tag{11-11}$$

相应地，帖子 t 与帖子 t' 之间的距离可用 JS 散度来表示，则 $f(t_i, t_j)$ 最终表示为（帖子观点一致时，$a=0$；观点相反时，$a=1$）：

$$f(t_i, t_j) = \frac{(-1)^a}{D_{\mathrm{JS}}(p_{t_i k} \| p_{t_j k}) + 1} \tag{11-12}$$

令 $C(t)$ 表示帖子 t 的可信度，则整个事件的可信度向量为 $\boldsymbol{T} = \{C(t_1), \cdots, C(t_n)\}$，帖子与帖子的链接权重矩阵为 $\boldsymbol{W} = [f(t_i, t_j)]$。构建整个置信度网络的损失函数如下所示：

$$Q(\boldsymbol{T}) = \mu \sum_{i,j=1}^{n} |\boldsymbol{W}^{i,j}| \left(\frac{C(t_i)}{\sqrt{\boldsymbol{D}^{i,i}}} - s_{i,j} \frac{C(t_j)}{\sqrt{\boldsymbol{D}^{j,j}}} \right)^2 + (1-\mu) \|\boldsymbol{T} - \boldsymbol{T}_0\|^2 \tag{11-13}$$

其中，μ 是介于 0 和 1 之间的正则化参数，用于平衡约束项的相互影响。$\boldsymbol{D}^{i,j} = \sum_k |\boldsymbol{W}^{i,k}|$，且当 $\boldsymbol{W}^{i,j} \geq 0$ 时，$s_{i,j} = 1$，否则为 -1。最小化该损失函数可得到最终的可信度得分，见公

式 (11-14)，据此可识别该消息是否为假消息：

$$T^* = (1-\mu)(I-\mu H)^{-1} T_0 \qquad (11\text{-}14)$$

其中，$H = \bar{D}^{-1/2} W \bar{D}^{-1/2}$。

3. 群体知识迁移

现有的假消息检测模型通常能够捕捉到大量与事件相关的特征，而这些特征对于其他事件并不共享，因此该类模型在识别新出现事件时往往表现不佳。为了在新事件发生早期数据稀疏的情况下实现假消息检测，有必要将从历史假消息事件中学习到的共享知识迁移到新事件中指导检测。

群体知识迁移模型研究如何高效迁移其他事件知识至新事件识别任务中。例如，钱等人[46]提出了一种基于生成式条件变分自编码机（Conditional Variational Autoencoder）的假消息检测模型，该模型根据用户对先前真/假消息的评论分析该用户面对不同可信度消息时的响应模式，然后对特定消息下群体用户响应模式进行聚合以评估该消息的可信度。也就是说，在群体知识迁移模型中，可利用历史事件群体响应模式提高模型对新事件的检测能力。为了构建一个具有良好泛化性能和具备知识迁移能力的假消息检测模型，王等人[55]提出了一个多模态假消息检测框架——事件对抗神经网络（Event Adversarial Neural Network，EANN）。EANN通过端到端的事件对抗学习历史事件与新发生事件之间的共同特征，以提升模型的迁移能力，主要包括多模态特征提取器、假消息分类器、事件鉴别器三部分。具体地，多模态特征提取器分别从消息内容中提取文本和图像特征，事件鉴别器判断输入特征来源于哪个事件。多模态特征提取器试图利用提取的特征欺骗事件鉴别器以学习不同事件的共享潜在向量表示，而事件鉴别器则根据输入特征努力分辨其事件来源，通过二者的对抗学习，提升模型的泛化能力；同时利用该共享潜在向量训练假消息检测器，实现对不同事件假消息的识别，模型整体框架如图 11-13 所示。

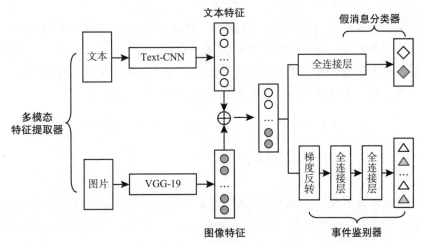

图 11-13　EANN 模型框架结构[55]

(1) 多模态特征提取器

多模态特征提取器分别利用 Text-CNN 和预训练 VGG-19 网络提取文本和图像特征。文本内容集合 P 首先通过结巴分词清理语义信息无关的停用词，利用 K-means 聚类方法获得消息事件标签；然后利用 Word2Vec 将文本内容映射为词向量矩阵，再输入 Text-CNN 网络，对词向量矩阵进行卷积、池化等操作计算文本特征向量 P_1。图片内容集合 U 首先与其对应文本进行匹配，然后将图片输入 VGG-19 网络，计算图像特征向量 U_1。为了表示多模态帖子内容，将文本特征向量 P_1 和图像特征向量 U_1 进行拼接，记为 $R_F = P_1 \oplus U_1$。综上，多模态特征提取器记为 $F(R; \theta_f)$，其中 R 表示输入帖子集合；θ_f 表示特征提取器所有参数集合。

(2) 假消息分类器

假消息分类器利用输入特征向量 R_F 训练全连接网络，判断消息是否为真。模型记为 $S_\theta(r_i) = G(F(r_i; \theta_f); \theta_g)$，其中 r_i 表示第 i 个帖子，θ_g 表示全连接层参数，Y_g 表示消息真假标签集。因此假消息分类损失为

$$\text{loss}_1(\theta_f, \theta_g) = -E_{(r,y) \sim (R, Y_g)}(y \log(S_\theta(r)) + (1-y)(\log(1 - S_\theta(r)))) \quad (11\text{-}15)$$

假消息分类器应尽可能识别出消息是否为真，即 $\text{loss}_1(\theta_f, \theta_g)$ 最小化，所以目标函数为 $(\hat{\theta}_f, \hat{\theta}_g) = \text{argmin}_{\theta_f, \theta_g} \text{loss}_1(\theta_f, \theta_g)$。

(3) 事件鉴别器

事件鉴别器的目的是消除事件特定特征的影响，使模型共享事件无关特征，提升模型的泛化性能。事件鉴别器由两个全连接层构成，输出层包含 K 个神经元，表示 K 个事件分类概率 K_i。模型记为 $H(F(R; \theta_f); \theta_h)$，$\theta_h$ 为网络参数；Y_h 表示聚类事件标签，则损失函数为

$$\text{loss}_2(\theta_f, \theta_h) = -E_{(t,y) \sim (T, Y_h)} \left(\sum_{k=1}^{K} \mathbb{I}_{k=y} \log(H(F(t; \theta_f); \theta_h)) \right) \quad (11\text{-}16)$$

事件鉴别器本身以事件标签为监督损失，目标为区分任一输入消息为哪一类事件，因此分类损失越小越好，即目标函数为 $(\theta_f, \theta_h) = \text{argmin}_{\theta_f, \theta_h} \text{loss}_2(\theta_f, \theta_h)$。然而 EANN 目的是捕捉事件不变特征，即希望事件鉴别器无法识别消息事件来源，使得 $\text{loss}_2(\theta_f, \theta_h)$ 越大越好。因此，事件鉴别器与整个网络存在一种"对抗"，目标函数为

$$\begin{cases} (\hat{\theta}_f, \hat{\theta}_g) = \underset{\theta_f, \theta_g}{\text{argmin}} [\text{loss}_1(\theta_f, \theta_g) - \text{loss}_2(\theta_f, \hat{\theta}_h)] \\ \hat{\theta}_h = \underset{\theta_h}{\text{argmax}} (\hat{\theta}_f, \theta_h) \end{cases} \quad (11\text{-}17)$$

为利用随机梯度下降方法训练 EANN，在事件鉴别器前添加梯度反转层 GRL，使得特征前向传播过程中采取恒等映射（可描述为 $R_\lambda(x) = x$），误差反向传播过程中在梯度上乘一个常数 $-\lambda$ ($\lambda > 0$)，可描述为 $dR_\lambda/dx = -\lambda I$。则 θ_f 的更新公式为

$$\theta_f - \eta\left(\frac{\partial \text{loss}_1}{\partial \theta_f} - \lambda \frac{\partial \text{loss}_2}{\partial \theta_f}\right) \to \theta_f \tag{11-18}$$

为了稳定模型训练过程，EANN 自适应改变学习率 $\eta' = \eta/(1+10p)^{0.75}$，其中 p 随着整个训练过程从 0 增加至 1[58]。综上所述，事件对抗网络如算法 11-1 所示。

算法 11-1　事件对抗网络

输入：多模特征提取器的输入 $\{r_i\}_{i=1}^N$，新闻真假标签 $\{y_i\}_{i=1}^N$，事件标签 $\{h_i\}_{i=1}^N$，学习率 λ

输出：新闻分类结果 0/1

1. for j = 1 : n do
2. 计算衰减学习率 η'；
3. 更新多模态特征提取模型的参数集 θ_f；
4. 更新事件鉴别模块的参数 θ_h：

$$\theta_h - \lambda \cdot \frac{\partial \text{loss}_2}{\partial \theta_h} \to \theta_h$$

5. 更新假消息分类模块参数集 θ_g：

$$\theta_g - \lambda \cdot \frac{\partial \text{loss}_1}{\partial \theta_g} \to \theta_g$$

6. end for

11.4.3　显式群智检测方法

假消息检测仍然是一个具有挑战性的问题，只通过自动检测模型并不能出色地应对各种检测情况和事件。相比于机器智能，人类智能可以通过利用自身的知识和经验应对新问题。因此，开发混合人机检测模型可充分利用人类智能与机器智能的互补性。从广义上讲，混合人机检测模型属于"人计算"（Human Computation）范式[59]，其目的是开发可将人类群体和机器功能无缝地交织在一起的系统，以完成两者都无法单独完成的任务[60]。

例如，reCAPTCHA 系统[38] 就是一个非常典型的人机系统。2000 年，路易斯·范·安发明了验证码（CAPTCHA）使用机制，即网站登录时用变形的图片（见图 11-14）作为校验码验证登录者是否合法，设计初衷是为了防止恶意登录和垃圾邮件。当人们都在考虑如何让计算机替代人类工作时，路易斯却在考虑结合群体智能，利用社会化的协同工作让计算机完成不可能的任务。《纽约时报》计划将所有的报纸数字化，但光学字符识别技术（Optical Character Recognition，OCR）不能保证所有文字百分百准确，人工录入又耗费大量的人力物力。在这种情况下，路易斯提出了 reCAPTCHA 系统，首先将《纽约时报》的文章扫描成电子版，然后利用分词将所有的文字制作成为校验码加入数据库。每次当有用户登录网页时，将这些校验码提供给用户，用户凭借自己的认知对这些文字进行"录入",当所有人对同一个图片给出同样的结果时,表明该结果就是正确的。因此,当网站的所有用户对所有的图片都能清晰分辨后,将这些结果整合起来就实现了报纸的精准数字化。

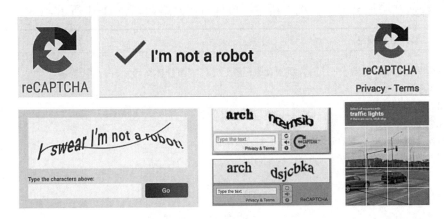

图 11-14 Google 的验证码机制

与基于隐式群智的假消息检测方法不同,显式群智检测方法中使用的人类智能通常体现在显式的人类输入上,以可解释信息促进人机协作,提升假消息的检测效率。部分社交平台支持用户对低可信度的、存疑的帖子或文章进行标记(flagging),比如若大量用户都对某个帖子标记为"假",则该信息很有可能为假消息。研究人员根据用户的标记行为提出了多个检测模型。例如,金等人[41]提出了 CURB 模型,利用时序的点过程(Point Process)来建模社交网络用户的标记过程,该模型能够自主决定什么时候要对网络帖子进行事实核查,以及要重点评估哪一条帖子的可信度。

假消息识别的准确性有赖于检测模型的鲁棒性和泛化性,实现这一目标的关键挑战是网络有大量高质量数据可用。然而,获得海量有标签的训练样本非常困难,在此背景下,巴塔查尔吉等人[61]将主动学习引入假消息检测,提出了一个基于特征加权的显式群智假消息检测方法,以有限数量的带标签样本评估消息内容的准确性,其工作流程如图 11-15 所示。

基于主动学习的假消息检测框架将现实情况设定为半监督学习场景,其通过少量有标签数据学习初始分类器,然后采用人机协作的交互式方法从大量无标签数据中挑选最有可能改善分类器性能的相关样本来逐渐提升假消息检测效果。给定有标签数据集合 $\mathcal{D} = \{(x^i, c^i)\}_i$,$x^i$ 表示新闻的文本内容,标签 c^i(0 表示真消息,1 表示假消息)仅在少部分数据 $\mathcal{L}$ 中可用,大部分数据 $\mathcal{U}$ 中标签是未知的。学习模型主要包括两部分:基于逻辑回归 LR 的浅层特征提取模型 θ_0^{craft} 和基于 CNN 的深度特征提取模型 θ_0^{deep}(如算法 11-2 所示)。

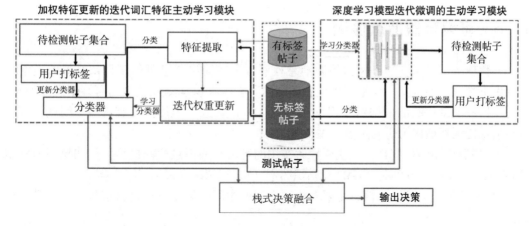

图 11-15　基于主动学习的假消息检测框架[61]

算法 11-2　基于主动学习的假消息人机协作检测框架

输入：有标签数据集 $\mathcal{L}$，无标签数据集 $\mathcal{U}$，分类模型 θ_0^{craft} 和 θ_0^{deep}

输出：学习到的融合分类器 θ^{comb}

1. $\theta^{craft}, \mathcal{L}_1 \leftarrow$ 基于文本内容特征的主题重加权学习算法
2. $\theta^{deep}, \mathcal{L}_2 \leftarrow$ 基于深度聚合特征的学习算法
3. $\mathcal{L} \leftarrow \mathcal{L}_1 \cup \mathcal{L}_2$
4. $C_{deep} = \theta^{deep}.\text{predict}(\mathcal{L})$
5. $C_{craft} = \theta^{craft}.\text{predict}(\mathcal{L})$
6. $C_{comb} \leftarrow C_{deep} \cup C_{craft}$
7. 在 C_{comb} 上利用有标签数据集 $\mathcal{L}$ 训练融合分类器 θ^{comb}

实际上该方法的核心是利用机器从未标记的训练样本中挑选符合条件的数据，由人类专家分析和标注少部分相关数据。机器挑选最小的待核实数据集时遵循两个特点：1）基础分类器不确定的样本，即与分类器模型的决策边界非常接近的样本；2）可能的类别标签的置信度得分平均差异较低的样本。该框架以不确定性得分（Uncertainty Scores）来衡量无标签样本 $x \in \mathcal{U}$ 是否应被挑选：

$$\begin{cases} U_1(x|\theta) = \max(P(c=1|x), P(c=0|x)) \\ U_2(x|\theta) = |P(c=1|x) - P(c=0|x)| \end{cases} \tag{11-19}$$

给定分类器 θ，若无标签样本 x 的最大类别置信度得分较小（即 $U_1(x|\theta) < \beta$），或者分类器对 x 的类标签表现出高度的歧义（即 $U_1(x|\theta) < \eta$），则认为 x 是不确定可信度样本。基于分类器为样本计算得到的置信度得分，对由机器选择的无标签样本的子集进行排序，以进一步筛选出 K 个不确定可信度样本以供人类核查。

11.5 可解释假消息检测

多数现有基于深度学习模型的假消息检测方法在输出消息可信度评估结果时通常不会提供决策原因和依据，只是利用预先训练的分类器来识别测试集中的可疑消息。但是，发现支持假消息检测的依据对于揭穿假消息、防止其进一步传播大有裨益。因此，可解释假消息检测逐渐成为研究热点，主要包括：

1）检测模型的可解释性，主要探索实用的可解释假消息检测模型，例如概率图模型（Probabilistic Graph Model，PGM）、知识图谱（Knowledge Graph，KG）等。

2）检测结果的可解释性，主要对检测模型的中间结果或特征进行解释分析，进行决策回溯。

本节主要从基于概率图的可解释检测和基于深度学习的可解释检测两方面来讲解可解释假消息检测方法。

11.5.1 基于概率图的可解释检测

概率图模型主要利用图来表示相关变量（节点）的联合概率分布，主要包括贝叶斯网络（使用有向无环图来建模变量之间的因果关系）和马尔可夫网络（使用无向图来建模变量之间的相互作用）。基于概率图的假消息检测模型可以同时表征社交网络用户、网络帖子和社交行为，并根据大量显式的交互数据推断出信息隐含的可信度。

美国德州大学奥斯汀分校的阮等人[62]提出了一个社交网络假消息识别的贝叶斯网络模型，如图 11-16 所示，模型通过用户的评论、用户的可信度推断消息的真假标签，其中评论特征是通过立场来表示。假设一共有 n 则待检测消息，m 个用户对这些消息进行了评论，一则完整的消息形式如表 11-6 所示。

令 V_i 代表消息 i 的可信度（真、假或未知），S_{ij} 表示发布用户 j 对消息 i 的立场（支持、反对或无明确立场）。首先利用多分类逻辑回归模型（LR）从文本评论中分析用户的立场倾向：

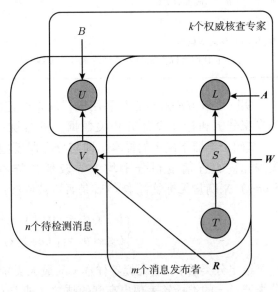

图 11-16 基于贝叶斯网络的可解释假消息检测模型[62]

表 11-6 消息展示形式

类型	内容	用户
原帖	微信和朋友圈到处转的小视频说是一架从意大利到非洲喀麦隆的客机被发现全部受肺炎感染，部分乘客欲逃离被警察开枪射击！假的！真相看这里！！	@XXXXX万象
评论 1	开局一张图，每一天都要辟谣各种图真的心累有没有	@无梦XXXX
评论 2	造谣的人不分国界	@大头XX
⋮	⋮	⋮
评论 n	为何警察穿的是貌似防护服之类的？这不是说明是病毒或生化吗？	@迈品XXX

$$p(S_{ij}|T_{ij},\boldsymbol{W}) = \mathrm{Cat}(S_{ij}|\mathrm{softmax}(T_{ij}\cdot\boldsymbol{W})) \tag{11-20}$$

其中，T 表示评论的文本特征，$\boldsymbol{W}$ 表示分类模型的权重矩阵。Cat($\cdot$)表示范畴分布（Multinoulli Distribution）或者分类分布（Categorical Distribution）的概率质量函数[⊖]（Probability Mass Function，PMF）：$\mathrm{Cat}(X|p) = \prod_i p_i^{I(X=i)}$，其中 $I(\cdot)$ 为示性函数（当 $X=i$ 时，$I(X=i)=1$；否则，$I(X=i)=0$）。

为了预测消息的可信度，定义一个权重矩阵为 $\boldsymbol{R}$ 的 LR 模型：

$$p(V_i|S_i,C) = \mathrm{Cat}(V_i|\mathrm{softmax}(S_i\cdot\boldsymbol{R})) \tag{11-21}$$

其中，$S_i = [S_{i1}, S_{i2}, \cdots, S_{im}]$ 是 m 则评论对消息 i 的立场，"支持"用 1 编码，"反对"用 -1 编码，"无明确立场"时为 0。在此方案下，权重矩阵 $\boldsymbol{R}$ 可以理解为用户的信誉（或可信度），例如网络中的大 V 倾向于发布可信度较高的信息，而普通用户或僵尸用户易受他人误导传播假消息。

为了保证训练模型的表现，阮等人引入众包用户（类似于 Amazon Mechanical Turk）和领域专家对消息的真假性进行标注。现实情况下每个标记者都会出错的，因为每个专家都不可能完全鉴别所有的假消息。为简化模型，假设所有专家级别的标记者提供的标签都是正确的，如图 11-16 所示，以 U 表示专家标记的消息真假标签（完全正确），L 表示普通标记者提供的消息真假标签（可能会存在错误）。综上，基于贝叶斯网络的可解释假消息检测模型构建成功，该模型将消息的真假标签 V_i 和立场标签 S_{ij} 作为隐变量利用 EM 算法进行推断，$\boldsymbol{W}$、$\boldsymbol{R}$、$\boldsymbol{A}$、$\boldsymbol{B}$ 均为模型参数。在 E 步中（假设模型参数已知）推断隐变量的后验分布；M 步时，在 E 步求得的后验分布的基础上搜索模型最优参数，使得模型对数联合似然函数在隐变量后验分布下的期望最大；不断重复 E 步和 M 步直到模型收敛。通过不断的迭代优化，即可得到任一消息 i 的真假标签。此外，杨等人[63]也提出了一种利用贝叶斯网络对假消息的生成过程建模的检测方法 UFD。与上述模型不同的是，

⊖ 通常记为分布函数，与概率密度函数相对应。

UFD 将不同用户的可信度均视为潜在变量，不再假设所有专家的标签均是可信的，然后利用用户之间的评论信息推断消息的可信度。

11.5.2 基于深度学习的可解释检测

深度神经网络在特征提取方面的优势使得越来越多的假消息检测方法利用深度学习模型表示消息内容、提取消息特征。由于深度学习模型本身是"黑盒"，其用于假消息的可解释检测主要指模型决策过程的可视化或对事实真相的分析解释。

基于深度学习的可解释检测多借助注意力机制（Attention Mechanism）挖掘消息中的关键特征或内容片段。注意力机制用于描述神经网络对输入数据的注意力分布[64]，通过计算当前输入序列和输出向量之间的匹配度来捕获输入的关键信息。匹配程度越高，注意力分值越高。因此，假消息检测方法可以利用注意力机制发现对消息真假性鉴别贡献较大的词或短语。例如，陈等人[65]发现消息文本中大多数与事件本身相关的词语的注意力权重要远低于表示用户疑问、愤怒等情感词。

本节主要介绍 2019 年美国亚利桑那州立大学舒等人[66]提出的可解释假消息检测模型 dEFEND。该模型主要包括四个模块：消息内容编码器（词语编码器、句子编码器）、用户评论编码器、句子-评论联合注意力机制、假消息预测器（如图 11-17 所示）。

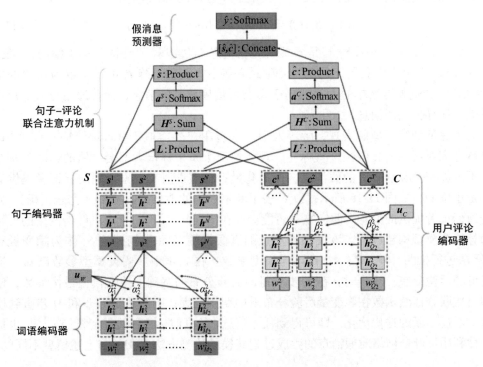

图 11-17　dEFEND 可解释假消息检测模型框架[66]

1. 消息内容编码器

由于虚假消息是故意编辑制作来传播不准确信息的，它们往往具有耸人听闻或者夸张的语言风格，这些描述方式有助于识别假消息。此外，新闻文档包含不同级别的语言结构，例如词语级别和句子级别，这对于消息为什么是假的决策可解释性提供了不同程度的重要性。dEFEND 通过层次结构来学习消息内容的表示形式，首先通过词语编码器学习句子表示向量，然后通过句子编码器学习文档表示向量。

令 A 表示新闻报道文章，包含 N 个句子 $\{s_i\}_{i=1}^{N}$，每个句子 $s_i = \{w_1^i, \cdots, w_{M_i}^i\}$ 包含 M_i 个单词。$C = \{c_1, c_2, \cdots, c_T\}$ 为新闻 A 的 T 条评论文本内容，每条评论 $c_j = \{w_1^j, \cdots, w_{Q_j}^j\}$ 包含 Q_j 个单词。dEFEND 利用双向 GRU 从单词的两个方向建模单词序列以学习单词 w_t^i 的潜在向量表示 $h_t^i = [\overrightarrow{h_t^i}, \overleftarrow{h_t^i}]$。由于并非所有单词都对句子向量表示有同等的贡献，dEFEND 引入注意力机制来学习衡量单词重要性的权重，句子向量 v^i 计算如下：

$$v^i = \sum_{t=1}^{M_i} \alpha_t^i h_t^i \tag{11-22}$$

其中，α_t^i 度量第 t 个单词对句子 s_i 的重要性，由一个全连接层计算得到。句子编码器与单词编码器类似，利用双向 GRU 编码新闻中的每个句子表示 $s^i = [\overrightarrow{h^i}, \overleftarrow{h^i}]$，即

$$\begin{aligned}\overrightarrow{h^i} &= \overrightarrow{\mathrm{GRU}}(v_i), i \in \{1, \cdots, N\} \\ \overleftarrow{h^i} &= \overleftarrow{\mathrm{GRU}}(v_i), i \in \{N, \cdots, 1\}\end{aligned} \tag{11-23}$$

2. 用户评论编码器

人们通过社交媒体帖子表达对消息的情感或看法，例如表示怀疑的、夸张的、负面的评论等，这些评论信息为识别假消息提供了辅助信息。由于从社交媒体中提取的评论通常是短文本，dEFEND 同样使用双向 GRU 在评论中直接对单词序列进行编码，学习评论的潜在向量表示。对于包含 w_t^j 个单词的评论 c_j，通过一个词向量矩阵获取每个单词的向量表示，再经过双向 GRU 获得每个单词的特征表示 $h_t^j = [\overrightarrow{h_t^j}, \overleftarrow{h_t^j}]$。然后利用注意力机制计算评论 c_j 中第 t 个单词的权重 β_t^j，最终获得评论的特征向量 c^j 为

$$c^j = \sum_{t=1}^{Q_j} \beta_t^j h_t^j \tag{11-24}$$

3. 句子-评论联合注意力机制

消息内容中并非所有的句子都是假的，事实上有些句子是正确的，但仅用于支持那些错误的句子。因此，这些不同的句子在判断和解释某条消息是否为假消息时并非同等重要。同样，用户评论中可能包含重要的决策信息，同时又有大量的噪声数据。dEFEND 通过句子-评论联合注意力机制选择消息中的句子和用户评论来解释为什么消息是假的，

该机制可以捕获消息句子和评论的语义相似性,并进一步帮助模型同时学习句子和评论的注意力权重。首先构建消息句子的特征矩阵 $S=[s^1,\cdots,s^N]$、用户评论的特征映射矩阵 $C=\{c^1,\cdots,c^T\}$,然后计算句子与评论的邻近度矩阵 $F=\tanh(C^T W_l S)$,其中 W_l 是网络要学习的权重矩阵。可将 F 看作一种特征,利用它来计算消息句子和评论的注意力分布 H^s 和 H^c,则每个消息句子的注意力概率 a^s 和评论的注意力概率 a^c 分别为(w_{h_s} 及 w_{h_c} 均为权重参数):

$$a^s = \mathrm{softmax}(w_{h_s}^T H^s)$$
$$a^c = \mathrm{softmax}(w_{h_c}^T H^c) \tag{11-25}$$

基于以上注意力权重,句子-评论联合注意力机制将评论和句子的注意力向量计算为评论特征和消息句子特征的加权和。

4. 假消息预测器

假消息预测器根据消息内容编码器、评论编码器、句子-评论联合注意力机制学习到的特征向量判断原消息的真假性,主要由一个 Softmax 层组成,输出消息为真和假的概率值。对于每一个消息,dEFEND 目标函数为最小化交叉熵损失:

$$\mathcal{L}(\theta) = -y\log(\hat{y}_0) - (1-y)\log(1-\hat{y}_0) \tag{11-26}$$

除 dEFEND 以外,XFake[67] 也是值得关注的可解释假消息检测框架,可全面分析消息的语言学属性(例如主题、n-gram 特征、发布者信息等)、语义特征,并通过如图 11-18 所示的可视化界面展示消息的决策过程,并以集成分析树的形式显示假消息检测的推理过程。吴等人[68] 利用语义冲突的方式从用户评论中挖掘证据信息识别假消息,他们设计了一种基于自注意力机制的门控自适应交互子网络(Gated Adaptive Interaction Network,GAIN)来捕获帖子和评论之间的相似性语义和冲突语义。类似地,马等人[69] 利用语义连贯性挖掘消息评论中的可信证据。他们提出了一种端到端的层次注意力假消息检测网络,主要包括一个基于语义连贯性的注意力层、一个基于蕴含语义的注意力层以及一个输出层。这类方法将 Top-K 个需要检测的相关帖子或特殊的词/短语作为证据,提升决策结果的可解释性。

网络有道义,言论有边界,只有守住指尖上的文明,才能遏制社交媒体上假消息的传播,才能减弱假消息的负面影响。营造风清气正的网络环境,不只是维护网络安全、保障公共利益的需要,也是社会健康发展的重中之重。在假消息检测算法不断发展的基础上,每一个用户应做到"不信谣,不传谣",为构建和谐网络环境添砖加瓦。

小结

1. 社交网络中广泛传播着各类假消息,如假新闻、谣言、恶作剧等,按照消息传播的意图可将假消息分为误传消息和恶意消息。具体地，误传消息通常是指在事件演化或者知识更新过程中产生的、不以误导受众为目的的假消息，有时是无法避免的；而恶意消息通常是指为了达到某种目的而故意误导他人的假消息。

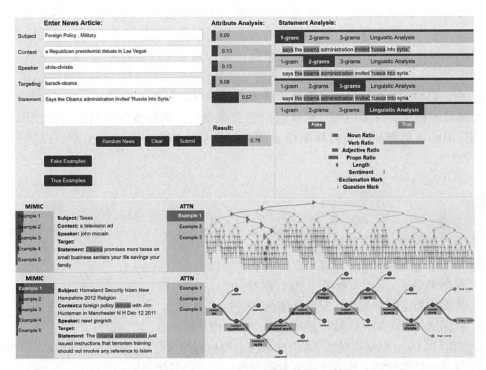

图 11-18　XFake 检测结果可视化界面[67]

2. 假消息正在对受众的认知进行潜移默化的影响。从社会学、心理学以及认知科学的角度看，假消息的认知理论主要包括回声室、证实性偏见等。具体地，回声室主要具备社群隔离、观点极化与观点同质化特征，证实性偏见通常指人们有选择地记忆信息，并且倾向于寻找能够支持自己观点的证据或解释，更关注支持自己观点的信息，忽略反对自己观点的信息。

3. 多数假消息以欺骗受众为目的，消息中不可避免地包含捏造、编辑的内容，因此在内容和社交上下文中隐含众多特征。内容特征主要包括词汇特征、句法特征、主题特征，而社交上下文特征主要包括用户特征与传播特征。利用两类特征训练机器学习分类器，可实现对假消息的检测。

4. 多模态假消息主要包括图像篡改、图文不符以及图像过时三种错误类型。现有多模态假消息检测主要分为基于底层特征的检测方法与基于高层特征的检测方法，其中底层特征主要针对图像篡改这一类型，而基于高层特征的方法更加关注文本和图片等语义特征，主要针对图文不符和图像过时的错误类型。

5. 假消息检测研究背景下的群体智能是指在信息的生成和传播过程中，社交媒体用户所产生的线索或潜在信号的集合，主要可分为社交上下文、集体知识与集体行为三部分。基于不同形式的群体智能，可提炼出四种基于群体智能的检测范式：群体学习模型、群体行为建模、群体知识迁移、混合人机模型。前三种检测范式中群体智能是以一种隐式的方式应用到检测模型中，没有显式的人类智能输入，群体智能主要以特征或参数的形式应用于检测模型中。而混合人机模型需要显式的人类智能输入，例如应用众包进行数据标记。

6. 假消息检测的可解释性主要分为检测模型的可解释性与检测结果的可解释性。检测模型的可解释性探究实用的可解释假消息检测模型，例如概率图模型和知识图谱等。而检测结果的可解释性主要对检测模型的中间结果或特征进行解释分析，以进行决策回溯。

习题

1. 简述恶意消息与误传消息的异同点。
2. 在假消息检测问题中，群体智能具体有哪些含义？
3. 利用 PyTorch 框架实现事件对抗神经网络。
4. 社交网络空间中的认知安全具体指什么？
5. 我国流传已久的神话故事是不是谣言，给出简要解释。
6. 利用 PyTorch 框架实现基于 LSTM 和注意力机制的多模态假消息检测模型 Att-RNN。
7. 假消息认知机理分析方法主要有哪两类？它们的具体差异是什么？

参考文献

[1] JIN Z, CAO J, GUO H, et al. Detection and analysis of 2016 us presidential election related rumors on twitter [C]//Proceedings of International conference on social computing, behavioral-cultural modeling and prediction and behavior representation in modeling and simulation. Springer, 2017: 14-24.

[2] LAZER D M J, BAUM M A, BENKLER Y, et al. The science of fake news [J]. Science, 2018, 359 (6380): 1094-1096.

[3] KUMAR S, SHAH N. False information on web and social media: A survey [J]. arXiv preprint arXiv: 1804.08559, 2018.

[4] SCHEUFELE D A, KRAUSE N M. Science audiences, misinformation, and fake news [J]. Proceedings of the National Academy of Sciences, 2019, 116(16): 7662-7669.

[5] ZUBIAGA A, AKER A, BONTCHEVA K, et al. Detection and resolution of rumours in social media: A survey [J]. ACM Computing Surveys (CSUR), 2018, 51(2): 1-36.

[6] SHU K, SLIVA A, WANG S, et al. Fake news detection on social media: A data mining perspective [J]. ACM SIGKDD explorations newsletter, 2017, 19(1): 22-36.

[7] STAHL B C. On the difference or equality of information, misinformation, and disinformation: a critical research perspective [J]. Informing Science, 2006, 9.

[8] SHU K, MAHUDESWARAN D, LIU H. FakeNewsTracker: a tool for fake news collection, detection, and visualization [J]. Computational and mathematical organization theory, 2019, 25(1): 60-71.

[9] GUPTA A, KUMARAGURU P, CASTILLO C, et al. Tweetcred: a real-time web-based system for assessing credibility of content on twitter [J]. arXiv preprint arXiv: 1405.5490, 2014.

[10] RUTHS D. The misinformation machine [J]. Science, 2019, 363(6425): 348-348.

[11] QIU X, OLIVEIRA D F M, SHIRAZI A S, et al. Limited individual attention and online virality of low-quality information [J]. Nature human behaviour, 2017, 1(7): 1-7.

[12] GRINBERG N, JOSEPH K, FRIEDLAND L, et al. Fake news on Twitter during the 2016 US presidential election [J]. Science, 2019, 363(6425): 374-378.

[13] GARIMELLA K, MORALES G, GIONIS A, et al. Balancing opposing views to reduce controversy [C]// Proceedings of the 10th ACM international conference on web search and data mining, 2017.

[14] BARBERÁ P, JOST J T, NAGLER J, et al. Tweeting from left to right: Is online political communication more than an echo chamber? [J]. Psychological science, 2015, 26(10): 1531-1542.

[15] BESSI A. Personality traits and echo chambers on facebook [J]. Computers in human behavior, 2016, 65: 319-324.

[16] ZAJONC R B. Attitudinal effects of mere exposure [J]. Journal of personality and social psychology, 1968, 9(2p2): 1.

[17] DEL VICARIO M, BESSI A, ZOLLO F, et al. The spreading of misinformation online [J]. Proceedings of the national academy of sciences, 2016, 113(3): 554-559.

[18] NICKERSON R S. Confirmation bias: A ubiquitous phenomenon in many guises [J]. Review of general psychology, 1998, 2(2): 175-220.

[19] KOWALD D, LEX E. Studying Confirmation Bias in Hashtag Usage on Twitter [J]. arXiv preprint arXiv: 1809.03203, 2018.

[20] VOSOUGHI S, ROY D, ARAL S. The spread of true and false news online [J]. Science, 2018, 359(6380): 1146-1151.

[21] ACERBI A. Cognitive attraction and online misinformation [J]. Palgrave Communications, 2019, 5(1): 1-7.

[22] GUO B, DING Y, SUN Y, et al. The mass, fake news, and cognition security [J]. Frontiers of computer science, 2021, 15(3): 1-13.

[23] KAHATE A. Cryptography and network security [M]. New York: Tata McGraw-Hill Education, 2013.

[24] KINSNER W. Towards cognitive security systems [C]//Proceedings 2012 IEEE 11th international conference on cognitive informatics and cognitive computing. IEEE, 2012: 539-539.

[25] LEWANDOWSKY S, ECKER U K H, SEIFERT C M, et al. Misinformation and its correction: Continued influence and successful debiasing [J]. Psychological science in the public interest, 2012, 13(3): 106-131.

[26] CAO J, GUO J, LI X, et al. Automatic rumor detection on microblogs: A survey [J]. arXiv preprint arXiv: 1807.03505, 2018.

[27] GUPTA M, ZHAO P, HAN J. Evaluating event credibility on twitter [C]//Proceedings of the 2012 SIAM

international conference on data mining. Society for industrial and applied mathematics, 2012: 153-164.

[28] JIN Z, CAO J, JIANG Y G, et al. News credibility evaluation on microblog with a hierarchical propagation model [C] //Proceedings of 2014 IEEE international conference on data mining. IEEE, 2014: 230-239.

[29] JIN Z, CAO J, ZHANG Y, et al. News verification by exploiting conflicting social viewpoints in microblogs [C]//Proceedings of the AAAI conference on artificial intelligence. 2016, 30(1).

[30] JIN Z, CAO J, ZHANG Y, et al. Novel visual and statistical image features for microblogs news verification [J]. IEEE transactions on multimedia, 2016, 19(3): 598-608.

[31] QI P, CAO J, YANG T, et al. Exploiting multi-domain visual information for fake news detection [C]// Proceedings of 2019 IEEE International Conference on Data Mining (ICDM). 2019: 518-527.

[32] JIN Z, CAO J, GUO H, et al. Multimodal fusion with recurrent neural networks for rumor detection on microblogs [C]//Proceedings of the 25th ACM international conference on multimedia. 2017: 795-816.

[33] KHATTAR D, GOUD J S, GUPTA M, et al. Mvae: Multimodal variational autoencoder for fake news detection [C]//Proceedings of The World Wide Web conference. 2019: 2915-2921.

[34] GUPTA A, LAMBA H, KUMARAGURU P, et al. Faking sandy: characterizing and identifying fake images on twitter during hurricane sandy [C] //Proceedings of the 22nd international conference on World Wide Web. 2013: 729-736.

[35] GUO B, CHEN C, ZHANG D, et al. Mobile crowd sensing and computing: when participatory sensing meets participatory social media [J]. IEEE communications magazine, 2016, 54(2): 131-137.

[36] LI W, WU W, WANG H, et al. Crowd intelligence in AI 2.0 era [J]. Frontiers of information technology & electronic engineering, 2017, 18(1): 15-43.

[37] WOOLLEY A W, CHABRIS C F, PENTLAND A, et al. Evidence for a collective intelligence factor in the performance of human groups [J]. Science, 2010, 330(6004): 686-688.

[38] VON AHN L, MAURER B, MCMILLEN C, et al. Recaptcha: Human-based character recognition via web security measures [J]. Science, 2008, 321(5895): 1465-1468.

[39] CASTILLO C, MENDOZA M, POBLETE B. Information credibility on twitter [C]//Proceedings of the 20th international conference on World Wide Web. 2011: 675-684.

[40] MA J, GAO W, WONG K F. Rumor detection on twitter with tree-structured recursive neural networks [C]. Association for computational linguistics, 2018.

[41] KIM J, TABIBIAN B, OH A, et al. Leveraging the crowd to detect and reduce the spread of fake news and misinformation [C]//Proceedings of the eleventh ACM international conference on web search and data mining. 2018: 324-332.

[42] ZHAO Z, RESNICK P, MEI Q. Enquiring minds: Early detection of rumors in social media from enquiry posts [C]//Proceedings of the 24th international conference on World Wide Web. 2015: 1395-1405.

[43] WU L, LIU H. Tracing fake-news footprints: characterizing social media messages by how they propagate [C]//Proceedings of the eleventh ACM international conference on web search and data mining. 2018: 637-645.

[44] LIM W Y, LEE M L, HSU W. iFACT: an interactive framework to assess claims from tweets [C]// Proceedings of the 2017 ACM on conference on information and knowledge management. 2017: 787-796.

[45] RAYANA S, AKOGLU L. Collective opinion spam detection: bridging review networks and metadata

[C]//Proceedings of the 21th acm sigkdd international conference on knowledge discovery and data mining. 2015: 985-994.

[46] QIAN F, GONG C, SHARMA K, et al. Neural user response generator: fake news detection with collective user intelligence [C]//Proceedings of IJCAI. 2018, 18: 3834-3840.

[47] KUMAR S, HOOI B, MAKHIJA D, et al. Rev2: Fraudulent user prediction in rating platforms [C]//Proceedings of the eleventh ACM international conference on web search and data mining. 2018: 333-341.

[48] GUO B, DING Y, YAO L, et al. The future of false information detection on social media: new perspectives and trends [J]. ACM Computing Surveys (CSUR), 2020, 53(4): 1-36.

[49] DEMARTINI G. Hybrid human-machine information systems: challenges and opportunities [J]. Computer networks, 2015, 90: 5-13.

[50] LIU X, NOURBAKHSH A, LI Q, et al. Real-time rumor debunking on twitter [C]//Proceedings of the 24th ACM international on conference on information and knowledge management. 2015: 1867-1870.

[51] ZHAO Z, MEI Q. Questions about questions: An empirical analysis of information needs on Twitter [C]//Proceedings of the 22nd international conference on World Wide Web. 2013: 1545-1556.

[52] WU L, LIU H. Tracing fake-news footprints: characterizing social media messages by how they propagate [C]//Proceedings of the eleventh ACM international conference on web search and data mining. 2018: 637-645.

[53] RAYANA S, AKOGLU L. Collective opinion spam detection: bridging review networks and metadata [C]//Proceedings of the 21th acm sigkdd international conference on knowledge discovery and data mining. 2015: 985-994.

[54] HOOI B, SHAH N, BEUTEL A, et al. Birdnest: bayesian inference for ratings-fraud detection [C]//Proceedings of the 2016 SIAM international conference on data mining. Society for industrial and applied mathematics, 2016: 495-503.

[55] WANG Y, MA F, JIN Z, et al. Eann: event adversarial neural networks for multi-modal fake news detection [C]//Proceedings of the 24th acm sigkdd international conference on knowledge discovery & data mining. 2018: 849-857.

[56] WU L, LI J, HU X, et al. Gleaning wisdom from the past: Early detection of emerging rumors in social media [C]//Proceedings of the 2017 SIAM international conference on data mining. Society for industrial and applied mathematics, 2017: 99-107.

[57] TRABELSI A, ZAIANE O R. Mining contentious documents using an unsupervised topic model based approach [C]//Proceedings of 2014 IEEE international conference on data mining. IEEE, 2014: 550-559.

[58] GANIN Y, LEMPITSKY V. Unsupervised domain adaptation by backpropagation [C]//Proceedings of international conference on machine learning. PMLR, 2015: 1180-1189.

[59] LAW E, AHN L. Human computation [J]. Synthesis lectures on artificial intelligence and machine learning, 2011, 5(3): 1-121.

[60] MICHELUCCI P, DICKINSON J L. The power of crowds [J]. Science, 2016, 351(6268): 32-33.

[61] BHATTACHARJEE S D, TALUKDER A, BALANTRAPU B V. Active learning based news veracity detection with feature weighting and deep-shallow fusion [C]//Proceedings of 2017 IEEE international conference on big data. IEEE, 2017: 556-565.

[62] NGUYEN A, KHAROSEKAR A, LEASE M, et al. An interpretable joint graphical model for fact-checking from crowds [C]//Proceedings of the AAAI conference on artificial intelligence. 2018, 32(1).

[63] YANG S, SHU K, WANG S, et al. Unsupervised fake news detection on social media: A generative approach [C]//Proceedings of the AAAI conference on artificial intelligence. 2019, 33(01): 5644-5651.

[64] BAHDANAU D, CHO K, BENGIO Y. Neural machine translation by jointly learning to align and translate [J]. arXiv preprint arXiv: 1409.0473, 2014.

[65] CHEN T, LI X, YIN H, et al. Call attention to rumors: Deep attention based recurrent neural networks for early rumor detection [C]//Proceedings of Pacific-Asia conference on knowledge discovery and data mining. Springer, 2018: 40-52.

[66] SHU K, CUI L, WANG S, et al. Defend: explainable fake news detection [C]//Proceedings of the 25th ACM SIGKDD international conference on knowledge discovery & data mining. 2019: 395-405.

[67] YANG F, PENTYALA S K, MOHSENI S, et al. XFake: explainable fake news detector with visualizations [C]//Proceedings of The World Wide Web conference. 2019: 3600-3604.

[68] WU L, RAO Y. Adaptive interaction fusion networks for fake news detection [C]//Proceedings of european conference on artificial intelligence. 2020: 2220-2227.

[69] MA J, GAO W, JOTY S, et al. Sentence-level evidence embedding for claim verification with hierarchical attention networks [C]//Proceedings of association for computational linguistics, 2019: 2561-2571.

CHAPTER 12

第12章

虚拟机器人

随着人工智能技术的不断发展，虚拟机器人[1]逐渐走入大众视野，其通过生动逼真的外观形象、自然流畅的人机交互、沉浸式的智能服务，协助人类完成特定的应用任务。当前，虚拟机器人已成为学术界和工业界关注的焦点，并被广泛应用到各个领域，包括智能客服[2]、聊天机器人[3]、虚拟新闻主播[4]等。本章主要对虚拟机器人设计与实现过程中所涉及的关键技术进行总结，包括高拟真虚拟形象塑造和个性化内容生成等，讲解虚拟机器人塑造流程。此外，本章重点介绍典型虚拟机器人塑造平台 AI-Mate⊖系统架构，通过原型系统详细说明相关技术在系统中的应用。

12.1 虚拟机器人概述

虚拟机器人是一种无物理实体并且可以参与人类社交互动的智能体，是存在于数字社交空间中的一种虚拟形象。本节将对虚拟机器人进行具体定义，并列举虚拟机器人的典型代表，分析虚拟机器人技术的发展历程。

12.1.1 虚拟机器人定义

社交性是人类的基本属性，人类通过社会交往实现信息交换，形成社会联系，进而形成群组和网络。大量研究表明社会交互对于维护人类的身心健康具有重要作用，缺乏有效的沟通交流容易导致各种各样的心理问题。为了解决这一问题，虚拟社交机器人（Social Bot）[1]大量涌现，其是指一种运行在社交媒体平台上的、能够自动生成会话内容并且参与人类社交互动的、无物理实体的自动程序型智能体，是存在于数字社交空间中的一种虚拟机器人。虚拟机器人通过模仿社交网络中的真实用户来习得"人性"，能够更新社交状态，与其他平台用户进行主动交流对话，以及自动发送和接受好友请求。相比于普通的社交机器人，虚拟机器人具有更加具象化的形象，以更加类人的方式与人类进行交互，为人类提供特定的服务或与人类进行情感交流。

⊖ http://www.ai-mate.co/

近年来，随着人工智能（Artificial Intelligence，AI）技术的发展，通过 AI 技术塑造虚拟机器人成为人机交互领域的前沿研究问题。从 2010 年开始，各大互联网公司纷纷通过自主研发或并购/参股的方式开始探索虚拟机器人领域，苹果、谷歌、微软、亚马逊、百度、腾讯、搜狗等公司陆续开始在虚拟助手、智能车载、智能家居、可穿戴设备等市场寻求突破。目前，企业界已上线的虚拟机器人按照功能划分，主要包括个人事务助理[5]、虚拟情感陪护机器人[6]、娱乐型聊天机器人[3] 等。个人事务助理以语音的方式帮助用户完成日常操作，例如智能家居控制、日程安排等；虚拟情感陪护机器人用语音的方式与人类进行情感交流，做人类情感交流对象。从形式上来划分，常见的有文字对话形式的虚拟机器人和语音形式的智能语音助手。行业里的智能语音助手通常应用于消费级产品和专业级行业应用两大领域，其中消费级的产品主要是应用于衣食住行等生活场景。例如，以 Siri 为代表的生活助手基于语音交互实现对设备的控制、日程管理、信息查询以及情感陪护等；专业级的市场则面向教育、金融和医疗行业等，来实现语音内容的撰写和内容分析。

例如，小冰[7] 是微软公司 2014 年开发的跨平台人工智能机器人，可以在微博、微信、QQ 等平台使用。其主要功能为人机对话，可以通过查询大型语料库来选择合适的回复内容或通过生成模型来产生新回复。2016 年，Facebook 发布 Messenger 平台，允许开发者设计各种聊天机器人（Chatbot）。基于该平台，目前已开发了很多面向特定任务的聊天机器人，可支持网络订餐、售后客服等服务。2017 年美国叙事科学（Narrative Science）公司⊖利用 AI 技术进行体育和财经类新闻的自动创作，塑造虚拟记者形象。类似地，2018 年 Google 发布的 Duplex 聊天机器人⊜也可以完成各种在线任务。同年，第五届世界互联网大会上，搜狗与新华社联合发布全球首个全仿真智能 AI 主持人，通过表情合成、唇形合成、语音合成等技术，克隆出具备和真人主播一样播报能力的 AI 主播。2020 年初，三星公布了 Neon⊜项目，旨在打造让科幻小说成为现实的沉浸式服务。Neon 是一种通过计算创建的"人工智人"（Artificial Human），具有和人类相似的外观和行为，同时可以表达情感和智慧。随着科技的发展，虚拟机器人不再是只存在于科幻小说或电影中的虚拟生物，而正在悄然融入我们生活、工作的方方面面，成为通往更美好未来的新纽带，即进入一个人类和智能机器和谐共存的新时代。

12.1.2 虚拟机器人典型案例

从最早期的 Eliza、Parry，到 Alice 以及近期投入实际应用的小冰，虚拟机器人逐渐变得越来越智能化。本节将对这些典型的虚拟机器人进行简要介绍与分析，指出它们的特

⊖ https://narrativescience.com/
⊜ https://ai.googleblog.com/2018/05/duplex-ai-system-for-natural-conversation.html
⊜ https://www.neon.life/

性和局限，并预测未来虚拟机器人的发展方向。

Eliza[8]是最早面世的虚拟机器人，诞生于1968年。Eliza刚一面世就引起了巨大的轰动，因为她可以很好地感知到病人的情绪，并给予他们安慰和建议。当然，从计算机的角度来看，Eliza其实并没有那么神奇，她本质上是一个拥有丰富语料库的关键词匹配程序。当用户与Eliza交谈时，Eliza会捕捉用户语句中的关键词，并从语料库中搜索与关键词对应的回复，然后将回复发送给用户。可以说，如果Eliza的关键词足够多，回复语料库足够丰富，那她确实是一个非常好的对话机器人。Eliza的实现方法虽然很简单，但是她的思想令人震惊，并开启了一个全新的研究方向——虚拟机器人。

对话机器人随着计算技术的发展日新月异。到20世纪90年代，新一款具有代表性的机器人A.L.I.C.E（Artificial Linguistic Internet Computer Entity）[9]横空出世。不同于Eliza，Alice（A.L.I.C.E）具有一定的自主学习能力，通过与真实用户的会话交互，其对话经验越来越丰富，拟人程度越来越高。众所周知，机器人普遍的衡量标准为"图灵测试"，由英国数学家阿兰·图灵于1950年提出。简单来说，图灵测试的测试方法是让一个人在与机器相互隔离的状态下，仅通过输入输出设备与机器进行对话。如果无法确认对方是人还是机器，那么就认为该机器通过了图灵测试，拥有了智能。Alice在2000年、2001年和2004年的图灵测试勒布纳人工智能奖中夺冠，也就是说，在与人类裁判对话足够久之后，大部分裁判相信Alice是一个真实的人类。

小冰是微软推出的最新一代虚拟机器人[7]，其融合了自然语言处理、计算机语音识别与解析、计算机视觉等多种人工智能最新技术成果。小冰一经推出就大受欢迎，基于情感计算框架，小冰在跟用户对话时，不仅能够生成回应，还通过确证、求证等技能更好地控制对话进程。通过将文本、声音与视觉进行融合，在全双工语音的基础上开发了实时视觉感知，这意味着，小冰可以通过视觉、语音的实时交互，指挥用户完成面容检测，并可在这个过程中进行开放域对话。人工智能技术的发展使得小冰不仅具有之前对话机器人的优点，并且能根据场景和用户需求更加智能地进行回复。在对话机器人的基础上，小冰新增了一个前所未有的模块，即外观模块。在该模块内用户可以为小冰定制外貌，进一步增强了小冰的真实感，极大地提升了用户交互体验。

然而从Eliza到Alice，这些机器人只能被称为对话机器人。随着计算机视觉技术的引入，虚拟机器人小冰拥有自己的外貌、思维逻辑、对话能力，更像是一个生活在虚拟世界的自然人。这也是未来虚拟机器人的发展方向，通过逐步成熟的人工智能技术的赋能，使得虚拟机器人具有更多的类人属性，融入现实世界中，并成为通往更美好未来的新纽带。

12.2 虚拟形象塑造

为了提高虚拟机器人的拟人性，虚拟机器人不能只作为一种虚拟的程序来进行呈现，而应赋予它类人的形象特质，包括外貌、表情、动作、服饰等，以便更好地融入人们的日常生活。本节将对虚拟形象塑造的定义以及虚拟形象生成、虚拟表情变化和虚拟服饰变换技术进行介绍。

12.2.1 虚拟形象塑造定义和分析

当人们看到以类人形象呈现的虚拟机器人时，会下意识以为自己在和真实的人类进行沟通交流，可能会更深入地跟它聊天，或者听从它的建议。目前，虚拟形象塑造方面的研究主要包括两部分——**虚拟形象生成**和**虚拟形象变换**，任务分解图如图12-1所示。其中，虚拟形象生成主要是塑造具备高清晰度和高拟真性的虚拟人脸，其典型的模型多基于生成对抗网络框架，包括DCGAN[10]、BEGAN[11]以及StyleGAN[12]等。虚拟形象变换负责调整虚拟机器人脸部和身体的局部特征，以达到类人化的程度，具体包括表情变换和服饰变换等。表情变换在生成高拟态的虚拟人脸的基础上，构造人脸的动态模型，实现表情随场景和对话的动态变化，经典模型包括StarGAN[13]、GANimation[14]等。服饰变换主要目的是塑造虚拟机器人的不同外形，使得服饰能够随着场景和时间而变化。服饰变换模块的加入使得虚拟机器人更加具有真实感，更像是用户网络另一端真实存在的朋友，拥有自己的日常生活动态。目前服饰变化的实现主要结合虚拟试衣技术来进行，常见的算法包括CP-VTON[15]等。通过高拟真程度的人脸、表情、服饰等特征的生成，虚拟机器人可以拥有与真实人类几乎相同的外观，极大提高了虚拟机器人的真实感，带来更加真实的交互体验。

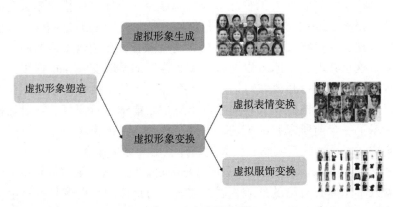

图 12-1 任务分解图

12.2.2 虚拟形象生成

虚拟形象生成主要负责为虚拟机器人生成高拟真的虚拟人脸，为虚拟机器人赋予具象化的特征，从而提高虚拟机器人的逼真程度。当前虚拟形象生成多基于生成对抗网络框架。GAN可以生成真实世界中不存在的虚假数据，同时与真实世界中存在的物体具有类似的特征，从而使得AI具有创造力和想象力。最基本的GAN由生成器和判别器构成，其中生成器模块负责生成不存在的数据，而判别器模块负责判断生成器合成的数据是否是真实存在的数据。GAN 的训练过程就是生成器和判别器的博弈过程，利用相互博弈提高最终生成内容的拟真程度。基于 GAN 实现虚拟形象生成的研究主要包含 DCGAN[10]、BEGAN[11] 以及 StyleGAN[12] 等工作，通过对抗训练，使得生成器生成逼真程度越来越高的人脸图像，为虚拟机器人赋予特定的人脸形象，提高拟真程度。

DCGAN[10] 在 GAN 的基础上进行了一定的改进和优化，它的判别器和生成器都使用了 CNN 来代替原始 GAN 中的多层感知机。同时，DCGAN 还使用了全连接网络代替了原始 GAN 网络中的池化层，减轻了网络的计算量。DCGAN 中生成器的网络结构如图 12-2 所示，输入为 1×100 的隐变量 z，首先将隐变量通过全连接层进行扩展，然后变换为 4×4×1024 大小的特征图。随后经过四次卷积，变换为 64×64×3 的矩阵输出。将该矩阵映射到图像空间中即可得到生成的人脸图像。

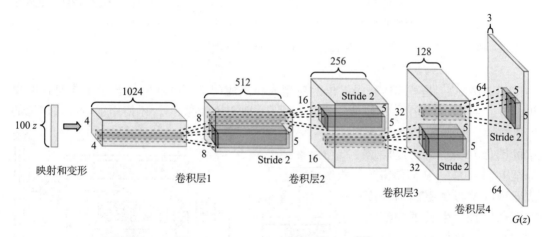

图 12-2　DCGAN 生成器网络结构图[10]

BEGAN[11] 的网络结构如图 12-3 所示，通过改进 GAN 网络结构使模型训练能更快速更稳定地达到收敛状态，并且提供了一个新的超参数，使用这个超参数可以让图像在多样性和生成质量之间进行均衡。同时 BEGAN 还提出了一种新的评价生成器生成质量的方式，使得模型训练过程更加稳定，防止出现模式崩溃（Model Collapse）和训练不平衡等问题。

之前的研究中，GAN 及其变种的训练目标为希望生成器生成的数据分布尽可能接近真实数据的分布。当生成的数据分布等同于真实数据分布时，认为生成器具有了生成能够以假乱真的数据的能力。从这一假设出发，研究者们通过设计损失函数使得生成器生成的数据分布尽可能逼近真实数据分布，而 BEGAN 则没有采用这种概率估计分布的方法，没有直接测量生成数据分布和真实数据分布之间的差距，而是尽可能地匹配误差的分布，如果误差的分布之间足够接近，那么真实的样本之间的分布也会足够接近。

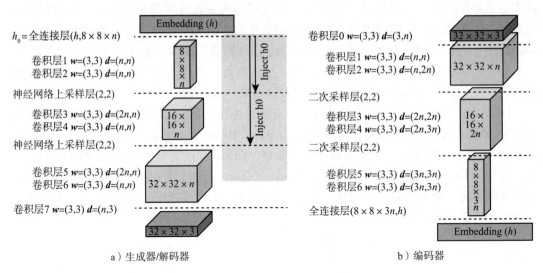

图 12-3　BEGAN 网络结构图[11]

StyleGAN[12] 是英伟达公司提出的新型人脸生成网络。虽然同样基于生成对抗的思想，但是在训练过程中，不仅使用了具有更高清晰度的数据集，还使用了渐进式训练的网络结构，即先从 4×4 分辨率的图像开始训练，逐层增加至 1024×1024，从而使得生成器可以学习到更加细粒度的图像特征，生成更为清晰的图像。在这样的训练思想下，StyleGAN 生成的人脸图像不仅具有高清晰度，还可以控制人脸图像中的局部属性，例如雀斑、发色等，具有更高的拟真程度。

StyleGAN 的网络结构如图 12-4 所示。研究发现设计合理的渐进层可以控制图像的不同视觉特征。层的分辨率越低，它所影响的特征就越粗糙。这些特征可以简要分为三种类型：1）粗糙的特

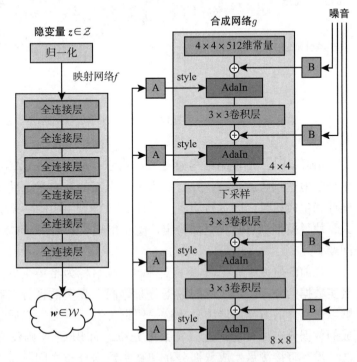

图 12-4　StyleGAN 网络结构图[12]

征。分辨率不超过 8×2，会影响面部的姿势、发型、形状等特征。2）中等特征。分辨率为 16×2 和 32×2，会影响更精细的面部、发型、眼睛的睁开或闭合等特征。3）高质量特征。分辨率为 64×2，会影响颜色（眼睛、头发和皮肤）和其他面部微观特征。通过结合不同层次的特征，StyleGAN 可以实现对面部特征的精准控制，生成更加逼真的人脸形象。

12.2.3 虚拟表情变换

虚拟人脸生成技术可以为虚拟机器人生成静态的人脸，然而在日常交流过程中人类的面部表情是丰富多样且不断变化的，不同的表情传递不同的信息。因此虚拟机器人需要根据情境的不同动态地调整面部表情，实现面部表情的动态变化，提高拟人程度。

表情变换属于典型的目标域变换问题，通过将源表情变换到目标表情，实现表情的灵活切换。针对图像目标域上的适应性问题，StarGAN[13] 提出了一个端到端的解决方案。如图 12-5 所示，StarGAN 首先将输入图像和目标域共同作为输入，利用生成器生成虚假图像，判别器需要判断生成的图像是否真实，并判断所属域类别。通过引入一致性约束，将生成的虚假图像与原始图像的域信息结合，作为生成器的输入，训练生成器重建出原始输入图像，从而实现训练过程。

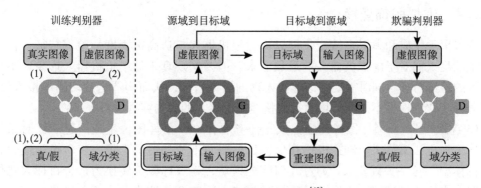

图 12-5　StarGAN 网络结构图[13]

GANimation[14] 在原始变换网络的基础上，对图片进行了处理。GANimation 通过对人脸区域进行拆分，区分每个表情中脸部的不同肌肉走向来进行训练，以此达到表情变换的目的。同时，GANimation 通过调整参数来改变表情幅度的大小，从而达到生成连续图片，合成人脸动态表情的目的。GANimation 网络结构如图 12-6 所示，由两个生成器和一个判别器组成。第一个生成器基于原始输入图像生成目标表情的输出图像。第二个生成器基于第一个生成器的输出图像（即生成的目标表情图像），来生成原始的输入图像，这个训练过程是无监督的。判别器是用于判断生成图像和生成表情的质量。

图 12-6 中左侧为第一个生成器，其输入为原始图像和目标表情，生成器由两个支路组成，支路 G_A 利用注意力机制生成注意力掩码，关注原始图像中的人脸信息，防止复杂的背景和光照变化产生影响。支路 G_I 生成颜色掩码，反映变换后的人脸颜色信息。将两

个支路的输出与输入图像相结合，即可得到变换后的表情图像。图中右侧为第二个生成器，目标是根据第一个生成器的输出图像重建原始输入图像。整个网络为无监督训练，判别器的输入为第一个生成器的输出图像，判别器的输出分别为图像特征与表情特征，用于判断生成图像和表情的质量。

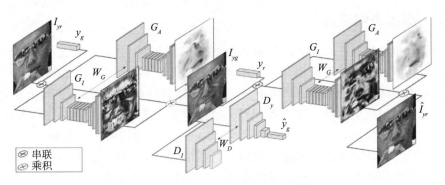

图 12-6　GANimation 网络结构图[14]

12.2.4　虚拟服饰变换

虚拟形象生成和虚拟表情变化可以为虚拟机器人打造高拟真度的脸部特征，在一定程度上满足人们对于虚拟机器人的形象需求，但要实现真正的虚拟机器人形象，不仅需要精致的脸部特征，同时需要考虑虚拟人物的服饰搭配，从而构造更贴切的虚拟人形象。虚拟服饰变化则根据不同的情境动态调整虚拟机器人的服饰穿搭风格。

CP-VTON[15]将基于图像的虚拟试穿任务看作一个条件图像生成问题。针对条件图像生成工作无法满足虚拟试穿中"在保留目标服装细节的情况下将服装转换为适合目标人物的体型"这一关键要求。通过几何匹配模块，将目标服装转换为适合目标人物体型的形状，之后通过试穿模块将变形后的服装与人物整合并渲染整合后的图像。CP-VTON 网络结构如图 12-7 所示。

CP-VTON 网络结构共包含三个部分，分别是用户表示模块（Person Representation Module）、几何匹配模块（Geometric Matching Module，GMM）和试穿模块（Try-on Module）。用户表示模块丢弃原始衣服的效果，比如颜色、质地、形状等，同时尽可能保留输入用户的身体特征信息，包括人脸、头发、身体形状和姿态等；几何匹配模块将目标衣服变换成变形后的衣服，变形后的衣服能粗略地与输入任务特征对齐；试穿模块在变形后的衣服与人体形状大体对齐后，将其融合到目标人物上，形成最终试衣的结果。衣物与人体特征进行融合的直接想法是将变形后的衣服贴到人物上，保留衣服的所有细节，但是会导致衣服与人体接触的边界不自然。另一种方法是将其送入一个编解码网络，生成平滑图像。试衣模块将衣服与目标人体进行结合，将人体特征表示和变形后的衣服使用编解码网络同时生成人物图像和一个掩码。然后使用掩码对变形后的衣服和生成的任务图像进行融合生成最终的试衣结果,极大提高了虚拟机器人服饰的自然程度。

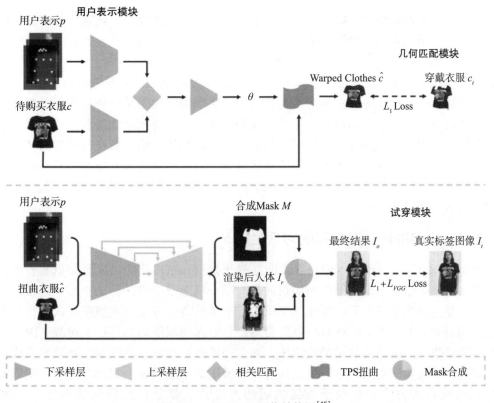

图 12-7 CP-VTON 网络结构图[15]

结合虚拟相貌生成、虚拟人脸变换和虚拟服饰变换技术,可以为虚拟机器人赋予真实且可以动态变化的人脸形象,以及真实的服饰穿搭,用户面对的不再是冷冰冰的程序交互界面,而是真实存在的人的形象,极大提高了虚拟机器人的真实程度以及交互体验。拥有了类人形象的虚拟机器人可以更好地融入日常生活中,降低人们与其交互的生疏与剥离感。

12.3 知识增强对话生成

除了形象上的类人化,虚拟机器人若想真正地融入人类生活的方方面面,拥有类人化的对话技能是至关重要的。本节将对实现虚拟机器人类人化对话的关键技术——知识增强的对话生成技术进行介绍,主要包括非结构化知识增强的对话生成和结构化知识增强的对话生成。

12.3.1 问题背景与定义

对于虚拟机器人而言，拥有类人化的对话技能是至关重要的。随着深度模型的深入研究，虽然当前端到端的对话系统可以根据输入生成更为流畅的回复内容，然而未考虑会话参与者的个性化特征、参与者的情感特征、知识背景和会话的上下文情景信息等，生成的内容往往存在缺乏灵活性、与上下文不符、表达的流畅性不足等问题。

虚拟机器人若想实现真正的类人对话过程，必须拥有动态结合外界环境的能力。在众多的外部条件中，结合知识是一个非常重要的能力。人类拥有大量的外部知识，在对话过程中可以根据知识进行合理的对话理解，并且能够持续地更新自己拥有的知识。外部知识不仅可以提高虚拟机器人的会话理解能力，同时也可以提升虚拟机器人生成对话内容的信息量，因此在对话系统中引入外部知识（即知识增强的对话生成），是实现虚拟机器人类人化交互的关键。

12.3.2 非结构化知识增强的对话生成

外部知识分别以自由文本中蕴含的非结构化知识和结构化的三元组知识两种形式存在。自由文本中蕴含的非结构化知识指的是对某个概念或事物的长文本形式的描述，包含的语义信息较为丰富，可以覆盖某个概念或事物的各个方面，更加符合人们日常生活中的知识逻辑。但长文本的理解一直是自然语言处理领域所面临的巨大挑战，因此如何根据用户的输入准确地抽取相关的知识，并对知识进行理解，最终融入回复的生成过程中，是非结构化知识增强的对话生成技术所要解决的核心问题。实现非结构化知识增强的对话生成常用方法包括**基于拷贝机制的方法**[16]、**基于记忆网络的方法**[17]、**基于Transformer模型的方法**[18-19]以及**基于阅读理解模型的方法**[20-21]，一般流程如图12-8所示。其中，在编码阶段记忆网络和Transformer实现对上下文和知识内容的语义理解，借助于非结构化知识形成语义丰富且上下文敏感的会话增强表示；拷贝机制则主要应用于解码阶段，在预测单词过程中选择从固定词库中生成回复，或者从知识源和对话上下文中直接拷贝单词，从而更加显式地利用知识，提高知识利用的准确性和生成回复的信息量。本节将对不同的技术路线进行介绍。

1. 基于拷贝机制的方法

在对话系统中，大多数模型都采用编-解码器框架，其中编码器对输入信息进行编码，得到隐藏向量表示，再将其输入解码器中，解码产生相应的回复内容。这一过程存在的问题是解码器在解码的过程中无法显式地利用外部知识信息，只能利用编码器传递过来的包含知识信息的隐藏状态进行解码过程。为了解决这个问题，拷贝机制被引入了编-解码结构中，使得模型不仅具备了逐个生成词的能力，同时可以从输入序列中拷贝合适的片段到输出序列中，实现对外部知识的显式利用。

例如，亚维兹等人提出了DEEPCOPY模型[16]，解码器在解码生成过程中可以自动选择是生成模式还是拷贝模式，生成模式和普通的编-解码模型过程相同，拷贝模式则可以选择对外部知识或者对话上下文中的单词直接进行拷贝输出。模型的整体结构如图 12-9 所示。

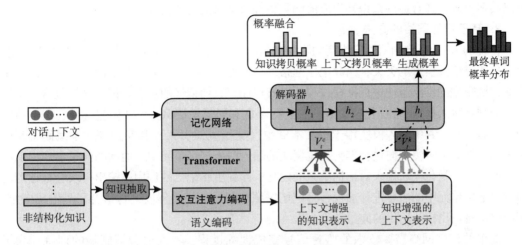

图 12-8 非结构化知识增强的对话生成一般流程图

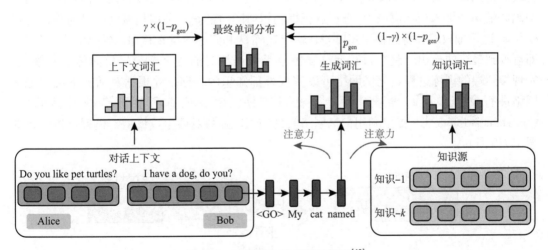

图 12-9 DEEPCOPY 模型结构图[16]

DEEPCOPY 模型在基于注意力机制的 Seq2Seq 模型中引入了分层指针网络，使得解码器可以从外部知识和对话上下文中联合读取和拷贝相应的单词。整个模型分为三个模块：1）针对对话上下文的词语级注意力机制，决定从对话上下文中拷贝一个单词的概率；2）分层指针网络，决定从每个外部知识中拷贝单词的概率；3）针对对话上下文和外部知识的跨源注意力机制，将上述两个拷贝概率进行动态组合。基于这些组件以及它们之间定义良好的层次结构，可以计算针对模型输入中的每个单词的拷贝概率，实现单词的拷贝生成过程。同时，模型中还包含一个软切换机制，可以将拷贝概率和固定词表上的生成概率进行软结合，得到最终的单词输出概率分布。DEEPCOPY 模型通过生成与拷贝机制结合的方式，可以实现正确选择合适的知识并生成流畅且更加有意义的对话内容。

2. 基于记忆网络的方法

传统的 RNN 模型利用固定维度的隐藏向量对历史信息进行存储，储存记忆的能力较弱，很容易造成语义信息的丢失，因此记忆网络[22] 被提出，利用外部存储来记忆信息，结合了长期记忆模型的推断组件进行推理过程，以实现保存长期记忆的功能。记忆网络包含 4 个模块，分别是输入模块 I、泛化模块 G、输出模块 O 和回复模块 R。另外还包含一些记忆单元用于存储记忆。其中输入模块用于将文本资源（文档或知识库）和问题等文本编码得到向量表示，然后文本资源向量会作为泛化模块的输入写入记忆单元中，而问题向量会作为输出模块的输入；泛化模块用于对记忆单元的读写，起到更新记忆的作用；输出模块会根据问题向量对记忆单元中的内容进行加权，将记忆按照与问题的相关程度进行组合得到输出向量；相应模块将输出模块输出的向量转化为最终的自然语言答案。

简单的记忆网络需要较强的监督信号完成训练过程，不太适合端到端的训练。为了解决这个问题，端到端记忆网络被提出[23]。对于输入的文档知识 x_i，利用嵌入矩阵 A 进行编码得到输入的记忆模块 m_i，利用嵌入矩阵 C 进行编码得到输出的记忆模块 c_i。问题编码向量 u 与输入记忆模块 m_i 进行点积得到相似度向量 p_i，利用相似度向量与输出记忆模块 c_i 进行加权求和得到输出矩阵 O，输出矩阵 O 和问题向量 u 相加再乘以输出矩阵 W，即可得到最终的输出。整个过程允许误差信号在训练时通过多个记忆反向传播到输入，实现端到端的训练过程。记忆网络可以实现外部知识的存储，并根据对话上下文与记忆网络进行交互，从而增强对话上下文的理解，生成拟真程度更高的对话回复。Ghazvininejad 等人[17] 提出利用记忆网络实现知识增强的对话生成模型，模型整体结构如图 12-10 所示。

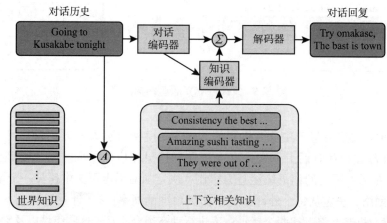

图 12-10　记忆网络知识增强对话模型结构图[17]

模型包括三个部分，分别是对话编码器、知识编码器和解码器。对话编码利用标准的 GRU 编码对话历史文本，同时根据对话历史中所包含的单词利用关键词匹配或实体链接等方法从外部知识库中选择相关的 k 个知识放入记忆网络中。知识编码器利用端到端记忆网络对知识信息进行编码融合，记忆网络的查询向量为对话历史向量，记忆内容为相关知识信息。对话历史与知识通过记忆网络进行交互，得到知识增强的对话历史向量表示，作为对话解码器的输入，进行解码过程生成对话回复。实验结果表明基于记忆网络的模型无论是在机器评价指标还是人类评价指标（如信息丰富程度、合适度）上都取得了较好的结果，证实了记忆网络可以有效地进行知识存储和推理，生成高质量的对话内容。

3. 基于 Transformer 模型的方法

Transformer 模型[24]是 Google 在 2017 年提出的一种序列建模模型。Transformer 一经提出就在自然语言处理领域产生了非常大的反响，其彻底抛弃了 RNN 中的序列结构，整个模型完全由注意力模块构成，因此理论上来说 Transformer 可以建模任意长度的序列，不存在长期依赖问题。此外，由于注意力模块计算的可并行性，Transformer 模型的并行计算能力突出，具有非常广阔的研究前景。大量研究工作表明，Transformer 在语义特征提取、长距离特征捕获、任务综合特征抽取以及并行执行等方面全面超越了 RNN 及其变体。为此，迪南等人[18]在记忆网络的基础上引入了 Transformer 模型，提出了 Transformer 记忆网络，模型结构如图 12-11 所示。

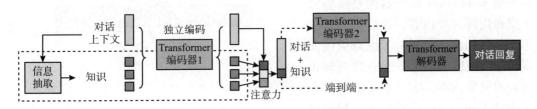

图 12-11　Transformer 记忆网络模型结构图[18]

类似于记忆网络，模型整体流程采用关键词匹配或实体链接等方法从输入对话历史中进行知识抽取，但所有编码阶段的网络均为 Transformer 模型，旨在提供更加准确的文本序列建模能力，从而达到上下文和知识信息的精准高效抽取。实验结果证明 Transformer 模型具有较强的序列建模能力，可以从对话历史和相关知识中提取出重要信息并进行高效的解码生成过程，同时 Transformer 记忆网络模型可以流畅地与人类进行多轮对话，不仅对话内容信息量较为丰富，而且能够结合给定的话题产生高质量的对话回复。

李等人[18]抛弃了记忆网络的结构，直接对 Transformer 模型的内部结构进行了修改，提出了增量 Transformer 模型对会话历史及其相关的知识进行编码。同时受到人类认知过程的启发，提出了名为"推敲解码器"的两阶段解码过程，能够提高生成回复内容的上下文一致性和知识正确性。

如图 12-12 所示，增量 Transformer 模型接收的输入包含三个部分，分别是当前时刻的输入句子序列、当前时刻对应的知识文档以及上一时刻增量 Transformer 模型的输出。当前时刻的输入信息首先进行输入编码，接着经过自注意力层得到蕴含上下文信息的向量表示。当前时刻的文档知识首先经过一个自注意力层进行编码，然后在增量 Transformer 模型中新增的知识注意力层与输入的编码向量进行交互，得到知识增强的输入编码向量，接下来通过一个新增的上下文注意力层与上一时刻增量 Transformer 模型的输出向量进行交互，得到知识和上下文共同增强的向量表示，作为当前时刻增量 Transformer 模型的输出。

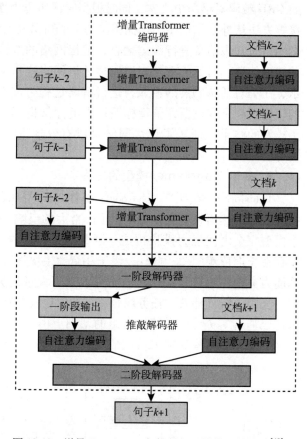

图 12-12　增量 Transformer 与推敲解码器模型结构图[19]

推敲解码器将解码过程分为两个阶段。第一阶段根据当前时刻的输入和增量 Transformer 编码器的最终输入生成相应的回复内容，然后将其作为第二阶段的输入，同时考虑对应的知识信息，最终生成上下文一致且知识正确的回复内容。实验结果表明结合了增量 Transformer 编码器和推敲解码器的模型在机器评价指标和人类评价指标上都取得了最好的效果，说明模型具有较强的结合上下文信息和外部知识的能力，可以生成上下文一致且信息丰富的对话内容。

4. 基于阅读理解模型的方法

阅读理解是自然语言处理领域一个重要的研究方向，主要目标是给定一段自然语言文本和相应的问题，通过对文本的理解从中找出正确的答案。这一过程与基于文档知识的知识增强对话生成较为类似。因此研究人员考虑引入阅读理解模型进行知识增强的对话内容生成。秦等人[20]提出将知识增强的对话生成建模为阅读理解问题，提出了 CMR（Conversation with on-demand Machine Reading）模型，结构如图 12-13 所示。

结合非结构化知识的对话系统面临的最大问题就是从大量知识文本中定位所需要的相关知识，进而融合到内容生成过程中；而阅读理解模型的目标就是根据一个输入问题从大量文本中找到相关的知识并生成流畅正确的答案。因此 CMR 模型将知识对话过程映射为阅读理解过程，将对话历史映射为阅读理解中的问题，将对话回复映射为阅读理解

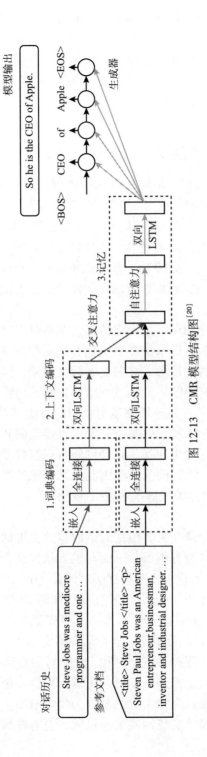

图 12-13 CMR 模型结构图[20]

中的答案,将外部知识文档映射为阅读理解中的文本。通过结合阅读理解领域性能最优的模型 SAN[21],将对话历史和相关知识文档分别进行编码并进行深度注意力交互,之后将 SAN 模型的输出替换为基于 LSTM 的文本生成器,实现知识增强的对话生成。实验结果表明 CMR 模型不论是在生成内容的流畅度方面、结合知识的有效性方面还是在生成内容的多样性方面都取得了较好的结果,证明阅读理解模型对于知识增强对话生成过程的有效性。

12.3.3 结构化知识增强的对话生成

除了非结构化自由文本形式的知识,结构化的知识图谱是另一种重要的知识来源。知识图谱是一种结构化的语义网络,利用符号形式表达现实世界中的概念以及它们的相互关系,通常采用"实体-关系-实体"的三元组表示。每个实体之间通过关系相互连接,构成了一个网状的知识结构。知识图谱技术提供了一种更好地组织、管理和理解互联网海量信息的能力,将互联网信息表达成更接近于人类认知世界的形式。因此,建立一个具有语义处理能力与开放互联能力的知识库,可以在智能搜索、智能问答、个性化推荐等智能信息服务中产生应用价值。

相比于非结构化自由文本形式的知识,结构化的知识图谱可以存储更加广泛的知识信息,覆盖的内容更加全面,可以为对话系统提供更加有效的知识支撑。但知识图谱的三元组存储形式与神经网络所需要的向量形式之间具有较大差别,因此如何将三元组形式的知识映射到语义向量空间是研究中的一大难点。结构化知识增强的对话生成常用方法包括**基于三元组直接编码的方法**[25]、**基于图注意力机制的方法**[26-27] 以及**基于知识问答模型的方法**[28]。一般流程如图 12-14 所示,其中三元组直接编码和图注意力机制主要应用于编码阶段,从而将符号化的三元组转换为神经网络可以直接处理的向量表示,同时提取其中所蕴含的丰富语义信息;知识问答模型则利用其知识抽取能力和语义匹配能力增强知识对话生成过程。本节将对相关关键技术逐一进行介绍。

1. 基于三元组直接编码的方法

在结构化知识的编码表示方面,研究人员根据对话内容的关键词匹配得到三元组形式的知识,并将其视为普通单词直接进行编码,进而与输入信息进行融合,从而达到提升对话系统性能的目标。龙等人[25]首次提出在端到端对话系统中结合大规模三元组形式的知识库,利用常识知识增强对话内容生成质量,模型结构如图 12-15 所示。

模型利用了大型常识知识图谱 ConceptNet[29] 作为外界知识来源。首先通过标准的 LSTM 模型对输入对话内容进行编码,然后根据输入对话中的实体从知识图谱中抽取相应的三元组,将三元组排列成自然语言序列形式,利用 LSTM 对抽取到的知识序列进行编码;然后利用融合函数将输入编码向量和知识编码向量进行融合。最后将融合向量与备选回复进行相似度计算,选择相似度最高的备选回复作为模型输出。实验结果表明结合了常识知识的对话模型可以更加准确地实现回复选择过程,说明外部知识的引入对对话内容的理解具有非常重要的意义。

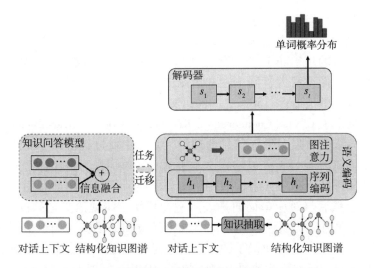

图 12-14 结构化知识增强的对话生成一般流程图

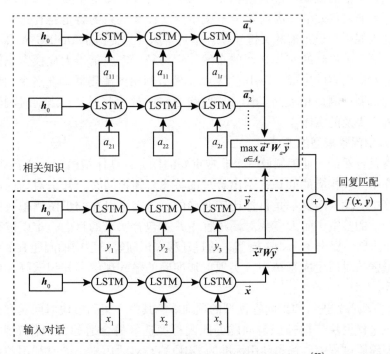

图 12-15 知识图谱增强的对话系统模型结构图[25]

2. 基于图注意力机制的方法

直接将结构化三元组视为普通单词进行编码会造成三元组结构信息的损失,因此研究者提出了一系列的知识图谱嵌入方法,基于三元组中的实体和关系得到相应的嵌入向量表示,其中最经典的是 TransE[30] 算法。后续的许多知识图谱嵌入算法都是在其基础上进行改进的。同时,图注意力机制也在知识图谱的研究过程中受到了广泛关注,通过注意力机制可以更加有效地捕捉三元组之间的语义信息,实现知识增强。

周等人[26] 提出了 CCM (Commonsense Knowledge Aware Conversational Model) 模型,利用大规模常识知识库增强对输入信息的理解,并在生成过程中结合相应的知识提高生成内容的信息量。CCM 模型首先以输入文本中的每个单词作为头实体,从知识图谱中抽取以该实体为头实体的所有三元组构成一个知识子图,接着利用静态图注意力机制对知识子图进行编码,然后与对应单词向量表示进行拼接,实现语义增强的输入语义理解。在解码阶段,动态图注意力机制根据解码状态与所有知识子图和知识子图中的三元组进行注意力计算,选择最合适的知识子图和三元组进行回复生成。实验结果表明结合结构化的三元组知识图谱对于对话生成具有极强的帮助作用。同时在面对超出词表的单词时,CCM 模型同样可以利用外部知识对其进行理解,生成较为流畅的对话内容。

结构化知识图谱的规模一般来说都是巨大的,从知识图谱中发现和抽取与会话上下文相关的知识是非常低效的。因此对上下文中的实体及关系的游走路径进行修剪是在对话系统中融合大规模知识图谱的关键步骤。慕恩等人[27] 提出了 DialKG Walker 模型,可以学习对话上下文中提到的实体之间的自然知识路径,实现基于大规模常识知识库的推理过程,增强对话内容的生成。DialKG Walker 模型利用图解码器,在多个知识图谱路径上利用注意力机制预测最相关的实体。这些路径包括对话上下文、当前时刻输入以及在之前对话过程中提及的实体。

3. 基于知识问答模型的方法

知识问答是自然语言处理领域一个非常重要的任务,具体指给定一个自然语言问题,通过在知识库中寻找相应的知识,给出合理的答案。知识问答与知识对话的不同之处在于,知识问答中的输入问题都是目标比较明确的,一定可以在知识图谱中找到相对应的三元组给出合适的答案,而大多数对话过程中并不包含明确的目的,难以进行合适的知识选择。王等人[28] 提出 TransDG 模型,通过迁移知识问答模型中的问题表征和知识匹配能力到知识增强的对话生成系统中,实现更加准确的输入理解和知识选择,模型结构如图 12-16 所示。

TransDG 模型首先进行知识问答模型的预训练。其中,编码模块对问题和备选答案进行编码;知识选择模块依据知识与问题的匹配程度选择最合适的知识作为生成的答案。对话生成模型编码过程中,首先利用标准的 GRU 编码对话历史,同时利用预训练的知识问答模型中的编码器学习对话历史,然后将二者进行结合作为模型的输入编码,提高对输入内容的理解能力。知识抽取阶段,根据输入编码向量,计算备选知识与输入之间的相似程度,选择最合适的知识给解码阶段使用。

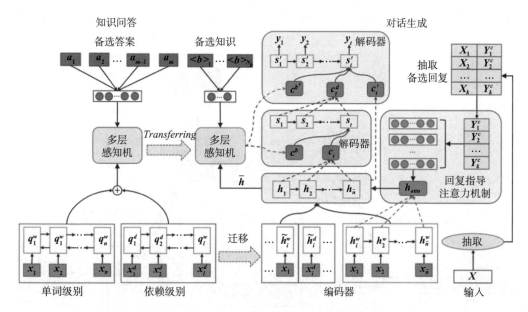

图 12-16 TransDG 模型结构图[28]

12.4 个性化对话生成

虚拟机器人想要实现类人化的对话过程,除了要拥有外部知识之外,具备个性化的会话特征也是至关重要的。本节将对个性化对话生成技术进行介绍,赋予虚拟机器人生成个性化对话的能力。

12.4.1 问题背景与定义

现实世界中,每个个体都拥有独一无二的性格特征,在潜移默化中影响自我的对话风格和内容,并根据会话参与者的性格特征动态调整对话方式。虚拟机器人同样应该具有特定的个性化特征,并在对话过程中根据个性化特征调整对话方式与内容,并在长时间的对话过程中保持特征的一致性(如性别)与变化性(如年龄)。个性化对话生成的目的在于赋予对话代理特定的个性化特征,从而提高虚拟机器人的拟人程度与类人程度。个性化对话生成常用方法包括**基于用户嵌入编码的方法**[31-32]、**基于迁移学习与元学习的方法**[33-35]以及**基于变分自编码器网络的方法**[36-37],一般流程如图12-17 所示。其中,基于用户嵌入编码的方法和基于变分自编码器网络的方法主要应用在编码阶段,核心在于寻找隐含的用户向量表示和个性化特征信息。捕捉到的信息在解码阶段可以增强解码生成过程,从而使得生成对话内容保持个性化一致性;而基于迁移学习和元学习的方法则主要应用在个性化对话数据缺失的情况下,利用对话数据中所包含的通用对话知识，提升个性化对话生成模型的性能。本节将对上述技术要点逐一进行介绍。

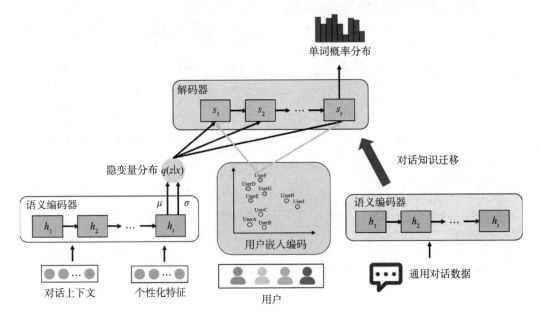

图 12-17　个性化对话生成一般流程图

12.4.2　基于用户嵌入编码的方法

在个性化对话系统研发的初期阶段，研究者主要关心的问题是如何对具有不同特征的说话人进行表示，以实现与不同类型的对话代理会话过程中体现出不同的个性化特征，并在多轮对话过程中保持说话人个性化信息的一致性。该阶段的主要研究思路是根据说话人特定的个性化特征（如年龄、性别等）对说话人进行编码，得到每个说话人的向量表示，与输入向量进行拼接，在解码过程中实现对不同说话人的个性化特征表示。例如李等人[31]提出了说话者模型（Speaker Model）以及听话者模型（Speaker-Addressee Model）来解决用户嵌入的问题。如图 12-18 所示为说话者模型的结构图，是一个典型的 Seq2Seq 模型。其中，在解码部分增加了一个说话者嵌入模块（Speaker Embedding），类似于词嵌入的方式对不同的用户进行建模。因为无法对用户的信息显式地进行建模，所以模型中采用了嵌入的方法，通过训练得到说话者向量，从而对具有不同个性化特征的用户进行隐式向量表示，向量中蕴含了说话者的年龄、性别等个性化信息。图 12-18 中左半部分是说话者向量在二维平面上的表示，具有相似背景信息的用户在向量空间中距离较为接近。解码阶段生成回复，将用户向量同样作为解码器更新隐藏状态的输入，从而根据个性化特征影响最终的回复生成效果。

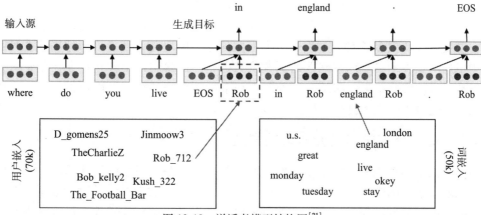

图 12-18　说话者模型结构图[31]

除了说话者模型解决自身前后个性需要保持一致的问题之外，模型也支持在交谈时说话方式风格随着交谈对象而变化。具体而言，模型利用上文提到的说话者嵌入向量，通过前馈神经网络学习两个说话者之间的关系，并得到一个表征关系的嵌入，然后用类似的方法加入解码器中作为输入。实验结果表明说话者模型在解决多轮对话一致性问题上具有明显的效果，用户的个性化特征在多轮对话过程中保持一致。

虽然说话者模型可以解决多轮对话过程中的特征一致性问题，但在多轮对话过程中也面临另一个重要问题，即上下文的理解问题。为了使个性化对话模型不仅可以在多轮对话过程中捕捉用户的个性化特征，同时可以考虑对话上下文使得多轮对话过程更加连贯通顺，科图尔[32]等人提出 CoPerHED（Context-aware, Persona-based Hierarchical Encoder-Decoder）模型，结构如图 12-19 所示。

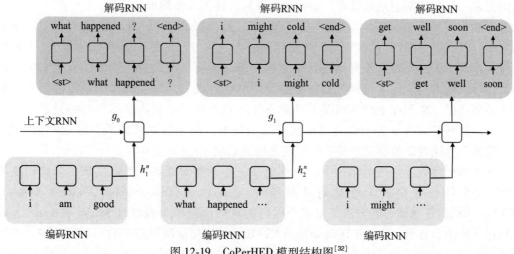

图 12-19　CoPerHED 模型结构图[32]

模型结合多层循环编解码结构，将编码过程分为两步。第一步进行词语级编码，得到每一个上下文句子的向量表示。第二步进行句子级编码，得到整个对话上下文的向量表示，以更好地捕捉多轮对话过程中的上下文信息。同时与说话者模型相同，在编解码过程中用户向量表示参与编解码器的隐藏状态更新，使得用户个性化特征在多轮对话过程中保持一致。实验结果表明结合了上下文和个性化特征的模型可以使得生成内容更加符合人类表达过程，更加自然通顺。

12.4.3 基于迁移学习与元学习的方法

当前多数对话系统模型都基于深度学习网络，需要基于海量标注数据进行大规模的训练才能取得较好的效果。虽然社交媒体平台上存在大量的未标注的对话数据，但带有个性化特征的对话数据却无法直接获取，需要进行人工手动标注工作。尽管许多研究机构致力于利用众包的方法收集个性化对话数据，但是工作成本过高，并且具有领域限定性，难以实现开放域下大规模个性化对话模型的训练。如何利用大量的通用对话数据学习对话知识并将其迁移到个性化对话模型中是一个全新的研究方法。迁移学习和元学习则是实现这一目标的关键技术。

迁移学习（Transfer Learning）是将已经学习好的模型参数迁移到待训练的模型上以帮助新模型的训练过程。由于大部分数据和任务之间都存在一定的相关性，因此通过迁移学习可以将已经学习到的模型参数（或者说某种形式的知识）分享给新的模型，从而提升新模型的学习效率。迁移学习主要用来解决以下问题：1）大数据与少标注的矛盾。虽然存在大量数据，但往往缺少对应的标签，因此无法直接应用于深度学习模型的训练过程。2）大数据与弱计算的矛盾。基于海量数据进行大型深度学习模型的训练需要消耗大量的计算资源，不仅效率低下，而且成本高昂，从而导致无法对数据进行有效利用。3）普适模型与个性化需求的矛盾。即使面对同一个任务，固化的模型往往难以满足每个人的需求，比如特定的隐私设置，因此需要针对个性需求做模型的适配。

元学习（Meta Learning）或者叫作"学会学习"（Learning to Learn）是要模型"学会如何学习"，即利用以往的知识经验来指导新任务的学习，具有学会学习的能力。当前的深度学习模型大都需要从头开始进行模型的训练，需要消耗大量的资源，且无法对历史知识进行有效重用。元学习研究如何让神经网络很好地利用以往的知识，使得能根据新任务调整自己，从而在小样本情况下达到更加高效的效果。利用迁移学习和元学习的思想，可以实现在只有少量个性化对话数据的情况下，仍然达到较好的个性化对话效果，从而降低个性化对话模型对于高质量标注数据的需求。

在个体标注数据缺失的情况下，个性化任务驱动型对话系统难以实现。为此，莫等人[33]提出任务导向的个性化对话系统（Personalized Task-oriented Dialogue System，PETAL），利用迁移学习的方法，将多个用户的对话预料作为源域（Source Domain），将个体用户作为目标域（Target Domain）。PETAL系统首先从源域学习通用对话知识，然后调整知识到目标域。PETAL系统考虑到了源域和目标域之间的不同，通过个性化Q函数对个性化策略进行建模。该个性化 Q 函数由预期累积一般奖励加上预期累积个人奖励组成。个性化 Q 函数可以对源域和目标域的差异进行建模，以此来避免由差异带来的负迁移问题。

为了利用大型预训练模型中所包含的通用语言知识，郑等人[34]提出了一个基于预训练方法的个性化对话生成模型。与传统的预训练对话模型相比，他们提出了一个注意力路由机制，该机制可以在模型训练过程中更有效地利用个性化稀疏的对话数据。首次提出了"persona-dense"和"persona-sparse"的概念。其中 persona-dense 指的是对话语料与相应的个性化特征密切相关；而 persona-sparse 则指的是在现实的对话中只有少数的对话与个性化特征是相关的，大多数的对话往往是与个性化特征不相关的。直接在真实对话的语料上训练和微调模型，可能会让模型学习到大多数与个性化特征无关的对话，而把少数与个性化特征相关的对话当作是语料中的噪声。为了解决这个问题，对话模型应该学习哪些对话是与个性化特征相关的，哪些对话是与个性化特征无关的。为此采用了基于编解码框架的 Transformer 模型，利用预训练的语言模型参数来初始化编码器和解码器，并将属性嵌入部分添加到编码器的输入；利用注意力路由机制来建模对话历史、目标个性化特征以及上一时刻的输入这三种不同的特征；另外利用动态权重预测器控制三种特征在解码过程中的重要性。实验结果表明基于预训练模型的迁移学习方法可以有效提升生成对话内容的流畅度、个性化特征一致程度以及上下文相关性。

现有的个性化对话模型多基于人工设计的个性化描述提高对话一致性，然而从现有对话中收集个性化描述是一个费时费力的过程，而且往往容易引入系统性偏差。为此，马多托等人[35]提出 Extend MAML（Model-Agnostic Meta-Learning）算法，将个性化对话的生成视作元学习问题，仅仅利用少量的对话历史样本生成个性化回复，而不需要利用人为设计的个性化描述。在 MAML 元学习框架中，模型在不使用用户个人信息的情况下能将对话生成模型快速迭代。

12.4.4 基于变分自编码器网络的方法

变分自编码器（Variational Auto-Encoder，VAE）是一类重要的生成模型，与 GAN 的目标一致，希望构建一个从隐变量 Z 生成目标数据 X 的模型。首先假设 Z 服从某种常见分布（比如正态分布），然后训练一个模型 $X=g(Z)$ 使得能够将原来的概率分布映射到训练集的概率分布，这样就可以通过模型生成符合训练数据概率分布的新数据。变分自编码器由编码器和解码器构成，其中，编码的目标是生成一个概率分布 $q(Z|X)$ 代替确定性 Z 来重建输入，强制模型将输入映射到空间的区域而不是单个点。VAE 中引入的隐变量可以捕捉全局特征，形成高层次的语义特征表示（主题、语义、句法等），在自然语言生成领域得到了广泛的研究。

宋等人[36]提出了 Persona-CVAE 模型，基于记忆网络来建模个性化信息，并结合了条件变分自编码器中的隐变量来捕捉回复中的多样性。模型整体结构如图 12-20 所示。在编码器一端，模型主要由变分自编码器和记忆网络两部分共同组成。变分自编码器通过

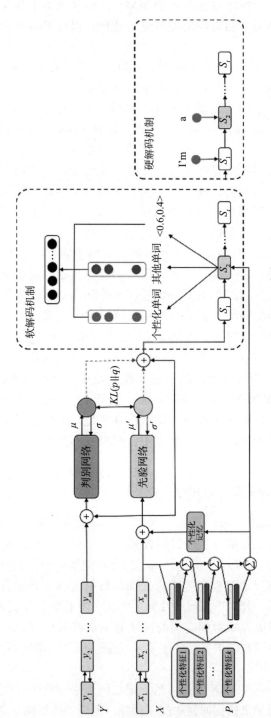

图 12-20 Persona-CVAE 模型结构图[36]

先验网络（Prior Network）和判别网络（Recognition Network）编码输入 X 和回复 Y 来获得隐变量 Z。在训练过程中，隐变量 Z 来自识别网络，先验网络以学习到和识别网络更相似的表示为目标；预测过程中，隐变量 Z 来自经过训练的识别网络（此时没有标签回复 Y 的信息）。通过采样操作，可以获得某一分布下不同的 Z，从而解码器端生成不同的回复。

虽然变分自编码器建模了回复的多样性，但是仍然没有建模个性化特征信息。通过引入记忆网络，每一条个性化特征文本都被视为独立的记忆存储在记忆网络中。经过编码的输入文本则作为对于记忆的查询，与记忆网络中的个性化信息进行计算。这里的记忆网络有两个作用：编码所有个性化信息以及选择与输入最相关的一项个性化信息文本。为了更好地从编码信息中解码出个性化信息，在解码器一端使用了特殊的解码策略。在解码过程的每一个时刻，词表都被划分为两个不相交的集合，分别包含了来自个性化特征文本的单词和其他词表中的单词。解码器分别在两个词表上预测生成单词的概率分布。最终生成单词的概率分布由词表概率乘上类别概率决定。实验结果表明 Persona-CVAE 模型在生成回复的多样性以及个性化特征信息的覆盖率上具有明显的优势。

Wasserstein 自动编码器（WAE）是一种用于构建数据分布生成模型的新算法。WAE 将模型分布与目标分布之间的 Wasserstein 距离的惩罚形式最小化，导出了与 VAE 不同的正则化矩阵。此正则化矩阵鼓励编码的训练分布与之前的相匹配。WAE 具有 VAE 的许多特性（训练稳定、编码器-解码器架构、良好的潜在流形结构），同时可以生成质量更好的样本。通过在连续空间引入隐变量，这些模型能够捕捉句子级的语义信息，例如话题和语法属性等，从而生成更加丰富和多样化的回复。陈等人提出了 Persona-WAE 模型[37]，在捕捉话语级信息的同时，对连续隐空间的用户信息进行建模。将用户级和话语级信息嵌入两个多模态分布中，并将这两个多模态分布合并为一个更优的混合分布，模型结构如图 12-21 所示。

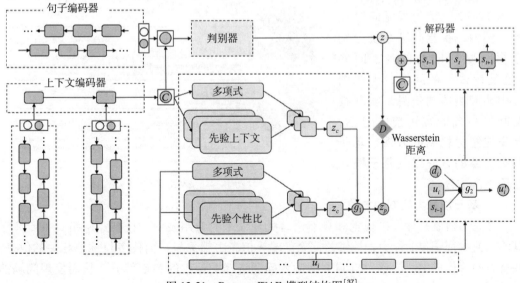

图 12-21　Persona-WAE 模型结构图[37]

12.5 多模态知识问答

除了日常对话交流，问答技能也是虚拟机器人的一个重要的能力。如果可以对用户所提出的任何问题给出真实合理的答案，将极大提升用户的交互体验。现实世界的问题有无穷多个，虚拟机器人若想对用户任意的问题产生正确且合理的回答，必须结合外部知识库进行推理。问答系统中信息表达的形式多样，包括文字、图像、声音等，因此多模态的问答也是虚拟机器人中一个重要的问题。目前多模态问答系统的研究主要集中在视觉问答方面，通过理解图形中的信息，给出关于图像的问题的答案。

12.5.1 视觉问答

现实世界中信息的表达和传递借助多种模态实现，例如语言文字、图像视频和语音信息。虚拟机器人若想实现真正的类人化，必须能够灵活处理各种模态的信息并做出相应的决策。除了文字信息外，图像视频是另外一种最为高效的信息传递方式。视觉问答主要解决的问题是回答关于给定图像的一个特定问题，将图像和关于图像的任何形式的开放式的自然语言问题作为输入，并将自然语言答案作为输出。视觉问答系统需要对图片的内容、问题的含义和意图以及相关的常识具备一定的理解能力，才能实现问题的正确回答。视觉问答任务同时涉及计算机视觉和自然语言处理两大领域，在图像的语义理解方面具有更高的要求，具有更大的技术挑战。如图 12-22 所示为视觉问答任务示例图，视觉问答系统分别根据三张不同的图片，回答"这是什么"的问题，生成图片中相应实体的信息。实现视觉问答系统的常用技术包括：**基于注意力机制的方法**、**基于模态交互的方法**以及**基于模块化网络的方法**。

图 12-22　视觉问答任务示例图

1. 基于注意力机制的方法

注意力机制是计算机视觉和自然语言处理领域的常用技术，让神经网络具备专注于其输入或特征子集的能力，能够从冗余的输入信息中筛选与当前任务目标更相关的信息。在视觉问答任务中，注意力机制根据输入问题选择图像中的关键部分，从而发现问题的正确回答。杨等人[38]认为视觉问答系统需要通过推理在图像中逐渐找到问题所关注的区域，因此提出了SAN（Stacked Attention Network），利用注意力机制实现这种分层关注的推理过程。在图像特征提取方面，他们利用了VGG提取图像特征，很好地保持了原始图像的空间信息。在文本特征提取方面，利用LSTM和TextCNN学习序列化文本中的语义信息。然后对问题向量与图像向量执行注意力操作，学习文本和图像之间的交互表示。经过多次迭代注意力交互过程，得到最终输出答案。

为了解决之前的注意力机制中注意力作用的图像特征区域大小相等的问题，安德森等人[39]提出一种自上而下与自下而上相结合的注意力模型方法，模型结构如图12-23所示。其中自下而上的注意力模型（一般使用Faster R-CNN）用于提取图像中的兴趣区域，获取对象特征；而自上而下的注意力模型用于学习特征所对应的权重（一般使用LSTM），以此实现对视觉图像的深入理解。利用基于R-CNN的目标检测方法，首先从图像中获取目标兴趣区域，对每个兴趣区域应用目标检测器，这样就可以准确地获得图像类别。实验结果表明融合自上而下与自下而上注意力机制的模型可以更好地从图像中捕捉与问题相关的细粒度特征，从而生成更加合理的答案。

现有基于注意力机制的研究中，通过选取关注程度较高的某一个图像区域来回答问题，而Patro等人[40]认为现有研究的注意力机制关注的区域与人类会关注的图像区域并不相关，因此提出通过一个或多个支持和反对范例来取得一个差分注意力区域（Differential Attention Region）。与典型的注意力机制比起来，差分注意力更接近人类注意力过程，因此可以提高回答问题的准确率。首先根据输入图像和问题取得参考注意力嵌入（Reference Attention Embedding），然后根据参考注意力嵌入，在数据库中检索样本，取近样本作为支持范例、远样本作为反对范例，用于计算差分注意力向量，最后差分注意力网络（Differential Attention Network，DAN）或差分上下文网络（Differential Context Network）分别可以改进注意力或取得差分上下文特征，这两种方法可以提升注意力与人工注意力的相似性。其中DAN的模型结构如图12-24所示，重点为通过正反例注意力更新目标注意力，使之与人类的注意力更相似。通过引入计算注意力的损失函数，计算目标注意力和正例注意力、反例注意力之间的距离，缩小与正例的距离，扩大与反例的距离。

DCN的模型结构如图12-25所示。其主要应用映射的概念，缩小正例与目标注意力之间的距离，删除反例上下文与目标注意力之间的特征，从而达到更新注意力的目的。

2. 基于模态交互的方法

视觉问答任务中存在两种模态的数据，即文本数据和图像数据。这两种数据采用传统的特征提取方法得到的向量无法在统一的向量空间中进行表示，因此需要对这两种模态的数据进行交互融合，才能实现对问题和图像内容的深层次理解。金等人[41]认为在视觉问答中注意力机制提供了一种有效的方法，可以选择性地利用给定视觉信息，但是学习每对多模式输入通道的注意力分布计算的成本过高。于是他们提出了一种双线性注意力网络（BAN），以此找到双线性注意力分布，来无缝地利用给定的视觉-语言信息。BAN考虑

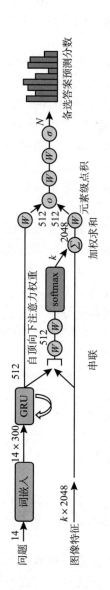

图 12-23　自上而下与自下而上相结合的注意力模型结构图[39]

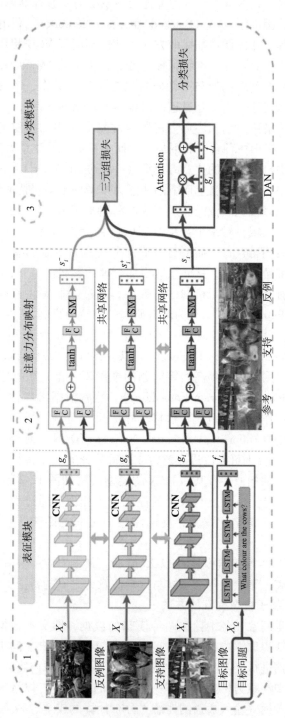

图 12-24　DAN 模型结构图[40]

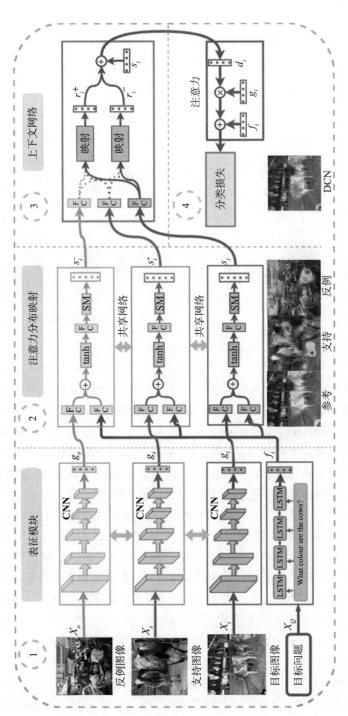

图 12-25 DCN 模型结构图[40]

两组输入通道之间的双线性相互作用,而低秩双线性池化提取每对通道的联合表示。此外,还提出了一种多模式残差网络的变体,以有效地利用 BAN 的注意力图。BAN 的模型框架如图 12-26 所示。通过将共同注意力的概念扩展为双线性注意力,考虑了每对多模式通道,例如成对的疑问词和图像区域。BAN 利用两组输入通道之间的双线性相互作用,而低秩双线性池化则提取每对通道的联合表示。实验结果证明双线性注意力机制可以更加有效地捕捉图像和文本中的相关信息,实现内容的深入理解。

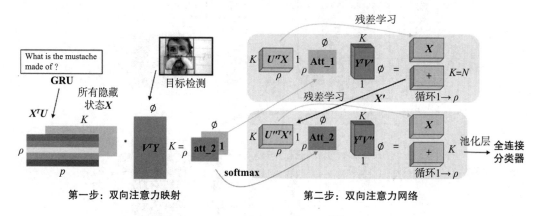

图 12-26　BAN 模型框架图[41]

高等人[42]认为现有的视觉问答方法大多是对单个视觉区域和单词之间的关系进行建模,而从人的角度来看,回答视觉问题需要理解视觉和语言的摘要。为此他们提出了多模态潜在交互模块(Multi-modality Latent Interaction,MLI),MLI 模块可以堆叠多个阶段,以对单词和图像区域两种模式之间的复杂和潜在关系进行建模。多模态潜在交互网络(MLIN)由一系列堆叠的 MLI 模块组成,旨在将输入的视觉区域和问题词信息归纳为每种模态少量的潜在摘要向量,关键思想是在潜在的摘要向量之间传播视觉和语言信息,以便从全局角度对复杂的跨模式交互进行建模。在潜在交互摘要向量之间传播信息之后,视觉区域和单词特征将汇总来自跨区域摘要的信息实现特征更新。MLI 模块的输入和输出具有相同的尺寸,整个网络将 MLI 模块堆叠为多个阶段,以逐步提纯视觉和语言特征。在最后阶段,将视觉和问题的平均特征之间进行元素乘法,实现答案的预测。实验结果表明多模态潜在交互模块可以有效捕捉跨模态之间的潜在信息,从全局角度对复杂的跨模态交互进行建模。

学习多模式特征的有效融合是视觉问答的核心。高等人[43]提出了带有模态间和跨模态注意流(DFAF)的动态融合方法。该模型可以在视觉和语言模态之间以及跨视觉和语言模态之间传递动态信息。它可以很好地捕获语言和视觉区域之间的高级交互,从而显著地提高视觉问答的性能。DFAF 模型结构如图 12-27 所示。每个 DFAF 模块都包含一个跨模态注意力流和模态间注意力流,有效地堆叠多个 DFAF 块可以帮助网络逐渐将注意力集中在重要的图像区域以及输入单词上。

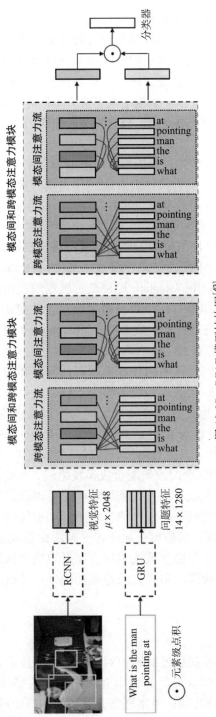

图 12-27 DFAF 模型结构图[43]

模态间注意力流首先学习获取每对视觉区域和单词特征之间的重要性，然后根据学习的重要性权重和聚合特征在两个模态之间传递信息流，以更新每个单词特征和图像区域特征。这样的信息流过程能够识别视觉区域和单词之间的交叉模式关系。在获得更新的图像视觉区域和单词特征后，与原始图像视觉特征和单词特征进行串联，作为模态间注意力流的输入，进而学习模态内的信息流，进一步更新图像视觉区域和单词特征，以获取区域到区域和单词到单词之间的关系。实验结果表明 DFAF 模型可以很好地捕获语言和视觉区域之间的高级交互，从而显著地提高了视觉问答的性能。

3. 基于模块化网络的方法

传统的神经网络模型通常是一个整体，无法根据任务的不同来动态调整模型的结构，泛化能力较差。模块化网络旨在通过多个模块组合成一个完整的神经网络，各个模块可以根据任务的不同进行动态调整，从而提高模型的整体性能。安德烈亚斯等人[44]首次提出了神经模块网络（Neural Module Network），整个网络由多个模块化的网络组合而成，根据视觉问答中的每个问题定制一个网络模型，根据问题的语言结构动态调整网络结构。首先利用解析树对问题进行解析，将问题分成 5 个模块。其中，Attention 模块负责计算问题中名词与图像交互的注意力矩阵；Re-Attention 模块负责根据问题中出现的 Above 等方向词汇对注意力矩阵进行调整；Combination 模块负责融合两个注意力矩阵；Classifier 模块以注意力矩阵和图片作为输入，进行推理生成答案；Measurement 模块将答案和注意力矩阵作为输入，返回适合问答是否存在或者计数的问题。

单纯地使用注意力机制来回答问题并不能很好地解释回答问题的过程，所以需要将问题模块化，使用显式的合成过程组装嵌入问题的多个子任务中。但是这将导致严重依赖注释或手工规则来获取有效的推理过程，导致繁重的工作量或较差的合成推理性能。针对这个问题，高等人[45]提出解析树指导的推理网络（Parse-Tree-Guided Reasoning Network，PTGRN），将问题利用解析工具进行解析，构成一个依赖树，实现推理过程。每个 PTGRN 模型由一个注意力模块和两个门控残差合成模块组成，其中注意力模块是解析树的节点（即单词）与图像之间的关联。门控残差组成模块可以通过丢弃其子项的特征并将其与本地视觉特征整合，从而得到更高层次的特征表示。边缘模块根据问题编码和关系类型转换输入注意力和隐藏特征。解析树引导的传播模块在隐藏/注意图和问题编码之间执行双线性融合。整个网络由三个协作模块组成，注意力模块从问题中解析出每个单词的本地视觉证据；门控残差组成模块构成先前挖掘的证据；分析树引导的传播模块将挖掘的证据沿解析树进行传递。

12.5.2　知识问答

人类拥有大量的知识，并可以根据自己的知识对问题给出相应的合理答案。虚拟机器人若想实现真正的类人化，需要结合外部知识库对用户提出的多样化问题进行回答。与对话系统不同的是，知识问答系统生成的答案通常是知识库中确定的实体或实体关系，答案较为明确，而对话系统回复的则是自然语言句子，随意度更高。知识问答系统常用的方法包括：**基于语义解析的方法、基于信息抽取的方法和基于向量建模的方法**。

1. 基于语义解析的方法

基于语义解析的方法是知识问答中较为传统的一种方法，首先将输入的自然语言转换为形式化的逻辑形式，通过自底向上的解析得到一种可以表达整个问题语义的逻辑形式，在知识库中通过查询得到答案。语义解析最关键的环节就是将自然语言形式的问题转换为逻辑形式，并通过特定的逻辑语言对知识库进行查询。为了能够对知识库进行查询，需要一种能够"访问"知识库的逻辑语言。

布兰特等人[46]提出利用语义解析的方法实现知识问答过程，整体流程分为两个步骤。首先进行词汇映射（Lexicon），即构造底层的语法树节点，通过构建词汇表，将单个自然语言短语或单词映射到知识库实体或关系所对应的逻辑形式上。然后构建过程（Composition），即自底向上对树的节点进行两两合并，最后生成根节点，完成语法树的构建。实现这一过程可以采用多种方式，例如手工构造规则或组合范畴语法等。比如采用暴力方法，即对于两个节点都可以执行连接（Join）、交互（Intersection）、聚合（Aggregate）三种操作，以及独特的桥接（Bridging）操作进行节点合并。这种合并方式的复杂程度很高，会生成多棵语法树，然后需要通过利用训练数据训练分类器筛选合适的语法树。该过程的流程图如图 12-28 所示。图中带 ◯ 部分即逻辑形式，带 ⌒ 部分 where was Obama born 为自然语言问题，其余部分为词汇映射（Lexicon）和构建（Composition）使用的操作，最终形成的语义解析树的根节点即语义解析结果。

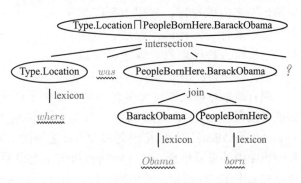

图 12-28　自然语言转换为逻辑形式流程图[46]

传统的基于语义解析的知识问答方法通常将任务分解为多个子任务并依次解决。这种方法的缺陷是受误差传播的影响较大，上一个子任务的误差将会传递到下一个子任务中并被放大，并且由于各个模块独立进行训练，不能充分利用监督信息。为了解决这些问题，沈等人[47]提出基于多任务学习的方法解决基于大规模知识图谱的问答过程。首先将语义解析问题分解为两个子问题，分别是命名实体识别和带实体位置的逻辑表达式生成。命名实体识别实现对带有上下文的自然语言语句进行序列标注，解决实体链接过程中的歧义问题。带实体位置的逻辑表达式生成利用指针网络实现，将自然语言文本翻译为带实体位置的逻辑表达式，其中实体由其在输入中的位置来表示。最后通过多任务学习机制同时对两个子任务进行学习。多任务学习机制有效地利用了所有的监督信息，并且由于上下文同时输入模型中，可以有效解决共指和省略问题。其次在逻辑表达式生成过程中，通过预测实体位置而不是实体本身，可以有效处理大规模知识图谱中的大量实体，实现高效的知识问答过程。

2. 基于信息抽取的方法

基于信息抽取的方法是实现知识问答的另外一种典型方法，通过对问题中的实体进行抽取，然后在知识库中查询该实体，得到以该实体为中心的知识子图，子图中的每一条边都可能作为候选答案。依据某些设定的规则或模板，得到相应问题和候选答案的特征向量，然后利用分类器选择合适的答案进行输出。姚等人[48]提出利用信息抽取方法实现知识问答过程，将知识库视为话题相互连接的集合，一个自然语言问题可能包含一个或几个话题，因此可以在知识库中寻找相关的话题，然后再与话题节点距离几跳的相关节点中提取答案。话题图（Topic Graph）的示例如图 12-29 所示。假设话题图中已经包含答案，目标是通过大量组合问题和主题图的判别特征来最大限度地自动化答案提取过程，利用表征问题和候选答案特征的特征向量建立分类器，通过输入特征向量对候选答案进行筛选，从而得出最终答案。

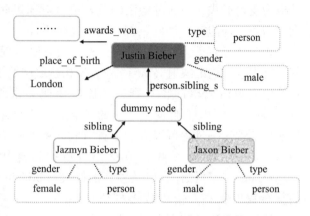

图 12-29　Topic Graph 示例图[41]

现有的信息抽取方法大多将问题和知识子图进行独立嵌入表示，而知识库中的先验知识可以帮助更好地理解问题。双向注意力记忆网络（Bidirectional Attentive Memory network，BAMnet）[49]模拟问题和知识库之间的双向交互，利用注意力交互机制抽取问题和知识库中的重要信息，建立问题和知识库之间的关系，从而提高问答性能。BAMnet 模型结构如图 12-30 所示，其中输入模块负责将输入问题转换为向量序列表示，记忆模块负责对可能用到的候选答案进行存储。尽管知识库中的所有实体原则上都可以是候选答案，但这样计算代价比较大，而且在实际应用中是没有必要的，所以只考虑那些"接近"问题主题实体的实体。答案是实体节点的文本描述（例如名称）。知识图谱感知注意力模块在获得主题实体后，收集与之相关的所有实体作为候选答案。对于每个候选答案，编码答案类型、路径和上下文三种信息。推理模块由泛化模块和二级双向注意力网络组成，其目的主要是捕捉问题与知识库之间的双向互动。答案生成模块通过计算候选答案的匹配得分进行排序，然后得到最终的答案。实验结果表明 BAMnet 相比于大多数基于语义解析和信息抽取的方法都取得了较好的结果，证明问题和知识库之间的关联对于提升知识问答系统的性能具有至关重要的作用。

3. 基于向量建模的方法

基于向量建模的方法与信息抽取方法有相似之处，前期操作都是通过把问题中的主题词映射到知识库的实体上，得到候选答案。而基于向量建模的方法通过将问题和候选答案分别映射到低维语义向量空间，得到它们的分布式表征，通过训练数据对该分布式表征进行训练,使得问题向量和它对应的正确答案向量在向量空间中的关联得分尽可能高,从而实现准确的答案预测。博尔德等人[50]提出根据问题中的主题词在知识库中确定候选答案,构建模型学习问题和候选答案的向量,然后通过这些向量来计算问题和候选答案的相关度。模型通过学习低维向量嵌入来表达出现在问题中的单词和知识库中的实体和关系类型,这样问题的表达和相应的答案在嵌入空间中相互关联。分别使用 q 和 a 表示问题和候选答案,学习嵌入向量的过程是通过评分函数来实现的。学习评分函数 $S(q, a)=f(q)^T g(a)$,如果 a 是正确答案,则得分 S 较高,从而使得问题和相应的答案在联合嵌入向量空间中彼此接近。

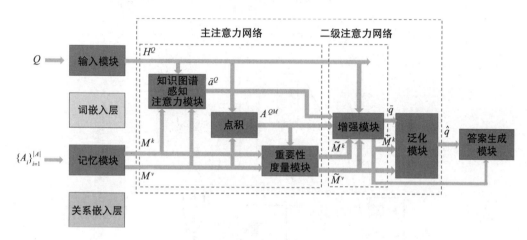

图 12-30 BAMnet 模型结构图[49]

在向量建模领域,深度学习方法也得到了广泛应用。董等人[51]引入多列 CNN(Multi-column Convolutional Neural Network,MCCNN)对问题的三个方面(答案路径、答案上下文和答案类型)进行理解和分布式表征学习,同时联合知识库实体和关系低维表征向量,模型结构如图 12-31 所示。模型分别利用三个向量表示答案的三类特征。答案路径特征表示从问题中的主题词到知识库中的答案形成的一条路径,答案上下文信息表示将答案实体对应一跳范围内的实体关系和实体作为答案实体的上下文信息,答案类型表示一种特殊的实体关系。通过多列 CNN 提取三种问题的分布式表达,再通过答案的路径、上下文信息和类型得到答案相应的三种分布式表达。通过分别点乘再求和的方式最终得到答案-问题的得分。

罗等人[52]提出了一种语义匹配网络(Semantic Matching Model),分别对问题和查询图进行编码得到向量表示。语义匹配网络首先对去掉实体的问题利用双向 GRU 进行全局编码得到向量表示,然后对问题进行依存分析,并利用 GRU 对依存路径进行编码,收集句法和局部语义信息,最后两者求和得到问题编码向量表示。然后利用查询图中的所有属性名编码和属性编码,得到图的编码向量。最后利用余弦距离计算问题与查询图的相似度。该方法查询图进行语义编码,计算与问题之间的相关性程度,并以此作为匹配特征训练模型。

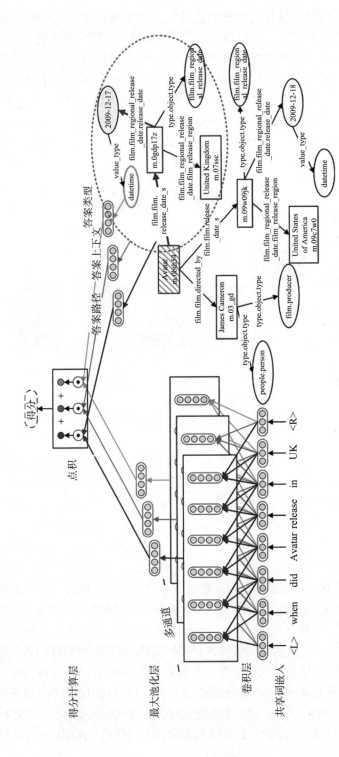

图 12-31 MCCNN 知识问答模型结构图[44]

12.6 应用案例 AI-Mate

12.6.1 应用背景

近年来虚拟机器人在人们的日常生活中频繁"出镜",使人们的生活更加智能、美好。它们通过模仿社交网络中的真实用户来习得"人性",成为"人工智人"。目前已上线的虚拟人主要以"辅助人类"为主,通常包括个人事务助理、智能语音助手、智能客服等,例如以微软小冰、苹果 Siri 为代表的聊天机器人;以小爱同学、天猫精灵为代表的智能音箱。以人工智能与信息网络技术支撑的数字化生命不再关心肉身,而是着重探索人类的思想、意识和认知,通过 AI 与人们进行互动,从"机器辅助人类"到"机器陪伴人类",最终实现"机器为人"的强人工智能目标。"虚拟人"将成为现实,它们可以扩展人类的角色(虚拟接待员、虚拟电影明星等)与能力,用专家知识陪伴人类的成长与发展,成为我们日常生活的一部分,实现人机和谐共生。

AI-Mate 高拟真虚拟伴侣[一]是一个虚实结合、具有软硬协同特色的个性化可定制虚拟人塑造平台,为用户打造高拟真虚拟社交机器人伴侣,提供沉浸式智能交互服务。AI-Mate 高拟真虚拟人平台核心研发人员来自西北工业大学智能感知与计算工信部重点实验室&计算与艺术交叉研究中心。AI-Mate 以"陪伴、对话、问答、引导、群智"为创新特色,从感知、认知、语言、行为、形象五方面塑造虚拟人伴侣,打造全栈多场景虚拟机器人定制平台。为使虚拟机器人拟人化,在"语言"塑造方面,探究个性化富知识人机对话技术,增强对话交互的趣味性与合理性;"行为"方面进一步细化为"认知行为"(对用户意图的理解与预测)、"交互行为"(点赞、发帖等社交活动)与"决策行为"(对用户的推荐与引导),探究意图理解、模仿学习行为决策技术、多模态群智问答与推荐技术;"形象"塑造方面,突破情景敏感形象切换技术,为虚拟机器人赋予真实的拟人形象,而"认知"则通过上述三个方面进行展现。

目前团队以手机应用为载体已完成面向智慧旅游领域的原型产品"旅伴",以灵活便捷的交互形式陪伴在用户旅途中,随时随地回答用户提问的景点知识,最大限度地帮助用户了解景点内涵;同时还可以通过 GPS 位置信息和视觉信息等多种感知方式,感知用户所处情境,为用户适时提供讲解、线路规划以及周边推荐等服务。团队还致力于为虚拟伴侣量身打造专属离线硬件产品,为用户提供离线可用、便捷高效的虚拟伴侣服务,且具备超长待机、离线实时服务、个性化学习等功能。未来 AI-Mate 平台可面向智慧城市、健康卫生、公共安全、现代服务业等领域,为用户提供个性化机器人定制服务,如图 12-32 所示。

[一] http://www.ai-mate.co/

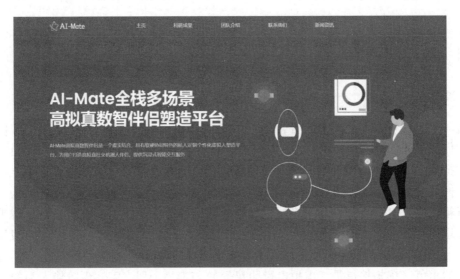

图 12-32　AI-Mate 官网首页图

12.6.2　系统框架

1. 总体设计

塑造高拟真虚拟伴侣需要从感知、认知、语言、行为和形象五个层面进行支撑，高拟真虚拟伴侣系统示意图如图 12-33 所示。

图 12-33　高拟真虚拟伴侣系统示意图

(1) 感知

设计轻量级情境感知算法，实现低延时、高精准度的视觉情境实时感知，对用户周边环境做出实时回应，判断用户所处情境，与用户进行主动交互，提升虚拟伴侣的陪伴沉浸感。根据用户声纹响应用户唤醒，实现多轮长时交互，多设备快速切换，陪伴用户无处不在。

(2) 认知

认知能力是虚拟机器人对现实世界理解和认识的基础。具体体现为系统能够对不同形式的外界信息进行正确处理和响应，根据情境变化做出自主行为决策，具备独立自主的思考和行为能力。从以下两方面为虚拟机器人赋予认知能力。

1) **自演化群智知识图谱**：利用信息抽取与融合技术从社交媒体平台（如微博、知乎、马蜂窝等）中挖掘有效知识，构建可扩展、自演化的群智知识图谱，为虚拟机器人提供理解真实世界运行机理、人类社会动态变化过程、人类语言表达方式的能力，从而为虚拟机器人提供认知基础。

2) **自主行为决策**：主动感知用户所处情境与交互上下文信息，利用强化学习机制模仿人类决策行为，为虚拟机器人提供独立自主的思考和行为决策能力，实现高拟真的自主行为决策，提供行为决策的认知能力。

(3) 语言

语言是虚拟机器人与用户之间最直接的交互方式，通过自然顺畅且切合上下文场景的会话交互，提升用户的应用体验。开发主动式对话框架以实现主动交互管理、对话上下文管理和对话流程管理，通过理解用户意图改变对话策略，生成富有情感的、逻辑合理的、符合身份特质的个性化对话内容，提升对话交互过程中的趣味性和专业性。

(4) 行为

行为是虚拟机器人所拥有的关键技能，可以为用户提供类型各异的交互式智能服务，主要包括热点推荐、多模态内容创作、视觉情境感知等。具体而言，基于文本聚类算法挖掘社交媒体中的实时热点，进行信息提取与推荐；利用自然语言处理与计算机视觉领域融合模型实现多模态内容创作，赋予虚拟机器人内容表达能力；设计轻量级情境识别感知算法，实现低延时高精度的视觉情境实时感知。

(5) 形象

形象是虚拟机器人与用户直接接触的外在表象。虚拟机器人需要拥有具象化的模拟人形象，从而真正融入人们的日常生活之中。根据用户个性化定制需求，利用 GAN 技术生成虚拟机器人独特脸部形象和服饰风格，同时基于实例分割和区域渲染技术完成情景敏感的形象切换。

2. 核心技术

AI-Mate 高拟真虚拟伴侣塑造平台的核心技术包括：社群智能挖掘技术、视觉情境实时感知技术、个性化人机对话技术、智能导览游记生成技术和情境敏捷形象切换技术。

(1) 社群智能挖掘技术

融合外部知识是实现高拟真虚拟机器人的重要途径,通过常识知识理解真实世界运行机理,通过热点事件知识理解人类社会动态变化过程,通过群智知识理解人类表达方法。AI-Mate 社群智能挖掘技术探索为虚拟机器人赋予知识理解和运用的能力,利用群智知识挖掘技术,构建群智知识图谱,指导虚拟机器人表达过程,从而更好地融入与人类的交互过程中,如图 12-34 所示。根据人类社会交流的内在机理,将群智知识图谱分为三个层次,第一层景点静态知识图谱,通过挖掘百度百科、马蜂窝等网站上关于景点的知识信息,如地理位置、建筑年代、门票价格等,构建景点静态知识图谱,为用户提供准确的知识。第二层景点群智知识图谱,随着社交互联网的发展,越来越多的用户会在旅游网站上对景点进行点评或分享个人游记。这些内容中包含大量群智知识信息。通过群智文本知识挖掘技术,构建景点群智知识图谱,为用户提供更加细粒度和准确的知识交互。第三层群智表达知识图谱,挖掘人们日常表达的内在语法与逻辑依赖关系,为虚拟机器人对话和交互过程提供指导,提高交互内容的流畅度和自然程度。

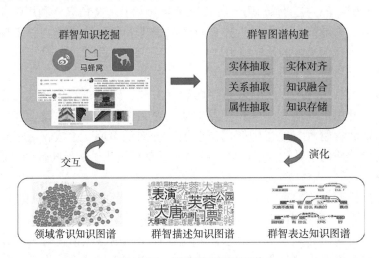

图 12-34 持续学习知识图谱

(2) 视觉情境实时感知技术

通过对用户手机摄像头所拍摄的画面内容进行实时情境感知,判断用户所处情境,与用户进行主动交互,提高用户交互体验。由于移动智能终端往往计算资源和电量有限,AI-Mate 平台选择轻量级的 MobileNet V1 作为训练网络。该网络以深度可分离卷积代替普通卷积,减少参数量、提升运行性能。模型训练过程首先利用大规模通用图像数据集 ImageNet 对 MobileNet V1 模型进行训练,使得模型具备识别通用物体的能力。然后通过西安各大景点图片信息,对预训练完成的网络进行微调,实现高精度的情景识别。最后利用 TensorFlow Lite 将训练好的模型部署并有效应用在移动端。同时结合 GPS 信息构建西安各大景点的层级结构,选取大雁塔、兵马俑等地理位置互相独立的景点作为层级结构中的一级景点,各个景点下的子景点范围作为二级以及三级景点，构建属性结构，结合 GPS 定位触发分层模型切换，保证实时高效情境感知，实现高精度的情景识别，如图 12-35 所示。

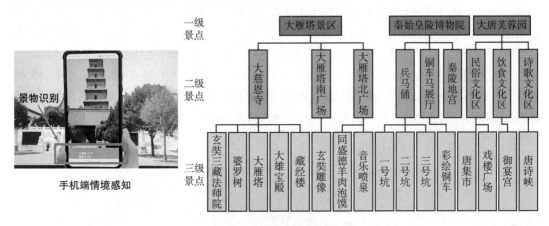

图 12-35　视觉情境感知技术

（3）个性化人机对话技术

虚拟社交机器人在与人类对话过程中，通过理解用户的意图，动态地改变对话策略，构建持续连贯的多轮对话过程，生成情感丰富、知识合理、符合身份的个性化对话内容。如图 12-36 所示，用户输入对话上下文，经过预处理和意图识别，识别用户消息中的意图并提取用户输入中的实体。意图识别采用 BERT+CNN 的文本分类技术，通过预定义旅游场景下常见的意图类别作为分类标签，实现高精度的意图识别。同时根据对话上下文进行相关知识的抽取，利用图注意力机制实现对话上下文与知识信息的融合。识别出用户意图后，对话管理系统跟踪当前会话状态，对上下文状态进行保存，指导后续对话过程。接着策略选择器根据当前对话状态选择执行相应的对话行为，产生对话结果。

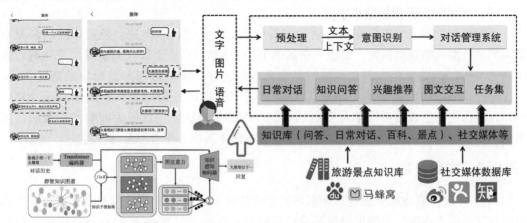

图 12-36　个性化人机对话流程图

（4）智能导览游记生成技术

智能导览游记生成技术对用户旅游过程进行记录和总结，生成完整流畅的游记，供用户记录和分享。通过在旅行过程中感知记录用户旅行路线，结合社交媒体平台群智内容与用户拍摄图片，自动化生成用户专属个人游记，为用户提供内容分享和交互的窗口，模型流程图如图12-37所示。基于旅游景点关键词与相应游记内容，对GPT-2生成模型进行预训练，学习景点关键词与游记之间的语义关联依赖关系。生成阶段通过感知用户旅游路线中的关键景点，自动生成相应阶段游记文本内容。同时利用文本相似度检索，根据文本内容在文本图像数据库中进行相似度检索，选择关联度高的图像作为游记的配图，生成图文并茂的完整游记。

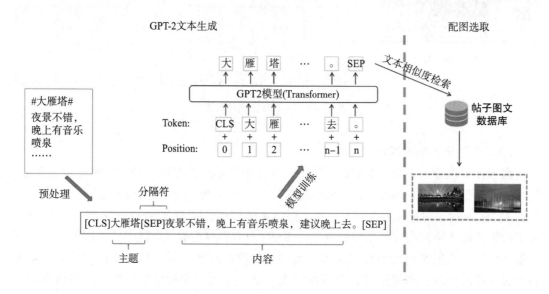

图12-37　智能导览游记生成技术

（5）情境敏捷形象切换技术

虚拟社交机器人的形象变换可通过人脸变换与服饰变换来实现，通过不同的形象和服饰实现机器人的高拟真性。模型原理如图12-38所示，当旅游地点情境发生变化时，采用基于StyleGAN的实例分割和区域渲染形象切换方法，实现虚拟导游形象的敏捷切换。通过渐进式训练的网络结构，即先从4×4分辨率的图像开始训练，逐层增加至1024×1024，从而使得生成器可以学习到更加细粒度的图像特征，生成更为清晰的形象图。如当识别到旅游情境在大唐芙蓉园，虚拟导游可将形象切换为身着唐装的导游。

12.6.3　应用场景

AI-Mate高拟真虚拟伴侣是一个多场景个性化虚拟社交机器人定制平台，打造高拟真虚拟社交机器人伴侣，为用户提供沉浸式智能交互服务。AI-Mate平台业务范围包括智慧旅游、文化艺术、心理陪伴、个人助理、智能教育、智能制造、健康辅助、网络安全等。

 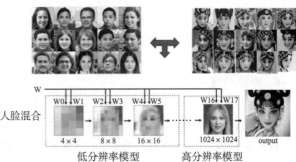

图 12-38　情境敏捷形象切换示意图

1. 智慧旅游

随着旅游成为人们日常生活的重要选项，旅游业的文化属性进一步增强。AI-Mate 虚拟旅行伴侣机器人以更加灵活便捷的形式陪伴在用户旅途中，随时随地回答用户提问的景点知识，最大限度地帮助用户了解景点的文化内涵。同时通过实时情境感知技术，获取用户的实时状态信息，进而提供相应的交互服务，为用户适时提供讲解、线路规划以及周边推荐等服务，提高用户交互的满意度。

2. 文化艺术

艺术教育关乎创新型国家的建设、优秀文化的传承、人的全面发展，是增强文化自信的重要途径。人工智能和虚拟机器人的发展为艺术创作注入了新的活力。虚拟机器人可以利用 AI 技术理解人类艺术本质，并对艺术创作产生新的思考，促进人类艺术水平的不断提高。2019 世界人工智能大会"AI+艺术欣赏体验会"将虚拟现实、三维影像等前沿技术与舞蹈、音乐、民歌、戏曲等艺术形式相结合，为这些艺术形式赋予新的生机与活力；百度实现对破损兵马俑的"复原"，还原兵马俑的原始形象，并赋予兵马俑开口说话的能力，以虚拟形象智能化展示兵马俑，建立古代智慧与现代文明相结合的桥梁；微软小冰成为上海大剧院首位虚拟音乐制作人，解决定制化内容创作，提升音乐制作速度与水平；搜狗 AI 虚拟新闻主播、央视虚拟主持人团队，可以在短时间内生成新闻播报视频，实现 24 小时不间断播报，助力新闻业效率提升。

人工智能与社会学、美术学、设计学、认知科学等多学科的深度融合，有助于发现艺术作品中隐含的可计算机理及创作规律，赋予虚拟机器人创作艺术的能力，提高虚拟机器人的拟真性；通过海量艺术大数据的收集、挖掘和学习，虚拟机器人学习智能化生成新的艺术作品，进而通过虚拟创作和人类艺术的协同融合来提升艺术创作效率，革新艺术创作模式。

3. 心理陪伴

AI-Mate 关注心理陪伴，提供智能陪伴机器人定制服务。关怀焦虑人群，缓解空巢老人、留守儿童等弱势群体的孤独焦虑等心理问题。当用户难过时，可以向虚拟机器人倾诉烦恼；遇到开心的事情，可以向虚拟机器人分享喜悦；当用户感到无聊时，可以和虚拟机器人聊天解闷。心理陪伴机器人通过海量数据所组成的认知知识图谱以及根据用户的使用习惯所构建的用户知识图谱，与用户建立心理上的情感联系，为用户提供心灵依靠，防止心理疾病的产生。

4. 智能教育

在教育行业中，整体智能化程度较低，数据质量参差不齐，解决方案的落地效果表现一般。但得益于政策的大力支持与市场对 AI 的强烈需求，AI+教育的商业模式逐渐清晰，价值空间较高。在教育行业，AI 为师资力量提供智能教学解决方案，例如教育机器人、智能批改、AI 课堂等。AI-Mate 基于人工智能并结合教育学、心理学、脑科学等领域研究成果，探索智能时代的认知特征、学习本质与教育价值，开发特定教育场景下的关键技术。

12.6.4 系统展示

"旅伴"是基于 AI-Mate 高拟真虚拟伴侣塑造平台打造的首款落地产品，利用 AI 技术赋能智慧旅游行业，以虚拟旅行伴侣为核心特色，集知识与趣味于一体，为用户在旅行中提供讲解陪伴和特色服务。旅伴采用软硬件结合的方式，利用手机 APP 和智能便携硬件相互辅助，感知用户所处情境，以自然对话的形式发起主动交互，为游客提供景点相关知识解答、信息推荐、语音讲解等多种智能交互服务。

"旅伴"的软件部分以手机 APP 的形式承载，APP 主要功能界面如图 12-39 所示。

a) 主页　　b) 旅游陪伴　　c) 情境互动　　d) 答疑解惑

图 12-39　旅伴 APP 主要功能界面

旅伴 APP 的默认主页界面如图 12-39 a 所示，展示旅伴的虚拟形象以及核心功能，包括**情境互动**、**旅游陪伴**、**答疑解惑**和**点滴回忆**。同时可以以语音方式与旅伴进行对话交互，对话内容将同步到答疑解惑对话界面。用户点击首页中的"旅游陪伴"图标即可进入旅游陪伴界面，如图 12-39 b 所示，同时展示用户所处实时位置以及调用手机摄像头感知视觉情境,识别特定景点或相关事物,以语音形式为用户介绍相关内容。情境互动界面(见图 12-39 c)提供 AI 形象切换等一系列互动功能。用户点击首页中的"答疑解惑"图标即可进入答疑解惑界面,如图 12-39 d 所示。用户可以使用文字或语音与旅伴进行对话交互。旅伴可以与用户进行日常闲聊,为用户带来情感陪伴,同时也可以回答用户提出的与景点相关的问题。

小结

本章着重介绍了虚拟机器人的定义及意义,并且对构建高拟真虚拟机器人过程中所涉及的技术(如虚拟形象塑造技术,虚拟机器人对话、问答等内容生成技术)进行了总结,并针对具体虚拟机器人塑造平台 AI-Mate 进行了介绍。

1. 虚拟形象塑造技术基于对抗生成网络,学习真实人物的相貌、表情、服饰等特征,自动化生成高拟真程度的人脸、表情和服饰特征,使得虚拟机器人拥有与人类几乎相同的外观,从而直观提升虚拟机器人的拟真性,带来更加真实的交互体验。

2. 知识增强对话生成技术基于自然语言理解和自然语言生成技术,学习人类对于现实世界的理解和认知方式,并学习人类之间的对话技巧,通过知识实现对对话内容的深入理解,从而生成高质量的多样化的对话回复,实现和人类之间的主动积极交互。

3. 个性化对话生成技术通过赋予不同的虚拟机器人不同的具象化特征,使得虚拟机器人根据特定的特征产生特定的对话、思考和行为方式,从而提高虚拟机器人的拟人性与类人程度。

4. 多模态知识问答技术基于计算机视觉和自然语言处理技术,赋予机器人从视觉、听觉、语言等多方面感知真实世界的能力,从而更加深刻地理解人类交互目的,对用户所提出的任何问题给出真实合理的答案,极大提升用户的交互体验。

习题

1. 简述虚拟机器人的定义及意义。
2. 为什么虚拟形象塑造过程中大多数工作都是基于 GAN 模型进行的,GAN 有哪些独特的优势?
*3. 基于 CP-VTON 开源数据集(参考链接:https://github.com/xthan/VITON)编码实现虚拟服饰变换网络 CP-VTON。
4. 简述知识图谱和非结构化知识库的联系与区别。
5. 简述知识对话和知识问答的联系与区别。
6. 阐述虚拟机器人对话和问答生成过程中基于模板、语法树等规则的方法和基于深度学习的方法各有什么优缺点。

*7. 基于 FlickrFaces-HQ（FFHQ）数据集（参考链接：https://github.com/NVlabs/stylegan）编码实现虚拟相貌生成模型 StyleGAN，并分析模型生成的人脸与真实人脸之间存在的差别。

*8. 基于 Persona-Chat 数据集（数据链接：https://github.com/facebookresearch/ParlAI/tree/master/projects/personachat）编码实现个性化对话生成模型 CoPerHED，并对生成结果加以分析。

*9. 你认为现阶段学术界和工业界的虚拟机器人发展与真正实用的虚拟机器人之间还存在哪些核心差距？

*10. 如果让你动手设计一款虚拟机器人，你认为它需要拥有的核心技能有哪些？如何实现？

参考文献

[1] VAROL O, FERRARA E, DAVIS C, et al. Online human-bot interactions: Detection, estimation, and characterization [C]//Proceedings of the international AAAI conference on web and social media. 2017, 11(1).

[2] FU M, GUAN J, ZHENG X, et al. ICS-Assist: Intelligent customer inquiry resolution recommendation in online customer service for large e-commerce businesses [C]//International conference on service-oriented computing. Springer, 2020: 370-385.

[3] FIRDAUS M, THAKUR N, EKBAL A. Aspect-aware response generation for multimodal dialogue system [J]. ACM Transactions on Intelligent Systems and Technology (TIST), 2021, 12(2): 1-33.

[4] KURIHARA K, SEIYAMA N, KUMANO T, et al. "AI News Anchor" with deep learning-based speech synthesis [J]. SMPTE motion imaging journal, 2021, 130(3): 19-27.

[5] HAM D, LEE J G, JANG Y, et al. End-to-end neural pipeline for goal-oriented dialogue systems using GPT-2 [C]//Proceedings of the 58th annual meeting of the association for computational linguistics. 2020: 583-592.

[6] ZHU S, YE J, WANG M, et al. Design and research of children's robot based on kansei engineering [C]//International conference on human-computer interaction. Springer, 2021: 214-225.

[7] ZHOU L, GAO J, LI D, et al. The design and implementation of xiaoice, an empathetic social chatbot [J]. Computational linguistics, 2020, 46(1): 53-93.

[8] WEIZENBAUM J. Eliza-a computer program for the study of natural language communication between man and machine [J]. Communications of the ACM, 1983, 26(1): 23-28.

[9] COLBY K M. Artificial paranoia: A computer simulation of paranoid processes [M]. Amsterdam Elsevier, 2013.

[10] RADFORD A, METZ L, CHINTALA S. Unsupervised representation learning with deep convolutional generative adversarial networks [J]. arXiv preprint arXiv: 1511.06434, 2015.

[11] BERTHELOT D, SCHUMM T, METZ L. Began: Boundary equilibrium generative adversarial networks [J]. arXiv preprint arXiv: 1703.10717, 2017.

[12] KARRAS T, LAINE S, AILA T. A style-based generator architecture for generative adversarial networks

[C]//Proceedings of the IEEE conference on computer vision and pattern recognition. 2019: 4401-4410.
[13] CHOI Y, CHOI M, KIM M, et al. Stargan: Unified generative adversarial networks for multi-domain image-to-image translation [C]//Proceedings of the IEEE conference on computer vision and pattern recognition. 2018: 8789-8797.
[14] PUMAROLA A, AGUDO A, MARTINEZ A M, et al. Ganimation: Anatomically-aware facial animation from a single image [C]//Proceedings of the European Conference on Computer Vision (ECCV). 2018: 818-833.
[15] WANG B, ZHENG H, LIANG X, et al. Toward characteristic-preserving image-based virtual try-on network [C]//Proceedings of the European Conference on Computer Vision (ECCV). 2018: 589-604.
[16] YAVUZ S, RASTOGI A, CHAO G L, et al. DEEPCOPY: Grounded response generation with hierarchical pointer networks [C]//20th annual meeting of the special interest group on discourse and dialogue. 2019: 122.
[17] GHAZVININEJAD M, BROCKETT C, CHANG M W, et al. A knowledge-grounded neural conversation model [C]//Thirty-Second AAAI conference on artificial intelligence. 2018.
[18] DINAN E, ROLLER S, SHUSTER K, et al. Wizard of wikipedia: Knowledge-powered conversational agents [C]//International conference on learning representations. 2018.
[19] LI Z, NIU C, MENG F, et al. Incremental transformer with deliberation decoder for document grounded conversations [C]//Proceedings of the 57th annual meeting of the association for computational linguistics. 2019: 12-21.
[20] QIN L, GALLEY M, BROCKETT C, et al. Conversing by reading: Contentful neural conversation with on-demand machine reading [C]//Proceedings of the 57th annual meeting of the association for computational linguistics. 2019: 5427-5436.
[21] LIU X, SHEN Y, DUH K, et al. Stochastic answer networks for machine reading comprehension [C]//Proceedings of the 56th annual meeting of the association for computational linguistics. 2018: 1694-1704.
[22] WESTON J, CHOPRA S, BORDES A. Memory networks [J]. arXiv preprint arXiv: 1410.3916, 2014.
[23] SUKHBAATAR S, SZLAM A, WESTON J, et al. End-to-end memory networks [C]//29th annual conference on neural information processing systems. Neural information processing systems foundation, 2015: 2440-2448.
[24] VASWANI A, SHAZEER N, PARMAR N, et al. Attention is all you need [C]//Advances in neural information processing systems. 2017: 5998-6008.
[25] YOUNG T, CAMBRIA E, CHATURVEDI I, et al. Augmenting end-to-end dialogue systems with commonsense knowledge [C]//Thirty-Second AAAI conference on artificial intelligence. 2018.
[26] ZHOU H, YOUNG T, HUANG M, et al. Commonsense knowledge aware conversation generation with graph attention [C]//IJCAI. 2018: 4623-4629.
[27] MOON S, SHAH P, KUMAR A, et al. Opendialkg: Explainable conversational reasoning with attention-based walks over knowledge graphs [C]//Proceedings of the 57th annual meeting of the association for computational linguistics. 2019: 845-854.
[28] WANG J, LIU J, BI W, et al. Improving knowledge-aware dialogue generation via knowledge base question answering [J]. arXiv preprint arXiv: 1912.07491, 2019.
[29] SPEER R, HAVASI C. ConceptNet 5: A large semantic network for relational knowledge [M]//The

People's Web Meets NLP. Springer, 2013: 161-176.

[30] BORDES A, USUNIER N, GARCIA-DURAN A, et al. Translating embeddings for modeling multi-relational data [C]//Advances in neural information processing systems. 2013: 2787-2795.

[31] LI J, GALLEY M, BROCKETT C, et al. A persona-based neural conversation model [C]//Proceedings of the 54th annual meeting of the association for computational linguistics. 2016: 994-1003.

[32] KOTTUR S, WANG X, CARVALHO V R. Exploring personalized neural conversational models [C]//Proceedings of the 26th international joint conference on artificial intelligence. 2017: 3728-3734.

[33] MO K, ZHANG Y, LI S, et al. Personalizing a dialogue system with transfer reinforcement learning [C]//Thirty-second AAAI conference on artificial intelligence. 2018.

[34] ZHENG Y, ZHANG R, HUANG M, et al. A pre-training based personalized dialogue generation model with persona-sparse data [C]//AAAI. 2020: 9693-9700.

[35] MADOTTO A, LIN Z, WU C S, et al. Personalizing dialogue agents via meta-learning [C]//Proceedings of the 57th annual meeting of the association for computational linguistics. 2019: 5454-5459.

[36] SONG H, ZHANG W N, CUI Y, et al. Exploiting persona information for diverse generation of conversational responses [C]//Proceedings of the 28th international joint conference on artificial intelligence. AAAI, 2019: 5190-5196.

[37] CHAN Z, LI J, YANG X, et al. Modeling personalization in continuous space for response generation via augmented wasserstein autoencoders [C]//Proceedings of the 2019 Conference on Empirical Methods in Natural Language Processing and the 9th International Joint Conference on Natural Language Processing (EMNLP-IJCNLP). 2019: 1931-1940.

[38] YANG Z, HE X, GAO J, et al. Stacked attention networks for image question answering [C]//Proceedings of the IEEE conference on computer vision and pattern recognition. 2016: 21-29.

[39] ANDERSON P, HE X, BUEHLER C, et al. Bottom-up and top-down attention for image captioning and visual question answering [C]//Proceedings of the IEEE conference on computer vision and pattern recognition. 2018: 6077-6086.

[40] PATRO B, NAMBOODIRI V P. Differential attention for visual question answering [C]//Proceedings of the IEEE conference on computer vision and pattern recognition. 2018: 7680-7688.

[41] KIM J H, JUN J, ZHANG B T. Bilinear attention networks [C]//Advances in neural information processing systems. 2018: 1564-1574.

[42] GAO P, YOU H, ZHANG Z, et al. Multi-modality latent interaction network for visual question answering [C]//Proceedings of the IEEE international conference on computer vision. 2019: 5825-5835.

[43] GAO P, JIANG Z, YOU H, et al. Dynamic fusion with intra-and inter-modality attention flow for visual question answering [C]//Proceedings of the IEEE conference on computer vision and pattern recognition. 2019: 6639-6648.

[44] ANDREAS J, ROHRBACH M, DARRELL T, et al. Neural module networks [C]//Proceedings of the IEEE conference on computer vision and pattern recognition. 2016: 39-48.

[45] CAO Q, LIANG X, LI B, et al. Interpretable visual question answering by reasoning on dependency trees [J]. IEEE Transactions on pattern analysis and machine intelligence, 2019.

[46] BERANT J, CHOU A, FROSTIG R, et al. Semantic parsing on freebase from question-answer pairs

[C]//Proceedings of the 2013 conference on empirical methods in natural language processing. 2013: 1533-1544.

[47] SHEN T, GENG X, TAO Q I N, et al. Multi-task learning for conversational question answering over a large-scale knowledge base [C]//Proceedings of the 2019 conference on Empirical Methods in Natural Language Processing and the 9th International Joint Conference on Natural Language Processing (EMNLP-IJCNLP). 2019: 2442-2451.

[48] YAO X, VAN DURME B. Information extraction over structured data: Question answering with freebase [C]//Proceedings of the 52nd annual meeting of the association for computational linguistics. 2014: 956-966.

[49] CHEN Y, WU L, ZAKI M J. Bidirectional attentive memory networks for question answering over knowledge bases [C]//NAACL-HLT (1). 2019.

[50] BORDES A, CHOPRA S, WESTON J. Question answering with subgraph embeddings [C]//Proceedings of the 2014 conference on Empirical Methods in Natural Language Processing (EMNLP). 2014: 615-620.

[51] DONG L, WEI F, ZHOU M, et al. Question answering over freebase with multi-column convolutional neural networks [C]//Proceedings of the 53rd annual meeting of the association for computational linguistics and the 7th international joint conference on natural language processing. 2015: 260-269.

[52] LUO K, LIN F, LUO X, et al. Knowledge base question answering viaencoding of complex query graphs [C]//Proceedings of the 2018 conference on empirical methods in natural language processing. 2018: 2185-2194.

推荐阅读

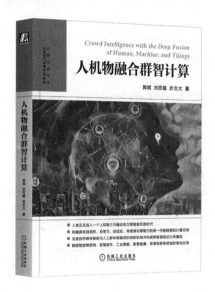 

人机物融合群智计算
作者：郭斌 刘思聪 於志文 著　ISBN：978-7-111-70591-8

智能物联网导论
作者：郭斌 刘思聪 王柱 等著　ISBN：978-7-111-72511-4